차원상 · 방미연 공저

최신기출문제+실전모의고사 **문제 수록**

'네이버, 카카오, 구글' 검색광고 시스템 변화

최신내용 반영

MYUNGJIN C&P

SEARCH
ADVERTISEMENT
MARKETER

검색광고마케터

주요개정사항

마케팅의 중심이 디지털 마케팅으로 진화하면서 대표적인 퍼포먼스 마케팅 수단인 검색광고의 중요성이 더욱 커지고 있다.

또한 디지털 마케팅과 광고시장의 급속한 변화에 따라 검색광고 역시 많은 변화를 보이고 있다.

이러한 검색광고의 빠른 변화에 대응하기 위해서 이번 개정판에서는 디지털 마케팅과 온라인 광고의 최신 이론과 트렌드를 반영하였다.

또한 네이버, 구글 등 검색광고 서비스업체들의 광고시스템 변화에 따른 검색광고와 광고 운영의 변화에 대한 내용으로 전면 개편했다.

검색광고마케터를 개정하면서 처음 발간되었던 2011년의 온라인광고시장과 2019년 11월 현재 온라인광고시장을 비교해 보면 많은 변화가 있었음을 알 수 있다.

특히 검색광고 시장의 시스템화와 전문화가 이루어지면서 검색광고업계 종사자의 역량도 더욱 전문화되고 있다.

따라서 본 저서를 통해 검색광고 업계 종사자들과 예비 광고인들의 역량을 강화하는데 도움이 되고자 한다.

저자 **차원상**

검색광고마케터

주요개정사항

검색광고는 시스템의 변경뿐만 아니라 광고상품, 노출영역, 광고소재의 형태 등 다양하게 또 끊임없이 변화하고 있다. 특히 최근에는 확장소재 유형과 노출UI 변경, 지면 확장에 대한 공지가 한 달 동안에도 여러 건 올라오는 것을 볼 수 있는데, 검색광고마케터라면 주의 깊게 체크해야 하는 사항이라고 할 수 있다.

본 교재는 네이버, 카카오 검색광고의 최신 변경사항을 적용하였으며 그 외에도 포털 점유율이 급증하고 있는 구글 검색광고에 대한 기초 과정을 수록하였다. 실무에 필요한 각 시스템에 대한 자세한 설명과 광고 등록, 운영 방법에 대해 각 매체사의 도움말을 활용하여 작성하였고, 이해를 돕기 위해 사용된 이미지는 실제 시스템 이미지와 광고 노출 이미지를 사용하였다.

각 매체별 변경사항 외에도 사용자 분석과 경쟁사 분석 방법 실 사례를 추가하였고, 실제 광고 집행 사례를 통해 광고 데이터와 로그분석 데이터를 활용한 성과분석 방법을 다루었다. 이를 통해 검색광고마케터 실무형 인재 양성에 기여하고자 한다.

본 교재는 2023년 2월 기준으로 작성되어 일부 차이가 있을 수 있다.

저자 **방미연**

검색광고마케터 (Search Advertisement Marketer)

1. 검색광고마케터(Search Advertisement Marketer)

- 디지털정보화로 초연결사회에 접어들면서 마케팅시장은일방향적인 불특정 광고방식에서 데이터를 기반으로 효율적인 채널별 특성에 맞춘 온라인 디지털 마케팅이 중심이 됨으로서 특화된 필요분야에서 전문적이고 실무적인 지식 및 역량을 평가하는 자격
- 광고대행사 뿐만이 아니라 많은 기업에서도 디지털비즈니스, 마케팅 및 검색광고의 전문인력을 통한 효율적 마케팅 분석, 전략수립 등의 자격을 갖춘 마케팅 직무자격 조건으로 활용할 수 있는 자격

2. 필요성

- 온라인 비즈니스 및 마케팅의 기본지식 배양
- 네이버, 카카오 등 국내 검색광고시스템 실무내용 반영
- 온라인광고대행사 취업 대비 및 AE 실무능력향상

3. 자격종류

- 자격구분 : 민간등록자격
- 등록번호 : 2012-1136
- 상기 자격은 자격기본법 규정에 따라 등록한 민간자격으로, 국가로부터 인정받은 공인자격이 아닙니다.
- 민간자격 등록 및 공인 제도에 대한 상세내용은 민간자격정보서비스(www.pqi.or.kr)의 '민간자격 소개'란을 참고하여 주십시오.

4. 시험과목

등급	검정과목	검정방법	문항수	시험시간	배점	합격기준
1급	온라인 비즈니스 및 디지털 마케팅 검색광고실무 활용 검색광고 활용 전략	객관식	40문항	90분	100	70점 이상 (검정방법별 40% 미만 과락)
		단답식	20문항			

5. 출제기준

등급	과목	검정항목	검정내용
1급	온라인 비즈니스 및 디지털 마케팅	온라인 비즈니스	온라인 비즈니스 환경 및 시스템
		디지털 마케팅	디지털 마케팅 이해 및 마케팅 전략
		온라인 광고	온라인 광고의 개요 및 종류
	검색광고 실무 활용	검색광고의 이해	검색광고의 개념 및 특징
			매체 노출 효과 및 산출방법
		검색광고 기획	사용자 패턴 분석 및 매체 믹스
			매체별 시스템의 이해
		검색광고 등록	검색광고 등록시스템 및 상품
		검색광고 운용	검색광고 관리 전략
			무효 클릭 관리
			온라인 광고 정책
	검색광고 활용 전략	효과분석을 위한 사전이해 및 실제효과 분석	사용자의 행동단계와 효과 분석의 관계
			검색광고에서 매일 효과분석을 해야 하는 이유
			효과분석을 위한 목표설정 방법
			광고효과분석 방법 기초
			기초적인 광고효과분석 흐름
			기본정보 분석
			광고효과분석 방법기초
		사후관리	키워드 사후관리
			랜딩페이지 관리

6. 응시지역 및 비용

등급	검정수수료	응시지역	응시자격
1급	50,000원	비대면 온라인	제한없음

1) 자격증 발급수수료 : 5,800원(배송료 포함)
   * 정보이용료별도: 신용카드/계좌이체 650원, 가상계좌입금 300원
2) 연기 및 환불 규정
   - 접수기간~시험 당일10일 전 : 신청서 제출 시 연기 또는 응시비용전액환불
   - 시험일 9일 전 ~ 시험 당일 : 신청서 및 규정된 사유의 증빙서류 제출 시 연기 및 응시비용전액 환불
   - 시험일 이후 : 환불 불가

7. 정기검정 일정

종목	등급	회차	접수일자	시험일자	합격자 발표
검색광고마케터	1급	2301회	02.13.(월) ~ 02.24.(금)	03.25.(토)	04.14.(금)
		2302회	05.15.(월) ~ 05.26.(금)	06.24.(토)	07.14.(금)
		2303회	08.14.(월) ~ 08.25.(금)	09.23.(토)	10.20.(금)
		2304회	11.06.(월) ~ 11.17.(금)	12.16.(토)	'24.01.05.(금)

※ 검색광고마케터는 비대면검정으로 진행

※ 수험표출력 : 시험일자로부터 5일 전

8. 입실 및 시험시간

급수	입실완료시간	시험시간
1급	13:50	14:00 ~ 15:30 (90분)

※ 입실시간 이후 온라인시험 접속 불가

CONTENTS

Chapter 04 디지털 광고

PART 02 검색광고 실무 활용

Chapter 01 검색광고의 이해

Chapter 02 검색광고 기획

Chapter 03 검색광고의 등록

Chapter 04 검색광고 운용

PART 03 검색광고 활용 전략

Chapter 01 검색광고효과 분석을 위한 사전이해 단계

Chapter 02 사례를 통한 실제적인 광고효과분석

PART 04 실전모의고사

PART 05 최신기출문제

PART 06 부록

SEARCH
ADVERTISEMENT
MARKETER

Chapter 01 온라인 비즈니스

Chapter 02 온라인 비즈니스의 중요성

Chapter 03 디지털 마케팅

Chapter 04 디지털 광고

온라인 비즈니스와 디지털 마케팅

PART 1

SEARCH
ADVERTISEMENT
MARKETER

Chapter 01

온라인 비즈니스

1. 온라인 비즈니스의 개념

- 온라인 비즈니스는 인터넷을 통한 양방향 정보 교류를 통해 물리적 상품 이외에도 무형의 디지털 상품을 거래의 대상으로 하는 비즈니스 영역을 말한다.
- 일반적으로 말하는 인터넷 비즈니스, **e-business**와 유사한 개념이다.

2. 온라인 비즈니스의 중요성

- 디지털 경제의 핵심으로 온라인 비즈니스의 중요도는 더욱 커지고 있으며, 언택트(Untact) 상황에서 기업 경쟁력의 핵심으로 부각되면서 온라인 비즈니스 모델이 사회경제적 주목을 받고 있다.

3. 온라인 비즈니스 모델의 의의

- 온라인 비즈니스 모델은 기업이 인터넷 관련 비즈니스를 하는데 있어서 수익을 창출하는 원천이 된다.
- 온라인 비즈니스 모델에는 온라인이라는 새로운 경제 패러다임과 이를 기초로 한 경쟁상황 속에서 경쟁우위를 확보하기 위한 전략을 포함한다.

4. 온라인 비즈니스 모델의 5대 성공 요인

1) 지속적 수익창출

- 사용자가 많더라도 수익을 창출하지 못하는 비즈니스 모델은 장기적으로 실패한 비즈니스 모델이 된다.
- 2000년대 초반 닷컴 버블로 많은 인터넷 기업이 도산한 배경은 지속적 수익 창출에 실패했기 때문이다.

2) 차별화된 콘텐츠와 서비스

- 경쟁사와 차별화되지 못하는 콘텐츠와 서비스로는 이용자들을 유지하기 어렵다. 온라인 비즈니스에서 이용자 유지는 지속적인 수익 창출의 토대가 된다.

3) 고객 관점과 고객 경험

- 온라인 비즈니스는 고객 중심의 비즈니스 구조이기 때문에 철저하게 고객의 눈높이 맞춘 콘텐츠와 서비스를 제공하여야 한다.
- 따라서 긍정적 고객 경험을 제공하는 것이 궁극적인 고객 관점에서 성공적인 온라인 비즈니스 모델이라고 할 수 있다.

4) 스피드로 기회 선점

- 온라인 비즈니스는 전통적 비즈니스에 비해 변화의 속도가 빠르기 때문에 새로운 아이디어와 기술로 빠르게 시장을 선점해야 한다.

5) 특허

- 특허는 기업의 비즈니스 모델이 가진 자산 가치를 구현하는 것이다.
- 특허는 시장 선점자에게 독점적 지위를 제공하고 후발주자에게 진입장벽으로 작용하는 특징을 갖는다.

5. 온라인 비즈니스의 유형

1) 거래대상에 따른 분류 : 공급자와 수요자가 누구인가에 따라 온라인 비즈니스의 유형을 분류할 수 있다.

- **B2C(Business to Consumer)** : 기업과 소비자 간의 거래로 포털, 검색, 온라인 커머스 등과 같은 대표적인 온라인 비즈니스 유형이다.
- **B2B(Business to Business)** : 기업과 기업 간의 거래로 MRO(기업 소모성 운영자재 구매 플랫폼)가 대표적인 예가 될 수 있다.
- **C2C(Consumer to Consumer)** : 소비자와 소비자 간의 거래로 대표적인 예로 당근마켓 같은 중고장터를 들 수 있다.

2) 제공가치에 따른 분류 : 고객에게 어떤 가치를 제공하는가에 따라 온라인 비즈니스의 유형을 분류할 수 있다.

- 가격 지향형 모델 : 가격은 모든 비즈니스의 가장 중요한 무기 중 하나이며, 아마존, 쿠팡의 사례와 같이 온라인 비즈니스에서도 저렴한 가격으로 성공한 사례가 많다. 가격 지향형 모델을 구축하기 위해서는 상품의 특성에 따른 적절한 사업 규모 설정과 기존 유통채널의 반발을 최소화하기 위한 전략이 중요하다.
- 편의/신속성 지향형 모델 : 온라인 비즈니스의 또 다른 무기는 편의성과 신속성이며, 구입이 어렵거나 비교 구매가 곤란한 상품의 경우 적절한 비즈니스 모델이다.
- 맞춤형/서비스 지향형 모델 : 고객 정보를 DB화하여 이를 바탕으로 상품과 서비스를 개발하며, 고객 개개인의 니즈(Needs)를 일대일 맞춤형 서비스를 통해 충족시킬 수 있다. 이는 고객 욕구에 기초한 고객 욕구 지향적 상품, 서비스에 적합한 비즈니스 모델이다. 최근 AI의 발전으로 개인 맞춤형 비즈니스 모델이 온라인 커머스의 대세가 되고 있다.

3) 거래 상품에 따른 분류 : 판매되는 상품이 어떤 유형인가에 따라 온라인 비즈니스의 유형을 분류할 수 있다.

- 물리적 상품 : 온라인 커머스는 물리적 상품의 구매 편리성과 구매 안전성을 동시에 충족시킬 수 있으며, 원활한 유통을 위한 물류체계의 구축이 중요하다. 예를 들어 쿠팡이 로켓배송에 막대한 투자를 하고 있는 것은 구매 편리성을 높인 사례이다.
- 디지털 상품 : 디지털 상품은 경험재로 고객이 해당 제품을 직접 사용해보기 전에는 상품 특성을 알 수 없기 때문에 고객 체험을 유도하는 것이 중요하다. 상대적으로 물류 문제는 없지만 불법 복제와 같은 문제가 존재한다.

4) 판매 방식에 따른 분류 : 상품을 어떠한 방식으로 판매하는 가에 따라 온라인 비즈니스의 유형을 분류할 수 있다.

• 판매형 : 온라인 쇼핑몰 등을 이용하여 제품이나 서비스를 판매하는 것이며, 특정 상품군 만을 판매하는 카테고리 킬러(Category Killer)형과 백화점처럼 다양한 상품 구색을 갖추고 판매하는 몰(Mall)형이 있다. 패션 상품만 판매하는 무신사는 카테고리 킬러형이고, 다양한 상품을 판매하는 롯데닷컴은 몰형의 대표적 사례이다.
• 중개형 : 온라인상에서 수요자와 공급자를 중개하고 중개수수료를 주수입으로 하는 것이며, 경매 방식을 통해 쇼핑과 오락적 욕구를 동시에 충족하는 경매형과 최적의 거래 파트너를 탐색해서 연결해주는 매칭형이 있다.
• 정보제공형 : 정보의 검색이나 생산을 통해 고객의 욕구를 충족시키는 것이며, 방대한 정보 중 고객이 필요한 정보만을 제공하는 정보검색형과 자체적으로 정보를 생산하고 유통하는 정보생산형이 있다.
• 커뮤니티형 : 인터넷 커뮤니티를 구축하여 고객을 확보하는 것이며, 고객이나 다루는 주제가 포괄적인 포털형과 고객이나 주제가 한정적이고 전문화된 전문 커뮤니티형이 있다.

온라인 비즈니스의 유형

구분	주요 내용	유형
거래상대	공급자와 수용자가 누구인가?	• B2C • B2B • C2C
제공가치	고객들에게 어떤 가치를 제공하는가?	• 가격 지향형 • 편의/신속성 지향형 • 맞춤형/서비스 지향형
거래상품	판매되는 상품은 어떤 유형인가?	• 물리적 상품 • 디지털 상품
판매방식	상품을 어떠한 방식으로 판매하는가?	• 중개형 • 정보제공형 • 커뮤니티형 • 판매형

SEARCH
ADVERTISEMENT
MARKETER

Chapter 02

온라인 비즈니스의 중요성

1. 온라인 포털

1) 온라인 포털의 정의

- 인터넷 사용자가 인터넷을 사용할 때 관문 역할을 하는 웹사이트를 말하며, 웹 접속 시 출발점이 되는 사이트로 사용자가 자주 방문하는 기준점이 되는 사이트이다.
- 온라인 포털은 사용자에게 다양한 서비스를 제공하여 많은 트래픽을 일으켜 이를 통한 수익 창출을 비즈니스 모델로 하고 있다.

2) 온라인 포털의 특성

- 이용자를 유입할 수 있는 차별적인 킬러 서비스(Killer Service)를 제공하여 많은 트래픽과 이용자를 보유하고 있다. 예를 들어 구글 검색, 네이버 메일과 같은 것이 대표적인 킬러 서비스이다.
- 확보된 많은 이용자를 대상으로 광고, 온라인 커머스, 콘텐츠 판매 등 수익을 창출하는 비즈니스 모델을 실현한다.

3) 온라인 포털의 발전 과정

- 초기에는 넷스케이프, 익스플로러 등 웹 브라우저가 포털의 역할을 하였다.
- 인터넷이 보편화되고 네트워크를 통해 흩어져 있는 수많은 정보에 접근하고 공유하는 것이 가능해지고 필요한 정보를 효율적으로 검색하는 것이 중요해지면서 라이코스, 알타비스타, 야후 등 다양한 검색 서비스가 포털 시장을 선점하였다.

- 이후 포털은 이용자와 웹사이트를 연결하는 단순 중개자를 넘어, 확보된 회원을 기반으로 콘텐츠, 커머스, 이메일, 커뮤니티 등 다양한 서비스를 제공하는 최종 목적지로 발전되었다.
- 포털은 광고를 주요 수익 기반으로 하지만 온라인 커머스, 유료 콘텐츠, 결제 등 다양한 수익 모델을 통해 수익원을 다각화하고 있다. 네이버는 초기에는 검색광고가 주수익이었지만, 최근 커머스와 웹툰 등 콘텐츠에서 많은 수익이 발생하고 있다.

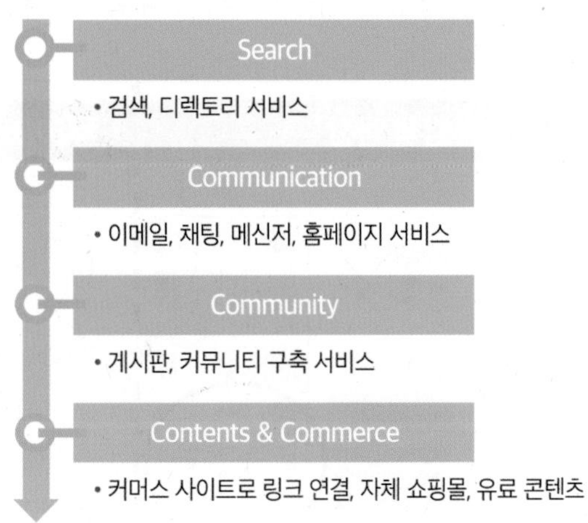

Search
• 검색, 디렉토리 서비스
Communication
• 이메일, 채팅, 메신저, 홈페이지 서비스
Community
• 게시판, 커뮤니티 구축 서비스
Contents & Commerce
• 커머스 사이트로 링크 연결, 자체 쇼핑몰, 유료 콘텐츠

온라인 포털의 진화 단계

2. 검색엔진

1) 검색엔진의 정의

- 인터넷상에서 방대한 분량으로 흩어져 있는 자료들 가운데 원하는 정보를 쉽게 찾을 수 있도록 도와주는 소프트웨어를 말한다.
- 일반적으로 검색엔진은 인터넷에 존재하는 모든 웹사이트와 파일을 대상으로 검색하여 이용자가 원하는 정보와 자료를 제공하는 것을 의미한다.

2) 검색엔진의 종류

- 디렉토리 검색 : 인터넷에 존재하고 있는 웹사이트 또는 파일 등의 정보를 정치, 경제, 사회, 문화, 예술, 스포츠 등 주제별로 분류한 후 대분류, 중분류, 소분류 등 계층별로 정리한 목록을 제공하여 사용자에게 손쉽게 정보를 찾을 수 있도록 하는 검색엔진으로 대표적인 예로 야후가 있다.

• 인덱스 검색 : 인터넷에 새롭게 생성되는 웹 문서, 파일 등과 같은 다양한 정보를 검색 로봇이 주기적으로 수집하여 인덱스 데이터베이스(Index Database)에 정보의 위치를 저장하는 검색엔진으로 대표적인 예로 구글이 있다.

• 통합검색 : 웹사이트뿐만 아니라 비정형 문서, 콘텐츠, 상품, 이미지 등 거의 모든 유형의 문서와 데이터를 총망라한 검색 결과를 제공하는 검색엔진으로, 최근 검색엔진들은 사용자들이 원하는 검색 결과를 얻도록 하기 위해 지식 검색, 쇼핑 검색, 커뮤니티 검색, 이미지 검색 등 다양한 검색 기능을 제공하며 대표적인 예로 네이버가 있다.

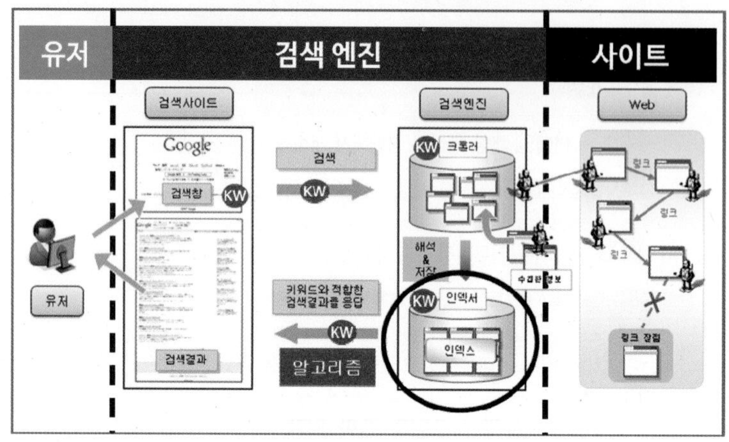

검색엔진의 구조

3. 소셜 미디어

1) 소셜 미디어의 정의

• 사람들이 의견, 생각, 경험, 관점 등을 서로 공유하기 위해 사용하는 온라인 플랫폼을 말한다.

• 대표적인 예로 블로그(Blogs), 소셜 네트워크(Social Networks), 메시지 보드(Message Boards), 팟캐스트(Podcasts), 위키스(Wikis), 브이로그(Vlog) 등이 있다.

2) 소셜 미디어의 특성

• 참여 : 소셜 미디어는 관심 있는 모든 사람들의 기여와 피드백을 촉진하며 미디어와 청중의 개념을 불명확하게 한다. 소셜 미디어에서는 미디어나 청중 모두 콘텐츠를 생산, 유통할 수 있다.

- 공개 : 소셜 미디어는 피드백과 참여가 공개되어 있으며 피드백, 코멘트, 정보 공유를 유도하여 콘텐츠 접근과 사용에 장벽이 없다.
- 대화 : 전통적인 미디어인 방송에서는 콘텐츠가 일방적으로 청중에게 유통되지만, 소셜 미디어에서는 양방향으로 콘텐츠가 유통된다.
- 커뮤니티 : 소셜 미디어는 빠르게 커뮤니티를 구성하게 하고 커뮤니티를 통해 공통 관심사에 대해 이야기하게 한다.
- 연결 : 소셜 미디어는 다양한 미디어, 이용자의 조합이나 링크를 통한 연결선상에서 성장한다.

3) 소셜 미디어의 등장 배경

- 정보통신과 멀티미디어 기술의 발전과 융합의 결과로 새로운 사회 문화적 패러다임이 등장하며 사회의 분화와 재통합에 따른 커뮤니티 문화가 진화하였다.
- 웹 기반 기술의 발달로 다양한 정보공유와 네트워킹 기능이 확대되며 사람들의 친화 욕구와 자기표현 욕구 증가하면서 소셜 미디어가 등장하게 되었다.
- 스마트 폰의 보급은 이용자들이 언제 어디서나 쉽게 소셜 미디어에 접속하고 콘텐츠를 생산할 수 있는 계기를 만들었다.

4) 소셜 미디어의 유형

- 블로그 : Web(웹) + Log(일기) 합성어로 이용자가 웹에 기록하는 일기나 일지를 의미한다.
- 소셜 네트워크 : 자신만의 온라인 사이트를 구축하여 콘텐츠를 만들고 친구들과의 연결을 통해 콘텐츠나 커뮤니케이션을 공유하는 것이다.
- 콘텐츠 커뮤니티 : 특정한 종류의 콘텐츠를 만들고 공유하는 커뮤니티를 의미한다.
- 위키스 : 편집 가능한 웹 페이지로 웹사이트 상에서 콘텐츠를 추가하고 정보를 편집하여 마치 문서나 데이터베이스처럼 운영한다.
- 팟캐스트 : 방송(Broadcast) + 아이팟(iPod)의 합성어로 인터넷을 통하여 사용자들이 새로운 오디오파일을 구독할 수 있도록 함으로써, 인터넷을 통해 라디오 방송을 하는 것이다.

5) 소셜 미디어의 의미

- 소셜 미디어 등장과 성장으로 누구나 콘텐츠를 생산하고 유통할 수 있는 능력을 갖게 되었다.
- 콘텐츠유통에서도 RSS(Really Simple Syndicates), 검색엔진(Search Engine)과 같은 혁신적인 방식의 콘텐츠 정보 제공 기술이 등장하며, 운영자는 고객에게 보다 빠른 정보를 제공하고 사용자 입장에서도 관심있는 정보를 쉽게 획득할 수 있게 되었다.
- 참여, 공개, 대화, 커뮤니티, 연결의 특징을 가진 소셜 미디어는 Web 2.0트렌드를 반영하며 비즈니스 패러다임의 변화를 가져왔다. 따라서 기업에서도 소셜 미디어 트렌드를 반영하여 소비자의 참여와 대화, 커뮤니티 형성에 주력하고 있다.

4. 온라인 커머스

1) 온라인 커머스의 정의

- 오프라인에서 거래되는 상거래와 대별되는 개념으로 온라인상 마켓 플레이스(Marketplace)에서 재화와 서비스를 판매하는 비즈니스 모델이며, e 커머스, 소셜 커머스, T-커머스, 모바일 커머스가 포함되는 개념이다.
- 온라인 커머스에서 진화된 개념인 디지털 커머스는 기존 PC 기반의 인터넷 쇼핑, 스마트기기를 활용한 모바일 쇼핑, 소셜 커머스, 라이브 커머스나 t-Commerce와 같은 최신 ICT기술을 통해 등장하고 있는 새로운 유통채널 및 거래 방법 등을 모두 포함하는 '상시 상거래(Commerce Everywhere)'를 지칭하는 새로운 개념이다.

2) 온라인 커머스 시장 트렌드

- '유료 멤버십' 통한 록인(Lock-in) 전략 : 저가 출혈경쟁에서 '유료 멤버십' 전략으로 선회하고 있으며, 대표적 사례로 아마존은 유료회원 제도 '아마존 프라임(Amazon Prime)'을 운영 중이며 연회비 119달러를 지불하면 '미국 내 특급 배송(2일 이내)', '물품 추가할인', '음악·영상·전자책 무료' 등 혜택을 제공하고 있다. 국내 사례는 쿠팡 로켓와우가 있으며 무료배송, 무료반품 혜택 뿐 아니라 쿠팡 플레이라는 OTT서비스도 제공한다.
- 온라인과 오프라인을 통합한 옴니 채널(Omni-channel) 전략 : 대표적 사례로 월마트는 오프라인 매장과 온라인 서비스의 유기적 연계를 통해 오프라인 픽업 센터를 확대하고 있으며, 아마존은 세계 최초 무인점포인 Amazon Go를 확대하고 바코드 인식 자동 주문 서비스인 Dash 서비스를 제공하고 있다.

3) 온라인 커머스 시장의 변화

- 빅데이터, AI 기술 진화로 개인화된 맞춤형 쇼핑이 가능해지며, 생산자에게서 소비자로 상품·서비스를 전달하는 B2C에서 소비자의 니즈(Needs)를 생산자에게 전달하는 C2B로 확대되고 있다.
- 온라인 커머스는 기존 거래중개자 개념이 아닌 생산자와 소비자를 연결하는 플랫폼 산업으로 변모하고 있다.

5. 디지털 콘텐츠

1) 디지털 콘텐츠의 정의

- 디지털 콘텐츠의 제작, 기획, 설계, 배포, 생성 등을 말하며, 디지털 음악, 디지털 영화, 디지털 광고, 디지털 애니메이션, 디지털 콘텐츠 솔루션, 디지털유통 플랫폼, 이러닝(e-learning)이 포함된다.

2) 디지털 콘텐츠의 환경 변화

- 스마트기기의 보급 확산 : 콘텐츠 소비 행태가 변화하여 콘텐츠의 디지털화가 가속되며 다양한 플랫폼과 새로운 플랫폼 비즈니스 모델이 등장하였다.
- 새로운 미디어와 플랫폼의 등장 : 디지털 콘텐츠는 다른 형태로의 변환이 간편하며, 새로운 기술 및 타 산업과 융합되면서 고부가가치를 갖는 새로운 시장을 창출하였다. 최근 AR, VR, AI기술을 적용한 스마트 디바이스가 콘텐츠 제작에 활용되고 있다.

3) 디지털 게임

- 국내 디지털 게임 시장 규모는 2020년 기준 17조원으로 가장 큰 디지털 콘텐츠 시장이다.
- 온라인 게임 중심으로 콘텐츠에만 머물던 게임회사들이 자체 유통망을 통하여 플랫폼, 네트워크로 영역을 확장하고 있다.
- 기존 온라인게임의 지식재산권(IP)을 활용한 모바일게임화가 지속되고 있다.

4) 디지털 정보 콘텐츠

- 정보 콘텐츠 생산이 부동산, 금융, 날씨, 취업, 맛집 등으로 세분화, 전문화되는 추세이다.

- 빅데이터 기반 AI기술을 활용한 디지털 정보 콘텐츠 제공이 급증하고 있으며, 위치 기반 서비스를 활용한 다양한 생활 밀착형 정보 제공 시장이 확대되고 있다.

5) 디지털 만화

- 웹툰을 중심으로 한 K 콘텐츠 수출로 성장하고 있으며, 지적 재산권(IP)를 활용하여 2차 콘텐츠 및 타 장르와 융합하는 현상을 보이고 있다. 네이버, 카카오, 레진 코믹스 등 포털 웹툰 서비스와 전문 웹툰을 중심으로 K 콘텐츠 수출을 주도하고 있다.
- '증강현실' 기술 이용해 독자와 캐릭터를 직접 교류하는 '인터랙티브 툰'이 등장하고 있다.

6) 온라인 동영상 콘텐츠

- 모바일 동영상 시청 시간의 급증으로 모바일 기기 사용에 익숙한 10, 20대 중심으로 시간과 장소에 관계없이 짧은 동영상을 즐기는 스낵 컬처(Snack Culture)가 확산되고 있다. 따라서 유튜브, 틱톡 등 동영상 서비스 뿐 아니라 페이스북, 인스타그램 등 대표적 소셜 미디어들이 동영상 서비스를 강화하는 추세이다.
- TV를 대체하는 OTT(인터넷 망을 통한 영상 콘텐츠 서비스)가 확산되고 있다. 넷플릭스로 대표되는 OTT는 구독 서비스 기반으로 국내에서도 웨이브, 티빙 등 통신사, 방송사 등 다양한 플레이어가 참여하고 있다.
- 오리지널 콘텐츠 제작, 크리에이터 지원, 모바일 최적화, 차별화 서비스 제공 등 치열한 경쟁 양상을 보이고 있다.

SEARCH
ADVERTISEMENT
MARKETER

Chapter 01.02 예제풀기

01 다음 중 전통적 비즈니스와 다른 온라인 비즈니스의 개념에 해당되지 않는 것은?

① 양방향 정보 교류 ② 무형의 디지털 상품 거래
③ 인터넷 활용 ④ 마케팅 커뮤니케이션

Answer. ④

02 다음 중 온라인 비즈니스 모델 성공의 핵심요소가 아닌 것은?

① 지속적 수익 창출 ② 브랜드 커뮤니케이션
③ 기회선점 ④ 고객 관점

Answer. ②

03 다음 중 기업 대 기업 간의 비즈니스 유형을 일컫는 것은?

① B2B ② B2C
③ C2C ④ B2G

Answer. ①

04 다음 중 사용자가 검색할 정보의 키워드를 입력하면 원하는 정보를 얻을 수 있는 검색 엔진은?

① 디렉토리 검색 ② 인덱스 검색
③ 통합검색 ④ 하이퍼 검색

Answer. ②

05 다음 중 네이버의 검색엔진 방식은?

① 디렉토리 검색
② 인덱스 검색
③ 통합검색
④ 하이퍼 검색

Answer. ③

06 다음 중 소셜 미디어의 특성이 아닌 것은?

① 참여
② 거래
③ 공개
④ 연결

Answer. ②

07 다음 중 소셜 미디어의 유형이 아닌 것은?

① 블로그
② 위키스
③ 웹 브라우저
④ 팟캐스트

Answer. ③

08 다음 중 온라인 커머스의 트렌드가 아닌 것은?

① 멀티채널
② 유료 멤버쉽
③ 옴니채널
④ 고객 Lock-in

Answer. ①

09 다음 중 모바일 쇼핑 등 새로운 유통 채널을 모두 포함하는 상시 상거래를 지칭하는 새로운 개념은?

① 인터넷 쇼핑
② 홈 쇼핑
③ 소셜 커머스
④ 디지털 커머스

Answer. ④

10 다음 중 OTT에 대한 설명에 해당되지 않는 것은?

① 구독 서비스 ② 인터넷 활용
③ 통신사, 방송국의 참여 ④ 온라인 커머스

Answer. ④

SEARCH
ADVERTISEMENT
MARKETER

Chapter 03

디지털 마케팅

1. 마케팅 패러다임의 변화

- 매체 시장의 세분화와 영향력있는 매체의 변화 : 4대 매체 중심에서 디지털 기술의 발전에 따라 모바일, 디지털 사이니지, IP-TV 등 다양한 뉴미디어가 등장하였다. 매체 영향력도 TV와 신문 중심에서 성과 중심의 온라인과 모바일 광고로 변화하였다.
- 수동적 소비자에서 능동적 참여형 소비자로 진화 : 소비자는 소비주체에서 생산자(Prosumer), 판매자(Salesumer), 광고 제작자(Adsumer)로 진화하였다.
- 소비자 경험 중심의 옴니 채널 유통 구조 : 인터넷으로 물건을 살펴보고, 매장에서 체험해 본 후, 모바일로 가격 비교하고 구매하는 새로운 형태로 변화하였다. 옴니채널의 확산으로 매장에서 제품을 보고 구매는 온라인에서 하는 쇼루밍(Showrooming)같은 새로운 소비형태가 나타나고 있다.
- 데이터 마케팅의 성장 : 소비자 데이터를 기반으로 한 데이터 분석이 중시되면서 개인화된 맞춤형 마케팅이 등장하였다.
- 글로벌 경쟁의 심화 : 인터넷의 발달로 국가 간 경계가 사라지면서 치열한 글로벌 마케팅이 전개되고 해외 직구가 증가하면서 커머스 시장의 경쟁도 글로벌화되고 있다.
- 이러한 변화를 통해 판매 지향에서 소비자 경험 지향으로 마케팅 패러다임이 변화하고 있다. 또한 일회성 고객을 장기 충성고객으로 전환시키고 유지하는 고객관계 마케팅이 중요해졌다.

2. 전통적 마케팅 vs 디지털 마케팅

1) 커뮤니케이션 측면

- 전통적 커뮤니케이션 : 일방향적 기업 주도적 커뮤니케이션으로 정보원이 다수의 수용자에게 커뮤니케이션하며 반복적 노출을 통해 커뮤니케이션 효과를 제고한다.
- 디지털 커뮤니케이션 : 능동적 소비자를 대상으로 양방향적 커뮤니케이션을 하며 소비자와 상호작용성을 중시하고 정밀한 타기팅(Targeting)이 가능하다.

2) 미디어 측면

- 전통적 미디어 : TV 중심 4대 매체(TV, 신문, 라디오, 잡지) 위주이다.
- 디지털 미디어 : 배너, 검색광고와 같이 유료로 구매하는 광고 매체인 Paid Media, 홈페이지, 블로그와 같이 자사가 보유하고 있는 매체인 Owned Media, 입소문, 뉴스 기사와 같이 소비자나 제3자가 정보를 생산하는 매체인 Earned Media로 구성되어 있다.

트리플 미디어 관계도

트리플 미디어(Triple Media)

3) 소비자 정보처리 과정 측면

- 전통적 정보처리 과정 : AIDMA(Attention-Interest-Desire-Memory-Action) 일방적 노출 중심으로 브랜드 인지 및 태도 구축을 중심으로 한다.
- 디지털 정보처리 과정 : AISAS(Attention- Interest- Search-Action- Share) 소비자의 능동적 참여를 기반으로 소셜 미디어를 통한 정보 공유의 특징을 가진다.

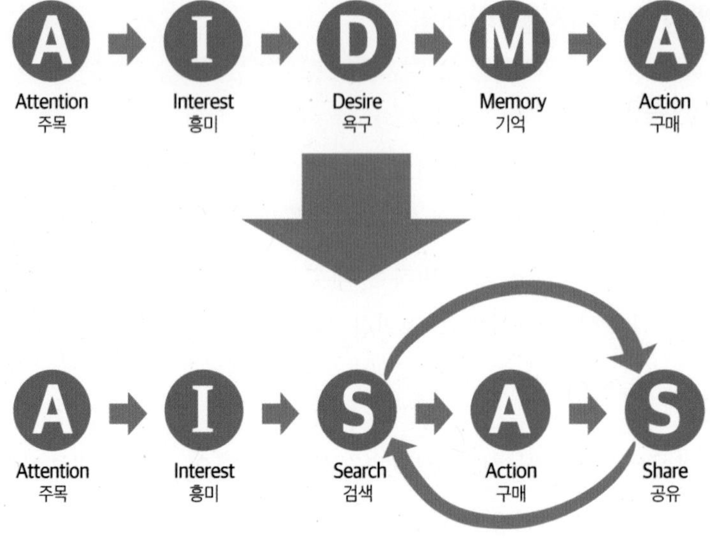

AIDMA와 AISAS

3. 디지털 마케팅의 개념

1) 디지털 마케팅의 정의

- 디지털 기술을 활용하여 고객의 니즈(Needs)와 욕구(Wants)를 충족시키기 위해 고객 맞춤형 제품과 서비스를 개발하고, 적절한 시간, 가격, 장소를 통해서 고객과 상호작용하여 소통하고 프로모션 하는 일련의 과정으로 고객 경험을 극대화하고 고객과의 지속적 관계를 유지하는데 목적이 있다. 여기서 중요한 개념은 고객과의 상호작용, 고객경험, 고객관계이다. 디지털 기술을 통해 고객과의 양방향 상호작용이 가능해졌고, 디지털 미디어와 소셜 미디어를 통해 고객 경험을 만들고 고객관계를 지속적으로 유지할 수 있게 되었다.
- 디지털 마케팅은 온라인 마케팅, 인터넷 마케팅, 소셜 마케팅, 모바일 마케팅, 콘텐츠 마케팅을 포괄하는 광의의 개념이다.

2) 디지털 마케팅의 등장 배경

- 소비자의 위상 변화 : 적극적인 참여형 소비자로 진화함에 따라 디지털 기술을 활용한 소비자와의 상호작용적 커뮤니케이션이 필요하게 되었다.
- 마켓 4.0 시대로 진화 : 모바일과 인터넷으로 연결된 고객 집단을 대상으로 온라인과 오프라인 경험의 조합이 마케팅의 중요한 과제가 되었으며 기업과 고객 간 온라인과 오프라인의 상호작용을 통합한 마케팅이 중요하게 되었다.

4. 디지털 마케팅 전략

1) 디지털 마케팅 목표 설정

- 고객 서비스 중심의 디지털 마케팅: 비용 절감과 고객 경험개선
- 콘텐츠 서비스 중심의 디지털 마케팅: 구독과 광고 매출
- 리드 확보 중심의 디지털 마케팅: 리드(lead)란 연락 가능한 잠재 고객 정보를 말하며 B2B IT기업의 가장 중요한 목표
- 온라인 커머스 중심의 디지털 마케팅: 잠재고객 방문과 구매 전환율

2) 시장기회의 발견

- 전략 수립에 앞서 시장 분석 작업을 통한 다양한 시장 기회 발견 방법이 있다.
- 새로운 가치 시스템에서 시장 기회를 발굴하는 것으로 예를 들어 이북(e-Book)과 같은 사례가 있다.
- 제공되거나 충족되지 못한 새로운 소비자 니즈(Needs)를 발굴하는 것으로 예를 들어 폴더블 폰과 같은 것이 있다.
- 새롭게 발굴하거나 창조한 시장의 규모를 예상하여 시장의 성장 잠재력을 예측하는 방법으로 예를 들어 빅데이터 기술에 따라 급속한 성장이 예상된 온라인 부동산 중계 플랫폼인 직방과 같은 것이 있다.

3) 시장세분화(Segmentation)

- 시장 세분화는 비슷한 선호와 취향을 가진 소비자를 묶어 몇 개의 고객 집단으로 나누고 이중 특정 집단에 마케팅 자원과 노력을 집중하는 것이다.
- 시장 세분화의 변수는 연령, 성별 같은 인구통계학적 변수와 소비자 가치관, 개성, 라이프스타일 같은 심리학적 변수가 있다. 특히 인터넷 상에서의 소비자 가치와 라이프스타일을 파악하는 I-VALS(Internet Value & Life-style)가 중요하다.

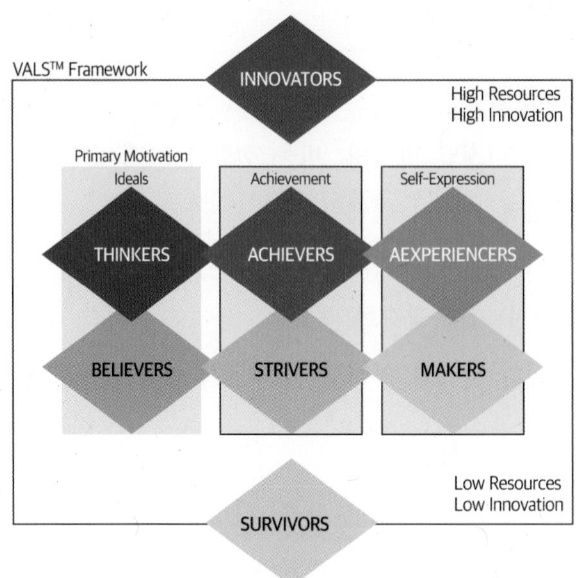

I-VALS

- 소비자의 기술에 대한 태도, 능력, 동기에 의해 세분화하는 기술적 세분화와 소비자의 다양한 인터넷 사용 행동과 관련된 변수에 의해 세분화하는 행동적 세분화도 있다.

4) 표적 시장(Targeting)

- 표적 시장 선정은 시장 세분화를 통해 나눈 시장을 평가하여 선정하는 과정으로 세분시장의 규모와 성장률, 시장의 매력도, 기업의 목표와 보유 자원에 의해 선정한다.
- 표적 시장 선정 전략은 기업의 자원이 한정된 경우 하나의 시장에 집중하는 집중 마케팅과 여러 개 표적 시장을 선정하여 각기 다른 마케팅 전략을 구사하는 차별적 마케팅이 있다.

5) 포지셔닝(Positioning)

- 포지셔닝은 기업이 원하는 대로 자사의 제품과 서비스를 소비자에게 인식시켜 자사의 제품과 서비스가 시장에서 바람직한 위치에 자리잡게 하는 것을 말한다.
- 디지털 마케팅에서는 소비자 경험 중심 포지셔닝이 중요하며 이를 위해서는 고객 여정(Customer Journey)을 이해하고 그 여정 동안 차별화된 고객 경험(Customer Experience)을 제공해야 한다.

6) 디지털 마케팅 평가 지표

- 디지털 마케팅에서는 전통적 마케팅에서 주로 활용되는 브랜드 인지도, 브랜드 선호도 등의 지표를 발전시켜서 PAR, BAR을 마케팅 활동 평가지표로 활용한다.
- PAR(Purchase Action Ratio) : 브랜드 인지를 브랜드 구매로 얼마나 잘 전환시키는가를 평가한다.
- BAR(Brand Advocate Ratio) : 브랜드 인지를 브랜드 옹호로 얼마나 잘 전환시키는지를 평가한다.
- PAR, BAR를 높이는 방법은 호기심 자극, 고객 몰입도와 매력도 제고, 친밀감 강화가 있다.

5. 디지털 마케팅 믹스

1) 마케팅 믹스(Marketing Mix)

- 마케팅 믹스는 마케팅 목표 달성을 위해 마케팅 활동에서 사용되는 여러 가지 방법을 전체적으로 조정하고 구성하는 일이다.
- 4P : Product(제품), Price(가격), Place(유통), Promotion(촉진)
- 7P : Product(제품), Price(가격), Place(유통), Promotion(촉진), People(인력), Process(과정), Physical Evidence(물리적 환경)
- Promotion : 광고, 홍보, 판매촉진, 인적 판매, 직접 마케팅이 포함된다.

2) 제품(Product)

- 디지털 마케팅에서는 소비자가 제품 제작에 직접 참여하여 소비자 의견을 상품화에 반영한다. 예를 들어 제품 개발 아이디어 공모전 등이 있다.
- 맞춤 운동화 제작과 같이 소비자의 주문에 의한 제작 방식이 등장하고 있다.

3) 가격(Price)

- 소비자가 생각하는 가치를 중시하며 소비자가 생각하는 가격을 제시하여 거래가 체결되기도 한다.
- 호텔, 항공 등의 역경매방식 가격 정책으로 성공을 거둔 프라이스 라인 닷컴이 대표적 사례이다.

4) 유통(Place)

- 소비자 편리성 위주의 유통 구조로 소비자가 원하는 시간과 장소에서 제품을 구매할 수 있다. 대표적인 사례는 T커머스로 기존 홈쇼핑에 비해 소비자가 언제든지 상품을 검색해서 실시간으로 구매할 수 있는 양방향 커머스로 소비자 편리성을 극대화하였다.
- 소비자 경험 위주의 옴니 채널 : 소비자가 오프라인과 온라인을 넘나들며 자유롭게 쇼핑할 수 있다.

5) 촉진(Promotion)

- 양방향 소비자 참여형 프로모션이 증가하며, 소비자가 광고 제작 과정에 직접 참여하여 의견을 제안하기도 한다.
- 소비자가 온라인상의 구전을 통해 제품 사용후기와 광고를 공유하여 제품과 브랜드 신뢰도를 높이기도 한다.

6. 구전 마케팅

1) 온라인 구전

- 온라인 구전(EWOM : Electronic Word of Mouth) : 온라인상에서 소비자가 직접 경험과 정보를 다른 소비자와 공유하는 자발적 의사소통으로 빠른 확산 속도와 넓은 구전 영역을 특징으로 한다.
- 온라인 구전은 네트워크 분석을 통해 구전의 확산 경로와 의견선도자를 파악할 수 있으며 기업의 입장에서 소비자의 의견을 청취하는 채널로 활용할 수 있다.
- SNS, 블로그, 온라인 게시판을 통해 온라인 구전이 확산되며, 마케팅 관점에서 구전의 확산 경로와 과정을 분석하고 긍정적, 부정적, 중립적 의견 소비자 별로 다른 방법으로 대응하는 것이 중요하다.

2) 바이럴 마케팅

- 소비자들을 장려해서 그들이 마케팅 메시지를 다른 소비자들에게 퍼뜨리게 하는 마케팅이다. 바이러스처럼 확산된다는 의미에서 사용되는 개념이다.
- 대표적 사례로 구글은 지메일 런칭 시 지메일 사용자가 다른 사람을 추천하면 이메일 계정 용량을 추가 제공하여 추천을 확산하였다.

3) 버즈 마케팅

- 오락이나 뉴스 같은 이야깃거리를 제공해서 소비자가 제품을 직접 사용해보고 자신의 SNS에 올려서 자연스럽게 구매를 유도하는 방법이다.
- 제품 출시 전 해당 제품에 대해 기대하고 열광한 소비자가 상품에 대해 소문을 내게 유도하는 마케팅으로 대표적인 예로 애플은 아이폰의 신제품 마케팅에 버즈마케팅을 활용하였다.

4) 인플루언서 마케팅

- 소셜 미디어 상에서 다른 사람에게 많은 영향 미치는 의견선도자(Influencer)를 활용하는 마케팅이다.
- 인플루언서는 수많은 팔로워(Follower)들에게 영향을 미칠 수 있고 높은 신뢰도를 가지고 있기 때문에 제품에 대한 의견이나 평가가 소비자들에게 많은 영향을 미친다.
- 인플루언서 마케팅이 성공하기 위해서는 제품과 가장 적합한 인플루언서를 선정하며, 협업 대상 브랜드와 인플루언서의 관심사와 전문성이 부합되어야 하고, 인플루언서가 진정성을 가지고 있어야 한다.

5) 커뮤니티 마케팅

- 제품과 관련된 다양한 커뮤니티(동호회, 토론방, 사용자 그룹)를 만들어 주고 이를 지원하는 마케팅으로 제품 정보를 공유하고 브랜드 충성도를 높이는 역할을 한다.
- 커뮤니티에는 잠재 고객 들이 모여 있기 때문에 해당 제품에 대한 긍정적 피드백이 형성되면 자연스럽게 전파되는 효과를 가지고 있으며, 회원들 대상의 체험 마케팅도 가능하다.

6) 코즈 마케팅(Cause Marketing)

- 사회를 위한 공익적 이슈를 제공하여 구매를 유도하는 마케팅이다.
- 개인의 욕구 충족과 사회 공익에 기여한다는 만족감을 제공한다.

7. 소셜 미디어 마케팅

1) 소셜 미디어의 정의

- 사람들이 서로의 생각, 의견, 경험, 관점을 공유하기 위해서 사용하는 온라인 매체이다.

- 블로그, 커뮤니티, SNS(페이스북, 인스타그램 등)를 포함한다.
- 소셜 미디어 마케팅은 소셜 미디어를 마케팅에 활용하는 것이며, 성공적인 소셜 미디어 마케팅을 위해서는 소셜 미디어에 대한 분석이 필요하다.

2) 소셜 미디어의 중요성

- 디지털 마케팅의 메시지 공유 채널로 활용이 증가하는 추세이다. 디지털 마케팅에서 소셜 미디어가 중요한 이유는 사람들의 신뢰를 얻고 자발적으로 콘텐츠를 생산하고 공유하는 최적의 공유채널이기 때문이다.
- 페이스북, 인스타그램 등 소셜 미디어는 마케팅적으로 가장 영향력이 큰 매체이며, 기업들이 소비자와 가장 많은 이야기를 주고받는 채널로 성장하였다.
- 소셜 미디어는 기업 이미지 개선, 제품과 서비스 개선, 제품 인지도 향상에 긍정적 효과를 보이고 있다.

3) 소셜 미디어의 진화

- 커머스 기능이 결합한 소셜 미디어가 등장하고 있다. 대표적으로 인스타그램은 인 앱 결재 기능을 추가하여 커머스 기능을 강화하였다.
- 틱톡, 스냅챗 등 짧은 동영상 기반의 새로운 소셜 미디어가 인기를 끌고 있다.
- 취미 모임이나 데이팅 앱 같은 모바일 기반의 네트워킹 소셜 미디어가 관계 형성 채널로 부상하고 있다.

4) 페이스북

- 전 세계 27억 명이 사용하는 세계 최대의 SNS이며 국내에서도 1,300만 명 이상이 사용하고 있다.
- 페이스북은 콘텐츠가 자동으로 무제한 노출되는 유일한 채널이며, 나만의 뉴스 피드를 제공하는 개인화 미디어이며, 인구 통계학적 정보와 소비자 행동을 기반으로 한 정교한 타기팅을 제공하는 중요한 디지털마케팅 채널이다.
- 사용자 중심의 양방향 참여형 프로모션과 소셜 미디어의 특성을 이해한 고객 서비스를 통해 페이스북 마케팅의 효율성을 높일 수 있다.

8. 디지털 마케팅의 미래

1) 패러다임의 전환

- 디지털 기반의 인터랙티브 마케팅 커뮤니케이션으로 진화하고 있으며, 모바일을 중심으로 빅데이터 분석을 통한 실시간 개인화 커뮤니케이션으로 발전하고 있다.

마케팅 패러다임의 전환

	Old Paradigm	New Digital Paradigm
소비자	수동적 소비자	능동적 소비자
커뮤니케이션	기업주도적 일방향 노출 위주 효율성	소비자 욕구 중심 양방향 상호작용, 참여, 체험
소비자 조사	설문조사	소셜 빅데이터
광고 방식	푸쉬형 대량의 일원화된 메시지 전달	개인 맞춤형 재미와 감성을 지닌 브랜디드 콘텐츠 (Branded Contents)

2) 디지털 마케팅 트렌드

2-1. 모바일

- TV, PC, 모바일의 멀티 스크린에서 모바일 중심으로 변화하고 있다.
- 모바일의 특성인 개인화, 즉시성, 위치성에 기반하여 모바일은 기업과 소비자가 상호 커뮤니케이션하는데 가장 적합한 매체로 각광받고 있다.
- 모바일 시대에는 소비자가 원하는 정보를 바로 찾고, 보고, 구매하려는 욕구인 마이크로 모멘트(Micro- Moments)를 충족시키는 것이 중요해졌다.

2-2. 브랜디드 콘텐츠

- 브랜디드 콘텐츠는 브랜드 메시지가 콘텐츠의 스토리라인에 녹아 들어간 것으로 엔터테인먼트와 광고가 결합된 형태이다.
- 기존 광고의 문제점인 광고 회피 현상을 극복하며 효과적으로 마케팅 메시지를 전달할 수 있다.
- 대표적 사례로 광고와 영화를 결합한 애드 무비(Ad Movie), 광고와 게임을 결합한 애드버게임(Advergame), 만화를 활용한 브랜드 웹툰(Brand Webtoon)이 있다.

2-3. 챗봇

- 챗봇은 인공지능 기반으로 사람과 실시간 대화를 나누는 소프트웨어로 고객과의 상호작용을 담당하는 새로운 인터페이스로 등장하고 있다.
- 특히 메신저와 챗봇이 결합되어 메시징을 통해 다수 고객들과 상시적 관계를 형성하고 유지하며, 맛집 추천, 호텔, 항공 예약 등 대화형 커머스 플랫폼의 중심으로 성장하고 있다.
- 챗GPT와 같은 대화형 AI의 등장은 마케팅과 커머스의 새로운 패러다임을 만들 것으로 예상된다.

2-4. 동영상 콘텐츠

- 동영상 중심 콘텐츠 소비가 트렌드로 대두되고 있으며, 특히 유튜브를 중심으로 한 모바일 동영상 콘텐츠 소비가 급증하고 있다.
- 동영상 콘텐츠 서비스 중심으로 SNS가 진화하고 있으며, 이에 따라 타겟에 특화된 고품질 동영상 콘텐츠가 점점 중요해지고 있다.

SEARCH
ADVERTISEMENT
MARKETER

Chapter 03 예제풀기

01 다음 중 디지털 마케팅의 개념에 포함되지 않는 것은?

① 고객 경험　　② 고객 관계 강화
③ 일방향 메시지　　④ 상호작용성

Answer. ③

02 다음 중 디지털 마케팅 시장 분석에서 충족되지 못한 새로운 소비자 니즈를 발굴한 사례는?

① 이북　　② 폴더블 폰
③ MP3　　④ 플레이스테이션

Answer. ②

03 다음 중 디지털 마케팅 시장 세분화에 사용되는 기법은?

① I-VALS　　② CRM
③ IASS　　④ 클라우드

Answer. ①

04 다음 중 디지털 마케팅의 표적시장 선정에 활용되는 요인이 아닌 것은?

① 세분시장 규모　　② 시장구조 매력도
③ 기업 목표와 자원　　④ 제품 개발

Answer. ④

05 다음 중 디지털 마케팅에서 포지셔닝 결정에 활용되는 요인이 아닌 것은?

① 고객 여정
② 고객 경험
③ 고객 만족
④ 고객 의사 결정

Answer. ③

06 다음 중 브랜드 인지를 브랜드 구매로 얼마나 잘 전환시키는 가를 평가하는 지수는?

① PAR
② PER
③ BAR
④ TPO

Answer. ①

07 다음 중 브랜드 인지를 브랜드 옹호로 얼마나 잘 전환시키는 가를 평가하는 지수는?

① PAR
② PER
③ BAR
④ TPO

Answer. ③

08 다음 중 PAR와 BAR를 높이는 방법이 아닌 것은?

① 호기심 자극
② 매력도 제고
③ 친밀도 강화
④ 양방향성

Answer. ④

09 제품 제작 과정에 직접 참여해서 의견을 제안하는 소비자를 지칭하는 용어는?

① 프로슈머
② 애드슈머
③ 세일슈머
④ 블랙 컨슈머

Answer. ①

10 홈 페이지, 자사 블로그 등 기업이 보유하고 있는 매체를 일컫는 용어는?

① Paid media
② Owned media
③ Earned media
④ Multi media

Answer. ②

SEARCH
ADVERTISEMENT
MARKETER

Chapter 04

디지털 광고

1. 디지털 광고의 정의

- 기업의 제품, 서비스에 관하여 디지털 미디어를 활용하여 소비자와 양방향으로 소통하는 설득 커뮤니케이션을 의미한다.

2. 디지털 광고의 특성

1) 트래킹의 용이성

- 디지털 광고는 웹사이트 방문자의 행동 추적과 기록이 용이한 특성을 갖는다. 따라서 웹사이트별 쿠키 분석을 통해 방문자의 위치, 방문 시간, 방문 횟수, 클릭한 링크, 노출된 이미지, 사용한 검색 키워드, 클릭한 광고 등을 파악할 수 있다.

2) 정교한 타기팅

- 사용자의 성별, 나이 등 정보를 기반으로 타기팅할 수 있으며, 쿠키 파일을 활용하여 사용자가 입력한 검색 키워드를 분석하여 검색어와 관련된 광고를 노출하는 콘텐츠 타기팅, 사용자 위치를 기반으로 한 지역 타기팅이 가능하다.
- 또한 웹사이트에 접속한 사람을 추적해서 그 사람이 다른 웹사이트에 접속할 때 이전 웹사이트에서 보았던 광고를 다시 보여주는 리타기팅(Re-Targeting)이 가능하다.

3) 전달의 융통성

- 디지털 광고는 시간과 공간의 제약 없이 방대한 정보를 제공할 수 있고, 실시간 광고 소재의 교체가 가능하다. 또한 이미지, 텍스트, 비디오 등 다양한 형태로 크리에이티브를 구현할 수 있다.

4) 상호작용성

- 디지털 광고는 양방향 커뮤니케이션과 실시간 반응, 사용자의 통제 등 상호작용성을 기반으로 한 광고이며, 소비자와 광고주가 실시간으로 상호작용이 가능하다.
- 또한 배너 광고노출 - 클릭 - 타겟 페이지 연결 - 상품 정보 검색 - 상품 경험 - 구매정보 공유 등 한 매체에서 다양한 수용자 행위가 동시에 이루어지는 특성이 있다.
- 인지도 제고 위주의 전통적 광고와 달리 디지털 광고는 인지도 제고와 직접 판매를 동시에 달성할 수 있다.

기존 매체 광고와 디지털 광고의 비교

기존 매체 광고	구분	디지털 광고
일방향	커뮤니케이션 방향성	양방향
강제적	광고 수용 방식	선택적
불특정 다수	광고 타겟	차별된 소수
반복적	광고 표현 방식	필요적
이미지 제고	광고 소구 형태	정보제공
인지도 향상 단계	광고 효과 단계	행동 단계
높음	광고 비용	저렴

3. 디지털 광고의 목적

1) 트래픽 생성 - 웹사이트 방문자 수 증대

- 배너광고, 검색광고, 동영상 광고 등 다양한 디지털 광고와 검색엔진 리스팅, 제휴 네트워크 활용 등을 통해 웹사이트 방문자 수를 증대시킬 수 있다.

2) 온라인 브랜딩(On-line Branding)

- 디지털 광고를 통해 브랜드 인지도, 브랜드 선호도와 같은 브랜딩 효과를 향상시킬 수 있다.

4. 디지털 광고의 산업 구조

• 디지털 광고시장을 구성하는 주체는 광고주, 디지털 광고대행사, 디지털 매체사, 미디어 랩, 애드 네트워크이다.

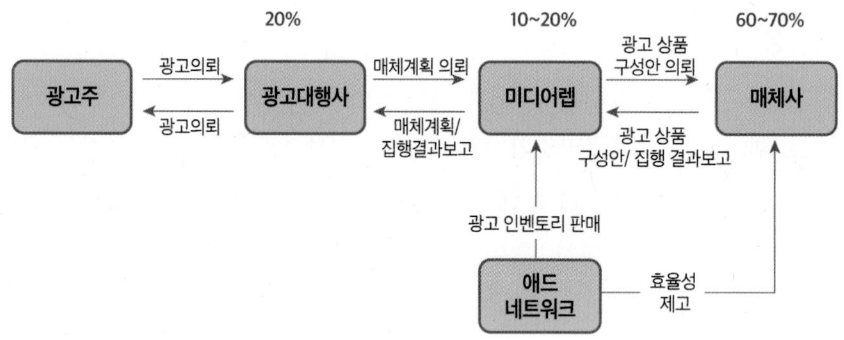

디지털 광고 산업 구조

1) 광고주

• 광고주는 광고를 게재하는 주체이다.

2) 디지털 광고 대행사

• 디지털 광고에 특화된 광고 회사이며, 광고주와 협의를 통해 광고를 기획하고 제작하는 역할을 수행한다.

3) 디지털 매체사

• 인터넷 포털 : 네이버, 구글
• 소셜 미디어 : 페이스북, 인스타그램 등
• 모바일 웹사이트, 앱 광고

4) 디지털 미디어 랩

• 디지털 미디어 랩은 사전 효과 예측 및 매체안을 제시하고, 광고 소재 송출, 노출 및 클릭 관리를 하며, 보유 광고 솔루션을 활용하여 각 매체별 트래킹을 통해 광고 효과를 측정하고 비교한다.
• 디지털 미디어 랩은 광고주 입장에서 보면 수많은 인터넷 매체사와 접촉하여 광고를 구매하고 집행을 관리해주는 역할을 대신해주며, 매체사 입장에서 보면 광고 판매를 대행하고 더 많은 광고를 수주할 수 있는 기회를 제공한다.

5) 애드 네트워크

- 매체사들의 다양한 광고 인벤토리(광고 집행 가능 영역)를 네트워크 형태로 묶어서 광고주에게 판매하는 서비스를 제공한다.

5. 디지털 광고의 유형

1) 배너 광고

- 배너 광고는 인터넷 화면에 보이는 사각형 형태의 광고를 말하며 웹사이트 트래픽 유도와 온라인 브랜딩 효과를 동시에 충족시킬 수 있다.
- 인터넷 광고 중 가장 오래된 유형으로 비교적 제작이 용이하다는 장점이 있으나, 검색광고에 비해서 클릭률이 낮고 정보 제공의 한계가 있다는 단점이 있다.
- 이러한 단점을 극복하기 위해 사용자와 다양한 상호작용이 가능한 인터랙티브 배너 광고가 등장하였다. 인터랙티브 배너 광고는 배너 내에서 다양한 정보를 제공하고 사용자 개인 정보도 수집할 수 있다.
- 또한 동영상, 애니메이션, 사운드 등 멀티미디어를 활용하여 광고 메시지를 풍부하게 전달할 수 있는 리치 미디어 배너 광고가 등장하였다.

인터랙티브 배너광고

리치 미디어 배너광고

2) 검색광고

- 검색광고는 높은 구매 연결 가능성, 광고효과의 실시간 확인, 광고 운영의 용이성 등 장점이 있는 반면, 무효클릭 문제, 검색어 구매의 복잡성, 검색어 선정의 어려움 등 단점도 존재한다.
- 효율적인 검색광고 집행을 위해서는 사전에 키워드 효과 분석을 통해서 어떤 키워드를 어떤 방식으로 구매할 지를 결정한 후 구매하는 것이 효과적이다.
- 검색광고는 실시간 경매방식(RTB)을 통해 구매할 수 있다. 이때 검색 키워드와 웹사이트의 연관성을 나타내는 광고 품질지수를 고려해야 한다.

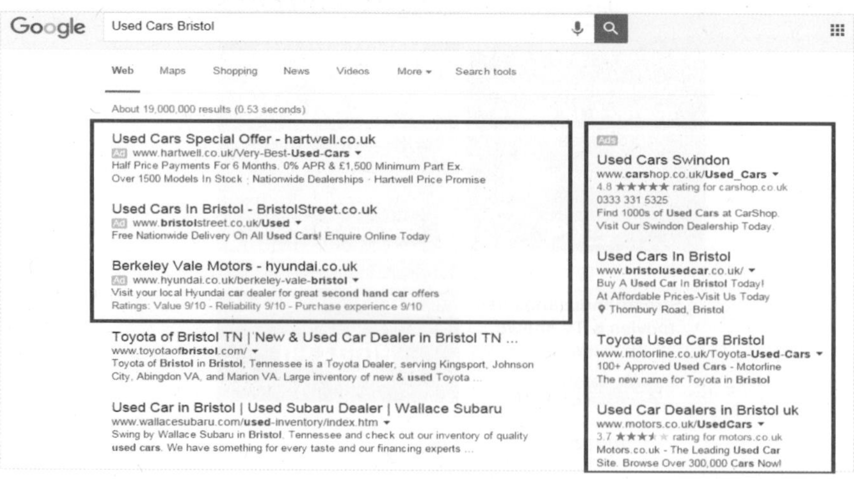

검색광고 유형

3) 동영상 광고

- 동영상 광고는 브랜드 인지도와 선호도를 높이는 온라인 브랜딩 효과를 주 목적으로 한다.
- 주로 동영상 콘텐츠를 시청하고자 할 때 재생되는 다양한 형태의 동영상 광고이며, 동영상 시청 전 광고인 프리롤 광고, 동영상 시청 중간 광고인 미드롤 광고 등이 있다.
- 유튜브 광고 유형

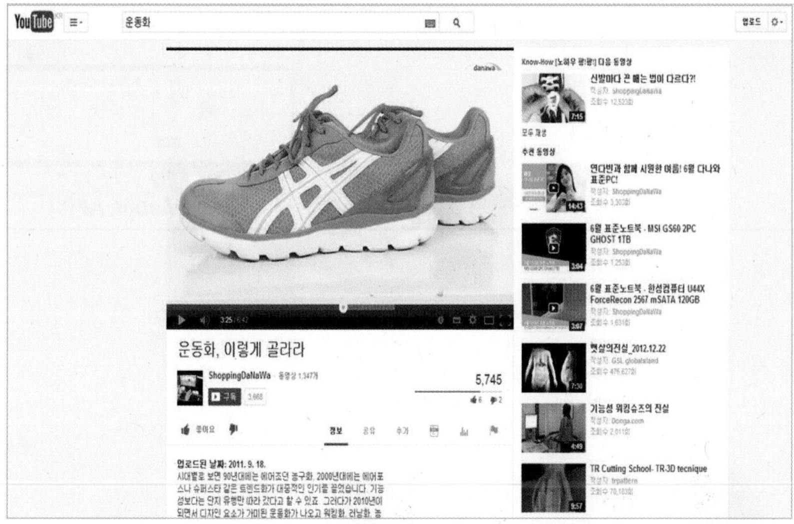

- 트루뷰 인스트림 : 5초간 광고 강제 노출 후 건너뛰기 가능한 광고 방식

• 트루뷰 포 액션 : 명확한 클릭 유도 문구를 제시하여 전환 증대

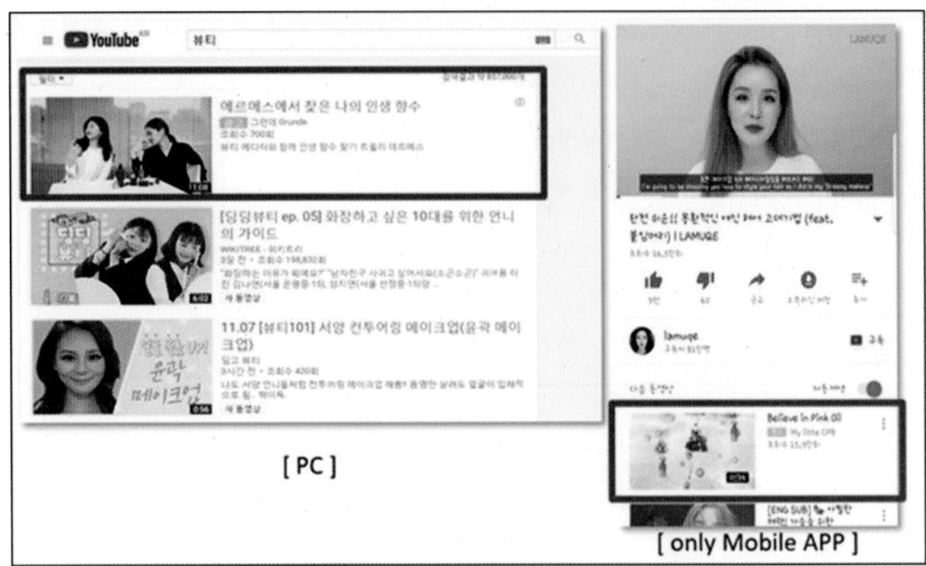

• 트루뷰 디스커버리 : 미리보기 이미지와 텍스트 형태로 노출하여 영상 시청 의도가 있는 유저가 클릭을 통해 시청

• 범퍼 애드 : 스킵 불가능한 6초 이하의 짧은 영상 형태

- 마스트헤드 : 유튜브 메인 화면에 24시간 동안 PC, 모바일, 태블릿에서 노출

4) 소셜 미디어 광고

4-1. 페이스북 광고

- 소셜 미디어 중 가장 임팩트가 큰 광고이며, 소셜 네트워크를 통한 파급력이 크다.
- 대표적인 광고 유형은 뉴스 피드와 칼럼 광고가 있으며, 이미지 또는 동영상 형태로 제작된다.

페이스북 광고 유형

4-2. 인스타그램 광고

- 인스타그램은 전 세계적으로 20, 30대 젊은 사용자와 여성층의 사용이 급증하면서 영향력 있는 소셜 미디어 광고로 부상하고 있다.
- 사용자의 메인 피드에 노출되는 스폰서 광고가 대표적인 유형이며, 이미지나 동영상 광고로 노출된다.
- 온라인 카탈로그 같은 형태인 컬렉션 광고는 패션이나 인테리어 등 광고에 적합하다.

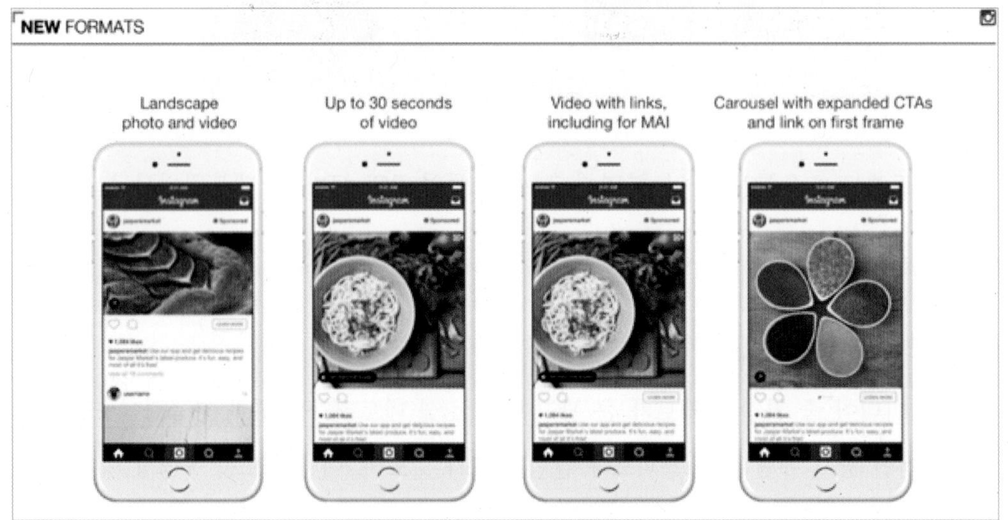

인스타그램 신광고 유형

4-3. 트위터 광고

- 트위터는 개방형 소셜 미디어로 누구든지 관계를 설정하면 즉각적으로 관계가 형성되기 때문에 가장 폭넓은 소셜 네트워크 형성이 가능하다.
- 대표적 광고상품은 사용자가 팔로잉하는 트위터 친구의 소식에 등장하는 프로모티드 트윗(Promoted Tweet)이 있다.

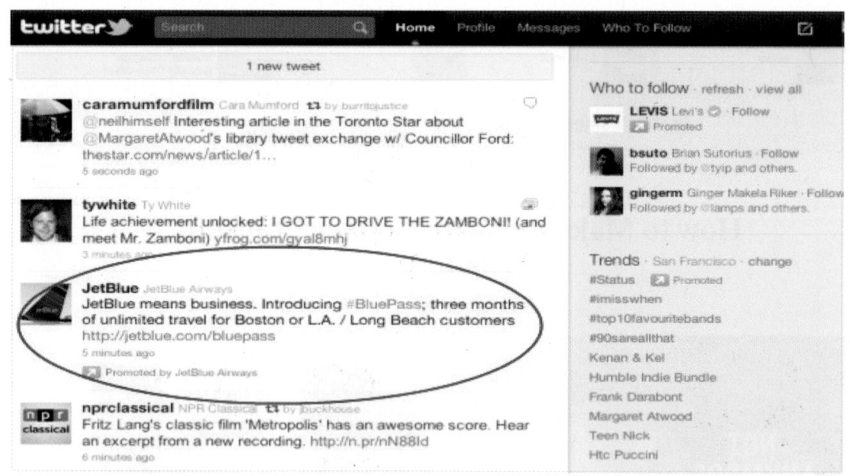

트위터 광고유형

5) 네이티브 광고

- 기존 광고와 달리 이용자가 경험하는 콘텐츠 일부처럼 보이도록 하여 이용자의 관심을 자연스럽게 이끄는 형태의 광고를 말한다.
- 콘텐츠 자체로의 가치가 충분하여 사용자에 의한 소비 과정에서 거부 반응이 적다는 장점이 있다.
- 의도적 판매 목적을 띈 광고에서 벗어나 가치 있고 매력적인 콘텐츠를 통해 소비자를 유도하고 획득한다는 측면에서 콘텐츠 마케팅의 기법으로 이해할 수 있다.
- 소비자의 광고 회피 현상을 피하고 사용자 도달을 극대화할 수 있는 새로운 광고 유형으로 각광받고 있다.

5-1. 인-피드 광고

- SNS상 친구들의 소식이 피딩(feeding) 되듯이 자연스럽게 피딩되는 형식의 네이티브 광고로 소비자의 주목도와 친밀감을 높이는 장점이 있다.
- 대표적으로 페이스북 뉴스 피드 광고, 트위터 프로모티드 트윗 등이 있다.

5-2. 기사 맞춤형 광고

- 문맥 광고의 일종으로 기사와 관련된 콘텐츠가 광고로 노출되어 사용자의 거부감을 최소화한 형태이다.

기사맞춤형 광고

5-3. 프로모티드 리스팅(Promoted Listing)

- 검색 기능을 가진 웹사이트에서 사용자가 지정한 검색어나 주제어와 관련되는 상품이 제시되는 형태의 광고로 일종의 '맞춤형 추천'이라고 할 수 있다.

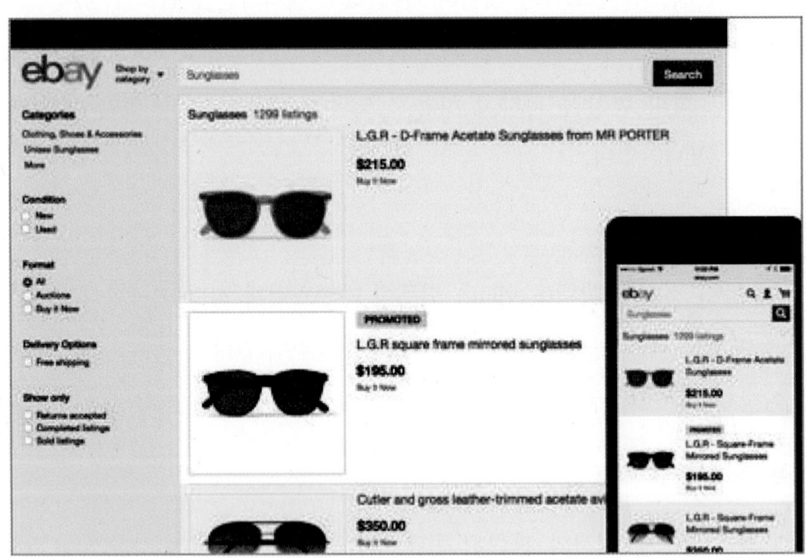

프로모티드 리스팅

6) 모바일 광고

- 무선 통신이 가능한 모바일 기기를 통해 텍스트, 이미지, 동영상 형태의 상업적 메시지를 소비자에게 전달하는 광고 유형이다.
- 초기 단문 문자 메시지(SMS)광고에서 출발하여 동영상, 애니메이션 등이 가능한 리치 미디어 형태의 MMS(Multimedia Messaging Service)광고로 발전했다.
- 스마트 폰의 확산에 따라 다양한 앱에 배너광고, 검색광고, 동영상 광고 등 다양한 행태로 집행되고 있다.
- 모바일 광고는 스마트 폰 이용시간 증가에 따라 2021년 기준으로 국내 광고 매체중 1위 매체이며, 전체 디지털 광고의 76%의 높은 비중을 차지하고 있다.

6-1. 모바일 광고의 특징

- 시간과 공간의 물리적 제약을 극복하여 높은 광고 메시지 도달률을 보인다.
- 휴대성이라는 모바일 기기의 특성상 위치기반 지역 광고나 개인 맞춤형 광고로 진화하고 있다.
- 즉각적 반응성으로 빠른 구매 연결이 가능하다.
- 모바일 웹, 앱, 게임, 브랜드 앱, QR 코드 등 다양한 활용이 가능하다.

6-2. 모바일 광고의 유형

- 배너 광고 : 모바일 디스플레이 광고의 가장 일반적 형태로 낮은 광고 단가로 중소기업 광고주에 적합하나 낮은 클릭률의 단점이 있다.

모바일 배너 광고

• 인 앱 광고(In-App) : 앱 다운로드 후 사용 시 배너 형태로 등장하는 광고 유형이다.

인 앱 광고

• 인터스티셜 광고(Interstitial) : 사용자가 특정 페이지에서 다른 페이지로 이동시 나타나는 광고 유형으로 모바일 스크린 전면광고로 사용자의 주목도가 높으며 다양한 크리에이티브가 가능하다.

인터스티셜 광고

• 동영상 광고 : 이용자의 동영상 시청 전, 중간, 후에 노출되는 동영상 광고로 클릭률이 높다.

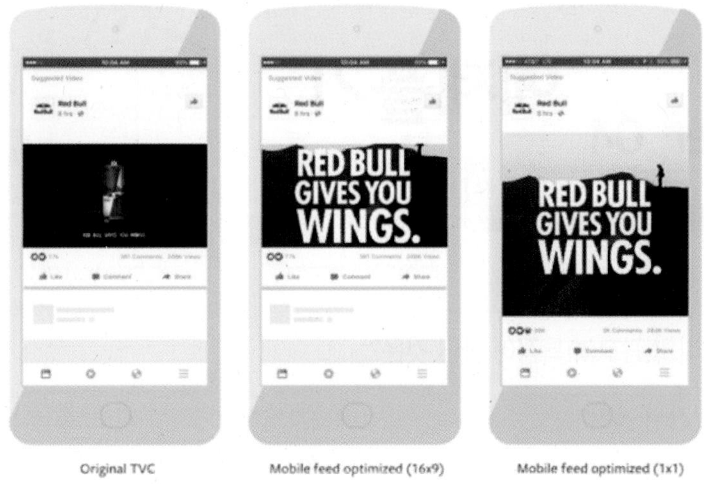

동영상 광고

- 네이티브 광고 : 소셜 미디어에서 사용자의 피드와 적절하게 통합되어 있는 인피드(In-Feed)형식의 광고로 이용자가 콘텐츠의 일부로 인식하여 거부감이 적다.

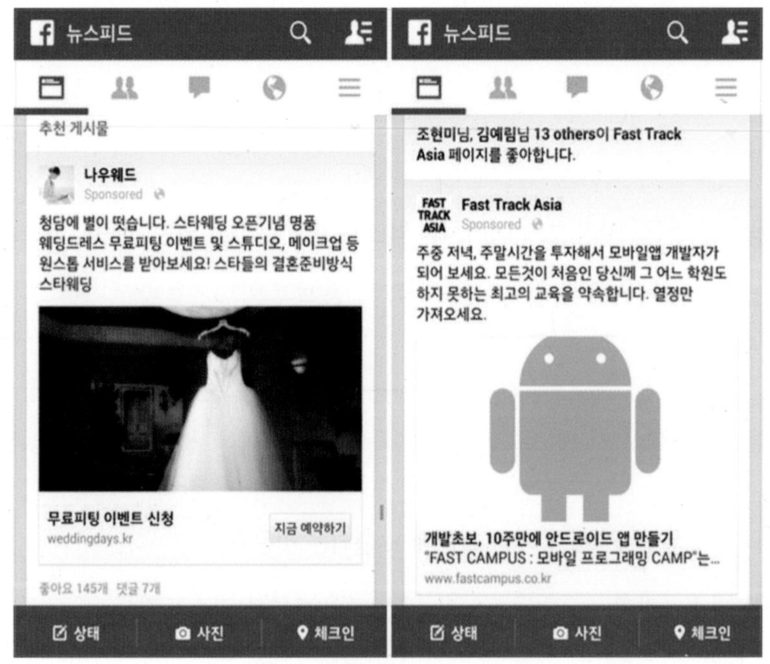

네이티브 광고

SEARCH ADVERTISEMENT MARKETER

Chapter 04 예제풀기

01 다음 중 모바일 광고의 특징이 아닌 것은?

① 시간, 공간의 제약
② 휴대성
③ 즉각적 반응
④ 다양한 활용성

Answer. ①

02 다음 중 20, 30대 여성층이 많이 사용하는 이미지 위주의 SNS 채널은?

① 인스타그램
② 트위터
③ 링크드인
④ 유튜브

Answer. ①

03 유튜브 광고 상품 중 미리 보기 이미지와 텍스트 형태로 노출되는 것은?

① 트루뷰 디스커버리
② 트루뷰 인스트림
③ 범퍼 애드
④ 마스트 헤드

Answer. ①

04 유튜브 광고 상품 중 24시간 메인 화면에 노출되는 것은?

① 트루뷰 디스커버리
② 트루뷰 인스트림
③ 범퍼 애드
④ 마스트 헤드

Answer. ④

05 다음 중 인터넷 광고 특성이 아닌 것은?

① 트래킹 용이성
② 높은 타게팅 수준
③ 구매 용이성
④ 신뢰도 제고

Answer. ④

06 다음 중 검색광고의 장점이 아닌 것은?

① 높은 구매 연결
② 광고 효과 즉시 확인
③ 탄력적 광고 운영
④ 상대적으로 낮은 광고 단가

Answer. ④

07 다음 중 동영상, 애니메이션 등 다양한 멀티 미디어 활용해서 광고 메시지를 풍부하게 전달하는 배너 유형은?

① 인터랙티브 배너
② 인터스티셜 배너
③ 리치미디어 배너
④ 스마트 배너

Answer. ③

08 배너 자체 내에서 다양한 정보 제공해서 사용자와 다양한 상호작용이 가능한 배너 유형은?

① 인터랙티브 배너
② 인터스티셜 배너
③ 리치미디어 배너
④ 스마트 배너

Answer. ①

09 다음 중 네이티브 광고의 특성이 아닌 것은?

① 콘텐츠 자체의 가치로 거부감이 적음
② 광고회피 현상 극복
③ 콘텐츠와 분리되지 않고 콘텐츠 형식과 유사하게 제작
④ 직접적 메시지로 구매 유도

Answer. ④

10 다음 중 네이티브 광고가 아닌 것은?

① 페이스북 뉴스 피드 ② 인스타그램 이미지 피드
③ 유튜브 동영상 광고 ④ 트위터 프로모티드 트윗

Answer. ③

SEARCH ADVERTISEMENT MARKETER

Part 1

적중 예상문제 ①

01 다음 중 온라인 비즈니스의 개념에 속하지 않는 것은?

① 무형의 디지털 상품
② 인터넷 활용
③ 양방향 정보 교류
④ 생산성 최적화

Answer. ④

02 다음은 온라인 비즈니스 모델의 성공 요인 중 하나에 대한 설명이다. (괄호)안에 들어갈 용어로 알맞은 것은?

(　　)는 기업의 비즈니스 모델이 가진 자산적 가치를 구현하는 것이다.

① 브랜드
② 고객 가치
③ 특허
④ 품질

Answer. ③

03 다음은 기업 측면에서 온라인 비즈니스 모델의 의의에 대한 설명이다. (괄호)안에 들어갈 용어로 알맞은 것은?

온라인 비즈니스 모델은 기업이 인터넷 관련 비즈니스를 하는데 있어서 (　　) 창출하는 원천이 된다.

① 수익
② 서비스
③ 제품
④ 고객만족

Answer. ①

04 다음 중 온라인 비즈니스 모델의 성공 요인에 해당하지 않는 것은?

① 지속적 수익 창출 ② 차별화된 콘텐츠와 서비스
③ 시장 독과점 ④ 고객 관점과 고객 경험

Answer. ③

05 다음에서 설명하는 것으로 알맞은 것은?

> 이것은 시장선점자에게 독점적 위치를 제공하고 후발주자에게는 엄청난 진입장벽으로 작용한다.

① 특허 ② 제품력
③ 고객가치 ④ 고객경험

Answer. ①

06 다음 중 온라인 비즈니스 유형 중 중고장터와 같은 소비자와 소비자 간의 거래를 일컫는 것은?

① B2C ② C2C
③ B2B ④ B2G

Answer. ②

07 다음 중 검색, 포털, 온라인 커머스와 같은 것은 온라인 비즈니스 유형 중 어디에 해당하는가?

① B2C ② C2C
③ B2B ④ B2G

Answer. ①

08 다음 중 제공가치에 따른 온라인 비즈니스 유형에 해당되지 않는 것은?

① 가격 지향형 모델 ② 편의/신속성 지향형 모델
③ 맞춤형/서비스 지향형 모델 ④ 혁신 기술 지향형 모델

Answer. ④

09 다음은 제공가치에 따른 온라인 비즈니스 유형에 따른 설명이다. (괄호)에 들어갈 단어로 알맞은 것은?

- (　　)을 구축하기 위해서는 상품의 특성에 따른 적절한 사업 규모 설정과 기존 유통 채널의 반발을 최소화하기 위한 방안이 중요하다.
- 가격은 모든 비즈니스의 가장 중요한 무기 중 하나이다.

Answer. 가격지향형 모델

10 다음은 제공 가치에 따른 온라인 비즈니스 유형 중 무엇에 대한 설명인가?

- 고객 정보를 DB화하여 이를 바탕으로 상품과 서비스를 개발한다.
- 고객 욕구에 기초한 고객 욕구 지향적 상품, 서비스에 적합한 비즈니스 모델이다.

Answer. 맞춤형 서비스 지향형 모델

11 다음 (괄호)에 들어갈 단어로 알맞은 것은?

- (　　)은 경험재로서 고객 체험을 유도하는 것이 중요하다.
- 상대적으로 물류 문제는 없지만 불법 복제와 같은 문제가 존재한다.

Answer. 디지털 상품

12 다음은 무엇에 대한 설명인가?

> • 이것에 의해 물리적 상품의 구매 편리성과 구매 안전성을 동시에 충족시킬 수 있다.
> • 이것은 원활한 유통을 위한 물류체계 구축이 중요하다.

Answer. 온라인 커머스

13 다음 중 판매 방식에 따른 온라인 비즈니스의 유형에 해당되지 않는 것은?

① 중개형
② 관계형
③ 판매형
④ 커뮤니티형

Answer. ②

14 특정 상품만 판매하는 판매형 온라인 비즈니스를 일컫는 용어는?

① 카테고리 킬러형
② 종합 몰형
③ 오픈 마켓형
④ 소셜 커머스형

Answer. ①

15 다음 중 온라인 포털의 정의에 해당되지 않는 것은?

① 인터넷 관문 역할
② 다양한 서비스로 많은 트래픽 유도
③ 트래픽 기반 수익 모델
④ 사회적 관계 형성

Answer. ④

16 다음 중 온라인 포털의 특성에 해당되지 않는 것은?

① 킬러서비스 통해 이용자 유입
② 확보된 이용자 대상 광고 수익 창출
③ 온라인 커머스, 콘텐츠 판매 수익
④ 독점적 정보 제공

Answer. ④

17 다음은 무엇에 대한 설명인가?

• (   )은 광고를 주 수익 기반으로 하지만 온라인 커머스, 유료 콘텐츠, 결제 등 다양한 수익 모델을 가지고 있다.

Answer. 포털

SEARCH ADVERTISEMENT MARKETER
Part 1

적중 예상문제 ②

01 다음 중 온라인 포털의 진화 단계 중 (괄호)안에 들어가야 할 단어는?

• Search - (　　　) - Community - Contents & Commerce

Answer. Communication

02 다음은 검색엔진의 종류 중 하나에 대한 설명이다. (괄호) 안에 들어갈 단어로 적당한 것은?

• (　　　)은 인터넷에 존재하는 웹사이트 또는 파일에 대한 정보를 주제별로 분류한 후 대분류, 중분류, 소분류 등 계층별로 정리한 목록을 제공한다.
• 대표적인 예로 야후의 검색엔진이 있다.

① 디렉토리 검색　　② 인덱스 검색
③ 통합검색　　④ 메타 검색

Answer. ①

03 다음은 검색엔진의 종류 중 하나에 대한 설명이다. (괄호) 안에 들어갈 단어로 적당한 것은?

• (　　)은 인터넷에서 새롭게 생성되는 다양한 정보를 검색 로봇이 주기적으로 수집하여 데이터 베이스에 정보의 위치를 저장한다.
• 대표적인 예로 구글의 검색엔진이 있다.

① 디렉토리 검색　　② 인덱스 검색
③ 통합검색　　④ 메타 검색

Answer. ②

04 다음 중 네이버의 지식 검색이나 이미지 검색은 어떠한 검색엔진 유형인가?

① 디렉토리 검색 ② 인덱스 검색
③ 통합검색 ④ 메타 검색

Answer. ③

05 다음 중 소셜 미디어의 특성으로 적절하지 않은 것은?

① 참여 ② 연결
③ 공개 ④ 창조

Answer. ④

06 다음 중 소셜 미디어의 특성에 대한 설명으로 적절하지 않은 것은?

① 관심있는 사람들의 기여와 피드백 촉진
② 양방향으로 소통
③ 자연스럽게 커뮤니티 구성
④ 이용자와 웹사이트 중개

Answer. ④

07 다음은 소셜 미디어의 유형 중 하나에 대한 설명이다. 무엇에 대한 설명인가?

• 네티즌이 웹에 기록한 일기나 일지를 의미한다.

① 소셜 네트워크 ② 콘텐츠 커뮤니티
③ 블로그 ④ 팟캐스트

Answer. ③

08 다음은 소셜 미디어의 유형 중 하나에 대한 설명이다. 무엇에 대한 설명인가?

- 인터넷을 통한 라디오 방송을 의미한다.

① 소셜 네트워크 ② 콘텐츠 커뮤니티
③ 블로그 ④ 팟캐스트

Answer. ④

09 다음에서 설명하는 것으로 알맞은 것은?

- 인터넷 쇼핑, 모바일 쇼핑, 소셜 커머스 등 최신 ICT 기술을 통한 새로운 유통 채널과 거래방법 모두 포함
- 상시상거래를 지칭하는 새로운 개념

① E-커머스 ② T-커머스
③ 디지털 커머스 ④ 온라인 커머스

Answer. ③

10 다음 중 온라인 커머스의 트렌드에 해당되지 않는 것은?

① 유료 멤버쉽 ② 옴니채널
③ 온라인과 오프라인의 통합 ④ 거래 중개자 모델

Answer. ④

11 다음의 디지털 콘텐츠 시장 중 가장 시장 규모가 큰 유형은?

① 디지털 게임 ② 디지털 만화
③ 디지털 정보 콘텐츠 ④ 디지털 음악

Answer. ①

12 다음에서 설명하는 것은 무엇인가?

- 인터넷 망을 통한 영상 콘텐츠 서비스
- 구독 서비스 기반
- 통신사, 방송사, 포털 등 다양한 플레이어 참여

Answer. OTT

13 다음에서 설명하는 것은 무엇인가?

- 소비자가 소비주체에서 생산주체로 진화
- 능동적 참여형 소비자로 생산에 관여

Answer. 프로슈머(Prosumer)

14 다음에서 설명하는 것은 무엇인가?

- 소비자나 제3자가 정보를 생산하는 매체
- 대표적인 예는 입소문, 뉴스 기사

Answer. 언드 미디어(Earned Media)

15 다음 중 트리플 미디어 중 홈페이지와 같이 자사가 보유하고 있는 매체를 일컫는 것은?

① Paid Media
② Earned Media
③ Owned Media
④ Mass Media

Answer. ③

16 다음 중 소비자의 능동적 참여를 기반으로 하는 디지털 정보처리과정을 일컫는 용어는?

① AISAS
② AIDMA
③ AISIS
④ AIMA

Answer. ①

17 다음에서 설명하는 것은 무엇인가?

- 디지털 기술 활용 고객 경험 극대화, 고객과의 지속적 관계 유지
- 인터넷 마케팅, 콘텐츠 마케팅, 소셜 미디어 마케팅 포괄

Answer. 디지털 마케팅

18 다음에서 설명하는 것은 무엇인가?

- 비슷한 선호와 취향을 가진 소비자를 세부 집단으로 나눔
- 인구통계학 변수, 심리학적 변수를 통해 세분화

Answer. 시장 세분화

SEARCH
ADVERTISEMENT
MARKETER

Part 1

적중 예상문제 ③

01 다음에서 설명하는 것으로 알맞은 것은?

- 기업이 원하는 대로 자사의 제품을 소비자에게 인식시켜 시장에서 자사의 제품이 독특한 위치를 차지할 수 있도록 자리 잡는 것

① 타기팅
② 포지셔닝
③ 시장세분화
④ 시장기회 발견

Answer. ②

02 다음에서 설명하는 것으로 알맞은 것은?

- 디지털 마케팅에서 브랜드 인지를 브랜드 구매로 얼마나 잘 전환시키는 가를 평가하는 지표

① PAR
② BAR
③ POE
④ PPV

Answer. ①

03 다음 중 구전 마케팅 유형에 해당되지 않는 것은?

① 바이럴 마케팅
② 버즈 마케팅
③ 인플루언서 마케팅
④ 콘텐츠 마케팅

Answer. ④

04 다음에서 설명하는 것으로 알맞은 것은?

• 소비자들을 장려해서 그들이 마케팅 메시지를 다른 소비자들에게 퍼뜨리게 하는 마케팅

① 바이럴 마케팅　　② 버즈 마케팅
③ 인플루언서 마케팅　　④ 콘텐츠 마케팅

Answer. ①

05 다음 중 모바일의 특성이 아닌 것은?

① 개인화　　② 즉시성
③ 위치성　　④ 연속성

Answer. ④

06 다음의 설명에서 (괄호) 안에 들어갈 용어는 무엇인가?

(　　)는 브랜드 메시지가 콘텐츠의 스토리 라인에 녹아 들어간 것으로 엔터테인먼트와 광고가 결합된 형태이다.

Answer. 브랜디드 콘텐츠

07 다음의 설명에서 (괄호) 안에 들어갈 용어는 무엇인가?

브랜디드 콘텐츠의 유형으로 광고와 영화가 결합한 것을 (　　)라고 한다.

Answer. 애드 무비

08 다음 중 디지털 광고의 특성이 아닌 것은?

① 트래킹의 용이성 ② 정교한 타기팅
③ 상호작용성 ④ 인지도 제고

Answer. ④

09 다음에서 설명하는 것은 무엇인가?

- 광고주 입장에서 수많은 인터넷 매체사와 접촉하여 광고를 구매하고 집행, 관리하는 역할을 대행
- 매체사 입장에서 광고 판매 대행

Answer. 미디어랩

10 다음에서 설명하는 것은 무엇인가?

- 매체사들의 다양한 광고 인벤토리를 네트워크 형태로 묶어서 광고주에게 판매하는 서비스 제공

Answer. 애드 네트워크

11 다음 중 검색광고의 장점이 아닌 것은?

① 구매 연결 가능성 ② 광고 효과의 실시간 확인
③ 온라인 브랜딩 효과 ④ 광고운영의 용이성

Answer. ③

12 다음 중 유튜브 광고의 유형이 아닌 것은?

① 트루뷰 인스트림 ② 마스터 헤드
③ 트루뷰 포 액션 ④ 뉴스 피드

Answer. ④

13 다음 중 소셜 미디어 광고의 유형이 아닌 것은?

① 뉴스 피드 ② 프로모티드 트윗
③ 칼럼 광고 ④ 미드롤

Answer. ④

14 다음은 무엇에 대한 설명인가?

- 기존 광고와 달리 이용자가 경험하는 콘텐츠 일부처럼 보이도록 하여, 이용자의 관심을 자연스럽게 이끈 형태의 광고

① 네이티브 광고 ② 소셜 미디어광고
③ 동영상 광고 ④ 문맥 광고

Answer. ①

15 다음 중 네이티브 광고의 유형이 아닌 것은?

① 인 피드 광고 ② 기사 맞춤형 광고
③ 프로모티드 트윗 ④ 미드 롤

Answer. ④

16 다음 중 모바일 광고의 특성이 아닌 것은?

① 시간과 공간의 물리적 제약 극복 ② 휴대성
③ 즉각적 반응 ④ 광고 회피 극복

Answer. ④

17 다음은 무엇에 대한 설명인가?

• 모바일 앱 다운로드 후 사용 시 배너 형태로 등장하는 광고 유형

① 배너 광고 ② 인 앱 광고
③ 인터스티셜 광고 ④ 네이티브 광고

Answer. ②

18 다음은 무엇에 대한 설명인가?

• 사용자가 특정 페이지에서 다른 페이지로 이동시 나타나는 광고 유형

① 배너 광고 ② 인 앱 광고
③ 인터스티셜 광고 ④ 네이티브 광고

Answer. ③

SEARCH
ADVERTISEMENT
MARKETER

검색광고 실무 활용

PART 2

SEARCH
ADVERTISEMENT
MARKETER

Chapter 01

검색광고의 이해

웹사이트를 구축하고 얼마나 효율적으로 고객을 유치할 수 있는지가 온라인 비즈니스의 승패를 좌우한다. 네이버, 다음, 구글과 같은 포털사이트에 접속하여 검색어를 입력하면 수많은 웹사이트가 검색 결과로 제공되는데, 우리는 이를 통해 원하는 서비스나 제품에 쉽게 접근할 수 있게 된다. 기업의 입장에서는 적시에 웹사이트를 노출시켜 효과적으로 고객을 유치할 수 있어 필수적으로 집행하는 광고매체이기도 하다. 최근에는 개인 정보보호 이슈로 인해 검색광고의 중요성이 더욱 대두되고 있는 실정이다.

이러한 검색광고에 대한 개념과 특징, 매체 노출 효과 및 산출 방법에 대해 알아보자.

1. 검색광고의 개념 및 특징

1) 검색광고 개념

1-1. 검색광고의 정의

- 네이버, 카카오, 구글 등의 검색엔진을 통해 기업의 웹사이트를 노출시킬 수 있는 광고기법이다.
- 기업은 각각의 검색광고 운영 시스템에 관련 키워드를 등록하고 검색 결과 상위에 노출하여 잠재 고객의 방문을 유도한다.
- 이때 광고 서비스 업체에서는 양질의 검색 결과를 제공하기 위해 광고의 연관도와 콘텐츠, 업종별 등록 기준에 의거하여 검수한다.

- 검색 이용자는 이렇게 노출되는 검색 결과를 통해 원하는 정보나 서비스, 제품 등을 손쉽게 만날 수 있게 된다.
- 검색광고는 이용자의 능동적인 검색 활동에 기반하여 노출되므로 정확한 타겟팅이 가능한 광고라고 할 수 있다.
- 검색광고는 키워드광고, SEM(Search Engine Marketing), SA(Search Ad), Paid Search라고도 한다.

1-2. 검색광고 시장 동향

- 온라인 광고는 2016년 방송광고비를 역전하며 지금까지 가장 빠르게 성장하고 있는 분야이다. 특히 모바일 광고비는 2017년 PC 광고비를 추월하여 2022년에는 네 배 이상의 광고비 차이를 보일 것으로 예상된다.

「2021 방송통신광고비 조사」 7페이지 (단위 : 백만원)

구분	2016	2017	2018	2019	2020	2021(e)	2022(e)
방송	4,135,069	3,950,057	3,931,829	3,771,046	3,484,137	4,060,849	4,378,785
인쇄	2,319,341	2,310,264	2,347,956	2,372,993	1,920,054	1,931,536	2,019,940
온라인	**4,154,724**	**4,775,137**	**5,717,205**	**6,521,929**	**7,528,378**	**9,284,586**	**11,116,554**
옥외	1,088,532	1,305,948	1,329,898	1,256,765	835,759	838,691	842,458
기타	464,991	412,056	428,999	504,196	351,960	365,806	381,371

「2021 방송통신광고비 조사」 9페이지 (단위 : 백만원)

매체 유형	세부 광고유형	2017	2018	2019	2020	2021(e)	2022(e)
PC	디스플레이광고	904,407	965,785	919,198	936,334	923,398	962,444
	검색광고	1,004,785	1,089,664	952,445	903,029	1,062,067	1,154,310
	합계	**1,909,192**	**2,055,449**	**1,871,643**	**1,839,363**	**1,985,465**	**2,116,754**
모바일	디스플레이광고	1,519,253	1,839,956	2,353,106	3,026,808	3,831,610	4,727,565
	검색광고	1,346,693	1,821,799	2,297,180	2,662,208	3,467,510	4,272,235
	합계	**2,865,946**	**3,661,755**	**4,650,286**	**5,689,016**	**7,299,120**	**8,999,800**

1-3. 검색광고 참여주체

- 광고주 : 검색엔진을 통해 웹사이트를 광고하고자 하는 개인 또는 기업으로, 광고주 스스로 광고 시스템을 통해 광고를 운영할 수도 있고 광고 대행사를 통해서 운영할 수도 있다.

- 광고 대행사 : 광고주를 대신하여 전문적으로 광고 업무를 수행한다. 광고의 기획부터 등록, 관리, 리포트, 제안 등의 업무를 수행하며 그 대가로 매체사 또는 광고주로부터 대행 수수료를 받는다.
- 검색광고 서비스 업체 : 검색광고 운영 시스템을 통해 키워드와 노출 지면을 판매하는 플랫폼이다.
- 포털사이트 : 검색 페이지 지면을 제공하며 대표적으로 네이버, 구글, 다음, 네이트, 줌, Bing 등이 있다.

2) 검색광고의 특징

- 정확한 타겟팅이 가능하다. 웹사이트에서 제공하는 서비스나 제품에 관련된 키워드를 등록하여 잠재 고객이 검색했을 때 광고를 노출시킬 수 있어 정확한 타겟팅이 가능하다고 할 수 있다.
- 종량제 광고(CPC 광고)로 효율적으로 운영할 수 있다. 클릭당 과금되는 시스템으로 노출이 되었다고 과금되지 않으며, 클릭을 통해 웹사이트에 접속하였을 때에만 과금이 되어 효율적이라고 할 수 있다.
- 광고 효과를 즉시 확인할 수 있다. 광고의 노출수, 클릭수, 광고비용 등의 광고효과를 시스템을 통해 실시간으로 확인할 수 있다. 이를 통해 광고 효과에 따른 즉시 대응이 가능하다.
- 광고 운영 시스템을 통해 실시간으로 광고 운영이 가능하다. 이슈에 따라 광고를 ON/OFF 할 수 있으며, 노출되는 광고 소재를 수정할 수 있다. 또한 노출 지면과 디바이스, 노출 순위, 예산 등을 실시간으로 조정할 수 있다.
- 노출 순위는 최대 클릭 비용 외에 광고품질에 따라 달라진다. 키워드와 웹사이트, 광고 소재의 연관도, 클릭률 등에 따라 품질 점수를 부여한다. 최대 클릭 비용에 품질 지수를 반영하여 최종 노출 순위가 결정되므로 광고 품질이 높은 웹사이트는 보다 낮은 비용으로 상위에 노출시킬 수 있다. 반대로 광고품질이 낮은 웹사이트는 더 높은 비용을 지불해야 한다.

이상의 특징이 검색광고가 가지는 장점이라고 할 수 있으나 검색광고의 문제점 또한 존재하는데 다음과 같다.

- 초기 브랜딩 광고로 적합하지 않다. 불특정 다수를 대상으로 하는 메인 배너광고에 비하여 초기 브랜드를 알리는 광고로는 적합하지 않다. 관련 키워드를 검색한 유저에게만 광고가 노출되기 때문이다.

- 대형 포털에서의 검색광고 경쟁이 심화될 수 있다. 검색 결과 상위에 웹사이트를 노출하고자 하는 광고주 간의 치열한 경쟁으로 입찰가가 과도하게 높아질 수 있다. 노출 지면은 한정되어 있으나 수많은 광고주가 입찰에 참여하고 있기 때문이다. 대출 관련 키워드는 광고를 등록한 업체가 220개가 넘으며 이 중 네이버 모바일 첫 페이지에 노출되는 업체는 단 5개 업체뿐이다.
- 관리 리소스가 많이 투여된다. 실시간으로 광고를 운영할 수 있어 성과에 따라 탄력적인 운영이 가능하지만 반대로 그에 따른 관리 리소스가 많이 투입되는 단점이 있다.
- 부정클릭 발생을 방지하기 어렵다. 종량제 과금 방식을 이용하여 악의적인 목적으로 특정 광고를 클릭하는 행위를 부정클릭이라고 한다. 각 포털에서 자체적으로 부정클릭을 필터링하고 있지만 원천적인 봉쇄는 어렵다. 부정클릭으로 의심되는 IP는 광고가 노출되지 않도록 제한하거나 신고할 수 있다.

3) 검색광고의 주요 용어

- KPI : Key Performance Indicators의 약자로 핵심성과지표, 즉 수치로 표현 가능한 광고의 목표를 말한다. 업종별로 노출, 유입, 회원가입, 구매, 예약, 상담 신청 등의 다양한 KPI가 있다.
- CPM : Cost Per Mille의 약자로 1,000회 노출당 비용을 말한다. 주로 배너광고와 같은 정액제 광고에서 쓰인다.
- CPC : Cost Per Click의 약자로 클릭이 발생할 때마다 비용을 지불하는 종량제 광고 방식이다. 노출과 무관하게 클릭이 이루어질 때에만 과금되며 클릭당 비용은 경쟁 현황에 따라 차이가 있다.
- 대표 키워드 : 업종을 대표하는 키워드로 검색수가 높고 경쟁이 치열하다.
- 세부키워드 : 대표 키워드의 하위 개념으로 구체적인 서비스명이나 제품명, 지역명, 수식어를 조합하여 사용하기도 한다.
- 시즈널 키워드 : 특정 시기나 계절에 따라 조회수와 광고 효과가 급증하는 키워드이다.
- 광고 소재 : 검색 결과에 노출되는 메시지로 제목과 설명 문구(T&D), URL, 다양한 확장 소재로 구성된다.
- 확장 소재 : 일반 광고 소재 외 전화번호, 위치정보, 홍보문구, 추가 링크 등을 말한다. 확장 소재는 반드시 광고에 표시되지는 않는다.
- URL : 검색 결과에 노출되는 URL을 표시 URL, 광고 클릭 시 도달되는 랜딩 페이지를 연결 URL이라고 한다.

- T&D : Title & Description의 약자로 검색 결과에 노출되는 제목과 설명에 해당한다.
- 품질 지수 : Quality Index, 게재된 광고의 품질을 나타내는 지수이다.
- 순위 지수 : Ranking Index, 노출 순위를 결정하는 지수이다.
- UV : Unique Visitors의 약자로 중복되지 않은 방문자 수치로 순 방문자라고 한다.
- PV : Page View의 약자로 방문자가 둘러본 페이지 수를 말한다.
- DT : Duration Time의 약자로 방문자가 사이트에 들어와서 체류한 시간을 말한다.

2. 매체노출효과 및 산출방법

1) 광고노출 효과

- 노출수 : 광고가 노출된 횟수로 검색광고에서는 검색 사용자에게 광고가 노출된 횟수를 말한다.
- 클릭수 : 광고가 클릭된 횟수를 말한다.
- 클릭률(CTR) : Click Through Rate의 약자로 노출수 대비 클릭수 비율을 말한다.
- 전환율(CVR) : Click Conversion Rate의 약자로 클릭수 대비 전환수 비율을 말한다.
- 컨버전(Conversion) : 광고를 통해 사이트로 유입 후 특정 전환을 취하는 것을 말한다.
- ROAS : Retun On Ad Spend의 약자로 광고비 대비 수익률을 말한다.
- ROI : Return On Investment의 약자로 투자 대비 이익률을 말한다.
- 전환당 비용(CPA) : Cost Per Action의 약자로 전환당 비용을 말한다. 정의하는 전환 기준에 따라 CPS(Cost Per Sale), CPL(Cost Per Lead), CPI(Cost Per Install) 등으로 구분한다.

2) 광고노출효과 산출방법

클릭률	전환율
클릭률(CTR) = $\frac{\text{클릭수}}{\text{노출수}} \times 100$	전환율(CVR) = $\frac{\text{전환수}}{\text{클릭수}} \times 100$
ROAS	**ROI**
ROAS = $\frac{\text{매출}}{\text{광고비}} \times 100$	ROI = $\frac{\text{순이익}}{\text{광고비}} \times 100$
CPA	**CPS**
CPA = $\frac{\text{광고비}}{\text{전환수}}$	CPS = $\frac{\text{광고비}}{\text{구매건수}}$

SEARCH
ADVERTISEMENT
MARKETER

Chapter 01 예제풀기

01 다음은 검색광고에 대한 설명이다. 옳지 않은 것은?

① 검색광고는 키워드광고, SA, SEO라고도 한다.
② 검색광고는 이용자의 능동적인 검색 활동을 통해 노출된다.
③ 검색광고는 네이버, 카카오, 구글 등의 검색엔진을 통해 노출하는 광고이다.
④ 검색광고는 양질의 검색 결과를 제공하기 위해 검수의 과정을 거친다.
⑤ 검색광고는 검색 결과에 광고를 노출하여 잠재 고객의 유입을 유도하는 광고이다.

Answer. 검색광고는 키워드광고, SEM(Search Engine Marketion), SA(Search Ad), Paid Serch라고도 한다. SEO는 Search Engine Optimization의 약자로 검색엔진 최적화를 의미한다. ①

02 다음 중 검색광고 참여 주체가 아닌 것은?

① 광고주
② 포털사이트
③ 한국정보통신진흥협회
④ 광고대행사
⑤ 광고서비스업체

Answer. 검색광고 참여 주체는 광고주, 광고대행사, 검색광고 서비스 업체, 포털사이트이다. ③

03 다음 중 검색광고의 특징이 아닌 것은?

① 정확한 타겟팅이 가능하다.
② 클릭당 과금되는 광고로 효율적으로 운영이 가능하다.
③ 광고 효과를 즉시 확인할 수 있다.
④ 노출 순위는 최대 클릭 비용으로 결정되어 누구나 상위 노출을 할 수 있다.
⑤ 실시간 운영 시스템으로 탄력적인 운영을 할 수 있다.

Answer. 광고노출 순위는 최대 클릭 비용 외에도 광고 품질에 따라 달라진다. ④

04 다음 중 검색광고의 단점이라고 볼 수 없는 것은?

① 초기 브랜딩 광고로 적합하지 않다.
② 대형 포털에서의 경쟁 심화로 클릭당 비용이 높아질 수 있다.
③ 부정클릭을 방지하기가 어렵다.
④ 종량제 광고로 정액제 광고에 비해 광고비가 높다.
⑤ 실시간 운영 시스템으로 관리를 위한 리소스가 많이 투입된다.

Answer. 종량제 광고는 클릭당 과금되기 때문에 정액제 광고에 비해 합리적이며 저렴하다. ④

05 검색광고에서 주로 사용하는 용어에 대한 설명이다. 틀린 것은?

① 대표 키워드 - 업종을 대표하는 키워드로 검색수가 높고 경쟁이 치열하다.
② 확장 소재 - 검색 결과에 노출되는 메시지로 제목과 설명 문구, URL로 구성된다.
③ 품질 지수 - 게재된 광고의 품질을 나타내는 지수이다.
④ 컨버전 - 광고를 통해 사이트로 유입 후 특정 전환을 취하는 것을 말한다.
⑤ 클릭률 - 노출수 대비 클릭수 비율을 말한다.

Answer. 확장 소재는 일반 광고 소재 외 전화번호, 위치정보, 홍보문구, 추가 링크 등을 말한다. ②

06 다음의 표를 보고 빈칸에 들어갈 수치를 구하세요.

키워드	노출수	클릭수	CTR	광고비	CPC
생일선물	4,252	22		21,054	957

① 0.10%
② 0.25%
③ 4.55%
④ 22.5%
⑤ 0.52%

Answer. CTR = 클릭수/노출수 × 100 = 22/4,252 × 100 = 0.52% ⑤

SEARCH
ADVERTISEMENT
MARKETER

Chapter 02

검색광고 기획

검색광고를 기획하는 과정은 환경분석 → 목표 설정 → 매체전략 → 일정 계획 → 예산 책정의 과정을 거친다. 환경분석은 시장 현황, 경쟁 현황, 타겟 분석을 말하며, 목표 설정은 검색광고를 통해 최종적으로 획득하고자 하는 구체적인 목표를 설정하는 것을 말한다. 매체전략은 설정한 목표를 달성하기 위한 구체적인 전략으로 검색광고 상품 선정부터 노출 지면, 키워드, 소재, 시간대 전략 등을 말한다. 일정과 예산 책정까지의 과정을 통해 검색광고 캠페인 기획을 완료하고 비로소 검색광고 실행을 하는 것이다.

환경분석부터 예산 책정까지의 과정에 대해 알아보자.

1. 사용자 패턴분석 및 매체믹스

네이버 초기 화면에 노출되는 타임보드는 별도의 타겟팅 없이 네이버에 접속하는 모든 유저에게 노출되는 푸시형 광고 상품이다. 제품이나 브랜드를 모르는 유저에게도 광고가 노출된다.

네이버 타임보드

반면 검색광고는 특정 키워드를 직접 검색한 유저에게만 광고가 노출된다. 아무리 많은 키워드를 등록하였다고 하더라도 유저가 검색하지 않는다면 매출은 물론이고 클릭과 노출의 기회조차 갖지 못하게 될 것이다. 검색 사용자의 니즈에 의해서 광고노출이 가능해지므로 우리는 검색 사용자와 트렌드를 이해할 필요가 있다.

1) 사용자 패턴분석

웹사이트의 제품이나 서비스를 이용할 만한 사용자를 정의하고 이들의 특성을 파악하고 분석하는 것이 사용자 패턴분석이다.

1-1. 사용자의 인구통계적 특성 활용

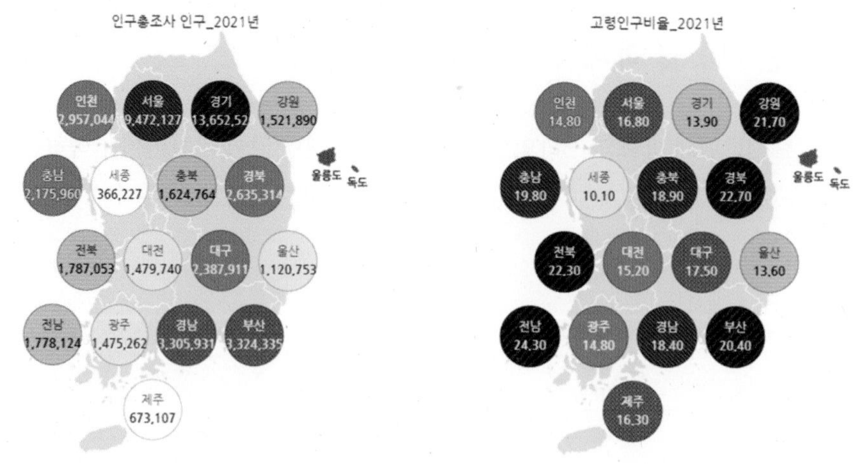

2021년 KOSIS, 인구총조사

통계청 KOSIS에서 제공하는 국가통계지표를 통해 총인구수, 성별, 연령별 인구수를 확인할 수 있다. 2021년 인구총조사 결과 5,173만 명이며 65세 이상의 고령인구 비율은 17.10%를 차지한다. 고령화에 따라 노년층을 타겟으로 시니어 비즈니스를 하는 기업들도 많이 늘어났다.

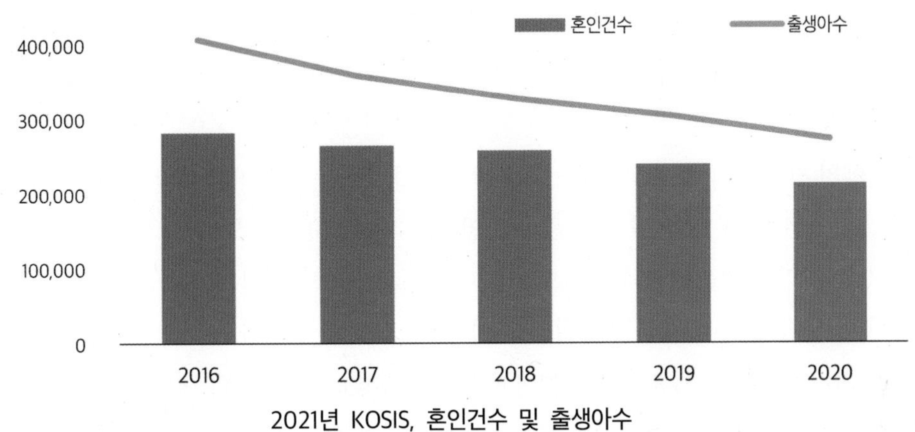

2021년 KOSIS, 혼인건수 및 출생아수

혼인건수와 출생아수는 지속적으로 감소하고 있으며, 한 자녀 가정이 늘어나면서 자녀에 대한 소비가 고급화되는 경향을 보인다. 초등학교 학생수도 2010년 3,299,094명에서 2021년 2,672,340명까지 감소한 것을 확인할 수 있다. 초등학생 대상의 교육 업종이라면 지역별 초등학교 학생수를 고려한 예산 배분의 근거로도 활용할 수 있다.

저출산 고령화에 따른 인구의 구조적 변화와 혼인건수 감소에 따른 1인가구 증가 등은 소비 트렌드에 직접적인 영향을 줄 수 있기 때문에 인구통계자료는 광고기획 단계에서 기초자료로 널리 활용되고 있다.

1-2. 사용자 검색 트렌드 활용

검색광고는 사용자의 검색 활동에 의해 광고가 노출된다. 포털사이트의 점유율이 중요한 이유이다. 검색 사용자가 모이는 주요 포털사이트에 광고를 등록해야 더 높은 도달을 이룰 수 있다. 가장 높은 점유율을 보이는 네이버 검색엔진의 경우 2022년 2분기 62.91%의 점유율을 기록하였고, 구글은 30.75%, 다음은 5.56%의 점유율을 보이고 있다.

다이티, 2022년 2분기 - 검색엔진 유입률 분석

검색엔진	22년 1분기	22년 2분기	PC 비중	모바일 비중
네이버	64.76%	62.91%	41.88%	58.12%
Google	27.89%	30.75%	53.91%	46.09%
다음	6.43%	5.56%	51.44%	48.56%
줌	0.37%	0.32%	99.48%	0.52%
네이트	0.24%	0.21%	56.36%	43.64%

검색엔진 점유율 외에도 디바이스 이용 비중을 살펴보면, 네이버의 모바일 이용 비중이 높은 것을 알 수 있다. 모바일 이용 증가로 인해 온라인 쇼핑 매출액 역시 모바일이 PC를 앞질렀다. 이러한 검색엔진의 트렌드는 어디에 광고를 노출시킬 것인가를 결정하는 데 도움이 될 뿐만 아니라 예산 책정의 기준이 될 수도 있을 것이다.

연령대별 검색어도 사용자 패턴분석의 중요한 자료이다. 네이버 데이터랩에서 쇼핑 인사이트 분야 통계는 연령별, 성별 인기 키워드를 확인할 수 있다. 연령대별 인기 키워드 분석을 통해 주요 타겟의 선호하는 스타일과 키워드를 발굴하여 광고에 적용한다면 더욱 효율적인 광고를 집행할 수 있을 것이다.

데이터랩, 스포츠/레저 2022년 2분기 인기검색어

10대	20대	30대	40대	50대	60대 이상
축구화	풋살화	원터치텐트	원터치텐트	여성골프웨어	전기자전거
풋살화	비키니	캠핑의자	여성골프웨어	남성골프화	여성골프웨어
로드자전거	모노키니	풋살화	캠핑의자	전기자전거	등산화
나이키축구화	여자실내수영복	파라솔	파라솔	등산화	파라솔
픽시	나이키풋살화	캠핑테이블	전기자전거	남성골프티셔츠	캠핑의자
아디다스축구화	전기자전거	모노키니	캠핑테이블	여성골프모자	원터치텐트
자전거	수영복	전기자전거	풋살화	캠핑의자	남성골프화
축구공	자전거	타프	타프	여성골프화	남자트레킹화
발리송	캠핑의자	등산화	골프화	남성골프바지	무릎보호대
농구화	원터치텐트	수영복	등산화	원터치텐트	여성골프모자

그 밖에도 네이버광고 키워드도구를 통해서도 키워드별 연간 검색수 추이와 디바이스별 검색량, 사용자 통계자료를 확인할 수 있다.

월별 검색수 추이에 따른 수요를 예측하고 디바이스별 예산의 비중과 사용자 통계를 고려하여 시즈널 키워드를 사전 등록할 수 있고, 소재 기획에도 반영할 수 있으며 효율적인 입찰 전략을 설정하는 데에도 도움이 된다.

특정 성별 또는 연령대에서 검색량이 압도적으로 높게 나타나는 경우 각각 입찰가를 다르게 설정하여 비용 효율성을 높이는 방법도 최근에는 많이 사용되고 있다.

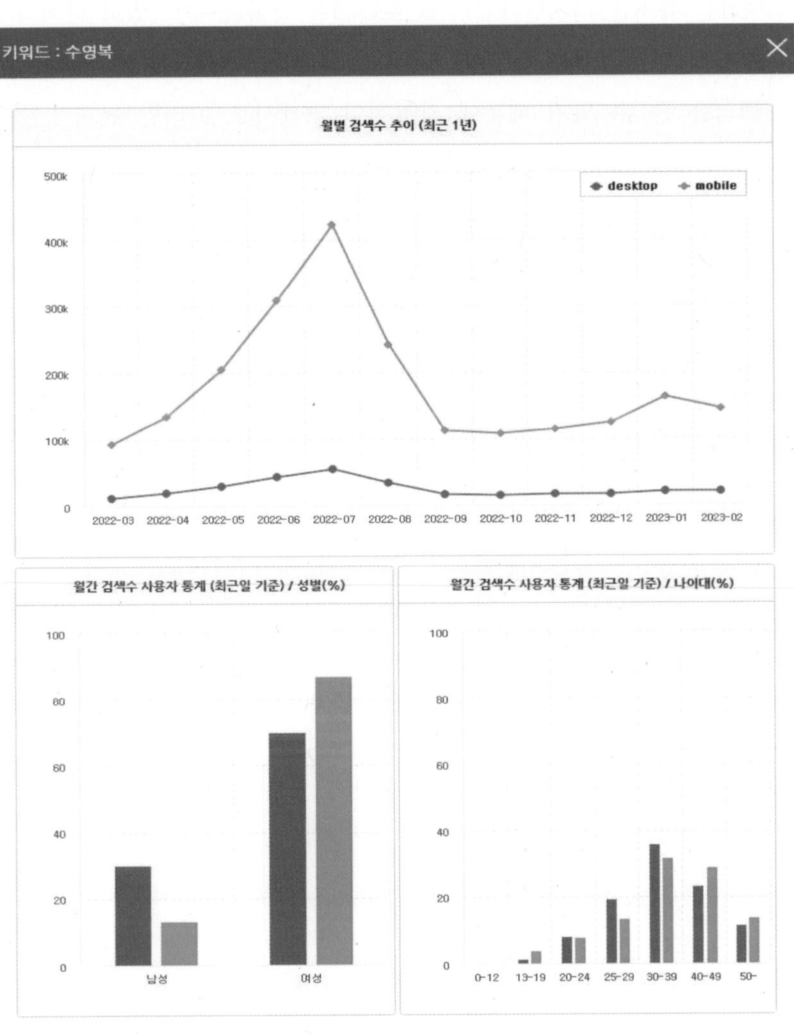

네이버 키워드도구

2) 경쟁사 분석

경쟁사 분석은 검색광고뿐만 아니라 모든 마케팅을 진행하는 데 있어 가장 기본이라고 할 수 있다. 경쟁사와 자사의 비교 분석을 통해 위협요인은 줄이고 기회요인을 발굴하여 경쟁상황에서 유리한 입지를 확보해야 한다.

2-1. 경쟁사 파악

- 경쟁사를 파악하는 첫 번째 방법은 동일 카테고리의 다른 브랜드이다. 스포츠웨어에서는 나이키와 아디다스, 영어교육에서는 시원스쿨과 야나두, 음식 배달은 요기요와 배달의민족을 예시로 들 수 있다.
- 두 번째는 동일 카테고리는 아니지만 대체될 수 있는 브랜드도 경쟁사이다. 피부관리를 위해 검색하는 유저는 디지털가전의 LG프라엘을 찾아볼 수도 있고 근처의 피부과 의원을 찾아볼 수도 있기 때문이다. 같은 카테고리는 아니지만 고객의 입장에서 동일한 편익을 줄 수 있기 때문에 간접적인 경쟁사로 고려할 필요가 있다.
- 마지막으로 가장 쉽게 경쟁사를 파악하는 방법은 광고하려는 웹사이트를 대표하는 키워드로 검색했을 때 리스팅 되는 업체들이다. 이들은 당장 광고를 노출시키기 위해 실시간 입찰경쟁을 해야 하는 업체들이며 향후 최종 구매 전환 단계에서 비교될 대상들이기 때문이다.

2-2. 경쟁사 분석

검색엔진에서 사용자들이 특정 브랜드명을 검색한다는 것은 그만큼 브랜드를 인지하고 있다고 볼 수 있다. 네이버는 검색엔진 중 가장 점유율이 높아 사용자의 검색량을 기반으로 브랜드 인지도를 판단할 수 있는 기준으로 많이 쓰인다. 네이버 키워드도구에서 경쟁사들의 브랜드명을 검색하면 디바이스별 검색수와 최근 1년 추이, 사용자 통계를 확인할 수 있다. 자사와 경쟁사의 브랜드 검색수와 사용자 통계 비교를 통해 경쟁사를 분석할 수 있다.

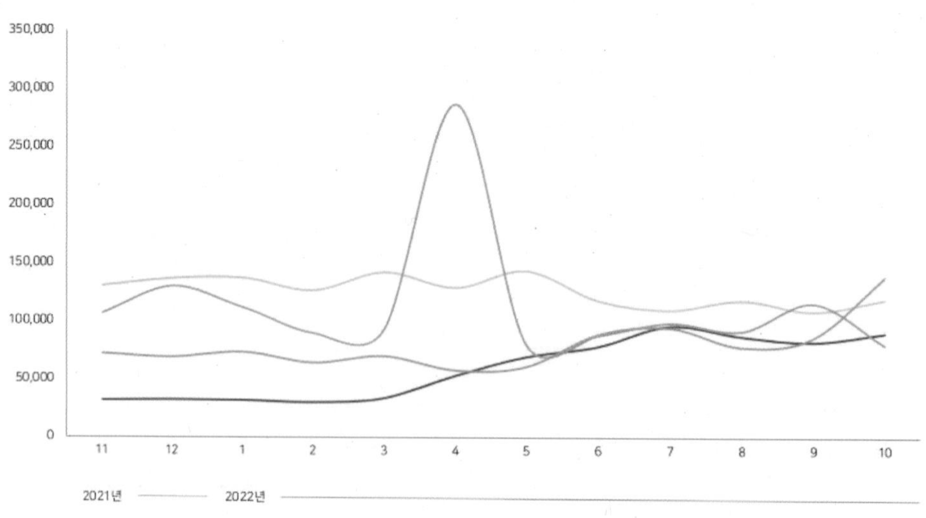

네이버 경쟁사명 검색량

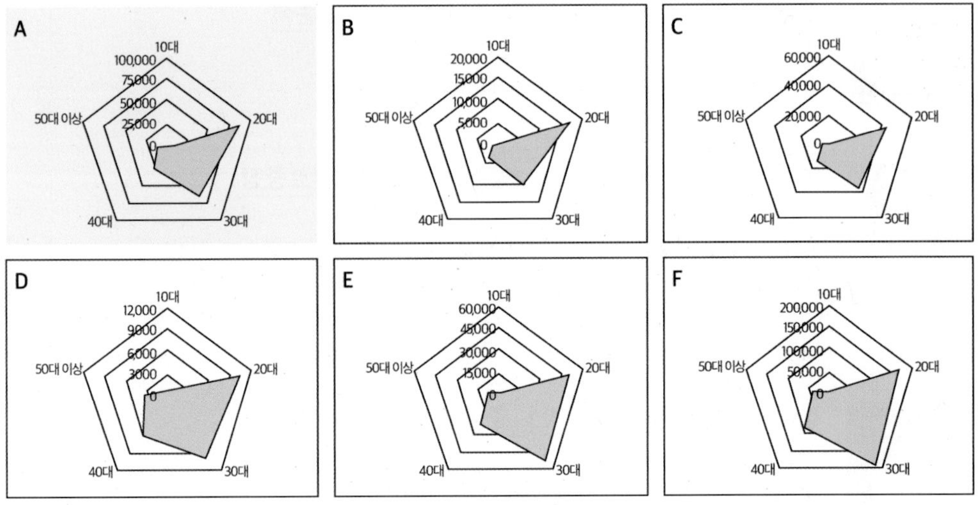

네이버 검색사용자 연령 통계

경쟁사에서 집행하고 있는 광고 모니터링을 통해 자사의 광고 전략에 반영할 수 있다. 검색광고에 최초 진입하는 업체라면 경쟁사의 광고전략을 벤치마킹하여 시행착오를 줄이고 안정적으로 진입할 수 있고, 이미 검색광고에 진입하여 경쟁 중인 상황이라면 경쟁사의 광고 현황과 자사의 현황 비교를 통해 대응 전략을 수립할 수 있다.

경쟁사 집행상품 모니터링 예시

업체명	네이버	파워컨텐츠	다음	구글	브랜드검색
A	●	●	●	●	PC/M
B	●	●	●	●	-
C	●	-	●	●	PC
D	●	●	●	-	PC/M

경쟁사의 광고를 모니터링하는 방법은 집행 상품을 모니터링하는 것 외에도 주요 키워드 집행 여부, 순위, 광고 소재가 있다. 유사한 제품이라도 각 업체의 강점을 어필하여 경쟁우위를 가져가기 위해 차별화된 설명문안과 확장 소재, 랜딩 페이지 전략을 사용하기 때문이다.

오메가3 비교 소비자리포트 · 고르는 방법 · 제품 분석

광고 blog.naver.com/conreport2

소비자리포트 임상실험자료 +**오메가3** 효과 비교 결과

여에스더 rTG오메가3 특가 · 2박스 사면 2박스 무료증정

광고 www.esthermall.co.kr N 로그인

특허공정으로 완성된 안전한 알티지**오메가3**. NO 중금속, 잔류용매, 부형제

알티지오메가3/1개월 ······ 24,750원부터

50%특가할인/1개월 ······ 24,750원부터

본품 추가증정/1개월 ······ 24,750원부터

김석진LAB,아쿠아셀오메가3 · 공식몰 20% 단독 할인

광고 web.ttobakcare.com

흡수율 UP! 비린내 DOWN! 혈행&눈 건강, 기억력 개선을 한 번에!

산패없는오메가3 트리어드코어 · 셀로닉스 공식몰

광고 www.cellonix.co.kr N Pay +

림피드캡 테크놀로지로 산패 없는 순도 80% 알티지 **오메가3**

트리어드 코어 ······ 35,000원부터

트리어드 그린 ······ 50,000원부터

트리어드 DHA ······ 50,000원부터

네이버 파워링크 「오메가3」

특히 브랜드검색 소재는 브랜드명을 검색했을 때 노출되는 광고로 주요한 이벤트나 주력상품을 확인할 수 있어 경쟁사 광고 모니터링에 필수적이다. 경쟁사와 비교하여 강점은 더욱 드러내고, 약점은 지속적으로 보완하는 노력이야말로 경쟁상황을 유리하게 할 것이다.

네이버 브랜드검색

마지막으로 경쟁사의 제품과 자사의 제품, 그리고 서비스를 비교하는 것은 무엇보다 중요하다. 제품 자체의 경쟁력을 강화하는 것뿐만 아니라 자사의 강점을 발견하고 적극적으로 광고 전략에 반영한다면 성공적인 광고 성과를 얻을 수 있을 것이다.

3) 광고목표 및 예산설정

3-1. 광고목표

광고목표는 검색광고 활동을 통해 최종적으로 달성하고자 하는 구체적인 목표를 말한다. 대다수의 광고주는 매출액 증대를 목표로 운영하고 있다. 업종에 따라 회원가입이나 상담 신청 등의 목표로 운영하기도 하고, 이벤트나 프로모션 활성화를 위해 유입 증대를 목표로 하는 경우도 있다. 그러나 앞서 사용자 패턴분석과 경쟁사 분석을 통해 전반적인 상황 분석을 했다면 자사의 문제점이나 기회요인을 도출하여 검색광고의 목표를 설정할 수 있어야 한다.

광고목표 수립 시 고려해야 할 사항은 다음과 같다.

- 광고목표는 구체적이고 명확해야 한다.
- 광고목표는 측정 가능한 것이어야 한다.
- 광고목표는 행동 지향적이어야 한다.
- 광고목표는 현실적이어야 한다.
- 광고목표는 달성 가능한 기간을 명시해야 한다.

3-2. 예산설정

광고예산을 설정하는 방법은 광고-판매 반응함수법, 매출액 비율법, 목표과업법, 경쟁사 비교법, 가용예산법 등이 있다.

- 광고-판매 반응함수법은 과거의 데이터를 통해 광고지출과 이를 통한 판매 반응함수가 존재할 경우 이익을 극대화할 수 있는 광고예산을 편성하면 되겠지만 현실적으로 광고-판매 반응함수를 얻는다는 것은 불가능하기 때문에 사용하지 않는다.
- 매출액 비율법은 과거 매출액이나 예상되는 매출액의 일정 비율로 광고예산을 편성하는 방법이다. 보통은 과거의 매출액을 고려하여 일정 예산을 편성한 후 실제 발생 매출에 따라 탄력적으로 운영한다. 검색광고를 처음 집행하는 광고주는 적합하지 않다.
- 목표과업법은 광고목표를 설정한 후 달성하기 위한 광고비 규모를 추정하여 예산을 편성하는 방법이다. 처음 검색광고를 집행하는 광고주라면 일평균 웹사이트 클릭수의 목표를 설정하고 사용하려는 키워드의 평균 클릭 비용을 곱하면 대략적인 광고비를 추정할 수 있다. 이미 검색광고를 집행한 이력이 있는 광고주라면 과거의 광고비, 클릭 비용, 클릭수, 전환성과 데이터를 기반으로 증대하고자 하는 목표에 따라 예산을 추정할 수 있다. 이 방법은 예산 설정 방법 중 가장 논리적인 광고예산 편성방법으로 쓰인다.
- 경쟁사 비교법은 경쟁 브랜드의 광고예산을 토대로 예산을 편성하는 방법이다. 그러나 경쟁사의 정확한 예산을 알 수 없고, 후발업체가 공격적인 마케팅을 진행하고자 할 경우의 예산 설정 방법으로는 적합하지 않다.
- 가용예산법은 기업이 다른 모든 부분에 우선적으로 예산을 배정하고 남은 예산을 광고에 투입하는 방법이다. 온라인 비즈니스를 주력하는 업종에서는 바람직하지 않다.

성과측정이 용이한 검색광고에서는 매출액 비율법과 목표과업법을 적절히 혼용하여 예산을 설정하는 경우가 많다.

4) 매체믹스

광고목표와 예산이 수립되었다면 목표를 효율적으로 달성하기 위한 매체믹스를 해야 한다. 매체믹스는 두 가지 이상의 광고를 섞어 광고를 집행하는 것을 말한다. 단일 매체로는 도달할 수 없는 유저까지 도달할 수 있고, 매체나 상품의 특성을 활용하여 보완하거나 시너지를 낼 수도 있기 때문에 매체믹스는 검색광고 기획에 매우 중요한 단계라고 할 수 있다.

검색광고에서 매체믹스는 네이버, 구글, 카카오 등의 매체믹스와, 브랜드검색, 파워링크, 쇼핑검색광고와 같은 상품믹스로 나누어볼 수 있다.

4-1. 광고서비스업체 믹스

아래 그래프는 상담 신청 건수 증대를 목표로 하는 광고주의 실제 집행 데이터이다. 동일한 광고예산으로 점유율이 가장 높은 네이버 검색광고에 광고예산을 집중하여 운영한 데이터와 네이버와 카카오, 구글에 광고예산을 분배하여 집행한 데이터를 비교하였다.

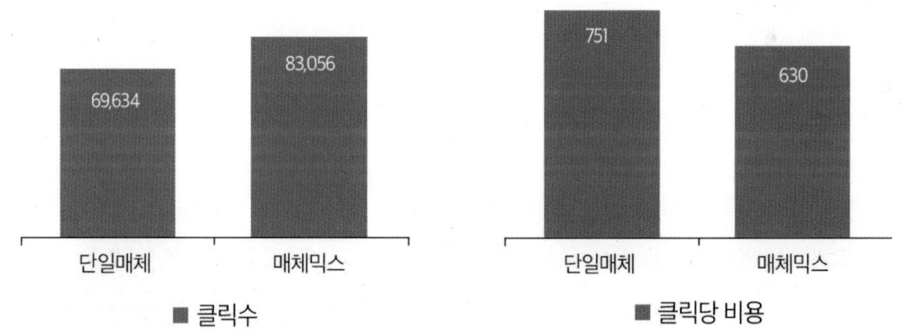

네이버만 집행했을 때와 비교하여 클릭수는 13,422회 증가하였고, 클릭당 비용은 121원 감소하였다. 양적인 측면으로 보면 저렴한 클릭 비용으로 더 많은 클릭을 확보했다고 볼 수 있다. 그러나 단순히 클릭만 늘었다고 해서 광고목표를 달성할 수 있는 것은 아니다. 질적인 측면의 효율성이 수반되어야 최종적인 광고목표에 근접할 수 있다.

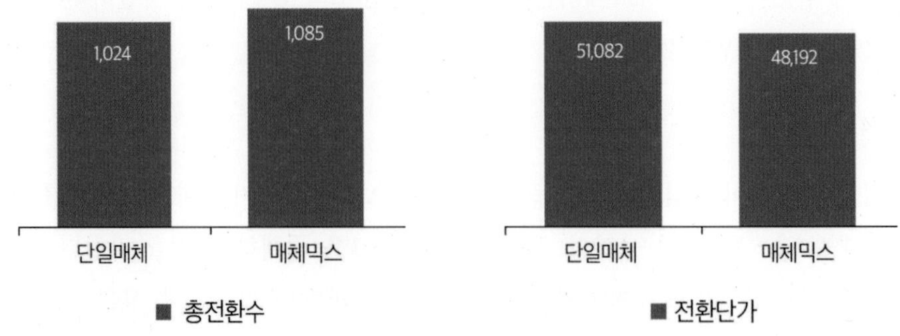

단일 매체를 집행했을 때와 비교해 매체믹스를 통해 다양한 검색엔진에 노출했을 때 더 많은 전환을 확보할 수 있었다. 총 전환수는 이전에 비해 61건 더 획득하였고 전환단가는 51,082원에서 48,192원으로 낮아졌다.

이처럼 매체믹스는 동일한 비용으로 더 많은 잠재 고객에게 도달되고, 다양한 전환 기회를 확보해 광고 효과를 배가시킨다.

4-2. 노출 영역에 따른 광고상품 믹스

매체믹스는 네이버, 카카오, 구글 등의 매체믹스 외에도 다양한 광고 상품을 이용하여 매체믹스도 가능하다. 네이버의 경우 대표적인 파워링크 상품 외에도 브랜드검색과 쇼핑검색광고 등 다양한 광고 상품이 존재하고 노출되는 위치와 형식이 다르다. 각각의 노출 영역과 상품에 대한 특성을 이해하고 광고목표에 따라 적절히 믹스하여 운영하는 것이 효과적이다.

상품별 매체믹스 예시

상품	광고예산	광고예산 비중
파워링크	11,000,000	55%
쇼핑검색광고	6,000,000	30%
파워컨텐츠	2,000,000	10%
브랜드검색	1,000,000	5%

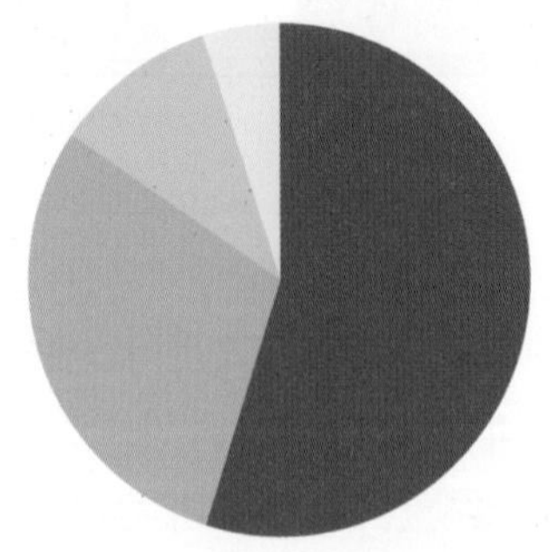

2. 매체별 시스템 이해

1) 네이버 운영시스템

네이버 검색광고는 사이트검색광고, 쇼핑검색광고, 콘텐츠검색광고, 브랜드검색, 신제품광고, 플레이스광고, 지역소상공인광고가 있다.

네이버 검색광고 광고주 가입은 사업자 또는 개인으로 가입이 가능한데 사업자 등록을 하지 않은 개인 광고주는 검색광고/네이버 아이디 각 1개씩 총 2개까지 가입이 가능하고, 사업자 등록을 한 사업자 광고주의 경우 검색광고/네이버 아이디 총 5개 한도 내에서 가입이 가능하다.

계정의 구조는 캠페인, 그룹, 키워드와 소재로 이루어져 있으며 그중 캠페인은 마케팅 활동에 대한 목적을 기준으로 묶어서 관리하는 광고 전략 단위라고 할 수 있다. 파워링크, 쇼핑검색, 파워컨텐츠, 브랜드검색/신제품검색, 플레이스 총 5가지 유형이 있으며 캠페인 등록 후 유형 변경은 불가하다. 계정 당 최대 200개까지의 캠페인 생성이 가능하다.

비즈채널은 웹사이트, 쇼핑몰, 전화번호, 위치정보, 네이버 예약 등 잠재적 고객에게 상품 정보를 전달하고 판매하기 위한 모든 채널을 말한다. 광고를 집행하기 위해서는 캠페인 유형에 맞는 비즈채널이 반드시 등록되어야 한다.

캠페인의 하위에는 광고그룹이 있다. 광고그룹은 캠페인 활동에 대한 개별 실행 방법을 설정하는 단위이며 광고그룹 안에는 키워드와 소재가 존재한다.

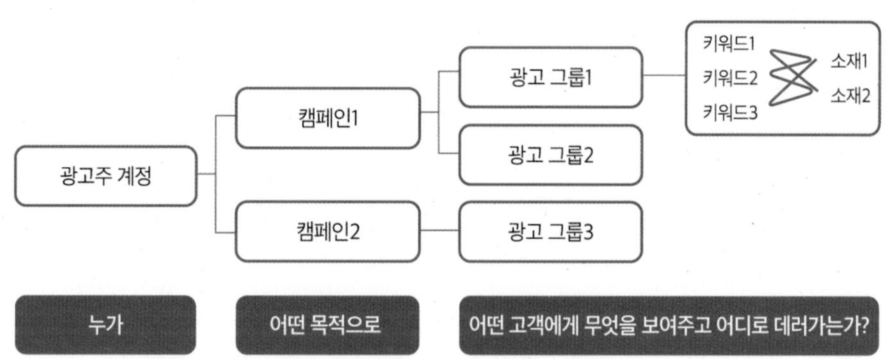

네이버 검색광고 계정구조

광고그룹은 누구에게 무엇을 보여주고 어디로 안내할 것인가를 설정할 수 있다. 매체, 지역, 노출 요일과 시간대, 하루 예산, 입찰가를 설정할 수 있으며 광고 소재와 입찰 전략이 유사한 키워드군으로 구성하여 운영하는 것이 보통이다.

키워드는 검색 사용자가 검색을 위해 사용하는 단어이자, 광고주가 광고를 노출시키는 단위로 광고그룹 입찰가와는 별도로 키워드별 입찰가를 지정할 수 있다. 키워드 확장 기능을 통해 해당 광고 그룹의 등록 키워드와 유사한 의미의 키워드에 대해 자동으로 광고를 노출할 수도 있다.

소재는 사용자가 검색 후 최초로 만나는 상품이나 서비스에 대한 정보이다. 검색결과에 노출되는 사이트의 제목과 설명, 그리고 광고 클릭 시 이동되는 페이지인 연결 URL로 구성되어 있다. 그 외에도 전화번호, 위치정보, 네이버예약, 계산, 추가제목, 추가설명, 홍보문구, 서브링크, 가격링크, 파워링크 이미지, 이미지형 서브링크, 플레이스 정보, 홍보영상 유형의 확장 소재 등록도 가능하다.

네이버는 간단한 광고 현황과 공지사항, 교육 정보 등을 제공하고 있으며 광고 시스템을 통해 파워링크, 쇼핑검색, 파워컨텐츠, 브랜드검색/신제품검색, 플레이스 유형을 등록하고 관리할 수 있다.

광고시스템에서는 광고 등록을 등록하고 운영하는 것 외에도 다차원 보고서, 대용량 다운로드 보고서 기능을 통해 성과를 바로 확인할 수 있도록 제공하고 있다. 또한 즐겨찾기, 키워드 도구, 대량 관리 기능을 제공하여 효율적으로 광고를 관리할 수 있다.

광고관리			
즐겨찾기		모든 캠페인	
정보관리			
비즈채널 관리		상품 그룹	
보고서			
다차원 보고서	대용량 다운로드 보고서		기타 보고서(일부 캠페인)
도구			
광고관리 TIP 광고 노출 진단 검토 진행 현황	키워드도구 대량 관리 자동 규칙	서류 관리 계약 관리 이미지 라이브러리	프리미엄 로그 분석 광고노출제한 관리 API 사용 관리 이력 관리
비즈머니			
비즈머니 관리	쿠폰 관리	자동충전 관리	세금계산서

2) 카카오 운영시스템

Kakao 키워드광고는 클릭당 과금 방식으로 광고를 운영할 수 있는 광고주 시스템이다. Kakao 키워드광고를 통해 Daum, Nate, Kakao Talk 등 주요 포털의 통합검색 영역에 광고를 동시 노출할 수 있으며 그 외 제휴매체에도 광고를 노출할 수 있다.

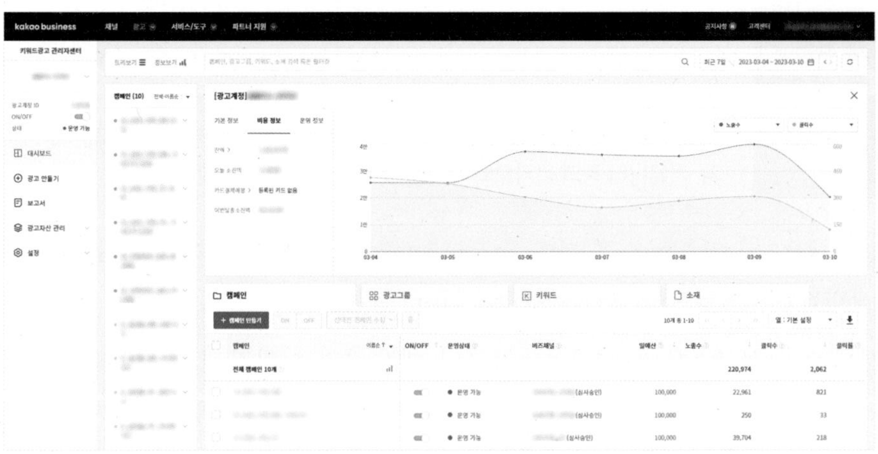

광고대상은 비즈채널이며 캠페인 단위로 비즈채널을 선택하여 등록할 수 있다. 광고 구조는 캠페인, 광고그룹, 키워드, 소재 단위로 이루어져 있으며 캠페인과 광고그룹에서 사용할 광고예산을 각각 지정하여 광고 비용을 효과적으로 통제하는 것도 가능하다.

캠페인에서는 비즈채널을 선택하고, 고급 설정을 통해 전환 추적과 추적 URL 설정, 일예산 설정이 가능하며, 그룹은 캠페인에 소속된 전략으로 광고 소재가 노출되는 과정에 직접적인 관련이 있는 전략을 설정할 수 있다.

그룹 단위로 매체유형과 디바이스 노출 여부를 선택할 수 있으며 확장검색 기능을 통해 등록하지 않은 키워드라도 등록한 키워드와 연관도가 있는 키워드에 광고를 노출시킬 수 있다. 고급 설정에서는 입찰 가중치 및 콘텐츠 매체 입찰가 설정이 가능하며, 집행 기간과 요일/시간 설정이 가능하다.

PC 검색매체	• Daum, Nate 등 통합검색결과 최상단인 프리미엄링크 영역에 최대 10개 광고 노출 • 광고 수요가 많은 키워드는 Daum 통합검색결과 와이드링크 영역에 최대 5개 광고 추가 노출
모바일 검색매체	• 모바일 인터넷 검색시 검색결과에 노출 • Daum, Nate 등 제휴된 다양한 모바일 웹/앱에서 모바일 검색결과, 프리미엄링크 영역에 최대 6개의 광고 노출 • 카카오톡 대화방 내 #검색결과 키워드 광고 탭에도 노출
PC 콘텐츠매체	• PC 검색 결과 외 다양한 PC 컨텐츠 영역에 사용자가 검색한 키워드 및 카카오 서비스에서 소비한 콘텐츠를 바탕으로 연관도 높은 광고 노출 • 텍스트 및 확장 소재 썸네일 이미지가 결합된 배너형태 (단, 확장 소재 미등록 시 텍스트만 노출) • Daum 메인 및 내부 지면, 카페, 뉴스 및 카카오톡 등의 카카오 내부 지면 및 언론사, 커뮤니티 등의 카카오와 제휴를 맺고 있는 외부 지면에 노출
모바일 콘텐츠매체	• 모바일 검색 결과 외의 다양한 모바일 콘텐츠 영역(앱, 웹)에 사용자가 검색한 키워드 및 카카오 서비스에서 소비한 콘텐츠를 바탕으로 연관도 높은 광고 노출 • 텍스트 및 확장 소재 썸네일 이미지가 결합된 배너형태 (단, 확장 소재 미등록 시 텍스트만 노출) • Daum 메인 및 내부 지면, 카페, 뉴스 및 카카오톡 등의 카카오 내부 지면 및 언론사, 커뮤니티 등의 카카오와 제휴를 맺고 있는 외부 지면에 노출

Kakao 키워드광고는 대시보드, 광고 만들기, 광고자산 관리, 설정으로 나누어져 있으며 주요 공지사항은 우측 상단에서 확인 가능하다. 광고자산 관리에서는 비즈채널 관리, 심사서류 관리, 광고소재 관리, 키워드 플래너, 대량 관리, 이미지 관리, 픽셀&SDK 연동 관리, 광고노출 제한 기능을 제공한다.

<table>
<tr><th>대분류</th><th>소분류</th><th>기능</th></tr>
<tr><td colspan="2">대시보드</td><td>운영 현황을 확인하고 수정할 수 있는 현황판</td></tr>
<tr><td colspan="2">광고만들기</td><td>광고 생성</td></tr>
<tr><td colspan="2">보고서</td><td>집행한 광고 결과를 원하는 항목별로 구성하여 확인</td></tr>
<tr><td rowspan="8">광고자산 관리</td><td>비즈채널 관리</td><td>비즈채널 등록 및 관리</td></tr>
<tr><td>심사서류 관리</td><td>비즈채널 및 소재 심사를 위한 서류 등록 및 관리</td></tr>
<tr><td>광고소재 관리</td><td>광고소재 생성 및 관리</td></tr>
<tr><td>키워드 플래너</td><td>연관 키워드 추천 및 예상실적 확인, 바로등록 기능</td></tr>
<tr><td>대량 관리</td><td>대량 다운로드 및 업로드, 광고그룹 복사 현황, 키워드 플래너(대량 키워드 예상실적 다운로드 가능)</td></tr>
<tr><td>이미지 관리</td><td>확장 소재 썸네일이미지 등록 및 관리</td></tr>
<tr><td>픽셀&SDK 연동 관리</td><td>• 카카오에서 제공하는 전환추적 서비스
• 홈페이지나 모바일 앱, 카카오 서비스와 연동하여 사용자의 행태 정보 파악 및 성과 측정 가능</td></tr>
<tr><td>광고노출 제한</td><td>노출제한 IP 등록 및 관리</td></tr>
<tr><td rowspan="5">설정</td><td>광고계정 관리</td><td>광고계정 현황, 멤버, 영업권 및 세금계산서 관리</td></tr>
<tr><td>광고캐시 관리</td><td>캐시 현황 및 충전, 소진 내역 확인</td></tr>
<tr><td>결제카드 관리</td><td>자동결제 카드 등록 및 관리</td></tr>
<tr><td>현금영수증 조회</td><td>개인 광고주의 무통장입금에 대한 현금영수증 조회 기능</td></tr>
<tr><td>변경이력 관리</td><td>변경이력 및 심사이력 확인</td></tr>
</table>

3) 구글 운영시스템

구글 검색광고는 Google Ads를 통해 광고등록과 운영이 가능하며 캠페인, 광고그룹, 광고의 구조를 갖고 있다. 광고주가 달성하고자 하는 주요 목적(판매, 리드, 웹사이트 트래픽)에 부합하는 목표를 중심으로 캠페인을 생성하는데, 캠페인 생성 단계에서 네트워크와 기기, 위치 및 언어, 입찰 및 예산, 광고확장을 설정할 수 있다. 광고그룹은 캠페인의 하위 단위로 유사한 타겟을 공유하며 광고가 하나 이상 포함되어야 한다.

<table>
<tr><td>계정</td><td>Google Ads 로그인하는 사용자 아이디</td></tr>
<tr><td>캠페인</td><td>판매, 리드, 웹사이트 트래픽 목표 캠페인으로 구분
네트워크, 타겟팅 및 잠재고객, 예산 및 입찰, 광고 확장</td></tr>
<tr><td>광고그룹</td><td>캠페인 내 세부 그룹, 유사 광고 및 키워드 묶음</td></tr>
<tr><td>광고</td><td>동일 광고그룹에 속하는 하나 이상의 광고, 광고소재</td></tr>
<tr><td>키워드</td><td>광고를 노출시키고자 하는 키워드</td></tr>
</table>

Google Ads 계정을 열면 가장 먼저 표시되는 개요 페이지는 실적과 중요한 통계의 요약 정보가 제공된다. 계정 전체, 개별 캠페인 및 광고그룹의 개요를 볼 수 있고, 각 개요에는 주요 측정항목이 있는 요약 카드가 여러 개 포함되어 있다. 실적 변동폭, 새 단어, 요일 및 시간대별 실적 등의 요약 카드를 통해 빠르게 의사를 결정하고 광고에 반영시킬 수 있다.

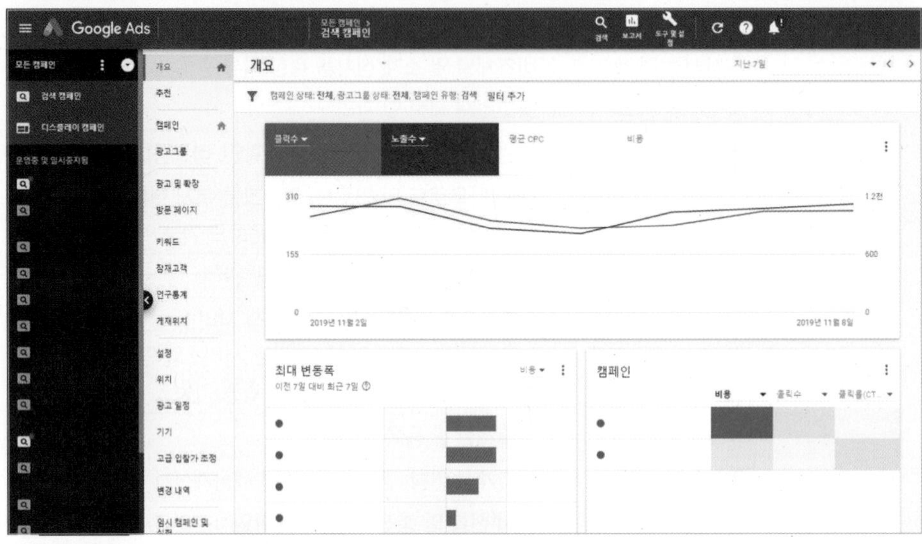

Google Ads

상세한 운영 보고서는 Google Ads 우측 상단에 보고서 탭에서 제공한다. 보고서 페이지에서 원하는 데이터를 조회, 구성 및 분석할 수 있으며 맞춤형 대시보드에 데이터를 추가하여 시각화할 수 있다. 사전 정의된 보고서를 통해 언제든지 편리하게 열람하고, 이메일로 보내도록 예약도 가능하다.

Google Ads 보고서

그 외로 도구 및 설정 탭에서는 계획, 공유 라이브러리, 일괄 작업, 측정, 설정, 결제 기능을 제공하고 있다. 키워드 플래너를 통해 아이디어를 찾고 키워드 목록이 어떤 실적을 얻을지 추정해 볼 수 있으며, 광고 미리보기 및 진단 도구를 통해 광고가 어떻게 게재되는지, 게재되지 않는 사유에 대해서 제공하고 있다.

SEARCH
ADVERTISEMENT
MARKETER

Chapter 02 예제풀기

01 다음 설명 중 옳지 않은 것은?

① 경쟁사와 자사의 브랜드 인지도를 비교하기 위해 네이버 키워드도구를 이용했다.
② 사용자 패턴분석을 위해 데이터랩의 연령별 인기 키워드를 확인했다.
③ 인구통계자료를 수집하기 위해 통계청 홈페이지를 이용했다.
④ 잠재 고객의 특성을 파악하고 분석하는 것을 사용자 패턴분석이라고 한다.
⑤ 사용자들의 검색패턴은 성별이나 연령과 무관하게 유사한 경향을 보인다.

Answer. 사용자들의 검색패턴은 성별, 연령별, 지역별 검색의도와 목적이 다르다. ⑤

02 다음은 광고목표에 대한 설명이다. 옳지 않은 것은?

① 광고목표는 구체적이고 명확해야 한다.
② 광고목표는 측정 가능한 것이어야 한다.
③ 광고목표는 정성적인 목표가 효율적이다.
④ 광고목표는 현실적이어야 한다.
⑤ 광고목표는 기간을 명시해야 한다.

Answer. 광고목표는 정량적인 목표로 측정이 가능해야 한다. ③

03 다음은 예산설정에 대한 설명이다. 옳지 않은 것은?

① 광고-판매 반응함수법은 이익을 극대화할 수 있는 예산설정 방법으로 검색광고에서 주로 쓰인다.
② 매출액 비율법은 과거 매출액이나 예상되는 매출액의 일정 비율로 광고예산을 편성하는 방법이다.
③ 목표과업법은 광고목표를 설정한 후 달성하기 위한 광고비 규모를 추정하여 예산을 편성하는 방법이다.
④ 경쟁사 비교법은 경쟁사의 광고예산을 토대로 예산을 편성하는 방법이다.
⑤ 가용예산법은 기업이 다른 모든 부분에 우선적으로 예산을 배정하고 남은 예산을 광고에 투입하는 방법이다.

Answer. 광고-판매 반응함수를 얻는 것은 불가능하기 때문에 실제로 잘 활용하지 않는 방법이다. ①

04 다음 설명 중 옳은 것은?

① 매체믹스는 두 가지 이상의 광고를 섞어 집행하는 것을 말한다.
② 일반적으로 국내 점유율이 가장 높은 네이버에 집중하는 것이 효율적이다.
③ 매체믹스는 노출되는 포털을 적절히 믹스시키는 것만을 말한다.
④ 매체믹스를 통해 더 많은 노출을 확보할 수는 있지만 광고 성과에는 영향이 없다.
⑤ 네이버 매체 내에서의 상품 믹스는 광고 성과에 영향을 주지 않는다.

Answer. 매체믹스를 통해 단일 매체로는 도달할 수 없는 유저에게까지 도달할 수 있으며, 다양한 상품을 믹스하는 것도 매체믹스에 해당된다. ①

05 네이버 검색광고 상품이 아닌 것은?

① 브랜드검색광고
② 와이드링크
③ 쇼핑검색광고
④ 파워링크
⑤ 파워컨텐츠

Answer. 와이드링크는 카카오 검색광고 상품이다. ②

06 다음의 설명 중 틀린 것은?

① 네이버 검색광고는 캠페인, 그룹, 키워드와 소재의 구조로 이루어져 있다.
② 캠페인은 마케팅 활동에 대한 목적을 기준으로 묶어서 관리하는 광고 전략 단위이다.
③ 파워링크, 쇼핑검색, 파워컨텐츠, 브랜드검색, 플레이스 총 5가지 유형이 있으며 캠페인 등록 후 비즈채널 단위에서 유형 변경이 가능하다.
④ 캠페인의 하위에는 광고그룹이 있다.
⑤ 그룹 단위에서 매체, 지역, 노출 요일 및 시간대 등을 설정할 수 있다.

Answer. 캠페인 목적에 맞게 상품을 선택하여 캠페인을 등록하면 유형 변경은 불가하다. ③

07 다음은 카카오 운영시스템에 대한 설명이다. 다음 설명 중 틀린 것은?

① 클릭당 과금되는 방식으로 운영되고 있다.
② 카카오 키워드 광고를 통해 Daum, Nate, ZUM에 노출 가능하다.
③ 광고대상은 웹사이트만 가능하다.
④ 캠페인 단위로 전환추적, 추적URL과 일예산을 설정할 수 있다.
⑤ 그룹 단위에서 입찰가중치, 집행기간과 요일/시간을 설정할 수 있다.

Answer. 카카오 키워드 광고를 통해 Daum, Nate, Kakao Talk 등의 주요 포털에 광고할 수 있다. ZUM은 네이버 파워링크와 제휴되어 있다. ②

08 다음은 카카오 키워드광고에 대한 설명이다. 옳은 것은?

① 카카오 키워드광고는 대시보드, 광고 만들기, 보고서, 광고자산 관리, 설정 메뉴로 이루어져 있다.
② 키워드 도구를 통해 키워드를 추천받을 수 있다.
③ 광고관리에서 노출제한 IP를 등록할 수 있다.
④ 설정에서 전환추적을 설정할 수 있다.
⑤ 캠페인 단위에서 검색 매체와 콘텐츠 매체 노출여부를 선택할 수 있다.

Answer. 카카오 키워드 광고는 키워드플래너를 통해 키워드 추천을 받을 수 있다.
노출제한 IP 등록과 픽셀&SDK 연동 관리는 도구 탭에서 가능하다.
검색 매체와 콘텐츠 매체 유형 노출 여부는 그룹 단위에서 설정 가능하다. ①

09 다음은 구글 운영시스템에 대한 설명이다. 옳은 것은?

① 구글 검색광고는 구글애널리틱스를 통해서 등록과 운영이 가능하다.
② 광고주가 달성하고자 하는 목적에 부합하는 목표를 중심으로 캠페인을 생성해야 한다.
③ 광고그룹은 캠페인의 하위 단위로 동일 그룹 내 다양한 성격의 키워드를 사용하는 것이 효과적이다.
④ 광고그룹 단위에서 위치 및 언어 설정이 가능하다.
⑤ 구글 검색광고 운영시스템을 열면 잔액 및 소진액 확인이 가능하다.

Answer. 구글 검색광고 운영 시스템은 Google Ads이며, 계정을 열면 개요 페이지를 통해 실적과 중요한 통계 요약정보를 확인할 수 있다. 광고그룹은 유사한 타겟을 공유해야하며, 위치 및 언어는 캠페인 단위에서 설정 가능하다. ②

10 구글 광고시스템에 대한 설명이다. 틀린 것은?

① 상세한 운영보고서는 개요 페이지에서 확인 가능하다.
② 도구 및 설정 탭에서 키워드 플래너를 통해 키워드에 대한 예상 실적을 확인할 수 있다.
③ 광고 미리보기 및 진단 도구를 통해 광고가 어떻게 게재되는지, 게재되지 않는 사유에 대해서 제공하고 있다.
④ 개요 페이지에서는 요일 및 시간대별 실적 등의 요약카드를 제공한다.
⑤ 캠페인 단위에서 네트워크, 타겟팅 및 잠재고객, 예산 및 입찰, 광고확장을 관리할 수 있다.

Answer. 상세한 운영 보고서는 우측 상단의 보고서 탭에서 제공하고 있다. 보고서 페이지에서 원하는 데이터를 조회, 구성할 수 있으며 맞춤형 대시보드에 데이터를 추가하여 시각화 할 수도 있다. ①

SEARCH
ADVERTISEMENT
MARKETER

Chapter 03

검색광고의 등록

1. 검색광고 상품

1) 매체별 검색광고 상품

1-1. 네이버 검색광고 상품

- 네이버 검색광고는 사이트검색광고, 쇼핑검색광고, 콘텐츠검색광고, 브랜드검색광고, 신제품검색광고, 플레이스광고, 지역소상공인광고 총 7가지의 상품이 있다.

사이트검색광고-사이트 홍보 및 방문 유도	쇼핑검색광고-네이버 쇼핑에서 상품 노출 및 판매 유도
NAVER 파워링크	
네이버 통합검색 및 네이버 내/외부의 다양한 영역에 텍스트와 사이트링크를 노출하는 기본형 검색광고	네이버 쇼핑의 검색결과 화면 등에 상품 이미지와 정보를 노출하는 판매 유도형 검색광고

콘텐츠검색광고-콘텐츠 마케팅을 통한 브랜딩 및 전환 유도	브랜드검색광고-브랜드 홍보 및 브랜드 가치 향상

네이버 통합검색결과에 블로그, 포스트, 카페 콘텐츠를 노출하는 정보 제공형 검색광고	네이버 통합검색결과 상단에 브랜드와 관련된 다양한 정보와 이미지를 함께 노출하는 브랜드 콘텐츠형 검색광고

신제품검색광고	모바일 통합검색에서 제품/서비스와 연관된 일반 명사 키워드를 검색했을 경우 검색결과 상단에 신규 또는 리뉴얼 출시한 제품/서비스와 관련된 이미지/동영상 등을 노출하는 검색 광고 상품
플레이스광고	원하는 장소를 찾는 네이버 이용자에게 적극적으로 나의 가게를 알릴 수 있는 네이티브 형태의 검색광고 (음식점, 병원, 학원 등 다양한 업종 가능)
지역소상공인광고	네이버 콘텐츠 지면에 업체 관련 이미지와 소재 정보를 함께 노출하는 지역 기반 배너 광고 (음식점, 생활 편의, 학원, 스포츠/레저/체험 업종 가능)

① 사이트검색광고

사이트 검색광고는 업종 및 서비스 관련 키워드 검색시 네이버 통합검색 및 다양한 노출 매체에 홈페이지와 홍보 문구가 노출되는 상품이다.

❖ 사이트검색광고 특징

- 업종 및 서비스 관련 정보 제공이나 상품 판매 등 컨텐츠가 확인되는 사이트가 있다면 광고 진행 가능하다.
- 광고 등록과 광고 노출은 비용 발생하지 않고, 클릭시에만 과금되는 CPC 방식이다.
- 직접 입찰가를 설정할 수 있다.
- 원하는 키워드를 등록하여 광고할 수 있다.
- 광고는 언제든지 게재하고 중지할 수 있다.
- 매체전략, 시간전략 등 다양한 전략 기능을 통해 탄력적으로 광고 운용이 가능하다.

❖ 노출 영역 및 위치

검색 매체	• 이용자가 광고가 게재되는 키워드 등과 관련된 검색을 했을 때, 그 결과로 이용자의 검색 의도가 반영된 광고가 노출되는 매체 • 네이버 : PC 통합검색, 광고 더보기, 검색 탭, 모바일검색, 네이버쇼핑, 모바일 네이버쇼핑 • 외부 사이트 : 검색 포털 ZUM, 파트너 매체(옥션, G마켓, BB, 다나와, 인터파크, 에누리닷컴, AK몰, 가자아이, 11번가)
콘텐츠 매체	• 키워드 검색으로 광고가 노출되는 것이 아닌, 서비스 사용자가 작성한 콘텐츠와 내 광고가 연관이 있을 때 해당 콘텐츠 지면에 광고가 노출되는 매체 • 네이버 블로그, 지식iN, 카페, 밴드(BAND) • 콘텐츠 파트너(KBS미디어, 뽐뿌, 조선닷컴, 동아닷컴, 알바천국, iMBC, 중앙일보, 클리앙, 한경닷컴, 경향신문, 일간스포츠, 부동산써브)

- 네이버 PC 통합검색 탭에서 파워링크 최대 10개까지 노출되고, 비즈사이트에 최대 5개까지 노출된다. 키워드에 따라 통합검색 영역 내 파워링크/비즈사이트 위치는 다를 수 있고, 검색 품질 향상을 위해 검색 이용자가 많이 찾지 않는 일부 키워드는 파워링크 영역 광고가 최대 3개까지만 노출되고 비즈사이트는 제외될 수 있다.
- 파워링크와 비즈사이트 하단에 더보기를 클릭하면 광고 더보기가 노출된다. 더보기 영역은 한 페이지당 최대 25개의 광고가 노출되며, 광고 집행 기간이 표시된다.
- 통합검색 탭 하단의 VIEW, 통합웹2, 지식iN, 동영상 탭을 클릭하면 우측 상단에 파워링크 광고가 최대 5개까지 노출된다.
- 모바일 네이버에서 키워드 검색 시 파워링크 광고가 노출된다. 모바일 네이버 통합검색의 1페이지에는 키워드별로 최대 3~5개의 광고가 노출된다.
- 네이버쇼핑에서 키워드 검색 시 하단에 최대 5개의 광고가 노출되며, 모바일 네이버쇼핑에서 키워드 검색 시 하단에 최대 3개의 광고가 노출된다.
- 네이버와 제휴 맺은 검색포털 ZUM(PC/모바일)에 광고가 노출된다.
- 네이버와 제휴를 맺고 있는 파트너 사이트 중 검색포털(ZUM) 외 매체를 파트너 매체라고 한다. 광고노출 개수 및 형태와 명칭은 매체에 따라 달라질 수 있으며 주요 검색 파트너 매체는 옥션, G마켓, BB, 다나와, 인터파크, 에누리닷컴, AK몰, 가자아이, 11번가가 있다.

② 쇼핑검색광고

- 쇼핑검색광고는 상품을 구매하고자 검색하는 이용자에게 광고주의 상품을 네이버 통합검색의 쇼핑 영역 및 네이버 쇼핑 검색 결과 페이지에 노출할 수 있는 이미지형 검색광고 상품이다.

• 쇼핑검색광고는 쇼핑몰 상품형 광고와 제품 카탈로그형, 쇼핑 브랜드형 광고로 나뉜다.

구분	진행 요건
쇼핑몰 상품형	온라인 쇼핑몰이며, 네이버 쇼핑에 입점 시 가능
제품 카탈로그형	제조사/브랜드사, 카탈로그 페이지 구축
쇼핑 브랜드형	브랜드패키지 가입

❖ 쇼핑몰 상품형 광고

• 이용자가 특정 상품을 검색할 경우, 검색결과에서 상품 단위로 노출되는 이미지형 검색광고 상품이다.

• 클릭 횟수만큼 과금되는 CPC 방식으로, 쇼핑검색광고에서 직접 입찰가를 설정할 수 있다.

• 노출영역 및 위치

매체	광고 노출 영역	광고 노출 개수
네이버 통합검색(PC/모바일)	검색 결과 '네이버 쇼핑'영역 상단	2~4개
네이버 쇼핑 검색(PC/모바일)	검색결과 상/중/하단	3~12개
네이버 이미지검색탭(PC/모바일)	검색 결과 상단	3~20개
네이버 패션추천(모바일)	통합검색 결과 '스타일추천'영역 및 더보기 페이지	통합검색 9~27개 더보기 최대 1,200개
네이버 검색매체 추천영역(모바일)	검색 결과 내 클릭 상품과 연관된 상품 추천 영역	1~4개
ZUM, 다나와, 에누리 등 외부 검색 파트너 매체(PC/모바일)	검색 결과 '파워쇼핑' 영역 등	3~10개
블로그, 카페, 뉴스, 페이 등 내부 콘텐츠 매체(PC/모바일)	콘텐츠 중간 및 하단 등	3~10개
MLB파크, 사람인 등 외부 콘텐츠 파트너 매체(모바일)	콘텐츠 중간 및 하단 등	3~10개

• 쇼핑몰 상품형 광고는 패션의류, 패션잡화, 식품, 출산/육아, 가구/인테리어, 스포츠/레저, 화장품/미용, 생활/건강, 디지털 가전(악세사리류)의 업종에서 집행 가능하다.

• 노출할 상품소재의 정보를 기반으로 연관 키워드에 매칭되어 노출되는 방식으로 키워드를 직접 등록할 수는 없다. 등록한 상품(상품명 정보 등)이나 카테고리에 맞게 시스템에서 추천된 키워드가 자동으로 매칭되어 검색결과에 노출된다.

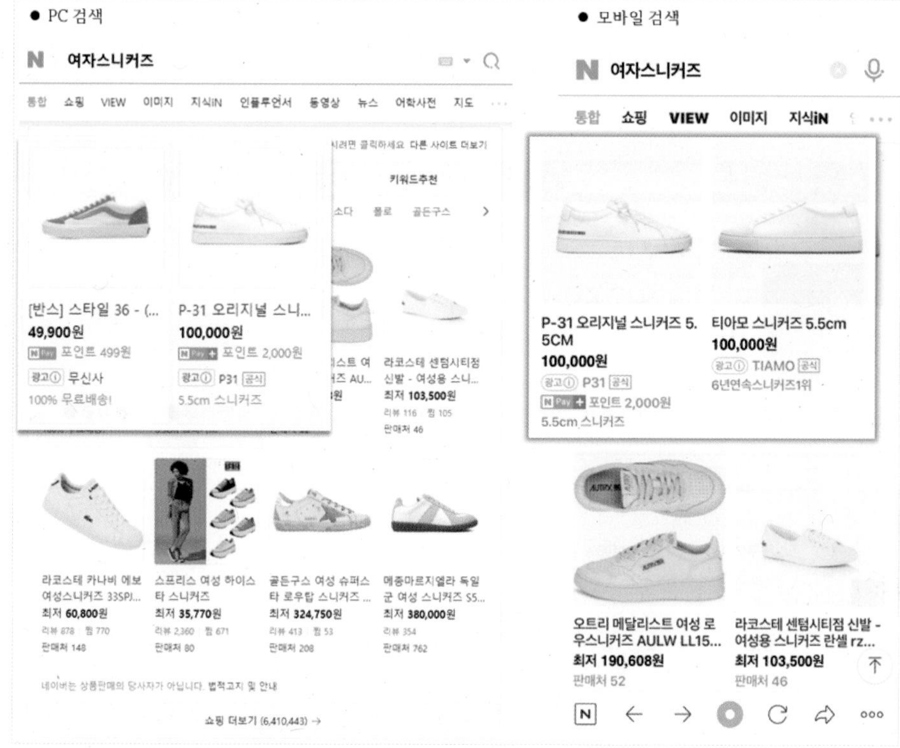

❖ 제품 카탈로그 광고

- 제품 카탈로그형은 일반 쇼핑몰 상품이 아닌 네이버쇼핑이 구축해놓은 제품 카탈로그로 연결되는 광고 상품이다.
- 패션의류, 패션잡화, 식품, 출산/육아, 가구/인테리어, 스포츠/ 레저, 화장품/미용, 생활/건강, 디지털/가전 업종이 대상이나, 집행 가능한 광고주는 카탈로그 제품의 소유권을 가진 제조사/브랜드사, 국내 독점 유통권 계약자만 가능하다.
- 쇼핑몰 상품형 광고와 동일하게 네이버 통합검색 결과 '네이버 쇼핑'영역(PC/모바일)과 네이버 쇼핑검색(PC/모바일) 결과, 이미지검색탭(PC/모바일), 네이버 모바일 '스타일 추천'영역, ZUM, 번개장터 등 외부 검색 파트너 매체 검색 결과(PC/모바일), 네이버 뉴스, 블로그, 카페, 페이 등 콘텐츠 매체(PC/모바일), 콘텐츠 파트너 매체(모바일)에 광고가 노출된다.
- 쇼핑검색광고-제품 카탈로그형은 카탈로그 페이지(가격비교 페이지)로 잠재소비자의 방문을 유도하는 것이 특징이며, 카탈로그 페이지 내 다양한 정보를 통해 제품 인지도를 높일 수 있다. 또한 해당 제품을 조건별로 비교하여 구매할 수 있도록 다양한 판매처로 연결한다.

• [여가/생활편의, 면세점] 외 모든 카테고리의 상품으로 광고 진행이 가능하며, 쇼핑몰 상품형과는 달리 네이버 쇼핑에 입점하지 않아도 광고 등록이 가능하다.

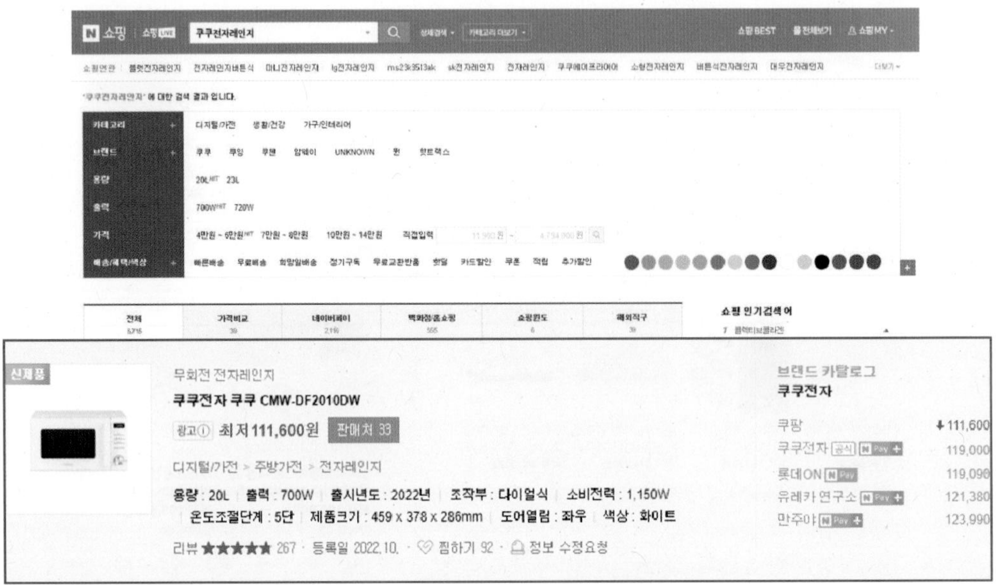

❖ 쇼핑 브랜드형 광고

• 네이버 브랜드패키지에 가입한 브랜드사의 컨텐츠와 상품을 네이버 쇼핑검색결과 페이지에 노출하여 브랜드와 제품라인업을 홍보할 수 있는 브랜드 전용 광고상품이다.

• 네이버 모바일 쇼핑검색 상단 및 하단, PC 쇼핑검색 우측 상단 및 우측 하단에 노출된다.

- '쇼핑몰 상품형, 제품 카탈로그형'과 달리 노출할 광고 키워드를 직접 등록할 수 있으며, 키워드별로 입찰가를 설정하여 광고할 수 있다. 등록 가능한 키워드 유형은 내 브랜드 키워드, 다른 브랜드 키워드, 일반 키워드로 세가지 유형이 있다.

내 브랜드 키워드	상단 노출 기준을 충족할 경우, PC/모바일 노출 영역 상단에 단독으로 노출되며, 상단 노출 기준이 충족되지 않는다면 다른 브랜드와 함께 노출
다른 브랜드 키워드	PC/모바일 노출 영역 하단에 최대 5개의 광고 노출
일반 키워드	PC는 상단 영역에 최대 5개 광고 노출되며, 모바일은 상단 영역에 1개 노출(상단 노출 기준을 충족한 광고), 하단 영역에 최대 5개 광고 노출

③ 파워컨텐츠

- 이용자의 정보 탐색 의도가 깊은 키워드에 대해 해당 분야의 전문가인 광고주가 블로그, 포스트, 카페 등의 컨텐츠를 이용해 보다 정확하고 신뢰성 있는 정보를 제공하는 광고상품이다.
- 파워컨텐츠는 검색지면과 다양한 콘텐츠 지면에도 노출된다.

검색 매체	네이버/ZUM 통합검색(PC/모바일) 네이버/ZUM 통합검색 광고 더보기(PC/모바일)
콘텐츠 매체	네이버 모바일 뉴스(일반/연예/스포츠) 네이버 모바일 블로그/카페/지식인/웹소설/뿜 네이버 PC 블로그

- 파워컨텐츠로 등록할 수 있는 키워드는 네이버에서 지정한 키워드에 한해 광고 진행이 가능하다.
- 이용자는 해당 업종의 전문 광고주가 제공하는 양질의 정보를 블로그의 형태와 같이 손쉽게 소비할 수 있으며, 광고주는 고관여 핵심 이용자들에게 파워컨텐츠 전달을 통한 브랜딩이 가능하다.
- 네이버 블로그, 포스트, 카페로 연결되는 파워컨텐츠는 일반 홈페이지와는 다르게 정책상 개별적인 로그 분석 프로그램 사용이 제한되어 있어 전환 추적 기능은 불가하다.

④ 브랜드검색

- 브랜드검색은 이용자가 브랜드 키워드 또는 브랜드와 연관성이 높은 키워드를 검색할 경우, 해당 브랜드와 관련된 최신 정보를 다양한 템플릿을 이용하여 통합검색 결과의 상단에 노출하는 콘텐츠형 상품이다. 온라인을 통한 효과적인 브랜딩 툴인 동시에 이용자들의 검색 만족도를 높일 수 있다.
- 이미지, 텍스트, 동영상 등과 함께 최신 브랜드 콘텐츠를 한곳에 모아 노출함으로써 잠재고객을 대상으로 공격적인 마케팅에 활용할 수 있다.
- 네이버 PC와 모바일 통합검색 결과에 브랜드 키워드에 대해 1개 광고가 단독 노출되며, 브랜드검색 캠페인의 등록 가능한 광고(키워드) 수는 그룹당 30개이다.
- 브랜드검색은 광고 집행 전 계약을 통해 일정 금액을 선 지불하고 계약 기간 동안 노출수나 클릭수에 제한 없이 광고가 노출되는 정액제 상품이다. 광고비는 상품 유형, 광고 가능한 키워드의 기간 조회수(최근 30일 조회수)합계, 광고노출 기간(최소 7일~최대 90일)에 따라 산정된다.
- 광고등록 시 상품 유형, 광고노출 기간, 키워드를 선택하여 예상 단가를 확인할 수 있으며 계약 시점에 확정된 광고비용을 비즈머니로 결제하여 광고를 집행할 수 있다.

- 브랜드검색 일반형과 브랜드존형으로 구분되며, 브랜드존형의 경우 브랜드스토어 상품 정보를 함께 노출하는 광고 그룹 유형이다. 브랜드스토어가 있어야 광고 그룹을 등록할 수 있다.

	일반형	브랜드존형
PC	• 라이트형 : 일반 • 프리미엄형 : 일반, 갤러리, 동영상 메뉴, 동영상 슬로건	
모바일	• 라이트형 : 일반, 썸네일, 리스팅 • 프리미엄형 : 와이드이미지, 스토리, 오토플레이, 동영상 • 브랜드추천형 : 와이드이미지, 스토리, 오토플레이, 동영상	라이트형 브랜드존 프리미엄형 브랜드존

- 브랜드검색 키워드 가이드

- 광고의 대상이 되는 브랜드와 충분한 관련이 있는 키워드
- 광고의 대상이 되는 브랜드에 대한 검색이용자의 충분한 검색 의도가 확인되는 키워드
- 적절한 표현을 사용한 키워드
- 광고소재와의 충분한 관련성이 확인되는 키워드

● 네이버 PC ● 네이버 모바일

⑤ 신제품검색광고

- 모바일 통합검색에서 제품 및 서비스를 지칭하는 일반 키워드로 검색했을 때, 검색 결과 상단에 신규(리뉴얼) 출시 상품 관련 이미지와 동영상, 설명 등의 광고 콘텐츠를 노출하는 상품이다.

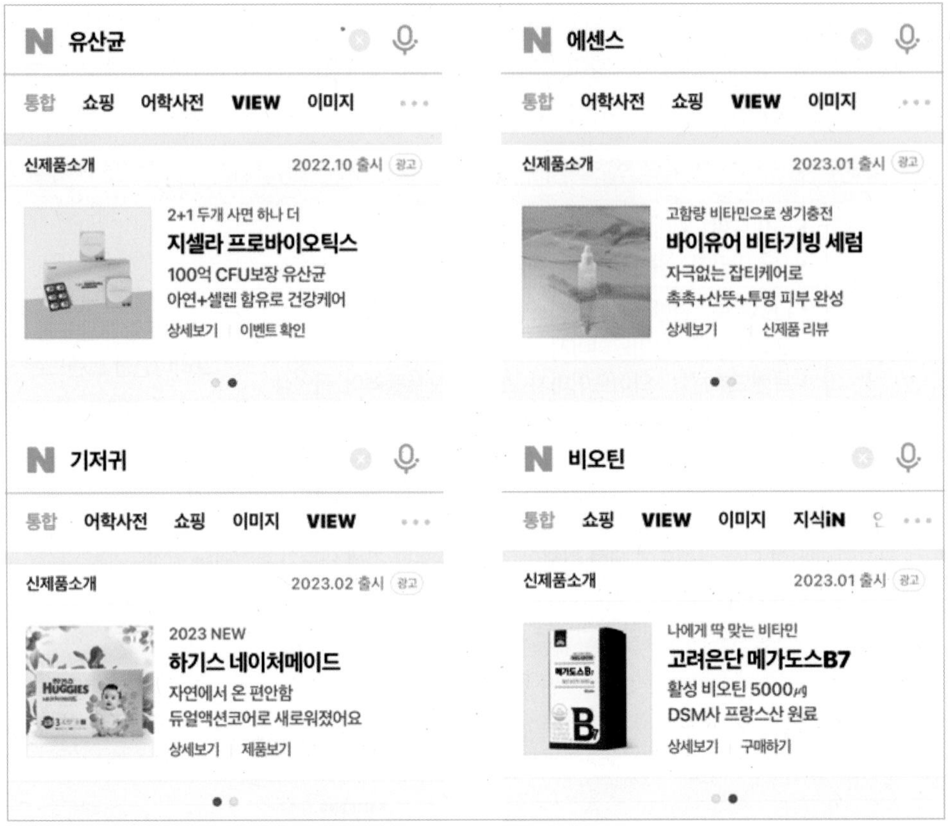

- 출시한지 180일 이내의 제품/서비스에 한하여 집행 가능한 광고 상품이며, 신규 및 리뉴얼 상품임을 강조할 수 있는 신제품검색 전용 템플릿을 활용하여 신상품에 대한 인지도를 효과적으로 높일 수 있다.
- 주 단위 입찰 방식으로 구매 및 집행 가능하며, 입찰 경쟁을 통해 정해진 광고비를 지불하는 정액제 상품이다. 2위 입찰가로 1~2위 일괄 낙찰되며, 경쟁이 없는 경우 최저입찰가로 낙찰된다.
- 신제품검색 최저입찰가는 키워드별 기준조회수 및 검색 결과 내 신제품검색 상품을 비롯한 광고 현황 등을 고려하여 책정되고 있다. 기준 조회수의 변화와 비례하지 않을 수 있다.
- 모바일 검색결과 상단에 최대 2개 브랜드의 광고가 번갈아 노출되며, 1개의 광고만 낙찰 및 노출되는 경우는 검색량의 1/2에만 노출된다.

⑥ 플레이스광고

- 플레이스광고는 특정 장소를 찾는 사용자에게 네이버 스마트플레이스에 등록한 업체 정보를 바탕으로 홍보할 수 있는 마케팅 도구로, 플레이스 영역 내에 노출되는 네이티브 형태의 광고이다.
- 네이버 스마트플레이스에 등록한 업체 정보를 바탕으로 광고 생성이 가능하다. 광고 등록과 광고 노출은 비용이 발생하지 않고, 클릭시에만 과금되는 CPC 방식으로 최저 입찰가는 50원이다.
- 지역+업종/업체 또는 특정 장소(사용자 위치 중심의 장소 찾기)를 검색할 경우 네이버 통합검색의 플레이스 영역 및 지도 검색 결과 상단에 광고가 노출된다.
- 별도의 키워드 등록 없이 플레이스에 등록된 업체 정보를 활용하여 연관도가 높은 키워드에 대해 자동으로 매칭되어 노출된다.

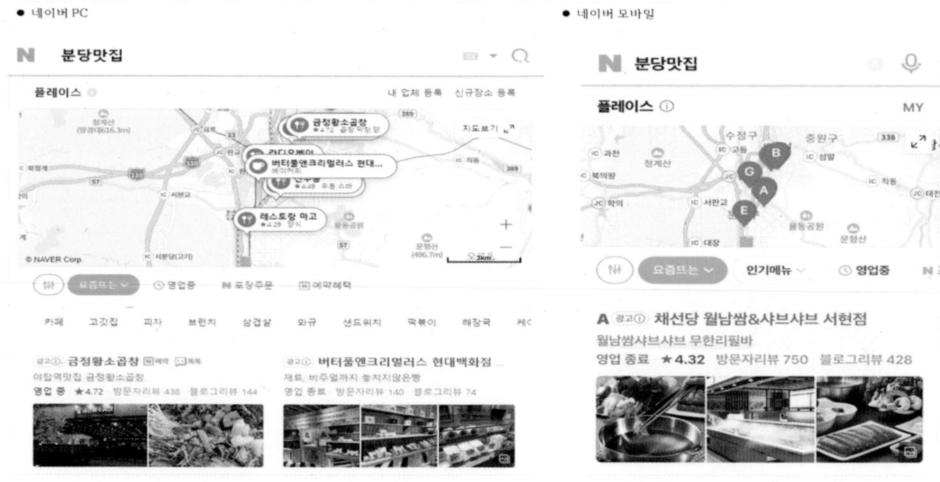

⑦ 지역소상공인광고

- 네이버 콘텐츠 서비스를 이용하는 내 지역 사용자에게 노출하는 배너 광고로, 오프라인 가게를 운영하는 지역 소상공인이 쉽게 집행할 수 있는 광고 상품이다.
- 네이버 스마트플레이스에 등록한 업체 정보를 바탕으로 광고를 생성할 수 있으며 광고가 실제 보여진 유효 노출 횟수에 따라 과금되는 방식이다.(유효 노출 당 0.5원)
- 하루 최대 3만회까지 광고 노출이 가능하다.
- 음식점(유흥주점 등 성인 업종 제외), 생활편의, 학원, 스포츠/레저/체험 등 업종에 한해 광고 등록 가능하며, 네이버의 뉴스, 블로그 등 콘텐츠 서비스 페이지에 업체명, 태그정보, 업체 이미지, 위치, 설명 문구와 리뷰 수 등의 부가정보가 노출된다.

1-2. 카카오 검색광고 상품

- 검색한 키워드와 연관성 있는 광고가 Daum, 카카오톡, 제휴 매체 등 다양한 지면에 검색 결과 또는 텍스트형 배너 형태로 노출되는 광고 상품이다.
- PC/모바일 인터넷 검색 시, 검색 포털 Daum, NATE 등 포털 사이트에 통합 검색결과 최상단인 프리미엄링크 영역에 노출된다. PC는 프리미엄링크 최대 10개, 광고 수요가 높은 키워드는 와이드링크 영역에 최대 5개의 광고가 추가 노출되며, 모바일은 웹/앱에서 프리미엄링크 영역에 최대 6개의 광고가 노출된다.
- Daum 포털사이트의 점유율은 비교적 낮지만, 카카오톡#탭를 비롯하여 다양한 제휴 매체에 노출할 수 있는 장점이 있다.
- PC/모바일 검색 결과 이외의 다양한 컨텐츠 영역에 사용자가 검색한 키워드 및 카카오에서 소비한 콘텐츠를 바탕으로 연관도 높은 광고를 노출할 수 있으며, Daum 메인 및 내부 지면, 카페, 뉴스 및 카카오톡 등의 카카오 내부 지면 및 언론사, 커뮤니티 등의 외부 제휴 지면에도 노출 가능하다. 콘텐츠 매체에는 텍스트 및 확장 소재 썸네일 이미지가 결합된 배너형태로 노출된다.

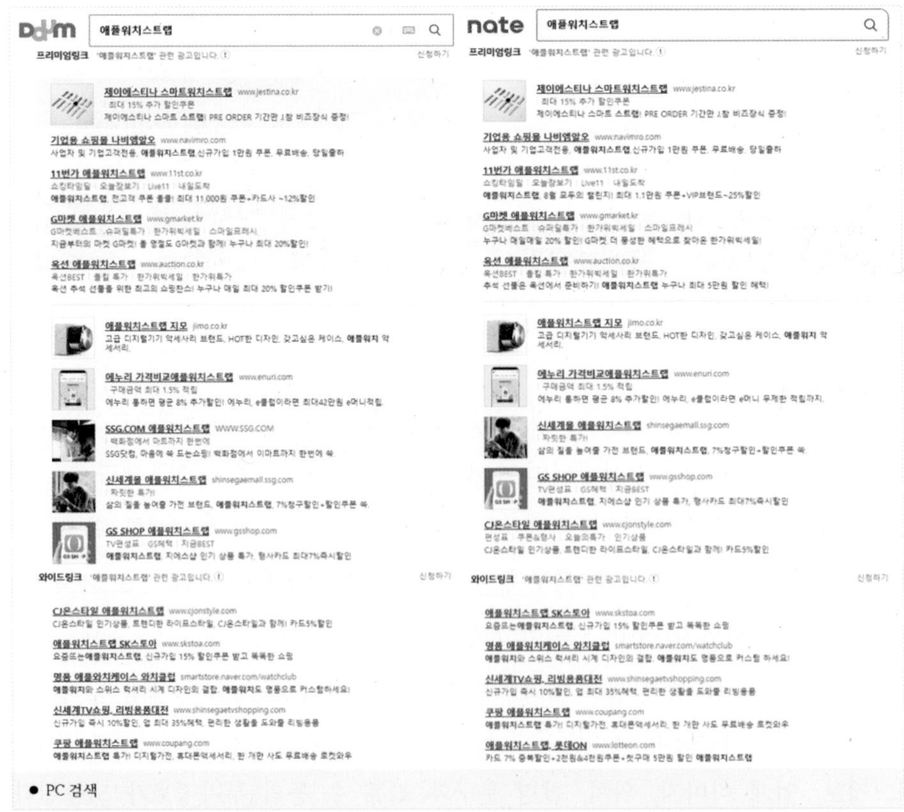

● PC 검색

1-3. 구글 검색광고 상품

- 구글 검색광고 상품은 검색 결과의 위 또는 아래에 최대 4개의 광고가 게재될 수 있으며, 구글플레이, 쇼핑 탭, 구글 이미지, 구글 지도, 지도 앱에서 검색결과 옆, 위 또는 아래에 광고가 게재될 수 있다.

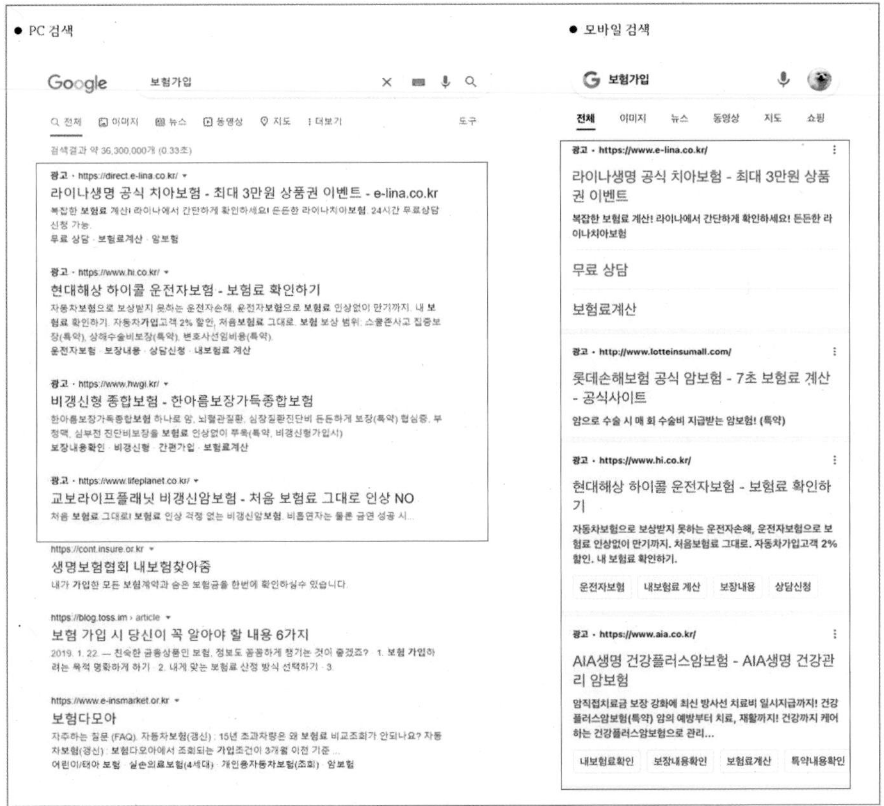

- 페이지에서의 광고 게재순위는 광고 순위에 따라 결정된다. 광고 순위는 입찰가, 입찰 시 광고 품질(예; 예상 클릭률, 광고 관련성, 방문 페이지 만족도), 광고 순위 기준, 사용자 검색의 문맥(예; 위치, 기기, 검색 시점, 검색어, 페이지의 다른 광고 및 검색 결과, 다른 사용자 신호 및 속성), 광고 확장 및 다른 광고 형식의 예상 효과 등을 복합적으로 고려하여 계산된다.
- 광고가 상단에 게재되려면 관련 광고 순위 기준을 충족해야 하며, 광고가 검색 결과 상단에 게재되는 데 필요한 기준은 검색 결과 하단에 게재되는 데 필요한 기준보다 더 높다.
- 구글 검색결과는 검색이 실행될 때마다 광고 순위를 계산한다. 동일한 키워드로 검색을 실행하더라도 각각 다른 검색결과를 보여주는 이유이다.

- 구글을 통해 광고를 게재할 수 있는 영역은 크게 검색 네트워크와 디스플레이 네트워크로 나뉜다. 사용자가 키워드와 관련된 용어를 검색할 경우 구글 검색 결과 옆 및 기타 구글 사이트에 게재되는 검색 네트워크, 관련성이 높은 고객이 인터넷에서 사이트, 동영상, 앱을 탐색할 때 광고를 게재하여 도달 범위를 넓힐 수 있는 디스플레이 네트워크다.

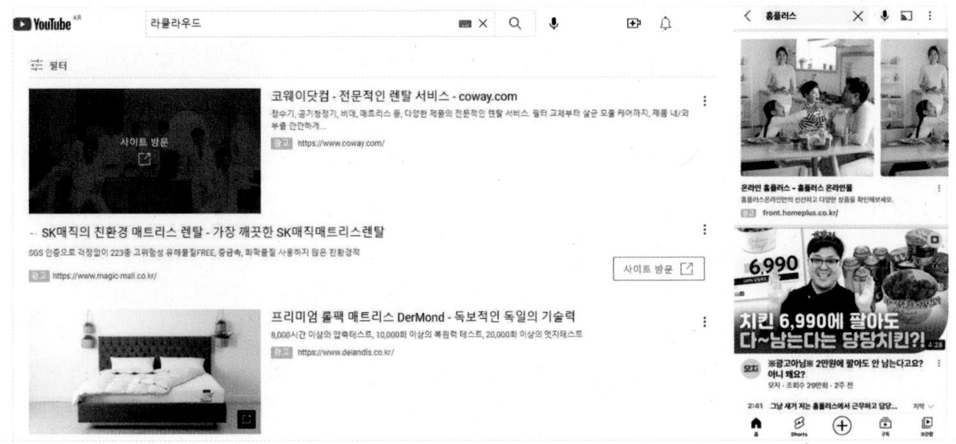

디스플레이 네트워크 - 유튜브

2. 검색광고 등록시스템

1) 캠페인 등록 및 그룹설정

- 광고 목적에 따라 캠페인 유형을 선택한다. 캠페인은 일련의 마케팅 활동을 목적 기준으로 묶어서 관리하는 단위이다. 광고 목적에 따라 광고가 노출되는 위치를 확인한 다음 캠페인 유형을 선택하여 생성한다.
- 캠페인은 네이버 계정 당 200개, 카카오와 구글은 계정 당 1,000개까지 등록 가능하다.
- 구글의 캠페인은 목표를 중심으로 생성하고 고객에게 기대하는 액션에 따라 기능 및 설정을 선택한다. 목표가 2가지라면 캠페인도 2개를 생성해야 한다.

목표	사용 시기
판매	온라인, 앱, 전화, 매장을 통한 판매 또는 전환 촉진
리드	고객의 액션을 유도하여 리드 및 다른 전환으로 유도
웹사이트 트래픽	관련성 높은 사용자가 웹사이트에 방문하도록 유도

- 광고그룹은 캠페인에 소속된 전략 단위로 상세 광고 전략을 설정할 수 있으며, 광고의 운영과 효과분석, 입찰을 진행을 진행할 수 있다. 광고 그룹을 기준으로 누구에게 무엇을 보여줄 것인가를 확인한 다음 광고 그룹을 생성한다.
- 효과적인 광고그룹 생성을 위해 광고그룹에 포함되는 모든 광고 및 키워드가 하나의 제품 또는 서비스와 관련될 것을 권장한다.

2) 키워드선택 및 발굴

- 키워드는 광고가 노출되는 기본 단위이며, 동시에 이용자가 정보탐색을 위해 사용하는 검색어이다.
- 키워드는 크게 대표키워드와 세부키워드로 나눌 수 있다. 광고 목표와 예산에 따라 대표키워드와 세부키워드를 적절하게 등록하여 광고를 효율적으로 운영하는 것이 좋다.

> ※ 대표 키워드
> 주력 제품 및 서비스와 관련하여 잠재 고객들이 쉽게 검색하는 대표적인 키워드이다. 검색수가 높고 다수의 광고주가 운영하는 키워드이기 때문에 입찰경쟁이 치열하고, 많은 클릭으로 인해 광고비 지출이 높을 수 있다.
> - 예시 키워드 : 여성의류, 원피스, 운동화 등
>
> ※ 세부 키워드
> 사이트 내 메뉴 또는 상세페이지 내 콘텐츠를 바탕으로 고객의 검색의도에 맞춤화된 키워드이다. 대표 키워드에 비해 검색수는 낮을 수 있으나 검색 의도가 명확하여 구매 및 서비스 이용으로 이어질 확률이 높고, 입찰가가 저렴할 수 있다.
> - 예시 키워드 : 여자겨울패딩추천, 20대직장인원피스, 나이키블레이저로우77점보

- 네이버 키워드도구, 카카오 키워드 플래너, 구글 키워드 플래너를 통해 관련성 높은 키워드를 조회하여 추가할 수 있다.

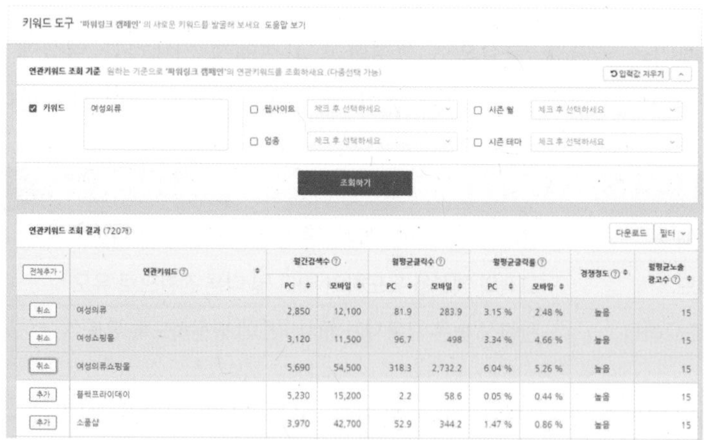

네이버 키워드도구

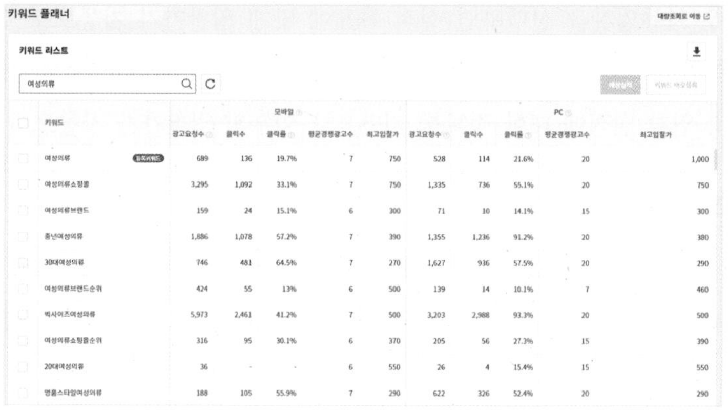

키워드 플래너

키워드 리스트

키워드	모바일					PC				
	광고요청수	클릭수	클릭률	평균경쟁광고수	최고입찰가	광고요청수	클릭수	클릭률	평균경쟁광고수	최고입찰가
여성의류	689	136	19.7%	7	750	528	114	21.6%	20	1,000
여성의류쇼핑몰	3,295	1,092	33.1%	7	750	1,335	736	55.1%	20	750
여성의류브랜드	159	24	15.1%	6	300	71	10	14.1%	15	300
중년여성의류	1,886	1,078	57.2%	7	390	1,355	1,236	91.2%	20	380
30대여성의류	746	481	64.5%	7	270	1,627	936	57.5%	20	290
여성의류브랜드순위	424	55	13%	6	500	139	14	10.1%	7	460
빅사이즈여성의류	5,973	2,461	41.2%	7	500	3,203	2,988	93.3%	20	500
여성의류쇼핑몰순위	316	95	30.1%	6	370	205	56	27.3%	15	390
20대여성의류	36	-	-	6	550	26	4	15.4%	15	550
명품스타일여성의류	188	105	55.9%	7	290	622	326	52.4%	20	290

카카오 키워드 플래너

구글 키워드 플래너

3) 입찰관리

- 네이버, 카카오, 구글의 검색광고는 광고를 클릭하여 사이트에 방문하는 경우에만 과금되는 CPC 광고로 광고주 간 입찰경쟁 결과에 따라 노출 순위가 달라진다.
- 키워드 입찰가와 품질지수(구글 - 품질평가점수)를 고려하여 노출 순위가 결정되는데, 입찰가가 너무 낮은 경우 통합검색 영역에 노출되지 않을 수 있다.
- 일반적으로 광고 순위가 높을수록 광고가 더 많이 노출되고 사이트로 방문하는 고객의 수가 증가되기 때문에, 수요가 높은 인기 키워드의 경우 상위 노출을 위한 클릭비용이 높아 많은 예산을 필요로 한다.
- 광고 목표와 지불 가능한 광고 예산을 고려하여 적정한 입찰가를 정하는 것이 효율적인 광고 집행에 가장 중요한 요소이다. 그러나 모두에게 최적인 권장 입찰가는 없다. 광고를 운영하면서 노출수와 클릭수, 광고비, 전환성과 등을 확인하여 조금씩 조정하면서 최적의 노출순위와 입찰가를 설정해야 한다.

- 구글의 경우 자동입찰을 선택하면 실적 목표에 맞게 입찰가가 자동으로 설정되므로 입찰가를 복잡하고 어렵게 추측하거나 설정할 필요가 없다. 진행 과정에 따라 학습이 이러어져서, 입찰 실적에 대한 정보를 기반으로 이후의 입찰가가 자동으로 예측된다.

4) 광고소재 작성

- 광고소재는 사용자가 검색 후 최초로 만나는 상품이나 서비스에 대한 정보이다. 소재는 검색 결과에 노출되는 사이트의 제목과 설명, 그리고 광고클릭 시 이동되는 페이지인 연결URL로 구성된다.
- 홍보하려는 상품과 서비스가 가지고 있는 장점과 혜택을 타업체와의 차별성이 최대한 잘 드러나도록 소재를 작성하는 것이 좋다.
- 단, 소재는 가이드에 맞게 작성되어야 하며 등록하고자 하는 소재가 가이드에 맞지 않는 경우 광고노출이 제한될 수 있다.
- 광고소재 작성 TIP

㉠ 차별화된 이점 강조
㉡ 가격, 프로모션 및 특별 혜택을 광고에 기재
㉢ 1개 이상의 키워드를 광고에 포함
㉣ 광고와 관련성 있는 방문 페이지 연결
㉤ 복수의 광고소재를 등록하여 실적이 우수한 광고소재 발굴
㉥ 확장 소재 활용

5) 각 매체별 검색광고 등록 프로세스

5-1. 네이버 검색광고 등록 프로세스

네이버 광고시스템을 통해 광고만들기 또는 새 캠페인 버튼을 클릭하여 검색광고 등록을 진행할 수 있다. 등록 프로세스는 캠페인 만들기 → 광고그룹 만들기 → 광고 만들기(키워드/소재)의 3 단계로 나뉜다.

- 광고 목적에 따라 캠페인 유형을 선택한다. 파워링크, 쇼핑검색, 파워컨텐츠, 브랜드검색/신제품검색, 플레이스 유형을 선택할 수 있다.

- 캠페인 이름과 하루예산을 입력하고, 고급옵션에서 캠페인의 광고노출 기간을 설정할 수 있다. 캠페인 이름은 광고에 실제 노출되지 않고, 광고 관리 목적으로만 사용된다.
- 하루예산은 하루 동안 이 캠페인에 지불할 의사가 있는 최대 비용으로, 하루에 지출 가능한 예산을 설정하여 과다하게 광고비가 지출되는 것을 예방하기 위한 보조 기능이다.

네이버 캠페인 만들기

- 예산 균등배분을 체크하면 설정된 하루 예산을 하루 동안 고르게 배분하여 운영할 수 있다. 시스템이 광고 진행 추이를 고려해 자체적으로 광고를 중단하고 재개하는 것을 반복하여 하루동안 꾸준히 광고가 유지되도록 조절하는 기능이다.
- 고급옵션에서는 캠페인의 광고노출 기간을 설정할 수 있다.

- 광고그룹 이름을 입력하고 광고를 진행할 URL을 선택한다. 광고그룹 이름도 관리 목적으로 광고에 실제 노출되지 않으며, URL은 광고에 표시되는 URL로 최상위 도메인을 등록한다.

네이버 광고그룹 만들기

- 광고그룹 생성 단계에서 광고그룹 단위의 입찰가 설정이 가능하다. 광고 클릭당 지불할 의사가 있는 최대 비용을 설정하는데, 광고그룹에서 키워드 혹은 소재별 입찰가가 설정된 경우를 제외한 모든 키워드와 소재에 적용되는 입찰가이다.

기본 입찰가 ⓘ 광고 클릭당 지불할 의사가 있는 최대 비용을 설정 합니다

ⓘ 기본 입찰가는 광고 그룹에서 키워드 혹은 소재별 입찰가가 설정된 경우를 제외한 모든 키워드와 소재에 적용되는 입찰가입니다.
광고 최종 입찰가는 (기본 입찰가 * 각 타겟팅 입찰 가중치 * 매체 입찰 가중치)로 결정됩니다. 최종 입찰가는 최대 10만원(VAT 제외)입니다.
여러 타겟팅에 입찰 가중치를 높게 설정한 경우, 기본 입찰가에 가중치가 연속으로 곱해져 큰 금액이 과금될 수 있습니다.
광고 만들기 이후에도 광고 그룹의 정보를 수정할 때 기본 입찰가를 변경할 수 있습니다. 최소입찰가는 70원(VAT 제외)입니다. 입찰가 설정 알아보기 〉

직접 설정
70 원 70원에서 100,000원까지 입력 가능(10원 단위 입력)
자동입찰 설정(beta)

하루예산 ⓘ 하루 동안 이 광고그룹에서 지불할 의사가 있는 최대 비용을 설정합니다.

50,000 원 70원에서 1,000,000,000원까지 입력 가능(10원 단위 입력)
하루예산을 입력하세요.
제한없음
ⓘ 경우에 따라 예산을 초과하는 금액이 과금될 수 있습니다. 도움말

네이버 광고그룹 만들기

- 하루 예산은 캠페인 단위 외에도 광고그룹 단위에서도 설정할 수 있다. 광고그룹은 캠페인의 하위 단위이기 때문에 캠페인 예산이 도달할 경우 해당 캠페인에 소속된 광고그룹도 중지된다.
- 고급옵션에서는 광고를 노출할 매체, 콘텐츠 매체 전용 입찰가, PC/모바일 입찰가 가중치를 설정할 수 있다.

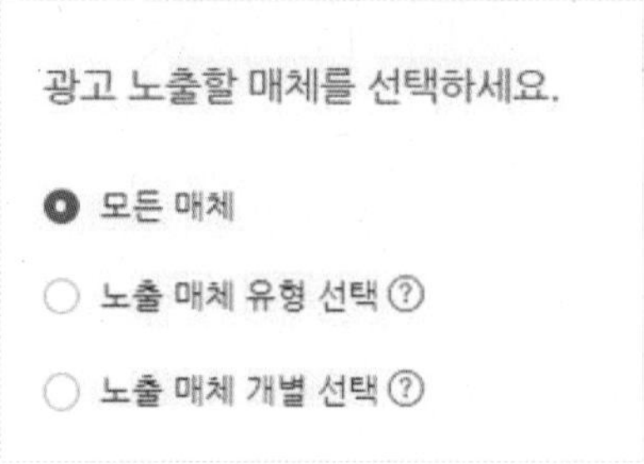

광고 노출할 매체를 선택하세요.

- 모든 매체
- 노출 매체 유형 선택 ⑦
- 노출 매체 개별 선택 ⑦

① 모든 매체 - 네이버 및 파트너사 모든 영역 노출
② 노출 매체 유형 선택
- 광고 노출 매체 유형별 선택
- PC/모바일, 세부 매체 유형(검색 매체, 콘텐츠 매체)
③ 노출 매체 개별 선택
- 광고 노출 희망하는 특정 매체 이름이나 URL 검색하여 해당 매체에만 노출 가능

네이버 광고그룹 만들기>고급옵션

- 광고그룹 단위에서 설정할 수 있는 입찰가는 기본 입찰가 외에도 콘텐츠 매체 전용입찰가가 있다. 기본 입찰가는 필수 항목이지만 콘텐츠 매체 전용 입찰가는 옵션 항목으로 제공하고 있다.

기본 입찰가	키워드별 입찰가를 설정하지 않거나 키워드별 입찰가를 기본 입찰가 사용으로 설정한 경우 적용되는 입찰가로 광고그룹 생성 시 반드시 설정해야하는 필수 항목이다.
키워드 입찰가	개별 키워드에 설정할 수 있는 입찰가로 키워드 입찰가가 설정되면 키워드가 등록된 광고 그룹의 기본 입찰가가 아닌 키워드 입찰가가 적용된다. 세밀한 관리가 필요한 경우 설정할 수 있는 옵션 항목이다.
콘텐츠 매체 전용 입찰가	콘텐츠 매체에 광고가 노출될 때 적용되는 입찰가로 기본 입찰가나 키워드 입찰가가 설정되어 있더라도 콘텐츠 매체 전용 입찰가가 설정되어 있다면 기본 입찰가나 키워드 입찰가를 사용하지 않는다. 광고 그룹 단위로 설정되며 옵션 항목이다.

- PC/모바일 입찰가중치는 설정한 광고그룹 단위로 설정할 수 있으며, 기본 입찰가, 키워드 입찰가, 콘텐츠 매체 전용 입찰가에 모두 적용된다. 기본 가중치는 100%이며 10~500% 사이의 값으로 설정할 수 있다.
- 광고그룹 단위에서 소재 노출 방식을 선택할 수 있다. 기본 설정은 성과 기반 노출이며, 그룹 내 모든 소재가 동일한 비중으로 노출되기를 원할 경우 동일 비중 노출을 선택하면 된다.

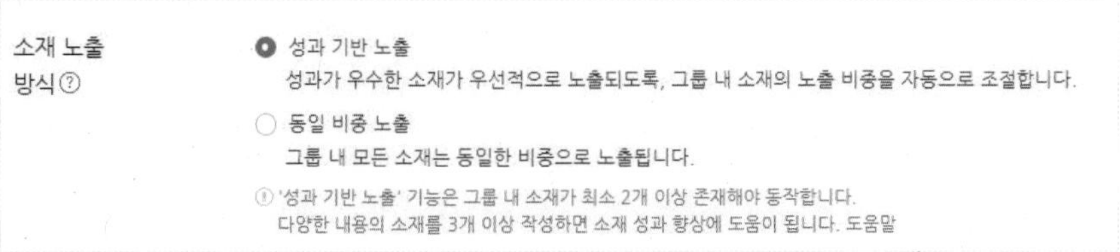

소재 노출 방식 ⑦

- 성과 기반 노출
  성과가 우수한 소재가 우선적으로 노출되도록, 그룹 내 소재의 노출 비중을 자동으로 조절합니다.
- 동일 비중 노출
  그룹 내 모든 소재는 동일한 비중으로 노출됩니다.

ⓘ '성과 기반 노출' 기능은 그룹 내 소재가 최소 2개 이상 존재해야 동작합니다.
다양한 내용의 소재를 3개 이상 작성하면 소재 성과 향상에 도움이 됩니다. 도움말

네이버 광고그룹 만들기>고급옵션

- 키워드를 등록하는 방법은 광고그룹 내 [새 키워드] 버튼 클릭을 통한 방법과 [키워드 도구]를 이용한 방법으로 나눌 수 있다. [새 키워드] 생성으로는 키워드 직접 입력과 연관 키워드 선택을 통해 추가할 수 있으며, [키워드 도구]에서는 연관키워드 조회 결과에서 키워드를 추가할 수 있는데, 입찰가 결정까지 한번에 진행할 수 있는 장점이 있다.

네이버 광고 만들기>새 키워드 생성

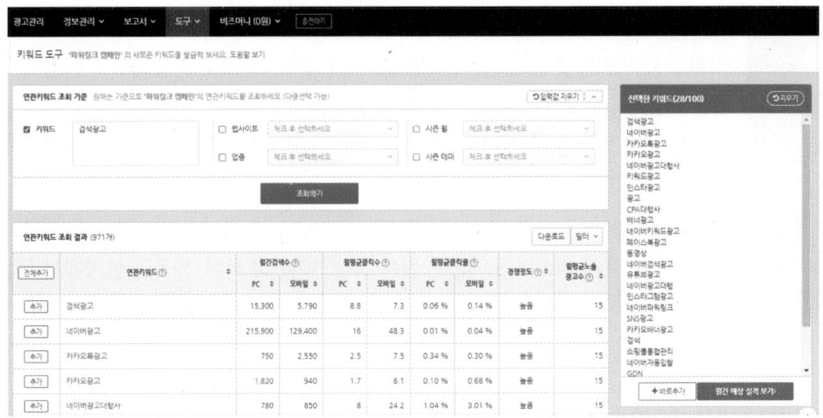

키워드 도구

- 소재는 키워드를 검색했을 때 보여지는 상품이나 서비스에 대한 정보로 타사들과의 차별성이 최대한 잘 드러나도록 작성해야 효과가 좋다. 광고그룹당 최대 5개까지 소재 등록이 가능하고, 소재를 2개 이상 등록할 경우 성과가 우수한 소재의 노출 비율을 자동적으로 조절하여 노출된다.

새 소재 생성하기 도움말

검색 시 보여주는 광고문안과 광고를 클릭할 때 연결할 페이지의 URL 등 소재 정보를 입력합니다. 자세히 보기

소재 만들기 기존 소재 불러오기

제목 키워드삽입
1자 이상 입력하세요. 0/15

설명 키워드삽입
20자 이상 입력하세요. 0/45

표시 URL (PC) http://www.test.com

연결 URL (PC) http:// www.test.com

표시 URL (모바일) http://www.test.com

연결 URL (모바일) http:// www.test.com

PC 소재 미리보기
제목
광고 www.test.com
설명

모바일 소재 미리보기
광고 www.test.com
제목
설명

실제 광고는 키워드에 따라 하단 상품 영역이 보이지 않을 수 있습니다.

네이버 새 소재 생성하기

제목 (1~15자)	업체명 또는 사이트명을 필수로 기재해야 한다. 키워드 삽입 기능을 통해 검색한 키워드가 제목에 자동으로 삽입되도록 할 수 있다.
설명 (20~45자)	제품 또는 서비스를 소개하는 내용을 기재한다. 키워드 삽입 기능을 통해 검색한 키워드가 설명에 자동으로 삽입되도록 할 수 있다. 특별한 혜택이 있는 경우 기재하면 좋다.
PC/모바일 연결URL	광고를 클릭했을 때 도달하는 페이지의 URL이다. 연결URL과 표시 URL의 도메인은 같은 도메인이어야 하며, 제목과 설명에서 작성한 내용을 사용자가 방문한 페이지에서도 찾을 수 있어야 광고 효과가 좋다.

- 소재 만들기에서 제목과 설명에 확인되는 [키워드 삽입] 기능은 등록한 키워드를 자동으로 소재에 삽입하여 노출하는 기능이다. 필수 항목은 아니지만 키워드 삽입 기능을 통해 광고 소재의 주목도를 높일 수 있고, 더 많은 클릭을 받을 수 있다.
- 키워드 삽입은 제목 1회, 설명 2회만 사용할 수 있으며, 제목과 설명의 글자수 제한으로 키워드 삽입이 불가한 경우를 대비하여 대체 키워드를 필수로 입력하여야 한다.

N 아이패드 프로 5세대

하이마트 쿨세일 혜택파티 · 롯데 하이마트 온라인 공식몰
광고 www.e-himart.co.kr
하이마트에서 시원하게 혜택 쏜다! 매일매일 초특가 상품과 카드할인!
오늘배송 · 베스트제품 · 이벤트 · 희망가견적

에누리 가격비교 최저가할인 · 구매금액 최대 1.5% 적립
광고 www.enuri.com 로그인
에누리 통하면 평균 8% 추가할인! 에누리, e클럽이라면 최대42만원 e머니적립.
태블릿PC · 갤럭시탭 · 아이패드 · 액세서리

신세계몰 아이패드프로5세대 · 신학기 아이패드 최대9%할인
광고 shinsegaemall.ssg.com 로그인
신세계몰 공식 리셀러샵에서 아이패드프로5세대 청구할인 7%까지 쓱.

키워드 삽입 기능 사용 예시

※ 대체 키워드
키워드 삽입 시 소재 전체 글자수가 초과되거나 미달되는 경우 노출되는 키워드로 검색 키워드를 대신해서 노출되는 단어이다. 광고그룹에 등록한 키워드를 대표하는 단어로 기재하는 것이 좋다.

5-2. 카카오 검색광고 등록 프로세스

카카오 검색광고는 [광고 만들기] 또는 [캠페인 만들기]를 선택하여 검색광고를 등록할 수 있다. 등록 프로세스는 캠페인 만들기 → 광고그룹 만들기 → 키워드 만들기→ 소재 선택하기의 4단계로 나뉜다.

- 캠페인 생성 단계에서는 비즈채널과 캠페인 이름, 전환 추적과 추적 URL 등의 상세 설정이 가능하다.

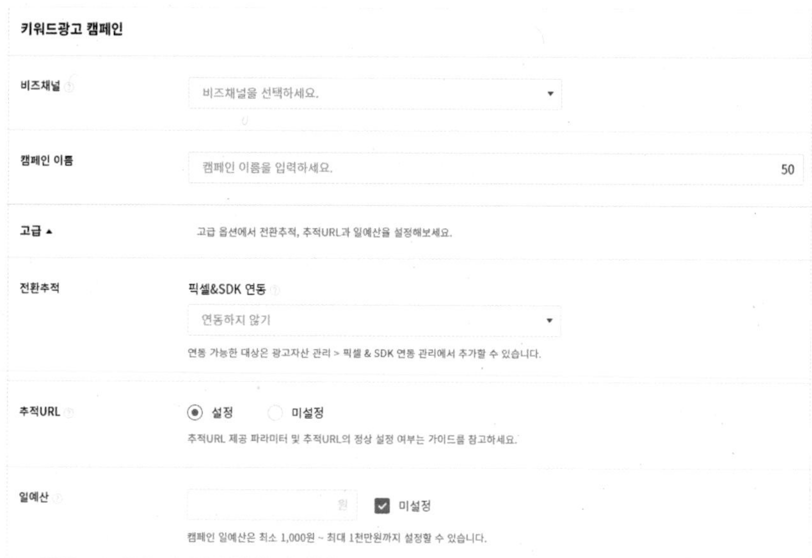

카카오 캠페인 만들기

- 비즈채널은 광고대상을 의미하며, 캠페인 단위에서 선택할 수 있다. 캠페인 이름은 관리 목적으로 자유롭게 입력이 가능하다.
- 고급 옵션

구분	내용
전환추적	픽셀 & SDK 연동이 필요하며, 캠페인 단위로 설정 광고자산 관리 > 픽셀 & SDK 연동 관리에서 추가 가능
추적URL	광고 랜딩URL에 파라미터로 광고정보를 전달하는 기능 설정
일예산	예산 미설정 또는 설정 가능 (최소 1원부터 최대 1천만원까지)

※ 픽셀 & SDK 연동 : 사용자의 방문, 구매 등의 행동을 파악하고 광고 전환을 추적할 수 있는 비즈니스 도구

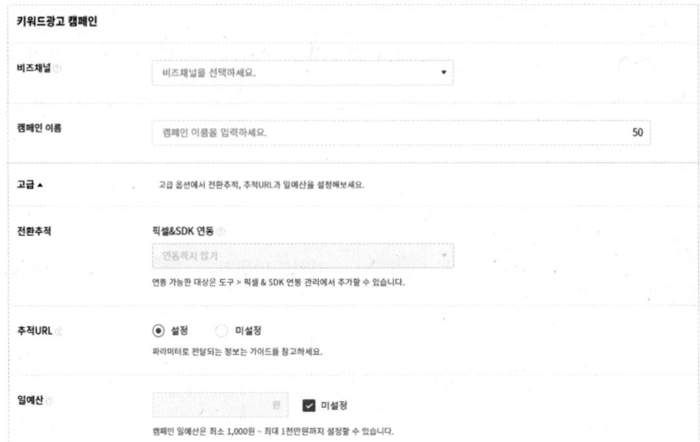
키워드광고 캠페인
비즈채널
비즈채널을 선택하세요.
캠페인 이름
캠페인 이름을 입력하세요.
50
고급 ▲
고급 옵션에서 전환추적, 추적URL과 일예산을 설정해보세요.
전환추적
픽셀&SDK 연동
연동하지 않기
연동 가능한 대상은 도구 > 픽셀 & SDK 연동 관리에서 추가할 수 있습니다.
추적URL
설정
미설정
파라미터로 전달되는 정보는 가이드를 참고하세요.
일예산
원
미설정
캠페인 일예산은 최소 1,000원 ~ 최대 1천만원까지 설정할 수 있습니다.

- 캠페인명을 선택하거나 광고그룹 탭에서 광고그룹 만들기를 선택하여 광고그룹을 생성할 수 있다.

광고그룹

광고그룹 이름	광고그룹 이름을 입력하세요. 50
매체유형	◉ 전체 ○ 상세설정
디바이스	◉ 전체 ○ 상세설정
키워드확장	○ 설정 ◉ 미설정
기본입찰가	300 원 기본 입찰가는 최소 70원 ~ 최대 100,000원까지 10원 단위로 설정할 수 있습니다.
일예산	100,000 원 광고그룹 일예산은 최소 1,000원 ~ 최대 1천만원까지 10원 단위로 설정할 수 있습니다.
고급 ▾	고급 옵션에서 입찰가중치, 집행기간과 요일/시간을 설정해보세요.

카카오 광고그룹 만들기

- 광고가 노출 될 매체유형과 디바이스를 선택한다. 매체유형에서 검색 매체는 검색어와 광고를 매칭하는 게재지면을 의미하며, 콘텐츠 매체는 문맥과 광고를 매칭하는 게재지면을 의미한다. 효율적인 광고 운영을 위해 매체유형별 광고그룹을 각각 생성하는 것을 권장한다.
- 키워드 확장은 광고그룹 하위에 등록된 키워드 외에 연관된 키워드에 자동으로 광고를 노출시키는 기능을 말한다. 키워드 확장을 설정한 경우, 특정 키워드에 광고가 미노출 되도록 제외 키워드 설정이 가능하다.
- 기본입찰가는 광고그룹에 적용되는 입찰가로 최소 70원부터 최대 10만원까지 10원 단위로 설정 가능하다.

• 광고그룹 단위에서도 일예산 설정이 가능한데, 캠페인 단위에서는 옵션이지만, 그룹 단위에서는 필수로 입력해야하는 항목이다.

입찰가중치

디바이스

모바일

100 % 기본가중치

PC

100 % 기본가중치

모바일/PC 입찰 가중치는 최소 10%부터 최대 500% 까지 1% 단위로 설정 가능합니다.
가중치 설정으로 입찰가 70원 이하 값 발생 시 최소 금액 70원으로 입찰됩니다.

키워드확장

50 % 기본가중치

키워드 확장 입찰 가중치는 최소 10%부터 최대 500% 까지 1% 단위로 설정 가능합니다.
가중치 설정으로 입찰가 70원 이하 값 발생 시 최소 금액 70원으로 입찰됩니다.

콘텐츠 매체 입찰가

70 원 미설정

콘텐츠 매체 입찰가는 최소 70원 ~ 최대 100,000원까지 10원 단위로 설정할 수 있습니다.
콘텐츠 매체 입찰가를 설정하지 않을 경우 콘텐츠 매체 광고는 기본 입찰가를 기준으로 입찰 합니다.

집행기간

일자

2022.09.01 ~ 미설정

요일/시간

가능한 모든 요일/시간 노출

상세설정

카카오 광고그룹 만들기 > 고급옵션

입찰가중치	기본입찰가에 대한 디바이스, 키워드확장 입찰가중치 설정 기능 최소 10%부터 최대 500% 까지 1% 단위로 설정 가능
콘텐츠 매체 입찰가	콘텐츠 매체에 노출할 때 입찰가로 설정 또는 미설정 가능 미설정 시 기본입찰가 적용
집행기간	집행 일자 및 요일/시간대 선택 가능

• 키워드는 직접 등록과 키워드 제안을 통한 연관 키워드 등록의 방법이 있다. 키워드 제안에서 대표 키워드를 검색하면 연관 키워드 리스트가 제안되며 제공되는 데이터는 프리미엄링크 캠페인 > 검색매체 > 카카오지면을 통해 광고가 집행된 키워드의 최근30일(어제로부터 과거 30일까지) 과거 실적에 해당된다.

키워드

등록 키워드 11/300　　초기화

검색광고전문대행사
검색광고
다음검색광고
네이버검색광고
키워드검색광고
검색광고마케터
구글검색광고
카카오검색광고
다음검색광고등록
다음키워드광고
검색광고마케터1급

키워드 제안

검색광고

키워드	모바일			PC		
	광고요청수	최고입찰가	평균경쟁광고수	광고요청수	최고입찰가	평균경쟁광고수
검색광고	65	20,000	6	666	20,000	15
다음검색광고	69	2,430	6	857	3,550	15
네이버검색광고	41	10,000	6	705	10,000	15
키워드검색광고	1	2,090	6	548	20,000	15
검색광고마케터	31	10,000	6	561	10,000	15
구글검색광고	8	100,000	6	540	100,000	14
카카오검색광고	57	2,000	6	709	2,000	15
다음검색광고등록	3	200	3	18	200	5

- 제안된 키워드는 심사승인을 보장하지 않으며, 키워드 사용에 따른 모든 법적 책임은 광고주에게 있습니다.
- 제공되는 데이터는 프리미엄링크 캠페인 > 검색매체 > 카카오지면을 통해 광고가 집행된 키워드의 최근30일(어제로부터 과거 30일까지) 과거 실적에 해당합니다.
따라서, 제공되는 데이터로 인한 광고 성과를 보장하지 않으니, 참고용으로만 사용하시기 바랍니다.

입찰단가　◉ 광고그룹 입찰　○ 키워드 입찰

카카오 키워드 만들기

• 카카오는 키워드 등록 단계에서 광고그룹 입찰과 키워드 입찰 기능을 제공하고 있다.

광고그룹 입찰	광고그룹의 기본입찰가로 설정
키워드 입찰	① 직접입찰 - 키워드 입찰가를 직접 입력하여 일괄 적용 ② 순위별 평균 입찰 - PC/모바일 순위별 평균 입찰가로 적용 - 광고가 집행된 키워드 최근 30일 과거 실적을 토대로 예측한 수치 - 최대입찰가 설정 가능

• 소재 등록에서는 [새 소재] 등록 또는 [기존 소재 사용하기]를 통해 기존에 사용한 소재를 불러오는 것도 가능하다.

카카오 소재등록

제목	광고에 노출할 제목, 최대 15자, 키워드 삽입 가능
설명문구	광고에 노출할 설명 문구, 최대 45자, 키워드 삽입 가능
랜딩 URL	광고 클릭 시 연결 될 URL, 광고 노출 시에는 비즈채널의 URL 노출
확장 소재	기본 소재와 함께 노출될 확장 소재 이미지형: 썸네일 (추천), 멀티썸네일 텍스트형: 추가제목, 부가링크, 말머리, 가격테이블 버튼형: 계산하기, 전화번호 연동형: 톡채널
소재 이름	소재 구별 및 관리 목적

• 키워드 삽입 기능을 사용하는 경우 대체 키워드를 반드시 입력해야 한다. 키워드를 포함한 소재 길이가 기준을 초과할 경우, 대체 키워드가 소재에 대신 노출되기 때문이다.

5-3. 구글 검색광고 등록 프로세스

구글 검색광고는 구글애즈에서 [새 캠페인] 선택하여 생성할 수 있다. 등록 프로세스는 캠페인의 목표와 유형을 선택한 후 예산 및 입찰 → 캠페인 설정 → 키워드 및 광고 → 광고 확장 → 검토의 총 5단계로 이루어져 있다.

- 캠페인에 목표를 선택 후 캠페인 유형 선택에서 검색을 선택한다. 검색 캠페인 유형으로 선택 가능한 목표는 판매, 리드, 웹사이트 트래픽, 목표 설정 없이 캠페인 만들기이다.

구글 검색광고 캠페인 목표 선택하기

- 캠페인 목표

판매	온라인, 앱, 전화, 매장을 통한 판매 또는 전환을 촉진
리드	관련 고객이 뉴스레터에 가입하거나 연락처 정보를 제공하여 제품 또는 서비스에 관심을 표현하도록 유도
웹사이트 트래픽	잠재고객이 웹사이트를 방문하도록 유도
목표 설정 없이 캠페인 만들기	목표 설정 없이 캠페인 유형을 먼저 선택

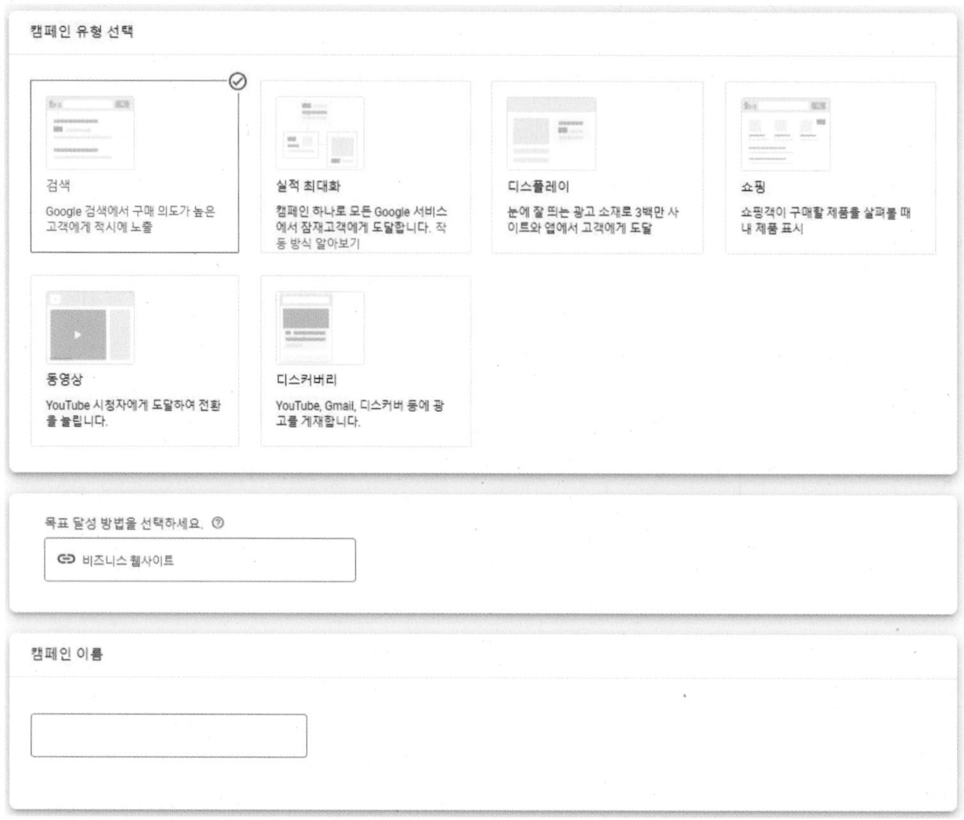

구글 검색광고 캠페인 유형 선택

- 캠페인 목표와 유형을 선택한 다음 목표 달성 방법을 선택한다. 캠페인 목표별로 선택할 수 있는 목표 달성 방법은 아래와 같다.

판매	리드	웹사이트 트래픽	목표 설정 없이 캠페인 만들기
✓ 웹사이트 방문 ✓ 전화 통화 ✓ 매장 방문 ✓ 앱 다운로드	✓ 웹사이트 방문 ✓ 전화 통화 ✓ 매장 방문 ✓ 앱 다운로드 ✓ 리드 양식 제출	✓ 웹사이트 방문	✓ 웹사이트 방문 ✓ 전화 통화 ✓ 앱 다운로드

구글 검색광고 등록 > 예산 및 입찰

- 캠페인의 평균 일일예산을 설정할 수 있으며 필수 항목이다. 인터넷 트래픽은 수시로 변화하기 때문에 설정한 일일예산보다 비용이 조금씩 더 높거나 낮을 수 있지만 월 말에는 예상한 만큼의 비용을 지불하게 된다.
- 구글 검색광고는 캠페인 유형에 따라 입찰 전략을 선택할 수 있다. 캠페인의 목표에 따라 가장 적합한 전략을 선택하면 된다.
- 광고 로테이션을 설정하면 광고그룹의 여러 광고를 서로 비교하여 각 광고의 게재 빈도를 지정할 수 있다. 계정에 있는 광고는 한 번에 하나만 게재할 수 있기 때문에 광고그룹에 여러 개의 광고가 있으면 로테이션 방식이 적용된다.

최적화	키워드, 검색어, 기기, 위치 등의 신호를 토대로 클릭수가 많이 발생하도록 광고를 최적화하고 광고그룹 내에서 다른 광고보다 실적이 우수할 것으로 예상되는 광고를 우선적으로 게재한다.
최적화 사용 안함	광고가 무기한으로 더 균등하게 광고 입찰에 참여한다.

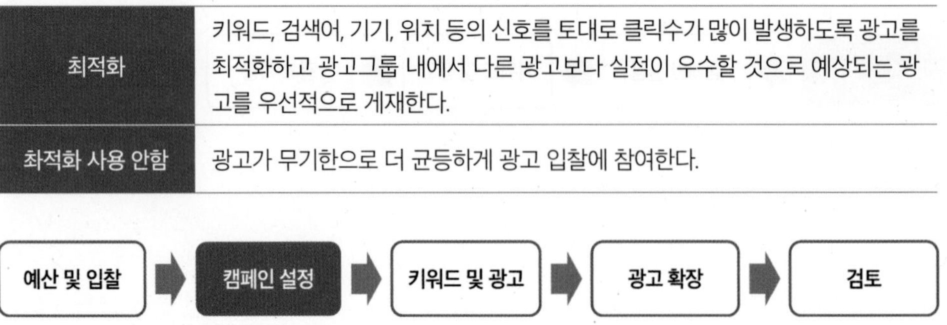

- 캠페인 설정에서 네트워크, 위치, 언어, 잠재고객, 동적 광고, 시작일과 종료일, 광고 일정, 캠페인 URL 옵션 설정이 가능하다.

- 네트워크 설정에서 구글 검색 파트너와 구글 디스플레이 네트워크 포함 여부를 선택할 수 있다.

※ 구글 검색 파트너 포함
구글과 파트너 관계를 맺은 사이트에 검색광고가 게재되어 광고 도달범위와 트래픽을 늘리는데 도움된다.

※ 구글 디스플레이 네트워크 포함
2백만개 이상의 웹사이트, 동영상, 앱을 포함하는 구글 디스플레이 네트워크에 광고가 게재된다. 검색 네트워크에서 도달범위가 최대치에 도달한 후에만 디스플레이 네트워크에 게재되기 때문에 추가 트래픽을 유도할 수 있다.

- 위치 선택에서는 국가 및 지역을 선택하여 타겟팅할 수 있다. 특정 위치에 있거나, 자주 방문하거나, 특정 지역에 관심을 보이는 사용자를 타겟팅하거나 제외할 수 있어 효율적인 운영이 가능하다.
- 언어 타겟팅을 사용하면 광고를 게재하려는 잠재고객의 언어를 선택할 수 있다.

- 잠재고객은 특정 관심분야, 의도 및 인구통계학적 특성을 가진 것으로 예측되는 사용자 집단으로 이 집단에 광고를 타겟팅하여 게재할 수 있는 기능이다.
- 동적 검색 광고는 내 URL을 사용하여 사용자의 검색에 맞는 광고를 자동으로 만드는 기능이다. 웹사이트 콘텐츠를 이용하여 광고를 타겟팅하고 키워드 기반 캠페인의 부족한 부분을 채워 줄 수 있다.
- 설정 더보기를 통해 시작일 및 종료일, 광고 일정, 캠페인 URL 옵션 설정도 가능하다.

- 광고그룹 내 등록할 키워드와 광고를 등록하는 단계로 키워드와 광고 소재를 등록하는 단계이다.

- 웹사이트 또는 제품/서비스를 직접 입력하여 추천 키워드를 제안받을 수 있다.
- 키워드 검색 유형에 따라 키워드가 사용자의 검색어와 밀접하게 일치하는 정도가 결정된다. 확장검색을 사용하여 더 넓은 범위의 사용자 검색어에 대해 광고를 게재하거나, 일치검색을 사용하여 특정 사용자 검색어로 게재 대상을 좁힐 수 있다.

일치 검색 *표기:[키워드]	① 키워드와 정확하게 일치하거나 키워드와 의미가 유사할 경우 노출 ② 이미 알고 있는 검색 키워드에 대한 퍼포먼스 최적화 진행, 캠페인 제어, 브랜드 상표 안정성이 중요할 경우 활용 ※키워드 : [남성용 신발] 게재 검색어 예) 남성 신발, 남자 신발, 남자용 신발, 남자가 신는 신발
구문 검색 *표기:"키워드"	① 검색어에 키워드 혹은 유사어가 포함되어 있는 경우 광고가 노출되며, 필요시 등록한 키워드의 순서를 고려 ② 입력한 키워드 및 유사 검색어 모두 타겟팅할 때 활용 ※키워드 : "테니스 신발" 게재 검색어 예) 테니스용 신발, 세일 중인 테니스 신발 구매, 빨간색 테니스 신발, 편안한 테니스 스니커즈
확장 검색 *표기:키워드	① 확장 검색을 사용하면 키워드 목록에 없는 유사어에 대해서도 자동으로 광고 게재 ② 더 많은 웹사이트 방문자 유입을 가능하게 하고 키워드 목록 작성 시간을 단축, 실적이 우수한 키워드에 비용을 집중 ※키워드 : 저탄수화물 다이어트 계획 게재 검색어 예) 제로 탄수화물 음식, 저탄수화물 다이어트, 저칼로리 조리법, 지중해식 식이 요법 책, 저탄수화물 식단

- 광고 소재는 최종 URL(광고를 클릭하면 연결되는 URL), 표시경로, 광고 제목 (3개~15개, 최대 30자), 설명 (2~4개, 최대 90자), 광고URL 옵션으로 구성되어 있다.
- 광고를 만들거나 수정하는 동안 광고 효력이 표시된다. 광고 효력이 높으면 잠재고객에게 적합한 광고를 게재하고 광고 실적을 개선하는 데 도움이 된다. 광고그룹당 광고효력이 좋음 또는 매우 좋음인 반응형 검색 광고를 1개 이상 구현할 것을 권장한다.
- 광고 효력 개선을 위한 추천 사항

① 실적 개선을 위해 더 많은 광고 제목 또는 설명 추가
② 고유한 광고 제목 및 설명 추가
③ 일부 애셋 고정 해제
④ 광고 제목 또는 설명에 더 많은 키워드 포함
※ 키워드 삽입 {Keyword:기본 텍스트} : 키워드 삽입 불가한 경우 기본 텍스트 노출

- 광고 URL 옵션에서 추적 템플릿을 사용하면 URL에 추가 정보를 삽입하여 개별 광고 클릭의 소스를 식별할 수 있다.

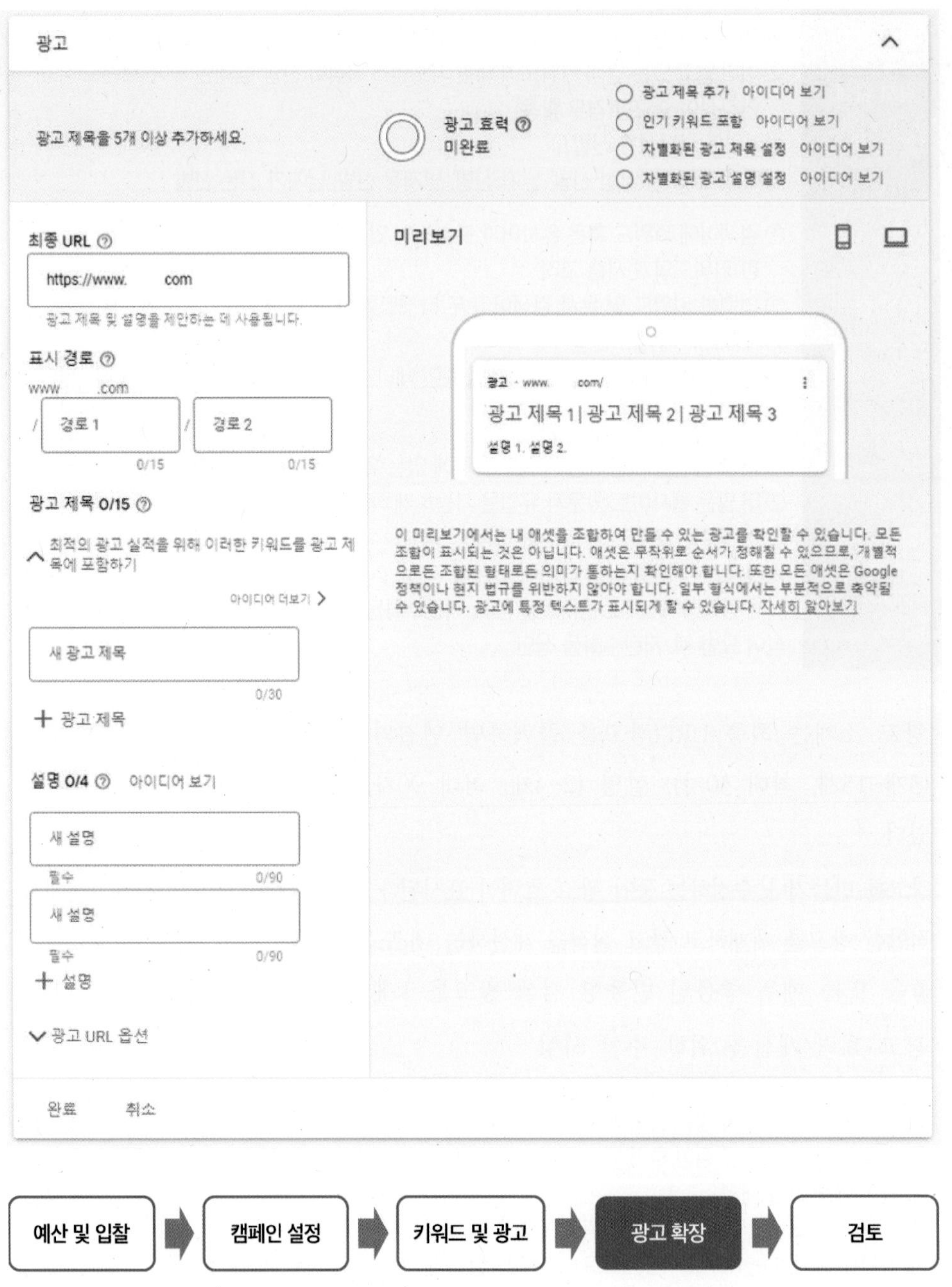
광고
광고 제목을 5개 이상 추가하세요.
광고 효력
미완료
광고 제목 추가 아이디어 보기
인기 키워드 포함 아이디어 보기
차별화된 광고 제목 설정 아이디어 보기
차별화된 광고 설명 설정 아이디어 보기
최종 URL
https://www. com
광고 제목 및 설명을 제안하는 데 사용됩니다.
표시 경로
www .com
경로 1
경로 2
0/15
0/15
광고 제목 0/15
최적의 광고 실적을 위해 이러한 키워드를 광고 제목에 포함하기
아이디어 더보기
새 광고 제목
0/30
광고 제목
설명 0/4 아이디어 보기
새 설명
필수
0/90
새 설명
필수
0/90
설명
광고 URL 옵션
완료
취소
미리보기
광고 · www. com/
광고 제목 1 | 광고 제목 2 | 광고 제목 3
설명 1. 설명 2.
이 미리보기에서는 내 애셋을 조합하여 만들 수 있는 광고를 확인할 수 있습니다. 모든 조합이 표시되는 것은 아닙니다. 애셋은 무작위로 순서가 정해질 수 있으므로, 개별적으로든 조합된 형태로든 의미가 통하는지 확인해야 합니다. 또한 모든 애셋은 Google 정책이나 현지 법규를 위반하지 않아야 합니다. 일부 형식에서는 부분적으로 축약될 수 있습니다. 광고에 특정 텍스트가 표시되게 할 수 있습니다. 자세히 알아보기
예산 및 입찰
캠페인 설정
키워드 및 광고
광고 확장
검토

- 광고 확장을 사용하면 광고 문안 아래에 비즈니스에 대한 유용한 정보를 추가하여 잠재고객의 클릭을 더 많이 유도할 수 있다.

광고 확장

비즈니스에 대한 중요 정보를 추가하여 클릭수를 늘리고 가치 있는 고객 액션을 유도하세요.

사이트링크 광고 확장	광고에 더 많은 링크 추가
콜아웃 광고 확장	광고에 더 많은 비즈니스 정보 추가
전화번호 광고 확장	광고에 전화번호 추가
앱 광고 확장	광고에 앱 광고 확장 추가
구조화된 스니펫 광고 확장	광고에 텍스트 스니펫 추가
리드 양식 광고 확장	광고에 양식 추가
가격 광고 확장	광고에 가격 추가
프로모션 광고 확장	광고에 프로모션 추가

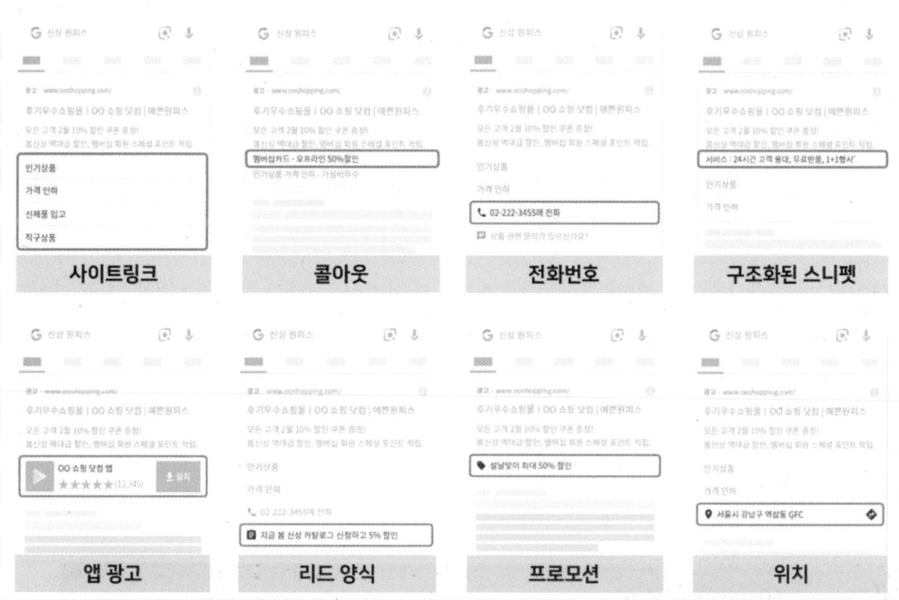

- 목표에 따른 광고 확장 선택

① 사업장에서 구매하도록 유도 : 위치 광고 확장, 콜아웃 광고 확장
② 고객 연락 유도 : 전화번호 광고 확장
③ 웹사이트 고객 전환 유도 : 사이트링크 광고 확장, 콜아웃 광고 확장, 구조화된 스니펫 광고 확장
④ 앱 다운로드 유도 : 앱 광고 확장
⑤ 사용자의 정보 제출 유도 : 리드 양식 광고 확장

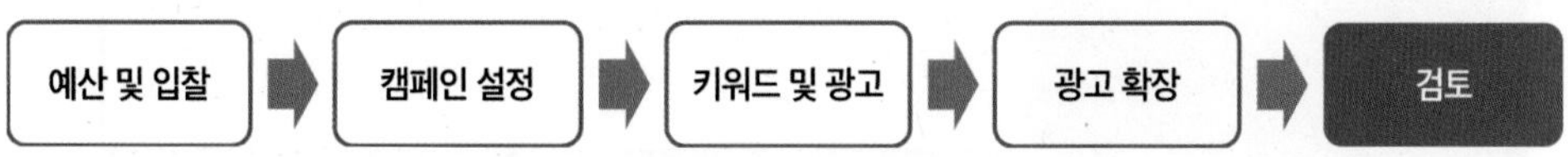

- 캠페인을 게시하기 전 세부 정보를 다시 확인하는 단계로 캠페인 유형 및 목표, 예산, 입찰, 캠페인 설정, 키워드 및 광고, 광고 확장을 확인 후 캠페인 게시를 누르면 등록이 끝난다.

6) 광고검수

광고 등록이 모두 끝나면 광고검수가 시작된다. 네이버의 경우 비즈채널이 먼저 검토되고 이어서 소재와 키워드 검토가 진행된다. 만약 비즈채널이 검토를 통과하지 못해 노출이 제한되면 소재, 키워드에 대한 검토는 진행되지 않는다. 또한 비즈머니가 충전되지 않은 경우에도 검토가 진행되지 않는다. 카카오는 광고캐시 잔액 여부와 무관하게 심사가 진행되며, 구글도 결제 정보 등록 여부와 무관하게 검토가 진행된다.

6-1. 비즈채널 검수

- 네이버 광고시스템에서 정보관리>비즈채널 관리에서 비즈채널 검토 상태를 확인할 수 있다. 웹사이트, 쇼핑몰, 전화번호, 위치정보, 네이버 예약 등 다양한 유형의 비즈채널을 검토한다.
- 웹사이트는 현행 법령에 위반해서는 안 되며 부적절한 콘텐츠는 광고집행이 불가하다. 또한 이용자에게 피해를 주는 사이트는 광고를 할 수 없다. 이러한 공통 등록기준 외에도 업종별 등록 기준을 충족해야하며 인허가 서류를 제출하여야 검토가 가능하다. 네이버는 도구 > 서류관리, 카카오는 광고자산 관리 > 심사서류 관리 메뉴에서 등록 가능하다.

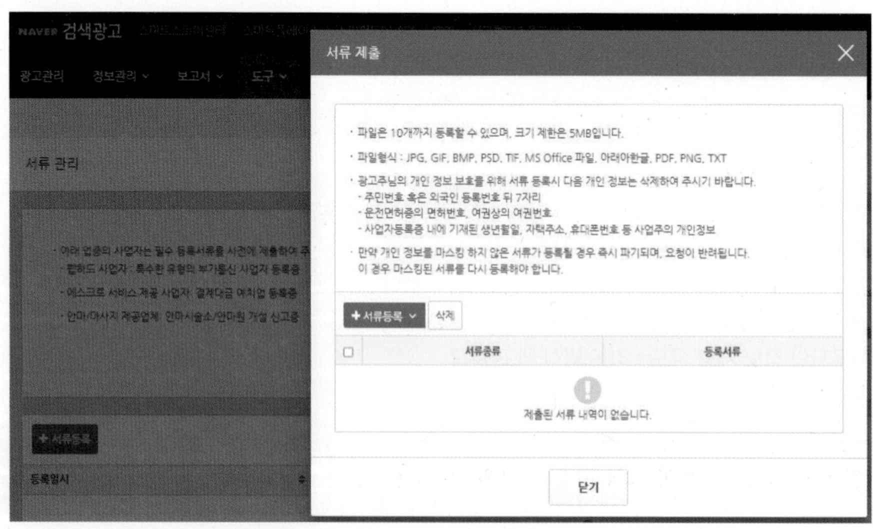

네이버 도구 > 서류관리

- 업종별 주요 인허가 사항

온라인쇼핑몰 등 통신판매업	통신판매업 신고
안마/마사지 업소	안마시술소 또는 안마원 개설 신고
부동산 중개업	중개사무소 개설 등록
에스크로 및 안전거래 제공	금융기관 또는 결제대금예치업 등록
다단계판매업	다단계판매업 등록
P2P/웹하드	특수한 유형의 부가통신사업자 등록
법률사무소 또는 법무법인	대한변호사협회 등록
학원	학원설립/운영 등록
자동차폐차업	자동차관리사업 등록
자동차대여사업	자동차대여사업 등록
의료기관	의료기관 개설신고 또는 개설허가
의료기기 판매/대여업	의료기기 판매업 신고/의료기기 임대업 신고
건강기능식품 판매업	건강기능식품판매업 신고
주류 판매 사이트	주류통신판매 승인
대부업/대부중개업	대부업 등록/대부중개업 등록

- 사이트 접속이 되지 않거나 완성이 되지 않은 경우, 한글과 영어 이외의 언어로 구성된 사이트, 자체 콘텐츠가 충분하지 않은 사이트, 사용자의 동의 없이 ActiveX 컨트롤을 설치하는 등 사용자의 웹 서비스 이용을 방해하는 경우에도 광고가 제한될 수 있다.
- 회원제로 운영되는 사이트이거나 성인 사이트인 경우 내부 콘텐츠를 확인할 수 있도록 테스트 계정의 아이디와 비밀번호를 함께 등록해야 한다.

6-2. 광고 검수

- 광고 소재, 광고를 게재할 키워드, 광고를 통해 알리려는 제품과 서비스 등 광고를 구성하는 모든 요소는 검토의 대상이다.
- 새롭게 등록한 광고는 물론 이미 게재 중인 광고도 다시 검토될 수 있다.
- 광고검토는 영업일 기준 1~3일 이내 소요되는 것이 일반적이나, 서류 제출 및 면밀한 검토가 필요한 경우에는 시일이 더 소요될 수 있다.
- 주요 검토 내용

사이트의 접속이 원활하고 완성된 사이트인가?
광고하는 제품 또는 서비스를 신뢰할 수 있는가?
소재는 광고 문안 등록 기준에 따라 작성되었으며 거짓 또는 과장된 내용이 없는가?
키워드는 광고하는 제품 또는 서비스와 충분한 관련이 있는가?

- 광고 검수가 완료되어야만 광고 게재가 가능하며, 보류 또는 비승인 된 경우 보류사유를 해결한 후 재검토 요청을 진행하면 된다.

7) 품질지수

- 네이버, 카카오, 구글은 검색사용자와 광고주 모두의 만족도를 높이기 위해 광고의 품질을 측정한다. 네이버와 카카오는 품질지수, 구글은 품질평가점수라고 하며 광고의 품질이 높을수록 비용은 감소하고 광고 게재순위는 상승하는 효과가 있다.
- 네이버와 카카오의 품질지수는 7단계이며, 구글은 1~10점으로 구분된다. 네이버는 처음 키워드 등록 시 같은 키워드에 노출되고 있는 광고의 평균에 근접한 값으로 4단계의 품질지수를 부여하고, 카카오와 구글은 별도의 초기 품질지수 또는 품질평가점수를 부여하지 않는다.

ON/OFF	상태	키워드	현재 입찰가(VAT미포함)	품질지수	노출수	클릭수	클릭률(%)	평균클릭비용(VAT포함,원)	총비용(VAT포함,원)	노출가능 광고개수(PC)
		키워드 32개 결과			54,730	795	1.45 %	1,840원	1,462,461원	
ON	노출가능		1,500원		11,385	571	5.02 %	1,548원	884,103원	15
ON	노출가능		6,000원		38,594	49	0.13 %	5,790원	283,734원	15
ON	노출가능		1,350원		1,022	138	13.51 %	1,056원	145,728원	15
ON	노출가능		5,400원		1,763	8	0.46 %	5,834원	46,673원	15
ON	노출가능		9,800원		540	4	0.75 %	11,242원	44,968원	15
ON	노출가능		9,150원		78	3	3.85 %	9,387원	28,160원	15
ON	노출가능		7,600원		736	3	0.41 %	8,375원	25,124원	15
ON	노출가능		700원		42	8	19.05 %	363원	2,904원	3
ON	노출가능		300원		46	8	17.40 %	77원	616원	3
ON	노출가능		1,000원		30	2	6.67 %	187원	374원	15

네이버 품질지수

카카오 품질지수

		키워드	올당 전환 가치	최종 URL	↓ 클릭수	노출수	클릭률 (CTR)	평균 CPC	비용	품질평가점수	전환율	전환수
☐	●		100.94	–	4,339	6,615	65.59%	₩207	₩899,733	10/10	10.99%	477.00
☐	●		203.54	–	351	1,408	24.93%	₩144	₩50,705	8/10	13.68%	48.00
☐	●		52.07	–	152	2,110	7.20%	₩248	₩37,621	10/10	17.76%	27.00
☐	●		514.34	–	152	553	27.49%	₩118	₩18,011	8/10	15.13%	23.00
☐	●		67.97	–	126	362	34.81%	₩37	₩4,701	8/10	3.17%	4.00
☐	●		0.00	–	104	176	59.09%	₩48	₩5,012	8/10	0.00%	0.00
☐	●		239.63	–	74	103	71.84%	₩130	₩9,634	10/10	14.86%	11.00
☐	●		4.86	–	52	69	75.36%	₩313	₩16,270	9/10	3.85%	2.00
☐	●		0.00	–	8	57	14.04%	₩47	₩374	9/10	0.00%	0.00
☐	●		0.00	–	6	42	14.29%	₩95	₩567	8/10	0.00%	0.00
		전체: ... ⑦	109.19		5,379	11,588	46.42%	₩196	₩1,053,839		11.01%	592.00
	∨	전체: ... ⑦	109.19		5,379	11,588	46.42%	₩196	₩1,053,839		11.01%	592.00

· 구글 품질평가점수

SEARCH ADVERTISEMENT MARKETER

Chapter 03 예제풀기

01 다음 설명 중 옳지 않은 것은?

① 광고 목적을 고려하여 캠페인을 생성한다.
② 광고그룹을 기준으로 누구에게 무엇을 보여줄 것인가를 확인한 다음 광고그룹을 생성한다.
③ 네이버 검색광고 광고그룹 옵션에서 광고를 노출할 매체, 지역, 일정을 설정할 수 있다.
④ 카카오 검색광고는 광고그룹에 옵션에서 노출할 지역을 설정할 수 있다.
⑤ 구글의 검색광고의 캠페인 목표가 2가지라면 캠페인도 2개를 생성해야 한다.

Answer. 카카오 검색광고는 광고노출 지역 설정 기능을 제공하지 않는다. ④

02 구글 검색광고 캠페인의 목표와 사용 시기가 적절하지 않은 것은?

① 판매 - 고객 액션을 유도하여 리드 및 다른 전환으로 유도
② 판매 - 온라인을 통한 판매 촉진
③ 웹사이트 트래픽 - 관련성이 높은 사용자가 웹사이트에 방문하도록 유도
④ 리드 - 리드 및 다른 전환으로 유도
⑤ 판매 - 앱, 전화를 통한 전환 촉진

Answer. 판매 - 온라인, 앱, 전화, 매장을 통한 판매 또는 전환 촉진 ①

03 다음은 예산설정에 대한 설명이다. 옳지 않은 것은?

① 세부키워드는 검색수가 높기 때문에 해당 키워드를 등록하면 광고를 많이 노출시킬 수 있지만 광고비 지출이 높을 수 있다.
② 대표키워드는 다수의 광고주가 운영하는 키워드이기 때문에 입찰가가 높을 수 있다.
③ 세부키워드를 잘 활용하려면 타겟을 고려한 키워드를 발굴해야 한다.
④ 네이버 키워드도구, 카카오 키워드 플래너, 구글 키워드플래너를 통해 관련성 높은 키워드를 조회하여 추가할 수 있다.
⑤ 대표키워드와 세부키워드를 적절하게 등록하여 운영하는 것이 효율적이다.

Answer. 검색수가 높기 때문에 광고를 많이 노출시킬 수 있지만 광고비 지출도 높을 수 있는 것은 대표키워드이다. ①

04 클릭당 과금되는 상품이 아닌 것은?

① 파워링크 ② 쇼핑검색광고
③ 파워컨텐츠 ④ 프리미엄링크
⑤ 브랜드검색광고

Answer. 브랜드검색광고는 CPT 상품이다. ⑤

05 다음 설명 중 틀린 것은?

① 입찰가를 높게 설정하면 일반적인 경우 광고가 더 많이 노출되고 방문하는 고객의 수도 증가한다.
② 카카오 검색광고는 디바이스별 입찰가중치 설정이 가능하다.
③ 네이버 파워링크는 입찰가와 품질지수를 고려하여 노출 순위가 결정된다.
④ 쇼핑검색광고의 최소 클릭비용은 70원이다.
⑤ 구글 검색광고는 캠페인 유형에 맞춰 여러 가지 입찰 전략이 제공된다.

Answer. 쇼핑검색광고의 최소 클릭비용은 50원이다. ④

06 효과적인 광고소재 작성을 위한 설명이다. 틀린 것은?

① 차별화된 이점 강조
② 최상급 표현을 통한 신뢰도 강조
③ 가격, 프로모션 및 특별 혜택 기재
④ 1개 이상의 키워드 포함
⑤ 확장 소재 활용

Answer. 최상급 표현은 객관적으로 확인할 수 없을 경우 노출이 제한될 수 있다. ②

07 네이버 검색광고에서 캠페인을 등록하고 있다. 틀린 것은?

① 광고의 목적에 따라 파워링크 유형을 선택했다.
② 하루에 지출할 수 있는 예산을 설정했다.
③ 예산 균등배분을 체크하여 예산이 조기 소진되지 않도록 설정했다.
④ 광고집행 기간을 설정했다.
⑤ 캠페인의 기본 입찰가를 설정했다.

Answer. 기본 입찰가는 그룹단위에서 설정 가능하다. ⑤

08 네이버 검색광고 광고그룹에 대한 설명이다. 다음의 설명 중 틀린 것은?

① 광고그룹 만들기에서는 광고그룹의 이름과 기본 입찰가, 하루예산을 설정할 수 있다.
② 광고그룹의 기본 입찰가는 그룹에 속한 키워드라면 모두 적용되는 입찰가이다.
③ 콘텐츠 매체 전용 입찰가를 설정하지 않은 경우 그룹의 기본 입찰가가 적용된다.
④ 고급옵션을 통해 광고를 노출할 매체, 지역, 일정을 설정할 수 있다.
⑤ 콘텐츠 매체 전용 입찰가, PC/모바일 입찰가 가중치를 설정할 수 있다.

Answer. 그룹의 기본 입찰가는 키워드별 입찰가가 설정된 키워드를 제외한 모든 키워드에 적용된다. ②

09 다음은 네이버 소재 노출 방식에 대한 설명이다. 다음 설명 중 틀린 것은?

① 네이버의 소재 노출 방식은 성과 기반 노출과 동일 비중 노출 중에서 선택할 수 있다.
② 성과 기반 노출은 성과가 우수한 소재를 우선적으로 노출되도록 한다.
③ 성과 기반 노출은 그룹 내 소재가 최소 3개 이상 존재해야 동작한다.
④ 동일 비중 노출은 그룹 내 모든 소재가 동일한 비중으로 노출된다.
⑤ 다양한 내용의 소재를 3개 이상 작성하면 소재 성과 향상에 도움이 된다.

Answer. 성과 기반 노출은 그룹 내 소재가 최소 2개 이상 존재해야 동작한다. ③

10 다음은 네이버 광고소재에 대한 설명이다. 틀린 것은?

① 키워드 삽입 기능을 사용하면 광고노출 시 볼드 처리되어 주목도를 높일 수 있다.
② 키워드와 연관도가 높은 페이지로 연결하기 위해 표시 URL을 수정한다.
③ 제목은 총 15자, 설명은 45자까지 등록 가능하다.
④ 키워드 삽입 기능 사용 시, 글자수가 초과될 경우 대체키워드가 노출된다.
⑤ 등록하려는 키워드나 소재가 많을 경우 대량 관리 기능을 통해 등록할 수 있다.

Answer. 표시 URL은 수정할 수 없다. ②

11 네이버 키워드 입찰가를 변경하려고 한다. 틀린 것은?

① 키워드 입찰가는 최소 70원에서 10만 원까지 설정 가능하다.
② 입찰가를 일정 비율 혹은 원 단위로 증액하거나 감액할 수 있다.
③ 입찰가 개별 변경에서 광고그룹의 기본 입찰가로 변경할 수 있다.
④ 최근 4주간의 PC 최소 노출 입찰가를 제공한다.
⑤ 최근 4주간의 모바일 중간 입찰가를 제공한다.

Answer. 입찰가 일괄 변경에서 광고그룹의 기본 입찰가로 변경 가능하다. ③

12 카카오 검색광고 등록 프로세스이다. 옳은 것은?

① 캠페인 만들기 → 그룹 만들기 → 키워드 만들기 → 소재 선택하기
② 캠페인 만들기 → 그룹 만들기 → 광고 만들기
③ 캠페인 만들기 → 그룹 등록 → 소재 등록 → 키워드 등록
④ 캠페인 설정 선택 → 광고그룹 설정 → 광고 만들기
⑤ 캠페인 등록 → 광고 만들기 → 키워드 및 소재등록

Answer. ①

13 카카오 검색광고의 광고소재에 대한 설명이다. 틀린 것은?

① 확장검색은 직접 등록하지 않은 키워드라도 등록된 키워드의 연관된 키워드로 광고를 자동 노출시키는 기능이다.
② 소재 등록에서 표시 URL 수정이 가능하다.
③ 제목 15자, 설명 45자까지 입력 가능하다.
④ 제목과 설명에는 키워드 자동 삽입이 가능하며 대체 키워드를 반드시 입력해야 한다.
⑤ 링크 URL은 광고클릭 시 연결되는 페이지로 키워드와 연관도 있는 페이지로 설정한다.

Answer. 표시URL은 캠페인에서 등록했던 비즈채널로 광고 노출 시 보이는 URL이며, 소재 등록에서 수정이 불가하다. ②

14 구글 검색광고 캠페인을 생성하려고 한다. 틀린 것은?

① 캠페인의 목표와 유형을 선택한 후 캠페인 설정을 진행한다.
② 검색 네트워크와 디스플레이 네트워크 게재 여부를 선택한다.
③ 광고 시작일과 종료일 설정이 가능하다.
④ 일일 평균 희망 지출액을 설정해 매일 균등하게 소진하도록 하였다.
⑤ 전화번호 광고 확장을 만들었다.

Answer. 일일 평균 희망 지출액을 설정하였어도 매일 동일한 수준의 비용이 지출되는 것은 아니다. 트래픽이 많이 발생하는 날에는 일일예산의 최대 2배까지 증가할 수 있다. 그러나 월 평균 일수에 평균 일일예산을 곱한 금액인 월 청구액 한도보다 더 많은 비용을 청구하진 않는다. ④

15 구글의 검색 유형에 대한 설명이다. 틀린 것은?

① 일치 검색은 키워드와 정확하게 일치하거나 키워드와 의미가 유사할 경우 게재된다.
② 일치 검색은 더 많은 웹사이트 방문자 유입을 가능하게 하고 키워드 목록 작성 시간을 단축시켜준다.
③ 구문 검색은 검색어에 키워드 혹은 유사어가 포함되어 있는 경우 광고가 노출된다.
④ 입력한 키워드 및 유사 검색어 모두 타겟팅할 때 구문 검색을 활용한다.
⑤ 확장 검색을 사용하면 키워드 목록에 없는 유사어에 대해서도 자동으로 광고가 게재된다.

Answer. 확장 검색은 더 많은 웹사이트 방문자 유입을 가능하게 하고 키워드 목록 작성 시간을 단축시켜준다. ②

16 네이버 웹사이트의 업종별 등록 기준에 대한 설명이다. 틀린 것은?

① 의료기관 - 의료기관 개설신고 또는 개설 허가
② 건강기능식품 판매업 - 통신판매업
③ P2P/웹하드 - 특수한 유형의 부가통신사업자 등록
④ 부동산 중개업 - 중개사무소 개설 등록
⑤ 학원 - 학원설립/운영 등록

Answer. 건강기능식품 판매업 - 건강기능식품판매업 신고 ②

17 네이버, 카카오, 구글은 검색사용자와 광고주 모두의 만족도를 높이기 위해 광고의 품질을 측정한다. 다음 중 틀린 것은?

① 구글의 품질평가점수는 광고그룹 단위로 1~10점으로 부여된다.
② 네이버의 품질지수는 7단계로 분류하여 막대의 형태로 보여준다.
③ 네이버는 처음 키워드 등록 시 4단계의 품질지수를 부여한다.
④ 카카오의 품질지수는 7단계로 분류하여 막대의 형태로 보여준다.
⑤ 네이버와 카카오는 품질지수, 구글은 품질평가점수라고 한다.

Answer. 구글의 품질평가점수는 키워드별로 1~10점으로 부여된다. ①

18 다음은 네이버의 사이트검색광고에 대한 설명이다. 다음 중 틀린 것은?

① 네이버 통합검색 탭에서 파워링크는 최대 10개까지 노출되고, 비즈사이트로 최대 5개까지 노출된다.

② 일부 키워드는 파워링크 영역에 광고가 3개까지만 노출되고 비즈사이트는 제외될 수 있다.

③ 파워링크와 비즈사이트 하단에 광고 더보기 버튼을 클릭하면 한 페이지당 최대 25개의 광고가 노출된다.

④ 네이버 PC 블로그, 카페, 지식iN, 웹사이트 탭에서 파워링크 광고가 최대 5개까지 노출된다.

⑤ 모바일 네이버 통합검색 1페이지에는 키워드별로 최대 3개까지 광고가 노출된다.

Answer. 모바일 네이버 통합검색 1페이지에는 키워드별로 최대 5개까지 광고가 노출된다. ⑤

19 다음은 브랜드검색에 대한 설명이다. 옳지 않은 것은?

① 광고의 대상이 되는 브랜드와 충분한 관련이 있는 키워드여야 한다.

② 광고의 대상이 되는 브랜드에 대한 검색이용자의 충분한 검색의도가 확인되는 키워드여야 한다.

③ 네이버 PC와 모바일 통합검색 결과에 브랜드 키워드에 대해 1개의 광고가 단독 노출된다.

④ 광고노출 기간은 최소 7일에서 최대 90일로 계약하여 일단위로 광고비를 매일 지불한다.

⑤ 구매시작단가는 상품의 유형과 광고가능한 키워드의 조회수, 노출기간에 따라 산정된다.

Answer. 브랜드검색은 광고 집행 전 계약을 통해 일정 금액을 선 지불하고 계약 기간 동안 노출수나 클릭수에 제한 없이 광고가 노출되는 정액제 상품이다. ④

20 다음은 파워컨텐츠에 대한 설명이다. 옳은 것은?

① 파워컨텐츠 상품은 네이버 PC 통합검색과 네이버 모바일 통합검색 VIWE 영역, 네이버 모바일 콘텐츠 지면, ZUM PC와 모바일 통합검색 영역에 노출된다.
② 정보탐색이 많은 고관여 업종을 중심으로 인플루언서들이 직접 작성한 양질의 파워컨텐츠를 제공하는 형식의 광고이다.
③ 블로그 형태와 같이 손쉽게 소비할 수 있으며 즉각적인 구매전환과 측정이 가능한 광고상품이다.
④ 파워컨텐츠는 브랜드 패키지에 가입되어야 등록 가능하다.
⑤ 파워컨텐츠는 페이스북, 인스타그램, 트위터 등의 SNS로도 연결이 가능하다.

Answer. 파워컨텐츠는 광고주가 직접 제공하는 콘텐츠로, 네이버 블로그, 카페, 포스트로 연결 가능하다. 파워컨텐츠는 정책상 개별적인 로그 분석 프로그램을 사용할 수 없어 전환 추적이 불가하다. 파워컨텐츠로 등록할 수 있는 키워드는 네이버에서 지정한 키워드에 한하여 집행이 가능하다.
①

22 다음은 쇼핑검색광고에 대한 설명이다. 틀린 것은?

① 쇼핑검색광고는 쇼핑몰 상품형 광고와 제품 카탈로그형, 쇼핑 브랜드형 광고로 나뉜다.
② 제품 카탈로그형 광고는 제품의 소유권을 가진 제조사/브랜드사, 국내 독점 유통권 계약자만 가능하다.
③ 쇼핑몰 상품형은 네이버쇼핑에 입점된 검색광고주만 이용 가능하다.
④ 광고그룹에 등록된 키워드와 소재를 N:M으로 노출하는 방식이다.
⑤ 네이버쇼핑에 등록된 상품 중 광고노출을 원하는 상품을 소재로 추가할 수 있다.

Answer. 쇼핑검색광고는 네이버쇼핑에 등록된 상품 중 광고노출을 원하는 상품을 소재로 추가하여 연관 키워드에 노출되는 방식이다. 노출을 원하지 않는 키워드는 제외키워드 설정에서 등록할 수 있다.
④

23 다음은 카카오 검색광고에 대한 설명이다. 틀린 것은?

① 카카오 검색광고는 Daum, Nate 등의 PC 포털사이트 검색 결과 최상단에 노출된다.
② 광고수요가 많은 키워드는 스폰서 링크로 최대 5개까지 추가 노출된다.
③ 콘텐츠 영역에 사용자가 검색한 키워드와 카카오 서비스에서 소비한 콘텐츠를 바탕으로 텍스트와 확장 소재 썸네일 이미지를 결합한 배너 형태로도 노출된다.
④ Daum 카페, 뉴스, 카카오톡 등의 카카오 내부 지면에 노출된다.
⑤ 언론사, 커뮤니티 등 카카오와 제휴를 맺고 있는 외부 지면에 광고가 노출되며, 노출을 희망하지 않을 경우 그룹 매체유형에서 제외하면 된다.

Answer. 광고수요가 많은 키워드는 와이드링크 영역으로 최대 5개까지 추가로 노출된다. ②

24 구글 검색광고에 대한 설명이다. 옳은 것은?

① 구글 검색 결과 최상단에 최대 5개까지의 광고가 게재된다.
② 광고가 상단에 게재되려면 관련 광고 순위 기준을 충족해야 한다.
③ 광고가 검색 결과 하단에 게재되는 데 필요한 기준은 검색 결과 상단에 게재되는 데 필요한 기준보다 더 높다.
④ 모바일 검색 결과에서는 최대 3개까지 광고가 게재된다.
⑤ 구글 검색광고는 검색 네트워크에만 광고가 게재된다.

Answer. 구글 검색광고는 PC와 모바일 구글 검색 결과 최상단에 최대 4개의 광고가 게재될 수 있다. 검색 결과 상단에 게재되는데 필요한 기준은 하단에 게재되는데 필요한 기준보다 높다. 검색 네트워크 외에도 디스플레이 네트워크에 게재 가능하다. ②

SEARCH
ADVERTISEMENT
MARKETER

Chapter 04

검색광고 운용

1. 검색광고 관리전략

1) 캠페인 관리

1-1. 네이버

- 광고시스템에서 광고관리 메뉴를 클릭하거나 모든 캠페인을 클릭하면 전체 캠페인 목록을 조회할 수 있다.

+ 새 캠페인 | ON | OFF | 삭제 | 캠페인 유형 선택 | 선택한 캠페인 관리 | 다운로드 | 기본 설정 | 상세 데이터 | 필터

□	ON/OFF	상태	캠페인 이름	캠페인 유형	노출수	클릭수	클릭률(%)	평균클릭비용(VAT포함,원)	총비용(VAT포함,원)
			캠페인 91개 결과				%	원	원
□	ON	노출가능		브랜드검색			%	-	-
□	ON	노출가능		브랜드검색			%	-	-
□	OFF	중지:캠페인 OFF		파워컨텐츠	0	0	0.00 %	0원	0원
□	OFF	중지:캠페인 OFF		파워링크	0	0	0.00 %	0원	0원

- 기본으로 조회되는 항목은 각 캠페인의 ON/OFF, 상태, 이름, 노출수, 클릭수, 클릭률, 평균클릭비용, 총비용이며, 다른 항목을 추가하여 조회하고 싶다면 오른쪽 상단의 [기본 설정] 목록 상자에서 [새로운 사용자 설정]을 클릭하여 추가할 수 있다.

일반 정보	캠페인 유형, 상태, 기간, 하루예산, 예산배분, 광고그룹수, 키워드수
성과 지표	노출수, 클릭수, 클릭률, 평균클릭비용, 총비용, 전환수, 전환율, 전환매출액, 광고수익률, 전환당비용, 동영상조회수
기타	캠페인 ID, 등록시각, 수정시각

- 캠페인 단위로 성과 상세 데이터 확인도 가능하다. 오른쪽 상단 [상세 데이터] 목록 상자에서 PC/모바일 구분, 요일 구분, 시간대 구분, 지역 구분, 검색/콘텐츠 매체 구분을 선택할 수 있다.
- 캠페인 목록 단위에서 캠페인을 선택 후 [선택한 캠페인 관리]를 클릭하면 기간 변경, 예산 변경, 자동 규칙 만들기가 가능하다.

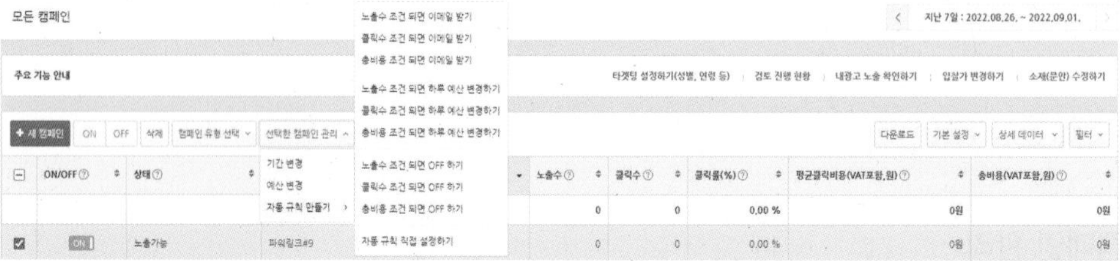

※ 자동 규칙
캠페인, 광고그룹, 키워드 등의 규칙 대상에 특정한 조건과 실행할 작업을 등록하면 조건이 만족했을 때, 이메일 받기, 입찰가 변경하기, 하루예산 변경하기, OFF 하기 등의 작업을 자동으로 수행해주는 기능이다.

- 개별 캠페인 단위로 진입하면 해당 캠페인의 정보를 수정할 수 있다. 캠페인 이름, 기간, 하루 예산과 균등배분 여부, 추적 기능 등을 수정할 수 있으나, 캠페인 유형은 수정할 수 없다.
- 캠페인 하루 예산을 설정할 경우 예산이 조기 소진되거나, 설정한 예산보다 많이 과금될 것으로 예상되는 시점에 광고가 자동으로 중단된다. 하루 예산이 조기 소진되는 것을 방지하려면 예산 균등배분을 체크하여 하루 동안 꾸준히 광고를 유지시킬 수 있다.

※ 하루 예산 균등배분
설정된 하루 예산을 하루 동안 고르게 배분하여, 시스템이 광고노출을 조절하는 기능으로 특정 시간대에 빈번한 광고 노출이 필요할 경우에는 충분히 노출되지 않을 수 있다.

1-2. 카카오

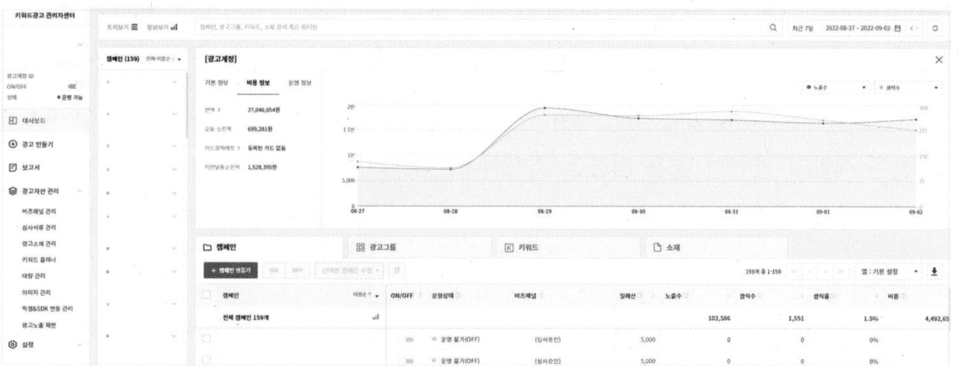

- 카카오 검색광고의 대시보드는 광고 구조와 동일하게 캠페인, 광고그룹, 키워드, 소재의 순서로 구성되어 있다. 트리보기를 선택하거나 캠페인 탭을 선택하여 캠페인 목록 확인이 가능하다.
- 캠페인 목록에서 선택한 캠페인을 ON/OFF 할 수 있고, [선택한 캠페인 수정] 버튼을 클릭하여 전환추적, 추적 URL, 일예산을 일괄 수정할 수 있다.
- 캠페인 목록에서 제공되는 기본 지표는 캠페인명, ON/OFF, 운영상태, 비즈채널, 일예산, 노출수, 클릭수, 클릭률, 비용이다. 그 외 일반 정보, 실적 지표, 전환 지표, 기타 항목은 사용자 맞춤 설정에서 선택할 수 있다.
- 개별 캠페인에 진입하면 기본 정보에서 일예산과 픽셀&SDK 수정이 가능며, 하단으로 캠페인에 소속된 그룹 목록이 확인된다.

1-3. 구글

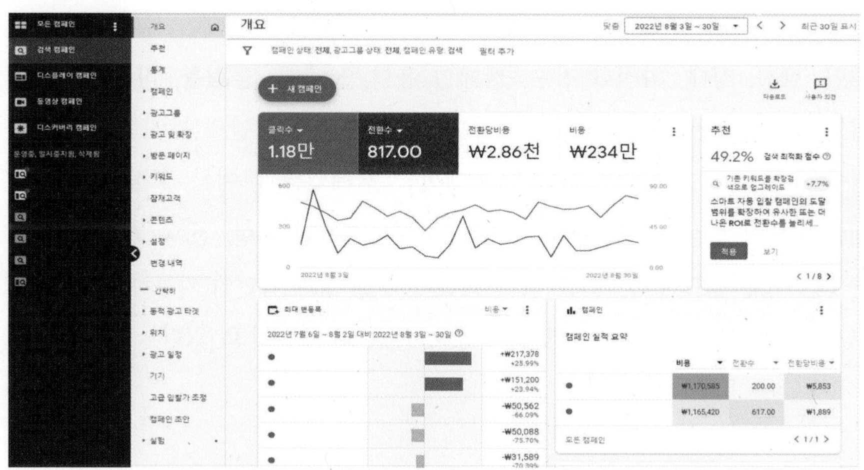

- 구글애즈에서 검색캠페인에 선택하면 검색캠페인의 개요 페이지에 접속된다. 개요 페이지에는 선택된 기간 동안의 전반적인 실적을 요약해 보여주는 요약 카드와 선택된 기간과 관계 없이 중요사항을 강조해서 보여주는 통계 카드를 표시한다.
- 개요 페이지의 오른쪽 상단 또는 메뉴 [추천] 항목은 캠페인 개선을 위한 전용 섹션이다. 추천은 새롭고 관련성 높은 기능을 소개하고, 입찰가, 키워드, 광고를 개선하여 예산 대비 효과를 극대화하며, 전반적인 캠페인 실적과 효율성을 높이는 데 도움이 된다.

※ 최적화 점수
구글애즈 계정이 얼마나 좋은 실적을 낼 수 있을지를 추정한 수치다. 점수는 0~100% 사이로 매겨지며, 100%는 계정이 최고의 실적을 낼 수 있다는 것을 의미한다.
점수와 함께 각 캠페인을 최적화하는 데 도움이 되는 추천 목록이 표시되고, 각 추천을 적용할 때 최적화 점수에 영향을 미치는 정도(백분율)가 표시된다.

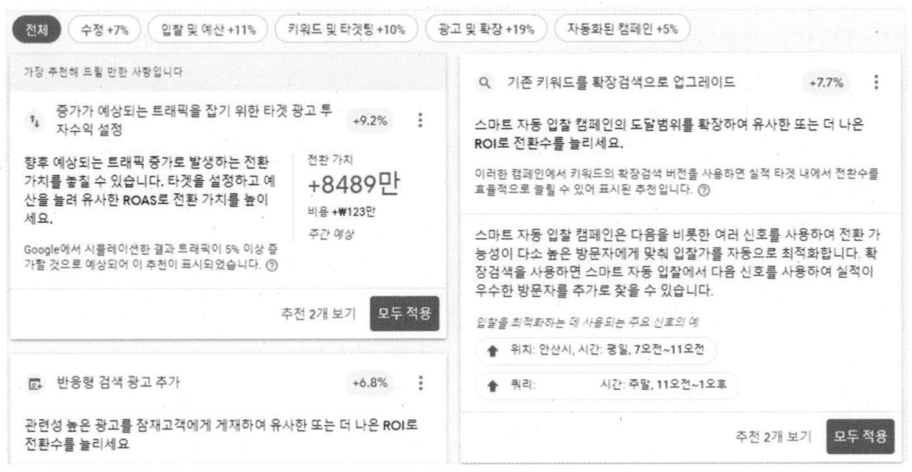

- 캠페인을 클릭하여 진입하면 상단에는 실적차트, 하단에는 캠페인 목록이 확인된다. 캠페인, 예산, 상태, 최적화 점수, 캠페인 유형, 노출수, 클릭률, 비용, 입찰 전략 유형, 클릭수, 평균 CPC가 기본 제공되고 열 수정에서 필요한 지표를 선택하여 지정할 수도 있다. 캠페인 목록 수준에서는 캠페인명과 예산 수정이 가능하다.
- 캠페인 목록의 오른쪽 상단에 세그먼트에서 시간, 클릭 유형, 전환, 기기, 네트워크, 상단 vs. 기타, 광고 도착 페이지를 선택하여 개별 성과 확인이 가능하다. 그 외에도 보고서, 다운로드, 자동규칙 만들기 등의 기능을 제공하고 있다.

캠페인 상태:: 전체 필터 추가

검색 세그먼트 열 보고서 다운로드 전체화면 더보기

캠페인	예산	상태	최적화 점수	캠페인 유형	노출수	전략 유형	↓ 클릭수	전환율
전체: 캠페인			–		54,224		11,798	6.92%
	₩42,500/일	운영 가능	57.9%	검색	39,042	가치 극대	5,919	3.38%
2022년 8월 1일 주					7,738		1,006	2.78%
2022년 8월 8일 주					8,312		1,430	3.08%
2022년 8월 15일 주					10,507		1,506	2.99%
2022년 8월 22일 주					10,410		1,531	4.38%
2022년 8월 29일 주					2,075		446	3.59%
	₩42,500/일	운영 가능	40.4%	검색	15,182	가치 극대	5,879	10.49%
2022년 8월 1일 주					3,048		1,036	17.08%

세그먼트
없음
시간
클릭 유형
전환
기기
네트워크(검색 파트너 포함)
상단 vs. 기타
광고 도착 페이지

- 캠페인>입찰 통계 메뉴에서 입찰 통계 보고서를 제공하고 있다. 노출 점유율, 중복률, 높은 게재순위 비율, 페이지 상단 게재율, 경쟁 광고보다 높은 순위를 얻은 노출 비율이 표시한다.

개요 / 추천 / 통계 / 캠페인 / 캠페인 / 입찰 통계 / 광고그룹 / 광고 및 확장 / 방문 페이지 / 키워드

입찰 통계 ⑦ 맞춤 2022년 8월 3일 ~ 30일 최근 30일 표시

필터 추가 세그먼트 열 다운로드 전체화면

URL 도메인 표시	↓ 노출 점유율	중복률	높은 게재순위 비율	페이지 상단 게재율	페이지 상단 게재율 (절댓값)	경쟁 광고보다 높은 순위를 얻은 노출 비율
나	50.97%	–	–	80.23%	60.28%	–
.com	34.87%	48.94%	19.73%	66.91%	12.11%	46.05%
.com	11.97%	15.93%	29.66%	85.70%	24.06%	48.56%
.com	10% 미만	12.91%	30.66%	98.96%	32.11%	48.95%
.co.kr	10% 미만	13.43%	29.61%	90.28%	22.98%	48.94%

총 5개 중 1~5개

노출 점유율	발생 가능한 예상 노출수 대비 실제로 발생한 노출수 의 비율
중복률	광고주의 광고가 노출될 때 또 다른 광고주의 광고에 얼마나 자주 노출이 발생했는지를 보여 주는 빈도
높은 게재순위 비율	자신의 광고뿐만 아니라 동일한 입찰에 참가한 다른 광고주의 광고에도 동시 노출이 발생했을 때 다른 광고주의 광고가 자신의 광고보다 더 높은 순위에 게재되는 빈도
페이지 상단 게재율	광고주의 광고가 검색결과의 페이지 상단에 게재되는 빈도
페이지 상단 게재율(절댓값)	노출수 중 자연 검색결과 위에 첫 번째 광고로 게재되는 비율
경쟁 광고보다 높은 순위를 얻은 노출 비율	다른 광고주의 광고에 비해 얼마나 자주 더 높은 순위로 게재되는지, 또는 다른 광고주의 광고가 게재되지 않을 때 자신의 광고만 게재되는 빈도

- 특정 캠페인을 선택하면 수정, 라벨, 메모 추가, 입찰 통계, 변경 내역 메뉴가 나타난다. 캠페인 복사, 잘라내기, 붙여넣기를 지원하고 있고, 캠페인 ON/OFF, 삭제가 가능하다.
- 그 외에 예산 변경, 입찰 전략 변경, 전환 목표 업데이트, 자동 규칙 만들기, 실적

최대화로 업그레이드, 타겟팅 수정(제외 키워드, 게재위치 제외 목록) 기능을 제공하고 있다.

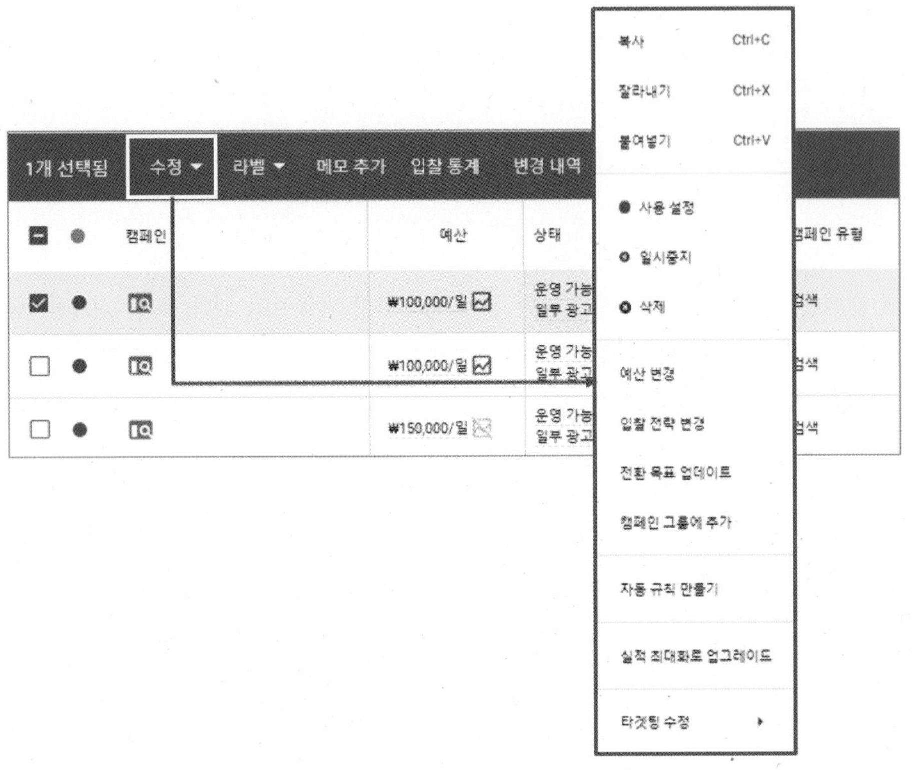

2) 그룹 관리

2-1. 네이버

- 캠페인명을 클릭하면 해당 캠페인 하위에 등록된 전체 광고 그룹 목록을 조회할 수 있다. 그룹 목록에서는 그룹별 ON/OFF, 상태, 광고그룹 이름, 그룹 기본 입찰가, 채널 정보, 노출수, 클릭수, 클릭률, 평균클릭비용, 총비용 지표를 제공한다. 다른 항목을 추가하여 조회하고 싶다면 [기본 설정] 목록 상자에서 [새로운 사용자 설정]을 클릭하여 추가할 수 있다.

광고그룹 확장 소재

+ 새 광고그룹 ON OFF 삭제 선택한 광고그룹 관리 ^

입찰가 변경
매체 변경
지역 변경
요일/시간대 변경
성별 변경
연령대 변경
예산 변경
PC/모바일 입찰가중치 변경
소재 노출 방식
다른 캠페인으로 복사
자동 규칙 만들기 >
즐겨찾기 >

☐	ON/OFF ⓘ	상태 ⓘ	기본 입찰가 ⓘ	채널 정보 ⓘ
☑	ON	노출가능	70원	http://www. .com
☑	ON	노출가능	70원	http://www. .com
☐	ON	노출가능	70원	http://www. .com
☐	ON	노출가능	70원	http://www. .com
☐	ON	노출가능	70원	http://www. .com
☐	ON	노출가능	70원	http://www. .com

- 광고그룹 단위로 성과 상세 데이터 확인도 가능하다. 오른쪽 상단 [상세 데이터] 목록 상자에서 PC/모바일 구분, 요일 구분, 시간대 구분, 지역 구분, 검색/콘텐츠 매체 구분을 선택할 수 있다.
- 개별 그룹을 선택 후 [선택한 광고그룹 관리]를 클릭하면 입찰가 변경, 매체 변경, 지역 변경, 요일/시간대 변경, 성별 변경, 연령대 변경, 예산 변경, PC/모바일 입찰가중치 변경, 소재 노출 방식 변경, 다른 캠페인으로 복사, 자동 규칙 만들기, 즐겨찾기, 삭제가 가능하다.
- [다른 캠페인으로 복사] 기능을 사용하여 선택한 광고그룹을 다른 캠페인으로 복사할 수 있다. [광고 그룹 복사하기] 대화 상자에서 해당 광고그룹이 복사될 캠페인을 선택한 후, 대상 캠페인에서 복사할 광고그룹을 OFF 상태로 변경할 것인지 선택할 수 있다. 키워드의 품질지수는 복사되지 않으며, 복사 후 해당 그룹에서의 광고성과에 따라 재산정된다.
- 광고그룹 목록 우측 상단에는 캠페인 단위와 동일하게 다운로드, 기본 설정, 상세 데이터, 필터 버튼이 있다.
- 광고 그룹 상태 확인

광고 그룹 상태	설명	노출 가능 상태가 되기 위해 가능한 조치
중지 : 비즈채널 검토중	비즈채널 검토 전 검토가 진행중인 상태	비즈채널 검토가 장시간 지연된다면, 비즈머니가 충전되어 있는지 확인
중지 : 비즈채널 노출제한	광고 가이드에 부합하지 않아 노출 제한된 상태	노출제한 사유 확인 후 증빙서류 제출하거나 가이드에 따라 비즈채널 수정 후 재검토 요청
중지 : 광고 그룹 OFF	광고 그룹 OFF 상태	ON 상태로 변경
중지 : 광고 그룹 예산 도달	설정한 광고 그룹 하루 예산 초과로 중지된 상태	하루 예산을 변경하거나, 제한 없음으로 변경
중지 : 캠페인 OFF	상위 캠페인 OFF 상태	캠페인 ON 상태로 변경
중지 : 캠페인 기간외	상위 캠페인 광고노출 기간 종료	캠페인 종료 날짜 재설정
중지 : 캠페인 예산 도달	상위 캠페인 하루예산 초과	캠페인의 하루 예산 변경하거나, 제한 없음으로 변경
일부 노출 가능:PC	PC 매체만 노출 가능한 상태	비즈채널 모바일 노출 제한 경우 가이드에 따라 수정 후 재검토 요청
일부 노출 가능 : 모바일	모바일 매체만 노출 가능한 상태	비즈채널 PC 노출 제한 경우 가이드에 따라 수정 후 재검토 요청
노출 가능	광고노출 가능 상태	

- 개별 광고그룹에 진입하면 그룹단위의 성과그래프와 광고그룹 정보를 제공하고, 하단으로는 등록한 키워드 목록이 확인된다.
- 성과그래프 우측 [광고그룹 정보]에서 광고그룹 이름, 기본 입찰가, 하루예산, 광고를 노출할 매체, 콘텐츠 매체 전용입찰가, PC/모바일 입찰 가중치, 키워드 확장 사용여부, 소재 노출 방식을 변경할 수 있다.

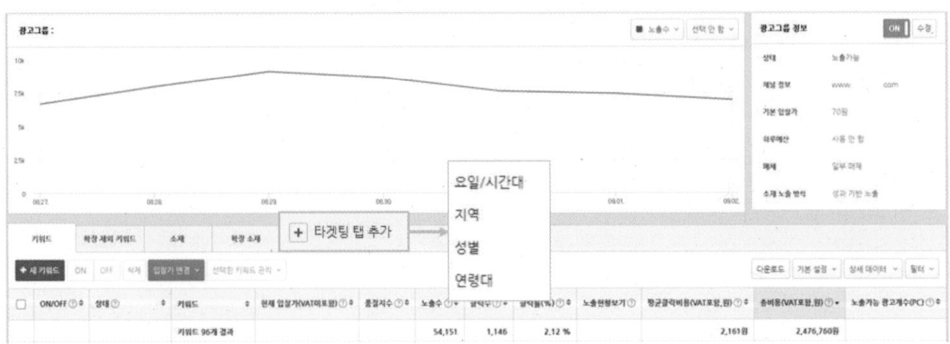

- 확장 제외 키워드는 자동으로 키워드가 확장되는 기능에서 노출을 원치 않는 키워드를 등록하여 확장 노출을 제한할 수 있는 기능이다. 키워드는 최대 50개 등록할 수 있으며, 키워드는 언제든지 추가/삭제할 수 있다.
- 소재 탭에서는 선택한 소재를 ON/OFF, 삭제를 할 수 있고, 소재를 선택하여 [선택한 소재 관리]에서 다른 그룹으로 복사, 재검토요청이 가능하다. [새 소재]를 선택하여 소재를 추가할 수 있고 소재별 PC/모바일, 요일 구분, 시간대 구분, 지역 구분하여 상세 데이터도 확인할 수 있다.
- 광고그룹 단위의 확장 소재 탭에서 추가 가능한 소재는 전화번호, 위치정보, 네이버 예약, 계산, 추가제목, 추가설명, 홍보문구, 서브링크, 가격링크, 파워링크 이미지, 이미지형 서브링크, 플레이스 정보, 홍보영상, 블로그 리뷰가 있다.

캠페인 확장 소재	광고그룹 확장 소재
전화번호 위치정보 네이버 예약	전화번호 위치정보 네이버 예약 계산 추가제목 추가설명 홍보문구 서브링크 가격링크 파워링크 이미지 이미지형 서브링크 플레이스 정보 홍보영상 블로그 리뷰

- 타겟팅 탭 추가에서 요일/시간대, 지역, 성별, 연령대 타겟팅 설정이 가능하다. 타겟별 광고 성과를 확인하고, 이에 따라 타겟팅마다 개별적으로 입찰 가중치를 조절하며 효율적인 입찰 전략을 사용할 수 있는 기능이다.

요일/시간대	광고를 노출할 요일/시간대 설정
지역	광고를 노출할 지역을 설정하거나 광고 노출을 제외할 지역 설정
성별	광고를 노출할 성별 선택 및 입찰 가중치 설정
연령대	광고를 노출할 연령대 선택 및 입찰 가중치 설정

2-2. 카카오

- 광고그룹 탭에서 새로운 광고그룹 만들기, 복사, ON/OFF 가능하며, [선택한 광고그룹 수정] 버튼을 클릭하여 기본입찰가, 콘텐츠 매체 입찰가, 입찰가중치(모바일/PC/키워드확장), 일예산, 매체유형, 디바이스, 키워드확장, 집행일자, 집행요일/시간 수정이 가능하다.

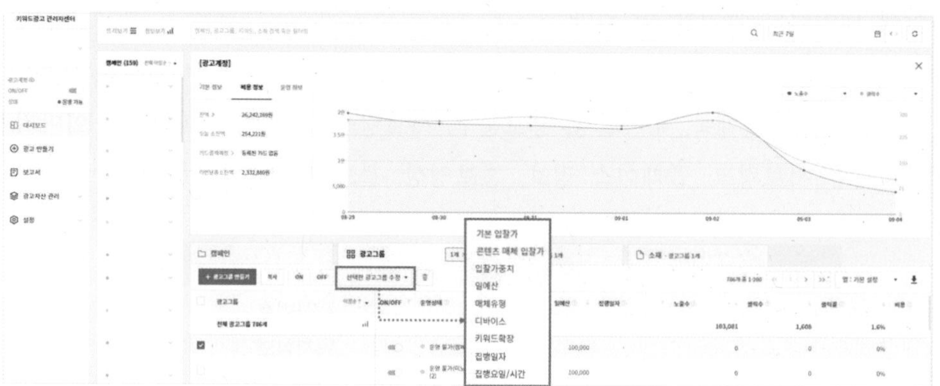

- 비즈채널이 동일한 캠페인으로 광고그룹 [복사]가 가능하다. 복사 완료까지 걸리는 시간은 데이터 크기에 따라 유동적일 수 있으며, 진행 결과는 광고자산 관리 > 대량관리에서 확인할 수 있다. 광고그룹은 최대 10개까지 선택 후 복사할 수 있으며, 광고그룹에 입력할 수 있는 기준인 키워드 1,000개와 연결소재 20개를 초과한 광고그룹은 복사 대상에 포함되지 않는다.
- 광고그룹을 복사할 경우 기본 입찰가, 매체유형, 디바이스, 일예산 등 모든 정보가 함께 복사된다.

2-3. 구글

- 광고그룹 메뉴에 진입하면 상단에는 성과그래프가 제공되고, 하단으로 광고그룹 목록을 확인할 수 있다.

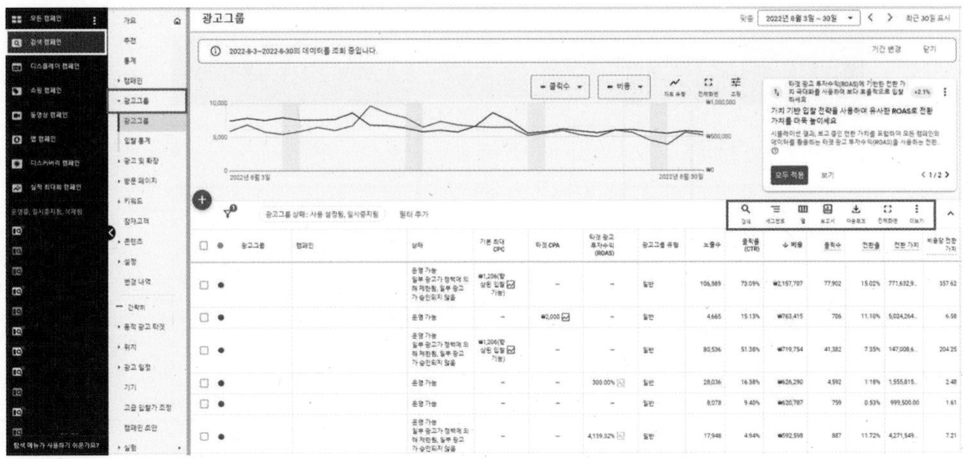

- 검색 기능을 활용하여 원하는 광고그룹을 빠르게 확인할 수 있고, 세그먼트에서 시간, 클릭 유형, 전환, 기기, 네트워크, 상단 vs. 기타, 광고 도착 페이지를 선택하여 개별 성과 확인이 가능하다.
- 광고그룹 목록에서는 광고그룹명, 캠페인, 상태, 기본 최대 CPC, 광고그룹 유형, 클릭수, 노출수, 클릭률, 평균CPC, 비용, 전환수, 전환당 비용, 전환율 등의 항목을 제공하며, 열에서 원하는 항목을 추가할 수 있다.
- 특정 광고그룹을 선택하면 수정, 라벨, 메모 추가, 입찰 통계, 변경 내역 메뉴가 나타난다. 광고그룹 복사, 잘라내기, 붙여넣기를 지원하고 있고, 광고그룹 ON/OFF, 삭제가 가능하다.
- 그 외 광고 로테이션 변경, 추적 템플릿 변경, 맞춤 매개변수 변경, 타겟팅 확장 설정 변경, 자동 규칙 만들기의 기능을 제공하고 있다.

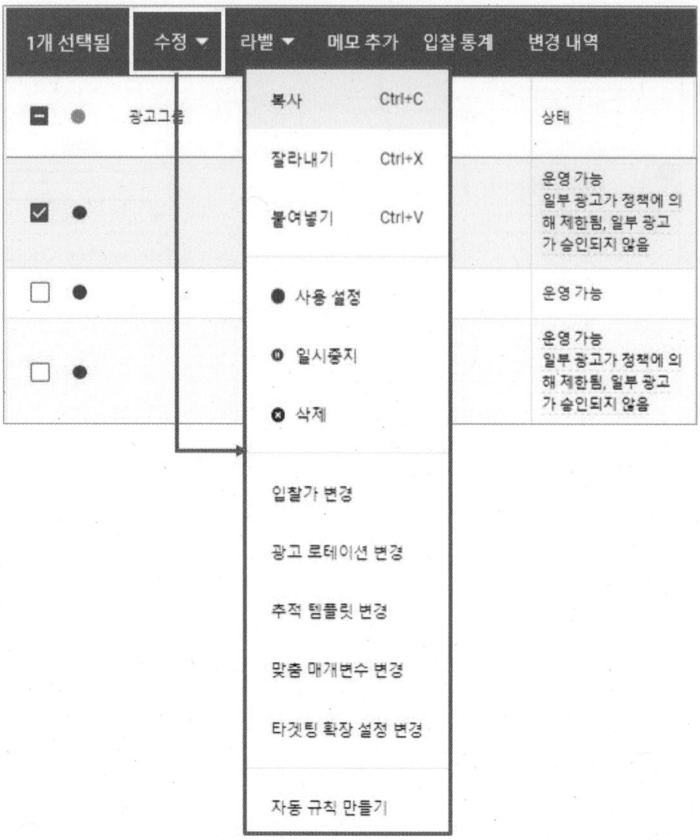

3) 키워드 입찰

3-1. 네이버

- 광고시스템에서 캠페인 > 광고그룹으로 진입하여 키워드 목록에서 키워드 입찰가 변경이 가능하다. 키워드 목록에서 키워드별로 입찰가를 직접 입력하거나 [입찰가 변경]을 활용하여 입찰가를 관리할 수 있다.

입찰가 일괄 변경	✓ 선택한 키워드 모두 동일한 기준으로 조회된 금액으로 변경 **입찰가 변경 (2개 키워드 선택키워드: 제주호텔 외 1개)** ◉ 선택한 키워드들의 입찰가를 70 원 으로 변경 ⓘ ○ 선택한 키워드들의 입찰가를 각 그룹의 기본 입찰가로 변경 ⓘ ○ 선택한 키워드들의 입찰가를 10 % 증액 ⓘ ○ 선택한 키워드들의 입찰가를 10 % 감액 ⓘ ○ 선택한 키워드들의 입찰가를 PC 최소노출 입찰가 로 변경 ⓘ ○ 선택한 키워드들의 입찰가를 PC 통합검색(파워링크+비즈사이트) 1위 평균 입찰가 로 변경 ⓘ ☐ 옵션 최대 입찰가 70 원 조회된 순위별 평균 입찰가가 최대 입찰가 이상일 경우 최대 입찰가로 입찰됩니다.
입찰가 개별 변경	✓ 키워드마다 다른 기준을 적용하여 입찰가 각각 변경 **키워드 입찰가 수정** 선택한 키워드들의 입찰가를 아래의 조건으로 조회합니다. ◉ PC 최소노출 입찰가 ⓘ ○ PC 통합검색(파워링크+비즈사이트) 1위 평균 입찰가 ⓘ ☐ 최대 입찰가 70 원 ❶ 조회된 순위별 평균 입찰가가 최대 입찰가 이상일 경우 최대 입찰가로 입찰됩니다.

- 최소노출 입찰가, 중간 입찰가, 순위별 평균 입찰가는 지난 4주간의 노출된 광고들의 입찰가를 기반으로 통계적으로 계산된 값들로 광고노출이나 특정 순위 노출을 보장하지 않는다.

3-2. 카카오

- 키워드 탭에서 키워드 입찰가 수정이 가능하다. 키워드 목록에서 키워드별로 입찰가를 수정할 수도 있고, [입찰가 변경]을 활용하여 입찰가를 관리할 수 있다.

- [키워드 입찰가 변경]을 통해 일괄 변경하거나 개별 키워드를 선택하여 입찰가를 설정할 수 있다.

- 순위별 평균 입찰가는 프리미엄링크 캠페인>검색매체>카카오지면을 통해 광고가 집행된 키워드의 최근 30일(어제로부터 과거 30일까지) 과거 실적을 토대로 예측한 수치이다.

3-3. 구글

- 구글 검색광고는 캠페인 단위에서 입찰 전략 유형 변경이 가능하다. 네이버, 카카오와는 다르게 자동 입찰 전략을 제공하고 있으며 수동 입찰 전략도 사용 가능하다.
- 구글의 자동 입찰 전략은 실적 목표에 맞게 입찰가를 자동으로 설정하므로 수동으로 입찰가를 업데이트할 필요가 없다.

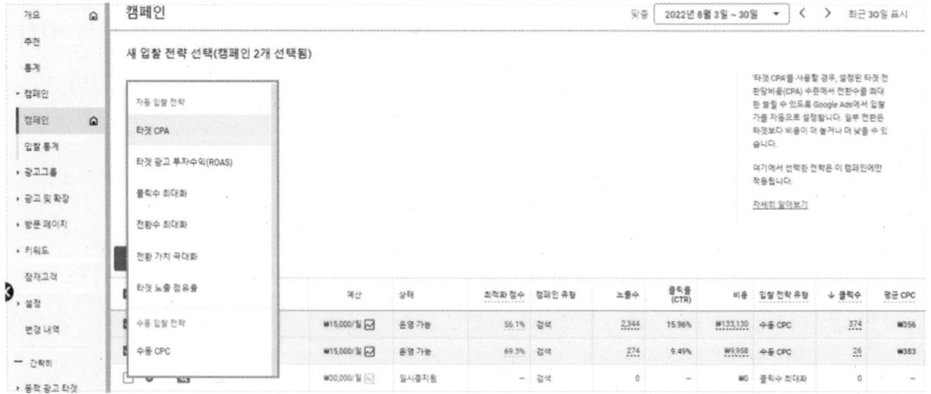

- 자동 입찰 전략

타겟CPA	목표 CPA를 세팅하여 전환 단가를 유지하며 퍼포먼스를 극대화
타겟 광고 투자수익(ROAS)	목표 전환 가치를 유지하며 캠페인을 최적화
클릭수 최대화	주어진 예산 내에서 최대한 많은 클릭이 발생하도록 입찰
전환수 최대화	주어진 예산 안에서 최대한 많은 전환수를 만들 수 있도록 유도
전환 가치 극대화	주어진 예산 안에서 최대한 많은 전환 가치를 만들 수 있도록 유도
타겟 노출 점유율	노출 트래픽 확보 및 원하는 광고 게재 위치에 노출 되도록 입찰가를 자동 조정

- 수동 입찰 전략은 광고의 최대 클릭당비용(CPC)을 직접 설정할 수 있는 입찰 방법이다. 광고그룹에 대한 최대 CPC 외에도 개별 키워드 또는 게재위치에 대해 각기 다른 입찰가를 설정할 수도 있다.
- 수동 CPC 입찰가 시뮬레이터는 키워드 또는 광고그룹의 최대 CPC 입찰가를 변경했을 경우 광고의 비용, 클릭수, 노출수, 전환수, 전환 가치가 어떻게 달려졌을지 알 수 있다. 광고그룹 및 키워드 페이지에서 확인 가능하다.

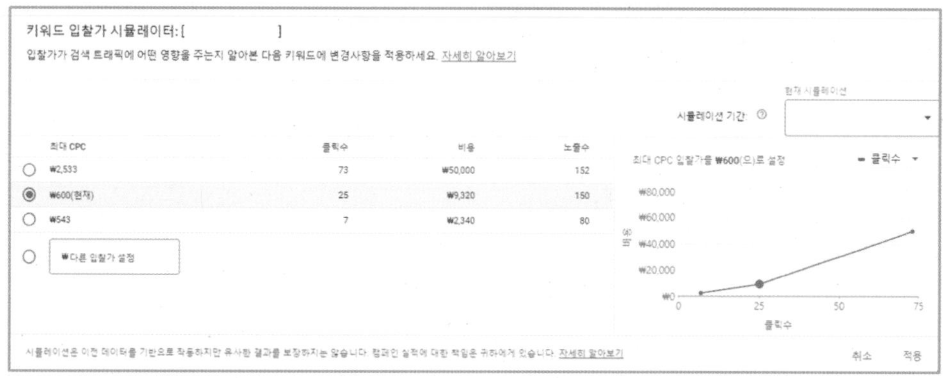

※ 스마트 자동 입찰 시뮬레이터
내가 참여했던 광고 입찰에서 데이터를 수집 및 분석하여 CPA 타겟, 타겟 노출 점유율, 타겟 ROAS 또는 예산을 다르게 설정했다면 비용, 전환수, 전환 가치, 노출수, 클릭수와 같은 주요 측정항목어 어떻게 달라졌을지 보여주는 기능을 제공하고 있다. 캠페인 및 광고그룹에서 확인 가능하다.

4) 소재 관리

- 광고소재는 사용자가 검색 후 최초로 만나는 제품이나 서비스에 대한 정보이다. 검색 결과에 노출되는 사이트의 제목과 설명, 광고 클릭 시 이동되는 페이지인 연결 URL로 구성되며 이미지나 홍보문구 등의 확장 소재를 추가할 수 있다.
- 네이버 검색광고는 광고그룹당 최대 5개, 카카오 검색광고는 광고그룹당 최대 20개, 구글은 광고그룹당 텍스트 광고 50개까지 등록 가능하다.
- 효과적인 광고 소재는 클릭률을 높여주고 품질지수에도 긍정적인 영향을 미친다. 타사와의 차별성을 강조하고 이용자로 하여금 관심을 유도할 수 있는 광고 소재를 작성하는 것이 좋다.

4-1. 키워드 삽입과 대체키워드

- 키워드 삽입 기능은 광고를 게재하게 된 광고그룹의 키워드로 광고를 자동 업데이트하여 잠재고객과 광고의 관련성을 높이는 데 도움이 된다.
- 네이버, 카카오, 구글 검색광고 모두 키워드 삽입 기능을 제공하고 있다.

네이버 검색광고	{키워드:대체키워드}
카카오 검색광고	<키워드:대체키워드>
구글 검색광고	{KeyWord:대체키워드}

- 키워드 삽입 시 소재 전체 글자수가 초과되는 경우, 사전에 등록한 대체 키워드가 자동으로 노출된다. 따라서 대체 키워드는 해당 광고그룹의 키워드를 대표할 만한 단어로 입력하는 것이 좋다.
- 검색 결과에서 키워드가 삽입된 소재는 키워드에 볼드처리가 되어 주목도를 상승시키고 연관도 높은 사이트로 보여질 수 있어 클릭률 향상에 도움이 된다. 이는 곧 광고품질과도 연관되어 효율적인 광고 운영을 가능하게 한다.

4-2. 효율적인 광고소재 작성

- 사용자의 요구와 혜택에 초점을 맞춘 광고 메시지를 작성한다. 사용자에게 브랜드의 가치를 제대로 보여주려면 사용자의 요구와 혜택이 무엇인지를 파악해야 한다. 고객이 비즈니스를 이용하는 이유를 생각하여 광고 소재에 반영해야 한다.
- 일반적인 표현 대신 구체적인 클릭 유도 문안을 사용하는 것이 좋다. 이벤트를 진행 중일 경우 마감시한을 넣으면 더욱 효과가 높다.

- 사용자에게 뻔한 질문을 하지 말고 답을 줘야한다. 검색 결과로 제공되는 검색광고는 직접적인 답을 주는 경우가 더 효과가 높다.
- 광고소재는 사용자가 찾는 정보가 있음을 강조해서 보여줘야 한다. 광고 소재에 키워드를 반영하는 이유도 이 때문이다. 검색어에 직접 대응하는 표현을 통해 사용자가 찾는 것을 보유하고 있음을 알려야 한다.
- 광고소재를 복수로 등록하여 실적이 우수한 광고소재를 지속적으로 발굴해야 한다.
- 광고소재에 최상급 표현이나 불법의 소지가 있는 단어, 비속어, 선정적인 표현, 입증되지 않은 수상 내역, 의미 없이 과도하게 사용된 특수문자 등은 사용이 불가하다.

4-3. 랜딩페이지 전략

- 광고 소재에서 URL은 표시URL과 연결URL이 있다. 최상위 도메인(사이트 내 모든 페이지에서 공통으로 확인되는 URL)을 표시URL이라고 하며, 랜딩페이지(광고를 클릭했을 때 도달하는 페이지)를 연결URL이라고 한다.
- 키워드와 소재에 연결URL(최종 도착URL)를 설정할 수 있으며 키워드에 입력한 URL이 우선적으로 적용된다. 키워드에 연결URL을 따로 등록하지 않은 경우엔 소재의 연결URL로 연결된다.
- 랜딩페이지는 사이트의 메인페이지로 연결할 수도 있고 관련 카테고리 또는 상품 상세페이지로 연결할 수도 있다. 이벤트가 있다면 이벤트 페이지로 연결하는 것도 가능하다.
- 광고를 클릭한 사용자는 광고에서 본 내용과 관련 있는 페이지로 연결될 것이라 예상하지만 그렇지 않을 경우 이탈할 가능성이 커진다. 따라서 랜딩페이지는 관련 콘텐츠가 있는 페이지로 방문하도록 지정해야 한다.

4-4. 확장 소재

광고 확장 소재는 정형화된 기존 소재 외에 추가 정보를 더하여 사용자에게 풍부한 정보를 전달할 수 있고 복수의 링크를 제공해 사용자의 유입 경로를 확대할 수 있다. 차별화된 소재로 잠재고객의 주목도를 상승시켜 즉각적인 방문을 유도할 수 있어 광고의 효과를 상승시킨다.

① 네이버

- 확장 소재 등록은 캠페인 또는 광고 그룹 단위로 생성할 수 있다. 캠페인 단위에서는 전화번호, 위치정보, 네이버 예약 유형만 등록할 수 있다.

• 광고 그룹 단위에서는 전화번호, 위치정보, 네이버 예약, 계산, 추가 제목, 추가 설명, 홍보 문구, 서브 링크, 가격 링크, 파워링크 이미지, 이미지형 서브 링크, 플레이스 정보, 홍보영상, 블로그 리뷰 유형을 확장소재로 제공하고 있다.

• 캠페인 또는 광고 그룹의 확장 소재 탭에서 확장 소재를 관리할 수 있다. 확장 소재의 ON/OFF, 삭제 및 등록, 노출 일정 변경이 가능하며, 확장 소재별 성과 확인도 가능하다.

	ON/OFF	상태	확장소재	확장 소재 유형	요일/시간	노출수	클릭수	클릭률(%)	평균클릭비용(VAT포함,원)	총비용(VAT포함,원)
			확장 소재 9 개 결과			217,367	71	0.03 %	999.61	70,972원
	ON	노출 가능	편집후 새로 등록	파워링크 이미지	모든 요일 및 시간	36,999	21	0.06 %	971원	20,394원
	ON	노출 가능	편집후 새로 등록	파워링크 이미지	모든 요일 및 시간	36,931	16	0.05 %	1,213원	19,415원
	ON	노출 가능	서브링크1 · 링크이름 : · 연결 URL : 서브링크2 · 링크이름 : · 연결 URL : 서브링크3 · 링크이름 : · 연결 URL : 서브링크4 · 링크이름 : · 연결 URL : 편집후 새로 등록	서브링크	모든 요일 및 시간	9,743	3	0.04 %	909원	2,728원

• 전화번호, 위치정보, 네이버 예약, 플레이스 정보는 유형별로 1개씩 등록할 수 있다. 홍보 문구, 서브 링크, 가격 링크, 파워링크 이미지, 이미지형 서브 링크, 계산은 유형별로 2개까지 등록 가능하고, 추가 설명은 하나의 광고그룹 내 최대 4개, 홍보영상과 블로그 리뷰는 하나의 광고그룹 내 최대 5개, 추가제목은 하나의 광고그룹 내 최대 15개 등록 가능하다.

• 캠페인 단위와 광고그룹 단위로 확장 소재를 등록했을 경우, 광고 그룹 단위에 등록한 확장 소재가 노출된다.

② 카카오

• 카카오 검색광고는 썸네일, 멀티 썸네일, 추가 제목, 부가링크, 말머리, 가격 테이블, 전화번호, 톡 채널 정보를 확장 소재로 제공하고 있다.

- 관리자 센터 > 광고자산 관리 메뉴에서 [광고소재 관리]를 통해 수정 및 삭제 가능하다.

③ 구글

- 구글 검색광고는 사이트 링크, 콜아웃, 전화번호, 구조화된 스니펫, 앱 광고, 리드 양식, 프로모션, 위치, 이미지 광고 확장을 지원하고 있다.

목표	광고 확장 유형
사업장에서 구매하도록 유도	위치, 제휴사 위치, 콜아웃 광고 확장
고객 문의 유도	전화번호, 메시지 광고 확장
웹사이트에서 고객 전환 유도	사이트링크, 콜아웃, 구조화된 스니펫, 가격 광고 확장
앱 다운로드 유도	앱 광고 확장

- 이미지 광고 확장을 만드는 옵션은 특정 요건을 충족하는 경우에만 자동으로 표시된다.

※ 이미지 광고 확장 사용 요건
✓ 계정을 개설한지 90일이 넘음
✓ 계정의 정책 준수 기록이 양호함
✓ 계정에 진행 중인 캠페인이 있음
✓ 계정에 진행 중인 텍스트 광고가 있으며 최소 지난 28일 동안 검색 캠페인에 대한 지출이 발생함
✓ 자격을 갖춘 카테고리 또는 하위 카테고리의 계정 (성적인 콘텐츠, 주류, 도박 등은 이미지 광고 확장 사용 불가)

- [광고 및 확장]에서 [광고 확장] 관리가 가능하다. 광고 확장을 추가하거나 삭제, 사용 여부 등을 설정할 수 있고, 특정 시간대 또는 특정 기간 동안만 광고 확장이 표시되도록 일정을 예약할 수도 있다.
- [광고 확장] 페이지에서 개별 광고 확장의 클릭수 및 노출수, 클릭률, 비용 등의 실적을 확인할 수 있다.

- 구글 검색광고는 광고 확장을 등록하여도 반드시 광고와 함께 표시되는 것은 아니다. 광고 확장이 실적을 개선할 것으로 예상되거나 광고 게재 순위 및 광고 순위가 광고 확장이 표시될 만큼 충분히 높아야 광고확장이 표시된다.

5) 비즈채널/광고대상 관리

5-1. 네이버 비즈채널 관리

- 비즈채널이란 웹사이트, 쇼핑몰, 전화번호, 위치정보, 네이버 예약 등 잠재적 고객에게 상품 정보를 전달하고 판매하기 위한 모든 채널을 의미한다. 광고를 집행하기 위해서는 캠페인 유형에 맞는 비즈채널을 반드시 등록해야 한다.
- 비즈채널은 확장소재의 구성요소로도 활용할 수 있다. 비즈채널 등록 후 확장소재 탭에서 노출 여부를 선택할 수 있다.
- 비즈채널 관리는 광고시스템에서 정보관리>비즈채널 관리 메뉴에서 채널 추가와 삭제, 수정이 가능하고, 각 채널별 상태를 확인할 수 있다.

- 회원제로 운영되는 사이트 또는 성인 사이트의 경우 테스트 계정을 입력하여 내부 콘텐츠를 확인할 수 있도록 해야 한다.
- 웹사이트의 채널 정보에 노출되는 이미지는 비즈채널 등록 시 시스템에서 자동으로 캡처하여 수집하며, 이후 일정 주기로 자동으로 캡쳐한다. 해당 이미지는 광고 더보기 영역, 쇼핑몰 키워드 검색 결과의 미리보기 등에서 사용된다.
- 쇼핑검색광고를 집행하기 위해서는 쇼핑몰 채널을 추가해야 한다. 쇼핑몰 비즈채널은 네이버쇼핑에 입점 된 쇼핑몰이 있는 경우에만 추가할 수 있으며 네이버쇼핑 계정을 연동하여 등록할 수 있다.
- 쇼핑검색광고의 제품 카탈로그형 광고를 집행하려면 쇼핑 제조사 비즈채널을 등록해야 한다. 쇼핑 브랜드형은 네이버쇼핑 브랜드(쇼핑검색광고)를 등록하면 된다.
- 파워컨텐츠 광고를 집행하기 위해서는 콘텐츠 채널을 추가해야 한다. 콘텐츠 비즈채널은 블로그, 포스트, 카페만 가능하다.
- 비즈채널은 모든 유형을 합쳐 계정당 총 1,000개까지 추가 가능하다. 단, 전화번호 유형 중 통화추적번호는 최대 50개, 네이버 톡톡 유형은 최대 5개까지만 추가할 수 있다.
- 웹사이트 채널을 삭제하면 해당 비즈채널을 사용하는 캠페인에 포함된 광고그룹, 광고그룹 내 키워드 및 소재, 확장소재 전체가 삭제되며, 삭제된 광고그룹은 복구할 수 없다. 전화번호, 위치정보 비즈채널을 삭제할 경우 해당 채널을 사용한 확장소재는 삭제되며, 광고그룹은 삭제되지 않는다.

5-2. 카카오 비즈채널 관리

- 카카오에서는 광고자산 관리>비즈채널 관리에서 등록과 수정, 삭제가 가능하다. 광고 시작을 위해 반드시 입력해야하는 비즈채널은 웹사이트이며 부가적으로 카카오톡 채널이 있다. 해당 비즈채널에 연동할 카카오톡 채널은 최대 2개다.

비즈채널 등록

웹사이트명	웹사이트명 12
웹사이트 URL	모바일 / PC 개별 설정 http:// 또는 https:// 형식의 정상적인 랜딩 URL을 입력하세요. 연결확인
검수계정	등록하신 웹사이트가 제한적인 운영 사이트 이거나 성인 사이트입니까? 예 ◉ 아니오
카카오톡 채널 (선택)	연동 가능한 카카오톡 채널이 없습니다. 카카오톡 채널 만들기
업종선택	소매(쇼핑몰)_가구/인테리어 ▾ 생활가구 ▾
심사서류	해당 카테고리에 필요한 서류를 모두 등록하지 않은 경우 비즈채널 심사에서 보류될 수 있습니다. 서류첨부시 **불필요한 개인정보(주민등록번호, 카드번호, 계좌번호등)가 포함되지 않도록 반드시 마스킹(가림처리) 후 첨부**해야 합니다. 개인 정보가 포함된 심사서류는 개인 정보 보호를 위해 관리자가 임의로 삭제할 수 있습니다. 파일당 용량 최대 10MB 기타서류 0 파일업로드

- 카카오 검색광고의 비즈채널은 계정당 총 1,000개까지 추가할 수 있다.
- 웹사이트의 업종 선택 후 업종 카테고리에 필요한 서류를 등록해야하며, 필요 서류가 모두 등록되지 않은 경우 비즈채널 심사에서 보류될 수 있다.

6) 광고노출전략 관리

등록한 광고를 언제, 어디에, 누구에게 노출시킬지 결정하는 것이 광고노출전략이라고 할 수 있다. 특정 기간 동안만 광고를 노출시킬 수 있고, 요일이나 시간을 선택하는 것도 가능하다. 광고를 노출할 디바이스 선택과 영역을 선택하는 것도 가능하고 서비스 가능 지역을 고려하여 위치를 포함하거나 제외하는 것도 가능하다.

수준	네이버	카카오	구글
캠페인	✓ 기간 변경	-	✓ 잠재고객 세그먼트 추가/삭제 ✓ 종료일 변경 ✓ 광고 일정 변경 ✓ 위치 변경 ✓ 언어 변경 ✓ 네트워크 ✓ 기기 입찰가 조정 ✓ 제외 키워드 추가
광고 그룹	✓ 매체 ✓ 지역 ✓ 요일/시간대 ✓ 성별 ✓ 연령대 ✓ 콘텐츠 매체 전용입찰가 ✓ PC/모바일 입찰가중치 ✓ 키워드확장	✓ 콘텐츠 매체·입찰가 ✓ 입찰가중치 PC/모바일/키워드확장 ✓ 매체유형 검색 매체/콘텐츠 매체 ✓ 디바이스 ✓ 키워드확장 ✓ 집행일자 ✓ 집행요일/시간	✓ 잠재고객 세그먼트 추가/삭제 ✓ 기기 입찰가 조정 ✓ 제외 키워드 추가

- 네이버는 광고그룹 수준에서 모든 매체, 노출 매체 유형 선택, 노출 매체 개별 선택을 할 수 있다. PC/모바일, 검색/콘텐츠, 네이버/파트너 등 유형을 선택하여 노출할 수 있으며, 개별 주요 매체와 블로그를 선택하여 노출 또는 제외할 수도 있다.

- 카카오 검색광고에서 매체유형은 검색 매체와 콘텐츠 매체로 구분되며, 그 안에는 카카오와 파트너로 개별 선택할 수 있다. 그러나 네이버와 같이 세부 매체를 제외하는

기능은 지원하지 않는다.

- 구글 검색광고는 잠재고객의 특징, 관심분야 및 습관, 적극적으로 검색하고 있는 것, 비즈니스와의 상호작용 방식 등에 따라 특정 잠재고객 세그먼트에 광고를 게재할 수 있다. 광고그룹 또는 캠페인 수준에서 잠재고객 세그먼트를 추가, 수정, 삭제 가능하다.

필터 추가 광고그룹 보기

잠재고객 세그먼트	유형	캠페인	광고그룹	상태	수준	입찰가 조정	노출수	↓ 상호작	상호작용 발생률	평균 비용	비용	전환율	전환수
총계: 세그먼트							4,237,574	클릭수, 참여수	0.80%	₩134	₩4,575,240	2.14%	728.00
All visitors (A...	웹사이트 방문자			운영 가능	광고그룹	–	81,379	클릭수, 참여수	4.13%	₩187	₩627,206	0.89%	30.00
쇼핑객	관심분야 세그먼트			운영 가능	광고그룹	–	57,952	클릭수, 참여수	3.53%	₩83	₩169,633	0.00%	0.00
All visitors (A...	웹사이트 방문자			운영 불가능 광고그룹이 일시중지됨	광고그룹	–	187,096	1,691 클릭수	0.90%	₩111	₩187,773	1.30%	22.00
All visitors (A...	웹사이트 방문자			운영 불가능 광고그룹이 일시중지됨	광고그룹	–	324,402	1,671 클릭수	0.52%	₩169	₩282,610	2.57%	43.00
All Converter...	유사 세그먼트			운영 불가능 광고그룹이 일시중지됨	광고그룹	–	259,889	1,662 클릭수	0.64%	₩49	₩81,663	0.12%	2.00
All visitors (A...	유사 세그먼트			운영 불가능 광고그룹이 일시중지됨	광고그룹	–	306,181	1,644 클릭수	0.54%	₩48	₩79,339	0.18%	3.00
쇼핑객 쇼핑 애호가	관심분야 세그먼트			운영 가능	광고그룹	–	32,050	클릭수, 참여수	3.91%	₩81	₩101,716	0.08%	1.00
All Converter...	유사 세그먼트			운영 불가능 광고그룹이 일시중지됨	광고그룹	–	130,821	1,055 클릭수	0.81%	₩51	₩53,350	0.38%	4.00
All Converter...	유사 세그먼트			운영 불가능 광고그룹이 일시중지됨	광고그룹	–	128,061	1,043 클릭수	0.81%	₩52	₩54,505	0.10%	1.00
All visitors (A...	웹사이트 방문자			운영 불가능 광고그룹이 일시중지됨	광고그룹	–	171,203	968 클릭수	0.57%	₩162	₩156,436	2.89%	28.00
All visitors (A...	유사 세그먼트			운영 불가능 광고그룹이 일시중지됨	광고그룹	–	111,399	930 클릭수	0.83%	₩50	₩46,230	0.65%	6.00
쇼핑객 쇼핑 애호가	관심분야 세그먼트			운영 가능	캠페인	0%	4,547	925 클릭수	20.34%	₩217	₩200,496	3.78%	35.00

구글 > 잠재고객

✓ 사이트에 태그를 추가하면 리마케팅 목록이 생성된다. 이 목록을 바로 사용하거나 새로운 리마케팅 목록을 생성하여 광고그룹이나 캠페인에서 입찰 또는 타겟팅에 적용할 수 있다.
✓ 도구 및 설정 > 공유 라이브러리 > 잠재고객 관리자에서 세그먼트의 크기를 확인할 수 있고, 캠페인 또는 광고그룹 단위로 추가할 수 있다.

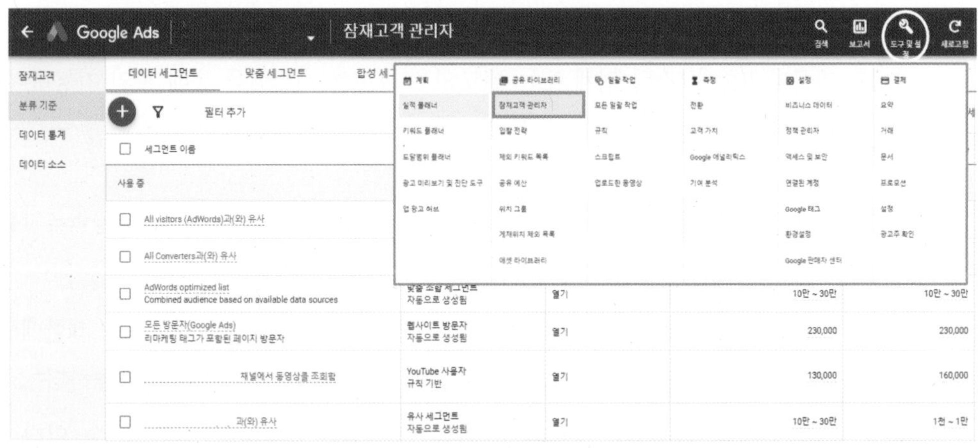

구글 > 도구 및 설정 > 공유 라이브러리 > 잠재고객 관리자

2. 무효클릭 관리

1) 무효클릭 개념

- 검색광고 본래의 취지에 맞지 않는 무의미한 클릭을 무효클릭이라고 한다.
- 무의미한 클릭 주요 사례 : 광고비 소진, 품질지수 상승 등 특정인의 이익을 위하여 행해지는 인위적인 클릭, 각종 소프트웨어, 로봇 및 자동화된 도구에 의하여 발생하는 클릭, 더블클릭 등으로 인하여 발생하는 무의미한 클릭, 그 외 검색 이용자의 의도에 반하는 다양한 형태의 클릭
- 네이버, 카카오, 구글은 무효클릭에 대해 사전/사후 모니터링을 진행하고 있으며, 무효클릭 필터링 로직(판정 기준)과 필터링 결과는 악용할 가능성이 있어 공개하지 않는다.

2) 매체별 무효클릭 관리

2-1. 네이버

- 무효클릭이 의심될 경우 IP주소, 클릭일시, 키워드, 광고주URL 정보를 포함한 클릭로그를 클린센터로 접수하여 조사의뢰를 할 수 있다.
- 도구 > 광고노출제한 관리에서 광고가 노출되지 않기를 희망하는 IP주소를 등록하여 광고노출을 제한할 수 있다. 광고노출제한 IP로 등록하면 등록한 해당 IP에서는 광고주의 광고 가 노출되지 않는다.
- 광고노출제한IP는 최대 600개까지 등록할 수 있으며, 유동 IP는 마지막 네 번째 자리에 와일드카드(*)를 이용하여 차단할 수 있다.
- 사이트 방문자 IP는 호스팅 업체 또는 별도의 로그분석 시스템을 통해 확인 가능하다.

2-2. 카카오

- 무효클릭이 의심될 경우 클릭일(날짜), 의심키워드, 의심IP 정보를 포함한 클릭로그를 카카오 광고 고객센터에 문의할 수 있다.
- 광고가 노출되지 않기를 희망하는 IP가 있는 경우 광고자산 관리 > 광고노출 제한에서 광고가 노출되지 않도록 제한할 수 있으며, 최대 500개까지 등록 가능하다.
- 유동 IP는 마지막 네 번째 자리에 와일드카드(*)를 이용하여 차단할 수 있다.

2-3. 구글

- 무효클릭으로 확인되면 해당 클릭에 대해서는 비용이 청구되지 않도록 보고서와 결제 금액에서 자동으로 해당 클릭이 필터링 된다. 자동 감지 시스템에서 잡아내지 못한 무효 클릭이 있을 경우 해당 클릭에 대해 크레딧을 받을 수 있다. 이를 무효활동 조정 크레딧이라라고 한다.

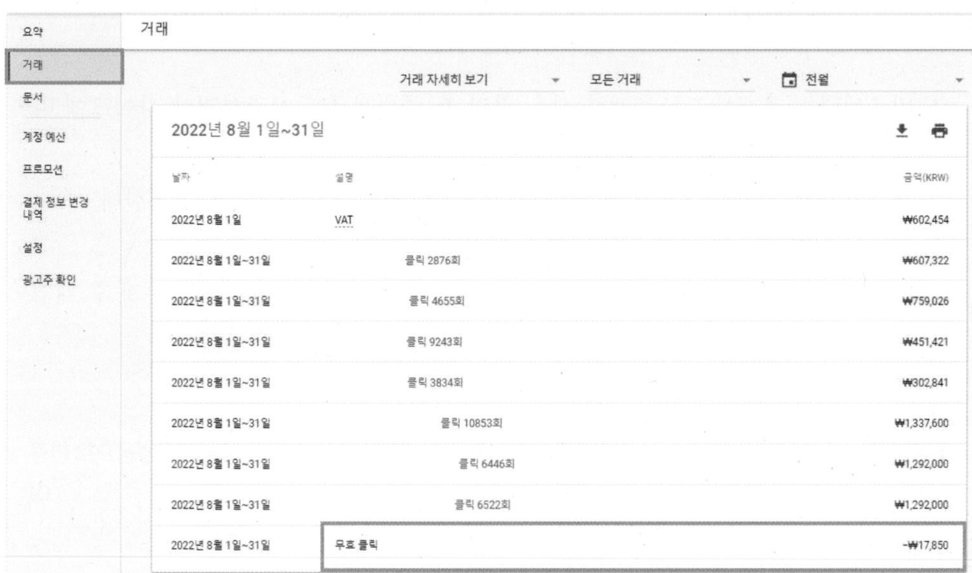

날짜	설명	금액(KRW)
2022년 8월 1일	VAT	₩602,454
2022년 8월 1일~31일	클릭 2876회	₩607,322
2022년 8월 1일~31일	클릭 4655회	₩759,026
2022년 8월 1일~31일	클릭 9243회	₩451,421
2022년 8월 1일~31일	클릭 3834회	₩302,841
2022년 8월 1일~31일	클릭 10853회	₩1,337,600
2022년 8월 1일~31일	클릭 6446회	₩1,292,000
2022년 8월 1일~31일	클릭 6522회	₩1,292,000
2022년 8월 1일~31일	무효 클릭	-₩17,850

구글 > 도구 및 설정 > 결제 > 거래

SEARCH
ADVERTISEMENT
MARKETER

Chapter 04 예제풀기

01 광고그룹 상태에 따른 조치가 적절하지 않은 것은?

① 비즈채널 노출제한 - 노출제한 사유 확인 후 증빙서류를 제출하거나 가이드에 따라 수정 후 재검토를 요청한다,
② 캠페인 예산 도달 - 그룹의 하루 예산을 변경하거나, 제한없음으로 변경한다.
③ 캠페인 기간 외 - 캠페인 종료 날짜를 재설정한다.
④ 일부 노출 가능 : 모바일 - 비즈채널 PC 노출제한으로 가이드에 따라 수정 후 재검토 요청한다.
⑤ 캠페인 OFF - 캠페인 상태를 ON으로 변경한다.

Answer. 캠페인 예산 도달로 인해 광고그룹이 중지된 경우, 캠페인 예산을 늘리거나 제한없음으로 변경해야 노출이 가능하다. ②

02 다음은 네이버 검색광고에 대한 설명이다. 옳은 것은?

① 캠페인 단위에서 하루예산, 노출 기간과 추적 기능을 설정 및 수정할 수 있다.
② 캠페인 목록에서 그룹별 기본 입찰가, 채널 정보, 노출수, 클릭수, 클릭률 등의 지표가 제공된다.
③ 균등배분 설정 시 광고가 중단되지 않고 24시간 노출될 수 있도록 순위를 자동으로 조정해준다.
④ "다른 캠페인으로 복사" 기능사용 시, 키워드의 품질지수도 복사 가능하다.
⑤ 캠페인 단위에서 PC/모바일 입찰가중치 설정이 가능하다.

Answer. 그룹별 목록에서 그룹 기본 입찰가, 채널 정보, 노출수, 클릭수 등의 지표가 제공된다.
균등배분 설정 시 광고가 조기소진되지 않도록 노출을 자동 조절하여 충분히 노출되지 않을 수 있다.
다른 캠페인으로 복사 기능 사용 시, 키워드의 품질지수는 복사되지 않는다. 품질지수는 복사 후 해당 그룹에서의 광고성과에 따라 재산정된다.
PC/모바일 입찰가중치 설정은 그룹 단위에서 가능하다. ①

03 다음은 카카오 검색광고에 대한 설명이다. 틀린 것은?

① 캠페인 설정을 통해 일 예산, 노출 기간, 노출 요일과 시간을 변경할 수 있다.
② 키워드 목록에서 개별 키워드의 품질지수를 확인할 수 있다.
③ 매체유형에서 검색 매체와 콘텐츠 매체를 선택하여 노출할 수 있지만, 세부 매체를 제외하는 기능은 지원하지 않는다.
④ 그룹 설정에서 매체유형, 디바이스, 키워드확장, 기본입찰가와 일예산을 설정 및 수정할 수 있다.
⑤ 키워드의 입찰가가 설정된 경우 광고그룹의 기본입찰가 대신 키워드의 기본입찰가를 사용한다.

Answer. 카카오 검색광고 캠페인에서는 캠페인 이름 수정과 전환추적, 추적URL 설정, 캠페인 일예산 설정이 가능하다. ①

04 구글 입찰통계 탭에서 제공하고 있는 통계자료가 다르게 매칭된 것은?

① 노출 점유율 - 광고주가 참가한 입찰에서 실제로 얼마나 자주 노출이 발생했는지 보여주는 비율
② 중복률 - 광고주의 광고가 노출될 때 또 다른 광고주의 광고에는 얼마나 자주 노출이 발생하였는지를 보여주는 빈도
③ 높은 게재순위 비율 - 자신의 광고뿐만 아니라 동일한 입찰에 참가한 다른 광고주의 광고에도 동시에 노출이 발생했을 때 다른 광고주의 광고가 자신의 광고보다 더 높은 순위에 게재되는 빈도
④ 페이지 상단 게재율 - 광고주의 광고가 검색 결과의 페이지 상단에 게재되는 빈도
⑤ 경쟁 광고보다 높은 순위를 얻는 노출 비율 - 노출수 중 자연 검색 결과 위에 첫 번째 광고로 게재되는 비율

Answer. 경쟁 광고보다 높은 순위를 얻는 노출 비율은 입찰에서 다른 광고주의 광고에 비해 얼마나 자주 더 높은 순위로 게재되는지, 또는 다른 광고주의 광고가 게재되지 않을 때 자신의 광고만 게재되는 빈도를 말한다. ⑤

05 다음은 구글 입찰전략에 대한 설명이다. 틀린 것은?

① 전환 가치 극대화 - 예산 내에서 최대한 많은 전환이 발생하도록 입찰가를 자동으로 조정

② 클릭수 최대화 - 예산 내에서 클릭수를 최대한 높일 수 있도록 입찰가를 자동으로 설정

③ 타겟 CPA - 설정한 타겟 전환당비용 수준에서 전환수를 최대한 늘릴 수 있도록 입찰가를 자동으로 조정

④ 타겟 광고 투자수익 - 설정된 타겟 ROAS 내에서 전환 가치를 최대한 높일 수 있도록 입찰가를 자동으로 설정

⑤ 타겟 노출 점유율 - 선택한 검색 페이지에 내 광고가 게재될 가능성이 높아지도록 입찰가를 자동 조정

Answer. 전환 가치 극대화는 예산 내에서 전환 가치를 최대한 높이도록 입찰가를 자동으로 설정하는 입찰전략이다. ①

06 다음은 매체별 키워드 삽입기호에 대한 설명이다. 맞게 매칭된 것은?

① 네이버 - {KeyWord : 대체키워드}
② 카카오 - {키워드 : 대체키워드}
③ 네이버 - 〈키워드 : 대체키워드〉
④ 구글 - {KeyWord : 대체키워드}
⑤ 구글 - 〈키워드 : 대체키워드〉

Answer. 네이버 - {키워드 : 대체키워드}, 카카오 - <키워드 : 대체키워드>, 구글 - {KeyWord : 대체키워드} ④

07 네이버 검색광고는 광고그룹 내 다수의 소재가 존재할 경우, 성과가 우수한 소재의 노출 비중을 자동적으로 조절하여 평균 성과를 향상시킨다. 이 기능은?

① 성과우선노출
② 우선 노출
③ 랜덤 노출
④ 성과기반노출
⑤ 균등 노출

Answer. 네이버의 성과 기반 노출은 광고그룹 내 2개 이상의 소재가 존재할 경우, 소재의 우열을 비교하는 AB테스트를 빠르게 진행하고 성과가 우수한 소재의 노출 비율을 자동적으로 조절한다. ④

08 효율적인 광고소재 작성으로 옳지 않은 것은?

① 사용자의 요구와 혜택에 초점을 맞춘 광고 메시지가 효과적이다.
② 키워드가 삽입된 소재는 키워드에 볼드처리가 되어 주목도를 상승시킨다.
③ 상세 제품명 키워드로 검색을 했더라도 메인페이지로 연결하여 다양한 상품과 콘텐츠를 보여주는 것이 효과적이다.
④ 타사와의 차별성을 강조하고 사용자의 관심을 유도할 수 있는 광고소재를 작성하는 것이 좋다.
⑤ 키워드 삽입기능 사용 시, 소재 전체 글자수가 초과되는 경우 대체키워드가 노출된다.

Answer. 광고를 클릭한 사용자는 광고에서 본 내용과 관련이 있는 페이지로 연결될 것이라 예상하지만 그렇지 않을 경우 이탈할 가능성이 커진다. 랜딩페이지는 가급적 관련 콘텐츠가 확인되는 페이지로 연결하는 것이 효과적이다. ③

09 다음은 확장소재에 대한 설명이다. 틀린 것은?

① 차별화된 소재를 통해 주목도를 상승시키고 즉각적인 방문을 유도할 수 있다.
② 네이버 검색광고에서는 썸네일, 멀티썸네일, 추가제목, 부가링크, 말머리, 가격테이블, 계산하기, 전화번호, 톡채널로 총 9가지 유형으로 구성되어 있다.
③ 구글 검색광고에서는 사이트링크, 콜아웃 광고, 구조화된 스니펫, 전화번호, 메시지, 위치, 제휴사 위치, 가격, 앱, 프로모션 광고확장이 가능하다.
④ 네이버 검색광고에서는 확장소재가 노출될 요일/시간대 및 기간을 설정할 수 있다.
⑤ 카카오의 확장소재는 기존 카카오 키워드광고 프리미엄링크 영역과 노출 영역은 동일하게 Daum 모바일 앱/웹, PC 검색결과 등의 프리미엄링크 영역에 노출된다.

Answer. 썸네일, 멀티썸네일, 추가제목, 부가링크, 말머리, 가격테이블, 계산하기, 전화번호, 톡채널로 총 9가지 유형은 카카오 검색광고에서 제공하는 확장소재 유형이다. 네이버 검색광고에서는 전화번호, 위치정보, 네이버 예약, 계산, 추가제목, 홍보문구, 서브링크, 가격링크, 파워링크 이미지, 이미지형 서브링크, 플레이스 정보, 홍보영상, 블로그리뷰 유형이 있다. ②

10 다음 중 목표과 광고 확장 유형이 매칭되지 않는 것은?

① 사업장에서 구매하도록 유도 - 위치 광고 확장
② 고객 문의 유도 - 메시지 광고 확장
③ 고객 문의 유도 - 전화번호 광고 확장
④ 웹사이트에서 고객 전환 유도 - 구조화된 스니펫 광고 확장
⑤ 웹사이트에서 고객 전환 유도 - 앱 광고 확장

Answer. 웹사이트 고객 전환 유도를 위한 광고 확장 유형으로는 사이트링크, 콜아웃, 구조화된 스니펫, 가격 광고 확장이 있다. ⑤

11 다음은 광고노출전략관리에 대한 설명이다. 잘못된 것은?

① 네이버 검색광고는 지역 설정에서 광고를 노출시킬 지역을 설정하거나 제외할 지역을 설정할 수 있다.
② 구글 검색광고는 고객이 사용하는 언어를 타겟팅할 수 있다.
③ 구글 검색광고는 광고 미리보기 및 진단 도구를 통해 위치 및 언어, 기기에 따른 광고노출여부를 확인할 수 있다.
④ 카카오 검색광고는 검색 매체와 콘텐츠 매체유형을 선택하여 노출할 수 있으며, 세부 지면을 제외할 수도 있다.
⑤ 카카오 검색광고는 그룹 설정에서 노출 요일과 시간을 설정할 수 있다.

Answer. 카카오 검색광고에서는 세부지면 선택 제외가 불가하다. ④

12 다음은 무효클릭에 대한 설명이다. 틀린 것은?

① 네이버, 카카오, 구글은 무효클릭에 대한 모니터링을 진행하고 있다.
② 광고비 소진이나 품질지수 상승 등 특정인의 이익을 위해 행해지는 인위적인 클릭이 무효클릭의 대표적인 사례이다.
③ 무효클릭으로 판단되는 클릭은 과금되지 않는다.
④ 광고주들이 안심하고 광고를 운영할 수 있도록 무효클릭의 판정기준을 공개하고 있다.
⑤ 검색광고 본래의 취지에 맞지 않는 무의미한 클릭을 무효클릭이라고 한다.

Answer. 무효클릭의 필터링 로직과 필터링 결과는 악용할 가능성이 있어 공개하지 않는다. ④

13 무효클릭을 관리하는 방법이다. 틀린 것은?

① 네이버 검색광고 무효클릭이 의심될 경우 클릭로그를 클린센터로 접수하여 조사의뢰를 할 수 있다.
② 네이버 광고시스템에서 도구 > 광고노출제한 관리에서 광고가 노출되지 않기를 희망하는 IP주소를 등록하여 노출을 제한할 수 있다.
③ 광고노출제한 IP는 네이버는 최대 400개, 카카오는 500개까지 등록 가능하다.
④ 유동 IP는 마지막 네 번째 자리에 와일드카드(*)를 이용하여 차단할 수 있다.
⑤ 사이트 방문자 IP는 호스팅 업체 또는 별도의 로그분석 시스템을 통해 확인 가능하다.

Answer. 네이버는 광고노출제한IP를 최대 600개까지 등록할 수 있다. ③

SEARCH
ADVERTISEMENT
MARKETER

Chapter 01 검색광고 효과분석을 위한 사전이해 단계

Chapter 02 사례를 통한 실제적인 광고 효과분석

Chapter 03 사후관리

PART 3
검색광고 활용 전략

SEARCH
ADVERTISEMENT
MARKETER

Chapter 01

검색광고 효과분석을 위한 사전이해 단계

검색광고의 효과분석은 광고집행 프로세스의 마지막 단계이면서도 시작의 단계라고 할 수 있다. 초기에 수립한 광고목표를 기준으로 평가에서 끝나기만 한다면 효과분석을 하는 의미가 없다. 검색광고 효과분석을 통해 끝없이 개선하고 성장을 이끌어내는 것이야말로 검색광고마케터의 역량이라고 할 수 있다. 검색광고는 다른 광고와는 다르게 명확한 성과측정이 가능하고, 실시간으로 운영되는 시스템이기에 사후관리를 통해 광고성과를 크게 개선시키는 것이 가능하기 때문이다.

1. 사용자의 행동단계와 효과분석의 관계

검색 사용자의 행동 프로세스를 단순하게 정리하면 노출 → 클릭 → 전환의 3단계라고 할 수 있다.

검색결과 노출 광고 클릭 및 방문 제품 구매/전환

"캡슐커피" 키워드를 검색한 이용자에게 수 많은 사이트가 검색결과로 제공되고, 광고, 소재를 보고 가장 검색의도와 유사한 광고를 클릭한다. 선택한 사이트에 방문하여 제품을 탐색하고 최종적으로 제품을 구매하는 전환 활동으로 이어진다.

실제로 사이트에 방문했다고해서 100% 전환으로 이어지는 것은 아니다. 특정 브랜드 사이트를 방문하기 위해 검색하는 경우를 제외하면, 보통의 구매 전환률은 2% 내외이기 때문이다. 사이트 간 제품 및 구매조건을 비교하고 이탈과 재방문을 수 없이 반복하는 탐색 과정을 거쳐 전환에 이르게 되는 경우가 보통이다.

하지만 이 과정에서 광고가 충분히 노출되는지, 클릭을 유도할만한 매력적인 광고소재인지, 방문해서 전환에 이르는 과정에서 과도하게 이탈되는 것은 아닌지 꾸준한 효과 분석이 필요하다.

- 각 단계별 효과 측정 지표

노출	노출수 (광고가 충분히 노출되고 있는가)
클릭	클릭수, 클릭비용, 클릭률 (광고가 노출된 만큼 사이트에 방문하고 있는가)
전환	전환수, 전환율, 전환비용 (방문자 중 전환을 일으키는 비율은 적절한가)

노출 → 클릭 → 전환의 모든 단계에서 각각의 지표를 통해 효과를 측정하고, 광고목표 달성을 위해 개선사항을 도출하여 반영하는 것은 광고 성과 관리에서 매우 중요한 과정이다.

2. 검색광고에서 매일 효과분석을 해야 하는 이유?

1) 매일 발생하는 키워드의 양과 질이 다르다.

검색사용자의 필요나 계절, 요일, 날씨 등의 다양한 사유로 키워드의 검색량은 계속 변한다. 온전히 검색사용자의 능동적인 검색활동을 통해 노출되는 검색광고는 광고의 노출수뿐만 아니라 성과에도 그만큼 영향을 미친다.

아래는 네이버 데이터랩에서 제공하는 해외항공권 인기검색어를 가공한 자료이다. 주차별로 인기검색어가 달라지고 새로운 검색어가 등장하는 것을 확인할 수 있다.

인기검색어	no	2019년 09월 04주		네이버	다음	2019년 10월 01주		네이버	다음	2019년 10월 02주		네이버	다음
		2019.09.23. ~ 2019.09.29.		PC+M	PC+M	2019.09.30. ~ 2019.10.06.		PC+M	PC+M	2019.10.07. ~ 2019.10.13.		PC+M	PC+M
	1	항공권	▲1	642,905	53,855	항공권	=	643,368	53,920	티몬항공권	▲3	11,253	2,609
	2	블라디보스톡항공권	▼1	34,515	284	블라디보스톡항공권	=	35,809	253	블라디보스톡항공권	=	36,783	264
	3	괌항공권	=	38,977	2,999	발리항공권	▲1	42,934	2,081	코타키나발루항공권	▲2	60,625	1,540
	4	발리항공권	▲1	43,209	2,116	티몬항공권	▲2	10,610	2,258	항공권	▼3	656,481	55,210
	5	코타키나발루항공권	▲3	31,249	1,517	코타키나발루항공권	=	47,950	1,516	발리항공권	▼2	42,375	2,041
	6	티몬항공권	▲3	10,519	2,186	괌항공권	▼3	39,212	2,964	싱가포르항공권	▲1	30,348	1,980
	7	세부항공권	▼1	35,769	2,261	싱가포르항공권	▲1	30,274	1,872	괌항공권	▼1	40,199	2,951
	8	싱가포르항공권	▼4	30,678	1,857	세부항공권	▼1	35,598	2,256	삿포로항공권	▲4	8,764	597
	9	인천발리항공권	▼2	3,097	88	하노이항공권	▲3	18,787	3,208	세부항공권	▼1	36,882	2,336
여행/문화>여행/항공권> 해외항공권	10	베트남항공권	=	15,957	1,971	후쿠오카항공권	▲10	32,029	1,898	후쿠오카항공권	=	31,819	1,874
	11	샤먼항공권	▲4	721	113	최저가항공권	▲2	0	1,752	인천발리항공권	▲2	3,077	73
	12	하노이항공권	▲7	16,608	2,218	삿포로항공권	NEW	8,357	578	하노이항공권	▼3	20,115	3,522
	13	최저가항공권	▼2	0	1,625	인천발리항공권	▼4	3,042	79	특가항공권	▲3	9,120	1,605
	14	초특가항공권	▼2	1,129	158	부산블라디보스톡	▲5	3,060	21	스위스여행	▲6	48,763	14,868
	15	호주항공권	NEW	7,286	549	베트남항공권	▼5	16,428	2,059	부산블라디보스톡	▼1	3,084	25
	16	스위스여행	NEW	47,745	17,723	특가항공권	▲2	8,732	1,563	베트남항공권	▼1	16,771	2,097
	17	노랑풍선동유럽	NEW	269	35	뉴질랜드여행	NEW	36,897	9,240	싱가포르땡처리	▲2	170	28
	18	특가항공권	NEW	8,325	1,519	호주항공권	▼3	8,964	552	스페인여행	NEW	61,077	15,559
	19	부산블라디보스톡	NEW	2,993	26	싱가포르땡처리	NEW	155	24	도야마항공권	NEW	151	43
	20	후쿠오카항공권	▼7	29,929	1,857	스위스여행	▼4	50,003	17,928	도쿄항공권	NEW	18,898	1,117

긍정적인 관심으로 인한 검색량의 증가는 더 많은 전환기회를 가져다주기도 하지만 반대로 사고나 자연재해와 같은 부정적인 이슈로 인한 검색량 증가는 광고의 노출과 클릭 증가, 곧 비용만 소진시키고 전환은 발생하지 않아 손해로 이어지기도 한다.

인기검색어	no	2019년 05월 05주		네이버	다음
		2019.05.27. ~ 2019.06.02.		PC+M	PC+M
	1	블라디보스톡항공권	=	35,177	327
	2	후쿠오카항공권	▲2	56,904	4,755
	3	삿포로항공권	▲2	24,343	1,842
	4	항공권	▼2	667,880	56,053
	5	괌항공권	▼2	38,116	3,242
	6	코타키나발루항공권	▲1	30,994	1,548
	7	발리항공권	▲1	40,869	2,613
	8	도쿄항공권	▼2	36,455	2,146
	9	베트남항공권	▲1	13,672	2,136
여행/문화>여행/항공권> 해외항공권	10	도쿄땡처리	▲6	510	57
	11	대구블라디보스톡	▲2	1,976	98
	12	하노이항공권	NEW	11,898	2,147
	13	도야마항공권	▼4	914	137
	14	싱가포르항공권	▼3	15,622	1,562
	15	부산괌항공권	NEW	4,379	268
	16	인천발리항공권	▼2	2,513	67
	17	la항공권	NEW	4,890	141
	18	블라디보스톡항공권가격	=	1,663	6
	19	**헝가리여행**	NEW	**38,638**	**14,818**
	20	세부항공권	▼8	0	3,591

아래 그래프는 실제 광고리포트의 일부이다. 일자별 노출수와 전환수, 전환매출액이 일정하지 않음을 확인할 수 있다. 이처럼 동일한 키워드로 집행해도 그 효과는 어제와 오늘이 다르다. 어제는 노출도 되지 않았던 키워드에서 전환이 발생하기도 하고, 꾸준히 전환을 이끌었던 효자 키워드가 오늘은 비용만 발생하기도 한다.

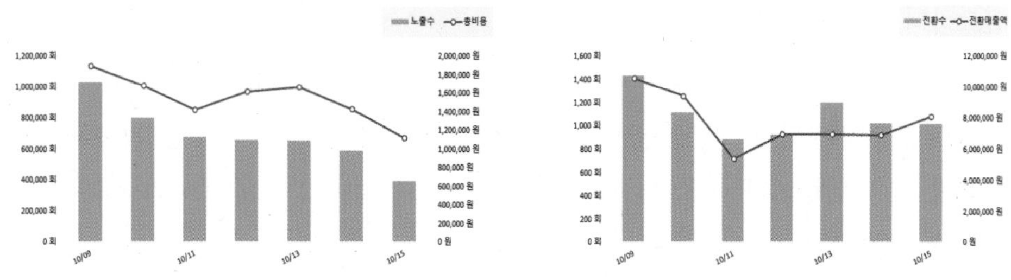

결국 매일 효과분석을 통해 키워드의 변화를 감지하고 빠르게 대응해야만 불필요한 광고비 소진을 막고 더 많은 전환기회를 확보할 수 있는 것이다.

2) 실시간으로 광고분석을 할 수 있다.

검색광고 시스템은 실시간으로 광고운영이 가능하고 오늘자 광고지표를 확인할 수 있다. 노출수, 클릭수, 총비용 등의 지표와 전환지표 추이를 파악하여 목표와 예산에 맞는 탄력적인 운영이 가능하며, 일부 예산 도달로 인해 중단된 그룹이나 캠페인도 빠르게 대응할 수 있다.

+ 새 캠페인 ON OFF 캠페인 유형 선택 선택한 캠페인 관리 다운로드 사용자 설정 상세 데이터 필터

보고서는 실시간이 아닙니다. 2019.10.16. 17:59 기준, 2019.10.16. 14:00 시간까지 업데이트된 지표입니다.

	ON/OFF	상태	캠페인 이름	캠페인 유형	노출수	클릭수	평균클릭비용(VAT포함)
			캠페인 14개 결과		**508,024**	**4,976**	**306원**
	ON	노출가능		쇼핑검색	136,430	1,316	258원
	ON	노출가능		파워링크	121,147	1,069	217원
	ON	중지:캠페인 예산도달		쇼핑검색	89,397	995	309원
	ON	노출가능		파워링크	70,192	434	431원
	ON	중지:캠페인 예산도달		파워링크	54,589	313	228원
	ON	노출가능		파워링크	17,725	356	669원
	ON	노출가능		파워링크	10,000	412	300원
	ON	노출가능		파워링크	8,544	81	319원
	OFF	중지:캠페인 OFF		브랜드 검색	0	0	-
	OFF	중지:캠페인 OFF		파워링크	0	0	0원

3) 다양한 광고상품이 존재하고 있다.

검색광고는 대표적으로 네이버, 구글, 카카오검색광고가 있으며, 네이버 검색광고는 파워링크 외에도 쇼핑검색광고와 파워컨텐츠, 브랜드검색이 있다. 각각의 상품 특성이 다르기 때문에 한정된 예산에서 목표한 효과를 이끌어내기 위해서는 최적의 상품 MIX가 필요하다.

아래는 네이버와 카카오검색광고의 클릭수 상위키워드를 비교한 차트이다. 동일한 사이트로 동일한 키워드를 운영했지만 클릭수 상위 10개 키워드까지 동일하지는 않다. 매체별 사용 연령대가 다르고 연관검색어나 자동완성어의 유무에 따라 다른 결과가 나타나는 것이다.

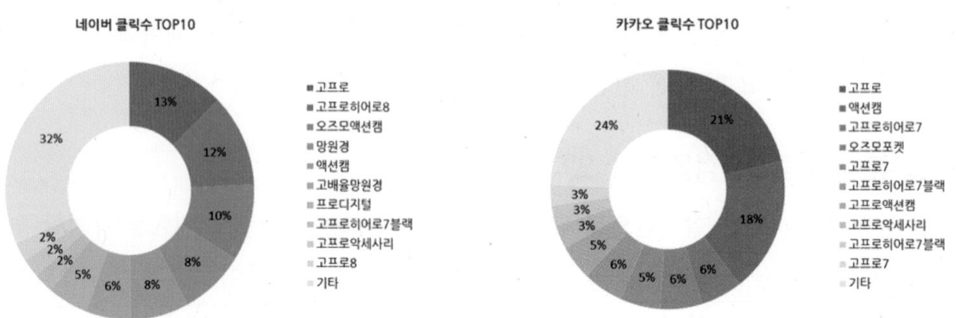

디바이스에서의 광고 상품 차이도 있다. PC에서는 파워링크가 최상단 노출되고 있으나 모바일에서는 파워컨텐츠가 최상단에 노출되는 경우가 있는데 검색사용자의 편의를 위한 동적 노출 기능으로 항상 고정되어 있지는 않다. 갑자기 파워컨텐츠가 상위 노출되어 파워링크의 성과가 급감하기도 하고 또 반대의 경우가 생기기도 한다.

이처럼 다양한 광고상품을 효과적으로 운영하기 위해서는 매체, 디바이스, 상품, 키워드 단위의 효과분석을 통해 끊임없이 최적화하는 작업이 필요하다.

위의 세 가지 이유 외에도 검색광고는 실시간 입찰방식으로 광고가 노출되기 때문에 많은 시간을 투자하여 세심하게 운영할 필요가 있다. 네이버에 타임보드와 같이 정해진 시간에 고정 노출되는 상품과는 달리 검색광고는 시간을 투자한만큼 성과가 개선되는 경향을 갖기 때문이다.

3. 효과분석을 위한 목표설정 방법

1) 목표설정

검색광고를 통해 획득하고자 하는 것이 무엇인지 명확하게 설정해야만 의미있는 효과분석이 가능해진다. 또한 목표를 달성하기 위한 방안도 구체화시킬 수 있으며 캠페인 참여자들의 활동 방향을 제시할 수 있게 된다. 만약 명확하지 않은 목표로 검색광고를 운영한다면 효과분석의 기준이 불명확하여 수많은 데이터에 매몰되고 문제점도 발견하지 못하게 될 것이다.

2) 세분화된 목표설정(기준값 산출)

검색광고에서 세분화된 목표는 각 단계에 대한 개별 목표를 말한다. 검색광고를 통해 달성하고자 하는 최종의 목표는 클릭부터 전환까지의 단계마다 세부적인 목표를 설정하고 효과측정을 통해 개선하는 작업이 이루어져야만 가능하기 때문이다.

따라서 목표달성 과정에 대한 효과측정을 위해 클릭당 비용(CPC)이나, 전환율(CVR), ROAS, 전환단가(CPA) 등의 구체적인 목표를 기준으로 관리하는 것이 효과적이다.

검색광고의 적합한 세분화된 목표 예시)
사이트 방문을 위한 평균 CPC 200원, CVR 2%, ROAS 600%, CPA 30,000원 등

4. 광고효과분석 방법기초

1) 단계별 효과분석 방법

- 노출 : 노출수(광고가 충분히 노출되고 있는가)
- 클릭 : 클릭수, 클릭비용, 클릭률(광고가 노출된 만큼 사이트에 방문하고 있는가)
- 구매 : 전환수, 전환율, 전환비용(방문자 중 전환을 일으키는 비율은 적절한가)

1-1. 노출

클릭당 과금되는 형태의 검색광고에서는 노출수에 대한 별도의 측정은 하지 않는다. 그러나 광고의 노출수는 클릭 단계 이전의 지표로 충분한 노출이 이루어져야 다음 단계로 이어질 수 있게 된다. 광고의 노출이 적다면 키워드의 순위를 상향하거나, 키워드확장 등의 조치가 이루어져야 하며, 갑작스럽게 노출수의 증감이 있다면 키워드의 이슈를 파악하여 대응할 필요가 있다. TV프로그램에서 이슈가 되어 특정 키워드의 검색량이 크게 늘어 광고 예산을 초과하는 경우도 종종 있기 때문이다.

1-2. 클릭

- 클릭비용(CPC)=총 광고비/클릭수

Cost Per Click, 검색광고를 통해 웹사이트로 방문하는데 투여된 비용을 클릭비용이라고 한다. 클릭당 비용이 낮을수록 광고효과가 높다고 할 수 있다.

- 클릭률(CTR)=클릭수/노출수×100

Click Through Rate, 검색광고가 노출된 횟수 대비 클릭이 발생한 비율을 말한다. 클릭률이 높을수록 광고효과가 높다고 할 수 있다.

	노출수	클릭수	총비용	CPC	CTR
A	1,151,645	42,837	18,886,470		
B	750,616	49,961	23,863,022		
C	2,146,226	37,498	30,925,345		

노출수, 클릭수, 총비용의 데이터를 통해 CPC와 CTR을 구할 수 있다.

A	클릭비용 : 총비용 18,886,470원/클릭수 42,837=CPC 441원 클릭률 : 클릭수 42,837/노출수 1,151,645×100=CTR 3.72%
B	클릭비용 : 총비용 23,863,022원/클릭수 49,961=CPC 478원 클릭률 : 클릭수 49,961/노출수 750,616×100=CTR 6.66%
C	클릭비용 : 총비용 30,925,345원/클릭수 37,498=CPC 825원 클릭률 : 클릭수 37,498/노출수 2,146,226×100=CTR 1.75%

A 업체는 클릭비용(CPC) 441원으로 가장 저렴했지만, 클릭률(CTR) 3.72%로 광고소재를 개선할 필요가 있다.

B 업체는 클릭비용(CPC) 478원, 클릭률(CTR) 6.66%로 가장 높은 효과를 보였다.

C 업체는 클릭비용(CPC)이 825원으로 가장 높고, 클릭률(CTR)도 1.75%로 가장 낮은 성과를 보였다. 키워드의 연관도와 광고소재 점검이 시급하다.

1-3. 구매

- 전환율(CVR)=전환수/클릭수×100

Conversion Rate, 검색광고를 통해 사이트에 방문한 고객이 특정 전환 액션을 한 비율을 말한다. 전환율이 높을수록 광고효과가 높다고 할 수 있다.

- 전환비용(CPA)=총 광고비/전환수

Cost Per Action, 검색광고를 통해 전환을 달성하는데 투여된 비용을 전환비용이라고 한다. 전환비용은 낮을수록 광고효과가 높다고 할 수 있다.

	클릭수	총비용	전환수	전환율	전환비용
A	42,837	18,886,470	3,240		
B	49,961	23,863,022	3,032		
C	37,498	30,925,345	1,876		

클릭수와 총비용, 전환수 데이터를 통해 전환율과 전환비용을 계산할 수 있다.

A	전환율(CVR) : 전환수 3,240/클릭수 42,837×100=CVR 7.56% 전환비용(CPA) : 총비용 18,886,470/전환수 3,240=CPA 5,829원
B	전환율(CVR) : 전환수 3,032/클릭수 49,961×100=CVR 6.07% 전환비용(CPA) : 총비용 23,863,022/전환수 3,032=CPA 7,870원
C	전환율(CVR) : 전환수 1,876/클릭수 37,498×100=CVR 5.00% 전환비용(CPA) : 총비용 30,925,345/전환수 1,876=CPA 16,485원

A 업체는 전환율(CVR)이 7.56%로 가장 높고, 전환비용(CPA)이 5,829원으로 가장 성과가 좋다고 볼 수 있다.

B 업체는 전환율(CVR)이 6.07%, 전환비용(CPA)이 7,870원으로 방문페이지 개선을 염두 두어야 할 필요가 있다.

C 업체는 전환율(CVR)이 5.00%, 전환비용(CPA)이 16,485원으로 키워드와 방문페이지, 예산이 적절한지 점검이 필요하다.

2) 광고비용 대비 효과분석

2-1. 투자수익률(ROI, Return On Investment) 분석

- ROI=광고를 통한 수익/광고비×100

ROI는 투자 대비 수익률을 말한다. 검색광고에서는 광고를 통해 발생한 수익을 광고비로 나눈 값이 ROI이다. 예를 들어 광고비 100만원을 투자하여 발생한 수익이 500만원이라면, ROI는 500%가 되는 것이다.

ROI는 전체성과 외에도 매체, 캠페인, 그룹, 키워드 단위로 계산할 수 있으며, ROI가 높을수록 광고효과가 높다고 할 수 있다.

2-2. 광고를 통한 매출 분석(ROAS, Return On Advertising Spend)

- ROAS=광고를 통한 매출/광고비×100

ROAS는 광고비 대비 매출액을 말한다. 검색광고에서는 광고를 통해 발생한 매출액을 광고비로 나눈 값이다. 100만원을 광고하여 발생한 매출액이 500만원이라면, ROAS는 500%가 되는 것이다. ROI와 마찬가지로 전체성과 외로 매체, 캠페인, 그룹, 키워드 단위로 계산할 수 있으며, 일반적으로 ROAS가 높을수록 광고효과가 높다고 할 수 있다.

2-3. ROI와 ROAS의 차이점

- ROI는 광고를 통한 수익 분석이라면, ROAS는 광고를 통한 매출 분석이다. ROI는 경영성과를 측정하기 위해 순이익을 투자액으로 나눈 값으로 매출액에서 비용을 제한 값을 순이익으로 본다. 반면 ROAS는 매출액 자체를 광고비로 나눈 값이다.

키워드	광고비	매출액	이익률	ROI	ROAS
A	1,106,793	11,718,997	20%		
B	365,274	1,144,682	70%		
C	462,099	2,659,540	60%		

광고비와 매출액, 판매 이익률을 알면 ROI를 구할 수 있다. ROAS는 광고비와 매출액만으로도 계산이 가능하다.

A	ROI : 순이익(매출액 11,718,997원×이익률 20%)/광고비 1,106,793원×100=212% ROAS : 매출액 11,718,997원/광고비 1,106,793원×100=1059%
B	ROI : 순이익(매출액 1,144,682원×이익률 70%)/광고비 365,274원×100=219% ROAS : 매출액 1,144,682원/광고비 365,274원×100=313%
C	ROI : 순이익(배출액 2,659,540원×이익률 60%)/광고비 462,099원×100=345% ROAS : 매출액 2,659,540원/광고비 462,099원×100=576%

A 키워드는 ROAS 1059%로 가장 높지만, 순이익이 낮아 ROI는 212%에 그쳤다. C 키워드는 ROAS 576%로 A 키워드와 비교하여 낮은 수치를 보였지만, 실제 ROI는 345%로 광고비 대비 가장 높은 수익률을 보였다.

- ROI와 ROAS는 유사하지만 비례하지는 않는다. ROAS가 높다고 해서 무조건 효과가 좋다고 볼 수도 없다. 그러나 ROI 분석 방법은 매출액에서 광고비 외에도 제품의 원가와 부대비용 등을 모두 제외한 순이익을 대행사나 마케터가 알 수 없어 ROAS 분석 방법을 주로 활용한다.

5. 기초적인 광고효과분석 흐름

광고			매출	
광고비	클릭수	구매전환수	총 매출	총 이익
5,000,000	10,000	500	35,000,000	15,000,000

광고 데이터와 매출 데이터를 통해 구매전환율과 ROAS, ROI, CPC, CPS를 구할 수 있다. CPS는 Cost Per Sale의 약자로 구매전환당 비용을 말한다.

광고효과	• 구매전환율(CVR) : 500/10,000×100=5% • ROAS : 35,000,000/5,000,000×100=700% • ROI : 15,000,000/5,000,000×100=300% • CPC : 5,000,000/10,000=500원 • CPS(≒CPA) : 5,000,000/500=10,000원
분석	• 5,000,000원의 광고비로 10,000명이 사이트에 방문하였다. • 방문자 중 5%가 물품을 구매하였고, 총 500개가 판매되었다. • 1건의 구매전환에 소요된 비용은 10,000원이다. • 5,000,000원으로 총매출 35,000,000원, 총 이익 15,000,000원이 발생했다. 평균 구매 단가는 70,000원이며, 건당 판매이익은 30,000원이다. • ROAS는 700%이고, ROI는 300% 달성하였다.

SEARCH
ADVERTISEMENT
MARKETER

Chapter 01 예제풀기

01 검색광고에서 매일 효과분석을 해야 하는 이유가 아닌 것은?

① 실시간으로 광고분석이 가능하기 때문이다.
② 오늘자 광고성과는 확인할 수 없기 때문이다.
③ 계절이나 요일, 날씨 등의 영향으로 키워드의 검색량은 계속 변하기 때문이다.
④ 수 많은 키워드가 존재하기 때문이다.
⑤ 다양한 광고상품이 존재하기 때문이다.

Answer. 검색광고 시스템은 실시간으로 광고운영이 가능하고 오늘자 광고지표를 확인할 수 있다. ②

02 세분화된 목표설정으로 알맞은 것은?

① 회원가입 1만 건 증대
② 방문당 클릭비용 700원
③ 매출액 10억
④ 상담신청 10건
⑤ 매출액 30% 증대

Answer. 세분화된 목표는 각 단계에 대한 구체적인 개별 목표로서, 광고효과를 관리하는 지표가 된다. ②

03 다음 설명 중 틀린 것은?

① CPC는 Cost Per Click의 약자로 검색광고를 통해 웹사이트로 방문하는데 투여된 총 비용을 말한다.
② CTR은 Click Through Rate, 검색광고가 노출된 횟수 대비 클릭이 발생한 비율을 말한다.
③ 클릭당 비용이 낮을수록 광고효과가 높다고 할 수 있다.
④ 클릭률이 높을수록 광고효과가 높다고 할 수 있다.
⑤ CVR은 Conversion Rate의 약자로 검색광고를 통해 사이트에 방문한 고객이 특정 전환 액션을 한 비율을 말한다.

Answer. Cost Per Click, 검색광고를 통해 웹사이트로 방문하는데 투여된 비용을 클릭비용이라고 한다.
①

04 광고비용 대비 효과분석에 대한 설명이다. 틀린 것은?

① ROI는 투자 대비 수익률을 말한다.
② ROAS는 광고비 대비 매출액을 말한다.
③ 일반적으로 ROAS가 높을수록 광고효과가 높다고 할 수 있다.
④ 일반적으로 ROAS 보다 ROI 지표가 높다.
⑤ ROI가 높을수록 광고효과가 높다고 할 수 있다.

Answer. ROI는 경영성과를 측정하기 위해 순이익을 투자액으로 나눈 값으로 매출액에서 비용을 제한 값을 순이익으로 본다. 반면 ROAS는 매출액 자체를 광고비로 나눈 값이다. ④

키워드	광고비	매출액	이익률	ROI	ROAS
A	1,106,793	11,718,997	20%		
B	365,274	1,144,682	70%		
C	462,099	2,659,540	60%		

05 위 사례에서 A 키워드의 ROI와 ROAS를 구하시오.

Answer. ROI : 순이익(매출액 11,718,997원×이익률20%)/광고비 1,106,793원×100=212%
ROAS : 매출액 11,718,997원/광고비 1,106,793원×100=1059%

06 위 사례에서 B 키워드의 ROI와 ROAS를 구하시오.

Answer. ROI : 순이익(매출액 1,144,682원×이익률 70%)/광고비 365,274원×100=219%
ROAS : 매출액 1,144,682원/광고비 365,274원×100=313%

07 위 사례에서 C 키워드의 ROI와 ROAS를 구하시오.

Answer. ROI : 순이익(매출액 2,659,540원×이익률 60%)/광고비 462,099원×100=345%
ROAS : 매출액 2,659,540원/광고비 462,099원×100=576%

광고			매출	
광고비	클릭수	구매전환수	총 매출	총 이익
5,000,000	10,000	500	35,000,000	15,000,000

08 위 사례를 보고 CVR을 구하시오.

Answer. 구매전환율(CVR) : 500/10,000×100=5%

09 위 사례를 보고 CPC를 구하시오.

Answer. CPC : 5,000,000/10,000=500원

10 위 사례를 보고 CPS를 구하시오.

Answer. CPS(≒CPA) : 5,000,000/500=10,000원

SEARCH ADVERTISEMENT MARKETER

Chapter 02

사례를 통한 실제적인 광고 효과분석

1. 기본정보분석

아래는 다이어트식품을 취급하는 업체의 키워드 리포트이다. 실제 집행 데이터를 통해 광고효과분석을 해보자.

키워드	노출수	클릭수	클릭률(%)	클릭비용	총비용
시서스다이어트	47,258	1,434	3.04	890	1,276,781
시서스	133,544	1,021	0.77	1,036	1,057,815
시서스	29,658	403	1.36	1,003	404,349
시서스다이어트	7,076	397	5.62	725	287,815
시서스가루	48,971	466	0.96	891	415,107
시저스다이어트	5,297	280	5.29	267	74,899
시서스가루다이어트	408	3	0.74	781	2,343
시서스가루추천	1,880	58	3.09	288	16,731
시저스분말	915	28	3.07	152	4,257
시서스가루	3,409	49	1.44	640	31,361
시서스알약	3,407	46	1.36	840	38,621
방탄커피	12,049	211	1.76	1,939	409,156
저탄고지식단	26,724	143	0.54	3,058	437,250
시서스효능	4,625	73	1.58	260	18,975
시서스가루파는곳	471	24	5.10	377	9,053

키워드	노출수	클릭수	클릭률(%)	클릭비용	총비용
다이어트시서스가루	23	1	4.35	77	77
시서스복용후기	10	1	10.00	77	77
시서스복용법	8,419	55	0.66	262	14,421
시저스다이어트	791	47	5.95	233	10,934
씨서스	723	3	0.42	638	1,914
시저스분말	124	2	1.62	121	242
시저스가루	8,756	59	0.68	318	18,744
합계	344,538	4,804	1.39	943	4,530,922

1) 전체적인 광고관련 정보 - 리포트에서 확인할 수 있는 정보

항목	결과
광고비용	4,530,922원
클릭수	4,804
노출수	344,538
클릭률(CTR)	1.39%
방문당 광고비용(CPC)	943원

이 광고주는 기준기간 동안 약 453만 원의 광고비를 집행했고, 광고는 약 34만 회가 노출되었다. 광고를 통해 4,804회의 방문이 이루어졌고, 광고노출 대비 클릭한 비율은 1.39%이다. 방문당 광고비용은 943원이 소요되었다.

2) 매출목표 관련 정보 - 광고주와 협의를 통해서 파악해야 하는 정보

고객 1명이 주문하는 매출	104,154원
평균이익 50%	52,077원
광고를 통해 목표로 삼는 구매	180개
주문 한 건당 비용(CPS) 목표	25,172원

2. 광고 효과분석

앞서 광고 집행내역과 매출목표에 대해서 파악이 되었다면, 이제는 실제 광고를 통해 발생한 주문건수, 매출액을 확인해야 광고 효과분석이 가능하다.

1) 전체적인 효과분석

항목	결과
구매	136개
총매출	14,164,890원

광고를 통한 구매건수는 136건, 총매출은 14,164,890원이 발생했다. 평균이익률을 고려하면 7,082,445원의 이익이 발생했음을 알 수 있다. 우선 광고주가 목표했던 ROAS와 ROI는 아래와 같다.

목표 매출액	104,154원×180개=18,747,720원
목표 ROAS	104,154원×180개(목표매출)/4,530,922원(광고비)×100=414%
목표 ROI	52,077원×180개(목표이익)/4,530,922원(광고비)×100=207%

위 정보를 종합해 ROAS와 ROI, CPS를 계산하고, 광고목표 대비 달성수준을 알아보자.

ROAS	14,164,890(총매출)/4,530,922원(광고비)×100=313%
ROI	(14,164,890(총매출)×50%(이익률))/4,530,922원(광고비)×100=156%
CPS	4,530,922원/136(구매건수)=33,316원

ROAS, ROI는 목표 대비 낮았고, CPS는 목표 대비 높은 비용이 발생하여 전체적인 광고효과는 좋지 않다고 볼 수 있다.

2) 전체적인 효과분석의 한계

안타깝지만 전체 광고를 통한 매출분석은 개선안을 주지 않는다. 목표매출, ROAS, ROI, CPS를 개선하기 위한 구체적인 방법을 찾으려면 매체, 캠페인, 그룹, 키워드 단위의 효과분석이 수반되어야하기 때문이다.

- 광고주가 목표한 18,747,720원을 달성하려면 광고비를 약 600만 원까지 증액해야 한다. 그러나 여전히 ROAS, ROI, CPS는 달성할 수 없다.
- ROAS, ROI, CPS를 달성하는 방법은 동일한 광고비로 방문자를 늘리는 것이다. 클릭비용을 713원으로 낮춰서 운영하면 총 방문자는 6,358명이 되고, 2.83%의 전환율로 계산하면 180건의 구매를 달성할 수 있다.

두 번째 방법이 논리적으로 보이지만 키워드 개별성과나 입찰경쟁은 고려하지 않은 방법이다. 클릭비용을 낮춰서 운영할 경우 하순위에 노출되거나, 순위 밖에서 미 노출되는 경우가 허다하다. 그럴 경우 충분한 노출과 클릭이 발생하지 않을 확률이 높아 결론적으로는 ROAS, ROI, CPS 목표도 달성할 수 없게 된다.

결국 고객이 구매하는데 기여한 키워드가 무엇이며, 적정한 CPC인지, 비용만 소진하고 있는 키워드가 있는 것은 아닌지 등을 판단하려면 키워드별 효과분석이 필요하다.

※ 로그 분석

로그 분석은 웹사이트를 방문한 유저의 데이터를 수집하여 분석하는 도구로 대표적으로 Google 애널리틱스와 에이스카운터, 비즈스프링의 로거 등이 있다. 그 외에도 네이버, 카카오, 구글 검색광고에서도 무료로 로그 분석을 지원하고 있다.

네이버 검색광고	도구 > 프리미엄 로그 분석
카카오 검색광고	광고자산 관리 > 픽셀&SDK 연동 관리
구글 검색광고	도구 및 설정 > 전환, 애널리틱스

매체사에서 제공하는 로그 분석을 사용할 경우 별도의 엑셀 작업 없이 캠페인, 그룹, 키워드별 전환 성과를 보고서와 함께 볼 수 있다. 로그 분석이 가능하기 위해서는 웹사이트에 전환추적 스크립트 삽입이 필요하며 자가설치 및 대행설치도 가능하다.

네이버 검색광고에서 제공하는 프리미엄 로그 분석에서 확인 가능한 항목은 아래와 같다.

- 전환수 : 전환 유형별로 발생한 전환 개수의 합으로, 직접 전환수와 간접 전환수를 합한 수와 같습니다.
- 직접 전환수 : 광고클릭 이후 30분 내에 전환이 일어난 경우의 전환수입니다.
- 간접 전환수 : 광고클릭 이후 30분부터 전환 추적 기간 내에 발생한 전환수입니다. 전환 추적 기간은 7~20일 사이의 기간으로 직접 설정할 수 있습니다.
- 전환율 : 전환수를 광고클릭수로 나눈 값입니다. 광고로 유입된 숫자(광고클릭수)에 비해 얼마나 전환이 발생되었는지(전환수)를 비율로 나타낸 것으로, 전환수를 기준으로 광고 효율을 측정하는 지표 중 하나입니다.
- 전환 매출액 : 각 전환별 전환 가치(또는 매출)의 합계로, 사전에 설명된 전환 별 전환 가치로 계산됩니다.
- 직접 전환 매출액 : 직접 전환으로 인한 전환 매출액의 합입니다.
- 간접 전환 매출액 : 간접 전환으로 인한 전환 매출액의 합입니다.
- 전환당 비용 : 광고비를 전환수로 나눈 값입니다. 전환 1회당 사용된 평균 광고비입니다.
- 방문당 평균 페이지뷰 : 페이지뷰를 방문수로 나눈 값입니다. 사용자가 사이트 방문 1회당 살펴본 페이지 수입니다.
- 방문당 평균 체류시간 : 체류 시간을 방문수로 나눈 값입니다. 사용자가 사이트 방문 1회당 사이트에 머문 시간입니다.
- 전환수(네이버페이) : 사용자가 검색광고를 통해 사이트에 방문하여 네이버페이로 결제한 경우의 전환수로, 총 전환수보다 항상 작습니다.
- 전환 매출액(네이버페이) : 네이버페이를 통해 발생한 전환 매출액의 합계입니다.
- 광고 수익률: 전환매출액을 총비용으로 나눈 값입니다. 단위 광고 비용당 전환 매출액입니다. 사용한 광고 비용에 비해 어느 정도의 매출이 발생하였는지를 비율로 나타낸 것으로, 전환 매출액을 기준으로 광고 효율을 측정하는 지표 중 하나입니다.

매체사 로그 분석을 설치한 후 전환 지표는 보고서와 광고관리 홈 화면에서 확인 가능하다.

- 보고서 > 다차원 보고서 메뉴에서 원하는 형태의 보고서를 만들 수 있다.

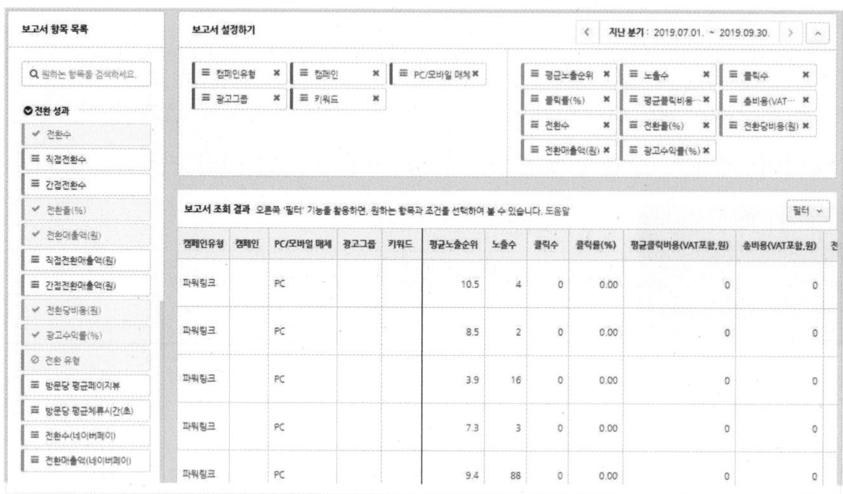

캠페인유형	캠페인	PC/모바일 매체	광고그룹	키워드	평균노출순위	노출수	클릭수	클릭률(%)	평균클릭비용(VAT포함,원)	총비용(VAT포함,원)
파워링크		PC			10.5	4	0	0.00	0	0
파워링크		PC			8.5	2	0	0.00	0	0
파워링크		PC			3.9	16	0	0.00	0	0
파워링크		PC			7.3	3	0	0.00	0	0
파워링크		PC			9.4	88	0	0.00	0	0

다차원 보고서

- 광고관리 > 기본설정 > 새로운 사용자 설정 메뉴에서 성과지표 중 확인이 필요한 항목을 선택할 수 있다.

광고관리 홈

3) 키워드 차원의 효과분석

매체사 로그 분석을 통해 키워드별 전환성과가 함께 제공되는 키워드 리포트이다. 키워드 개별의 광고데이터 외에도 개별 키워드의 전환수와 전환율, 전환당비용, 전환매출액, 광고수익률을 확인할 수 있다.

키워드	광고데이터					로그 분석 데이터				
	노출수	클릭수	클릭률(%)	평균클릭비용	총비용	전환수	전환율(%)	전환당비용(원)	전환매출액(원)	광고수익률(%)
시서스다이어트	47,258	1,434	3.04	890	1,276,781	44	3.07	29,018	5,111,390	400.33
시서스	133,544	1,021	0.77	1,036	1,057,815	26	2.55	40,685	2,641,500	249.71
시서스	29,658	403	1.36	1,003	404,349	14	3.47	28,882	1,860,300	460.07
시서스다이어트	7,076	397	5.62	725	287,815	14	3.53	20,558	1,435,000	498.58
시서스가루	48,971	466	0.96	891	415,107	7	1.5	59,301	664,200	160.01
시저스다이어트	5,297	280	5.29	267	74,899	3	1.07	24,966	493,800	659.29
시서스가루다이어트	408	3	0.74	781	2,343	3	100	781	297,000	12676.06
시서스가루추천	1,880	58	3.09	288	16,731	2	3.45	8,366	247,600	1479.89
시저스분말	915	28	3.07	152	4,257	1	3.57	4,257	246,000	5778.72
시서스가루	3,409	49	1.44	640	31,361	2	4.08	15,681	149,400	476.39
시서스알약	3,407	46	1.36	840	38,621	1	2.17	38,621	139,900	362.24
방탄커피	12,049	211	1.76	1,939	409,156	6	2.84	68,193	139,400	34.07
저탄고지식단	26,724	143	0.54	3,058	437,250	4	2.8	109,313	119,300	27.28
시서스효능	4,625	73	1.58	260	18,975	1	1.37	18,975	99,000	521.74
시서스가루파는곳	471	24	5.10	377	9,053	1	4.17	9,053	99,000	1093.56
다이어트시서스가루	23	1	4.35	77	77	1	100	77	99,000	128571.43
시서스복용후기	10	1	10.00	77	77	1	100	77	99,000	128571.43
시서스복용법	8,419	55	0.66	262	14,421	1	1.82	14,421	49,800	345.33
시저스다이어트	791	47	5.95	233	10,934	1	2.13	10,934	49,800	455.46
씨서스	723	3	0.42	638	1,914	1	33.33	1,914	49,800	2601.88
시저스분말	124	2	1.62	121	242	1	50	242	49,800	20578.51
시저스가루	8,756	59	0.68	318	18,744	1	1.69	18,744	24,900	132.84
합계	344,538	4,804	0.01	943	4,530,922	136	2.83%	33,316	14,164,890	312.63

- 키워드 차원의 광고 효과분석을 진행하게 되면 다음과 같은 개선작업을 계획할 수 있다.
  - ROAS, CPS 목표 달성을 위한 가장 빠른 방법은 저성과 키워드를 제외하는 방법이다. 전환수와 매출액이 감소하기는 하지만 ROAS는 상승하고 CPS는 절감되는 효과가 있다.

키워드	광고데이터					로그 분석 데이터				
	노출수	클릭수	클릭률(%)	평균클릭비용	총비용	전환수	전환율(%)	전환당비용(원)	전환매출액(원)	광고수익률(%)
합계	114,494	2,904	0.03	755	2,192,850	92	3.17%	23,835	10,575,590	482.28

  - 전환율이 현저히 낮은 키워드의 경우 키워드와 랜딩페이지가 적절한지를 점검한다.
  - 저성과 키워드를 제외하여 남은 광고비는 고성과 키워드 확장과 신규키워드 발굴에 사용하여 새로운 전환기회를 확보할 것이다.
  - 이 외에도 요일별, 시간대별 전환데이터 확인을 통해 더 구체적인 개선 방안을 도출할 수 있다.

SEARCH
ADVERTISEMENT
MARKETER

Chapter 02 예제풀기

01 일반적인 리포트에서 기본적으로 파악할 수 있는 지표가 아닌 것은?

① 노출수
② 클릭수
③ 클릭비용
④ 클릭률
⑤ 전환수

Answer. 전환수는 로그분석을 사용할 경우 확인가능한 지표이다. ⑤

02 다음은 네이버 프리미엄 로그분석에 대한 설명이다. 틀린 것은?

① 로그분석은 웹사이트에 방문한 유저의 데이터를 수집하여 분석하는 도구이다.
② 네이버 검색광고는 프리미엄 로그분석을 무료로 지원하고 있다.
③ 로그분석을 통해 확인 가능한 항목은 전환수, 전환율, 전환 매출액 등이 있다.
④ 네이버 프리미엄 로그분석을 통해 무효클릭으로 의심되는 IP 정보를 확인할 수 있다.
⑤ 방문당 페이지뷰와 체류시간을 알 수 있다.

Answer. 무효클릭에 대한 IP는 호스팅 제공업체 또는 별도의 로그분석을 통해 확인 가능하다. ④

03 키워드 차원의 효과분석을 해야 하는 이유가 아닌 것은?

① 전체 광고비와 웹사이트 매출액을 통해 세부적인 개선 작업을 할 수 있기 때문이다.
② 전체 성과만으로는 고객이 구매하는데 기여한 키워드를 알 수 없기 때문이다.
③ 키워드 개별의 성과에 따른 개선작업이 가능하기 때문이다.
④ 고성과 키워드를 파악하기 위함이다.
⑤ 저성과 키워드에 대한 점검을 진행할 수 있기 때문이다.

Answer. 전체적인 효과분석은 개선안을 줄 수 없다. 구체적인 개선방안을 찾으려면 세분화된 효과분석을 해야 한다. ①

SEARCH
ADVERTISEMENT
MARKETER

Chapter 03

사후관리

광고 효과분석 이후의 사후관리는 키워드 사후관리와 랜딩페이지 관리로 구분할 수 있다. 키워드 사후관리를 통해 광고를 끊임없이 최적화하고, 랜딩페이지 관리를 통해 어렵게 방문한 고객이 이탈되지 않고 전환으로 연결될 수 있도록 사후관리를 철저히 해야 목표한 광고성과를 달성할 수 있을 것이다.

1. 키워드 사후관리

성과 향상을 위해 고려해야하는 지표는 CTR과 CVR이다. CTR은 광고가 노출된 횟수 대비 클릭을 받은 비율이고, CVR은 클릭을 통해 방문한 고객이 전환행동을 한 비율을 말한다. 각 지표에 따른 사후관리 방법은 아래와 같다.

1) CTR과 CVR이 모두 높을 때

가장 최적의 광고 컨디션이라고 할 수 있다. 키워드와 소재, 랜딩페이지 모두 매력적일 때 가능하다. 이때는 효과가 이미 검증된 고효율 키워드를 바탕으로 연관키워드와 세부키워드를 확장하는 전략을 사용한다. 시즌 키워드나 이슈키워드를 확장하는 것도 좋은 방법이다.

2) CTR은 높지만 CVR이 낮을 때

광고의 노출 순위나 소재는 충분히 매력적이지만 실제 사이트에 방문하여 전환 행동이 발생하지 않는 상태를 말한다. 즉 랜딩페이지에서 고객이 원하는 것을 찾지 못하였거나, 전환단계에서의 이탈 요소가 있었다는 의미이다. 이때는 랜딩페이지를 개선하는 것이 우선이다.

- 키워드 유형별 랜딩페이지 설정
  고객의 검색의도를 파악하여 가장 적합한 페이지로 연결해야 이탈이 발생하지 않는다. 찾는 것이 없거나 콘텐츠가 충분하지 않을 경우 결국 다른 사이트에서 구매를 할 것이다.
- 광고소재별 랜딩페이지 설정
  광고소재를 통해 기대한 바를 충족시키는 페이지로 연결해야 한다. 할인쿠폰 이벤트와 같은 광고소재를 보고 방문했으나 연결된 페이지에서 이벤트 내용을 찾을 수 없다면 구매전환은 일어나지 않을 것이다.
- 사이트의 편의성 및 전환단계 간소화

3) CTR와 CVR 모두 낮을 때

광고의 클릭률과 전환율이 모두 낮을 때는 키워드와 광고소재가 모두 적합한지를 먼저 점검한 후 광고 중단을 고려한다.

- 키워드 유지 : 시즌이 도래하거나 콘텐츠가 추가될 경우에는 키워드를 유지한다.
- 키워드 OFF 전략 : 광고비 비중은 높지만 전환이 없는 키워드, 품절상품키워드, 사회적 이슈키워드(예 ; 라돈침대, 일본 여행상품 등)

※ 저성과 키워드를 중단 또는 삭제할 경우, 새로운 키워드를 발굴하고 투자하여 추가적인 전환기회를 확대해야 한다. 광고성과에 따라 키워드를 중단/삭제하기만 한다면 광고의 볼륨뿐만 아니라 매출액도 축소되는 오류가 발생할 수 있다. 신규 키워드의 생성은 [새로운 키워드 추출 - 키워드 그룹핑 - 목표값에 맞는 키워드 선별 - 광고집행 - 광고효과분석]의 과정을 거치며 반복된다. 키워드는 다양한 이유로 항상 변화가 있을 수 있으니 주기적인 효과분석과 필터링 과정은 필수라고 할 수 있다.

4) CTR은 낮고, CVR은 높을 때

클릭률은 낮지만, 일단 방문한 고객은 높은 확률로 전환으로 이어지는 경우 우선 광고소재의 매력도가 낮은지, 키워드 입찰 순위가 현저히 낮아 충분한 클릭을 받지 못하고 있는지를 점검해야 한다.

4-1. 광고소재 개선

- 업종에 적합한 광고소재를 사용한다. B2B업종의 경우 신뢰감 있는 광고소재가 더 클릭률이 높다. 쇼핑업종은 유행어나 트렌디함을 강조하는 광고소재를 사용했을

경우 더 높은 클릭률을 보이고, 대형마트나 오픈마켓의 경우엔 구매혜택을 강조하는 소재의 클릭률이 더 높다. 전문적인 제품을 취급한다면 제품에 대한 상세한 설명을 반영하는 것도 좋다.

- 타겟의 특성을 이해한 광고소재를 사용한다. 성별이나 연령에 따라 반응하는 광고소재는 다르다. 남성의 경우 직관적인 광고소재에 더 많이 반응하고, 여성의 경우 감성적이거나 구체적인 광고소재에 더 많이 반응하는 경향이 있다. 연령대별로도 광고소재를 다르게 사용해야하는데, 10대, 20대에게는 유행어를 활용한 광고소재가 클릭률이 높은 반면, 40대는 가격과 혜택, 제품의 경쟁력을 강조한 소재가 클릭률이 높다.
- 다양한 확장소재 활용을 통해 클릭률을 상승시킬 수 있다. 텍스트만으로 전달할 수 없었던 제품의 이미지나 홍보문구를 활용하여 이벤트나 할인혜택을 동시에 보여주는 것이 가능하다. 가격링크를 통해 가격 경쟁력을 더욱 강조할 수도 있다. 모바일 영역에서 노출되는 전화걸기 확장소재는 광고클릭과 동시에 전환으로 연결된다.

4-2. 클릭률이 낮은 또 다른 이유는 광고의 노출 순위가 낮은 경우이다. 아래는 카카오 검색광고에서 꽃배달 키워드를 순위별로 예상한 클릭수이다. 1위부터 10위까지 모든 광고는 동일하게 노출되었지만 노출 순위에 따라 클릭률이 큰 차이를 보이는 것을 알 수 있다. 전환율은 높지만 클릭률이 낮은 키워드라면 입찰전략을 수정해야 한다.

- 카카오 검색광고 순위별 클릭수 예상 견적

꽃배달	노출수	클릭수	CTR
1순위	84,185	6,262	7.44%
2순위	84,185	3,266	3.88%
3순위	84,185	2,267	2.69%
4순위	84,185	1,748	2.08%
5순위	84,185	1,460	1.73%
6순위	84,185	1,441	1.71%
7순위	84,185	864	1.03%
8순위	84,185	692	0.82%
9순위	84,185	615	0.73%
10순위	84,185	576	0.68%

2. 랜딩페이지 관리

1) 랜딩페이지

랜딩페이지는 광고를 통해 방문하게 되는 페이지를 말한다. 랜딩페이지는 메인페이지가 될 수도 있고, 카테고리나 제품 상세 페이지, 이벤트 페이지가 될 수도 있다.

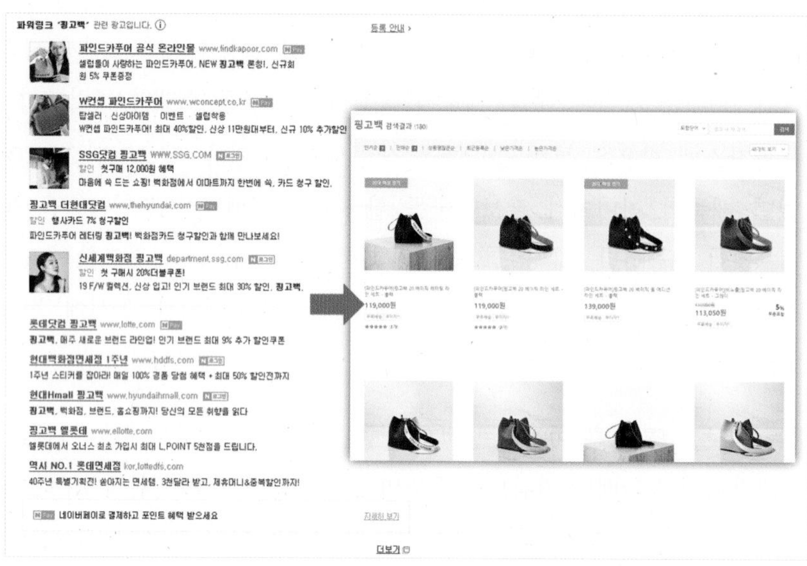

2) 랜딩페이지의 중요성

광고를 클릭하여 방문한 페이지에서 찾고자 했던 제품이나 콘텐츠가 없을 경우, 고객은 쉽게 단념하고 다른 사이트를 이용한다. 한 명의 방문자를 웹사이트로 유입시키기까지 아무리 많은 노력과 비용을 쏟았다고 하더라도, 결국 랜딩페이지에서 이탈해버리면 아무 소용이 없게 된다. 고객이 방문한 순간부터 전환이 발생하는 그 순간까지 끊임없이 고객을 설득해야 한다. 설득력 있는 랜딩페이지와 그렇지 않은 랜딩페이지는 전환율에서도 큰 차이를 보인다.

키워드	랜딩페이지	전환율
여자친구 생일선물	목걸이 카테고리	3.67%
	선물세트 카테고리	6.25%

위 사례를 보면 동일한 키워드로 방문하였지만 랜딩페이지를 어디로 연결했느냐에 따라서 전환율이 다른 것을 알 수 있다. 선물을 구매하려는 검색의도와 일치되는 선물세트 페이지로 연결하여 더 많은 전환을 확보한 것이다.

광고의 계획부터 운영, 효과분석도 중요하지만 가장 마지막 단계에 있는 랜딩페이지 관리는 고객을 설득하는 과정이며 광고 효율을 극대화 할 수 있는 장치라는 것을 잊지 말아야겠다.

3) 반송률

랜딩페이지 효과를 객관적으로 분석하기 위해 광고를 통한 전환데이터 외에도 로그 분석의 다양한 지표를 참고할 수 있다. 페이지뷰와 체류시간, 반송률 등이 대표적이다.

반송률은 방문자 수 대비 반송수의 비율 데이터를 말한다. 사이트에 방문한 후 페이지 이동 없이 바로 이탈한 경우를 반송이라고 하는데, 반송률이 높다는 것은 해당 랜딩페이지가 효과적이지 않다는 뜻이다.

반송률이 높은 랜딩페이지는 광고소재로 사용되지 않도록 빠른 조치가 필요하며, 향후 페이지의 구성이나 콘텐츠, 편의성 등을 고려하여 수정해야 고객의 이탈을 막을 수 있을 것이다.

4) 광고 극대화를 위한 랜딩페이지 구성요소

① 랜딩페이지는 키워드가 포함되어야 한다.

② 특별한 판매조건이나 구매결정을 바로 내릴 수 있는 혜택이 포함되어 있는 것이 효과적이다.

③ 특정한 타겟이나 시즈널 이슈 등 세부적인 니즈에 따라 페이지를 별도 구성한다.

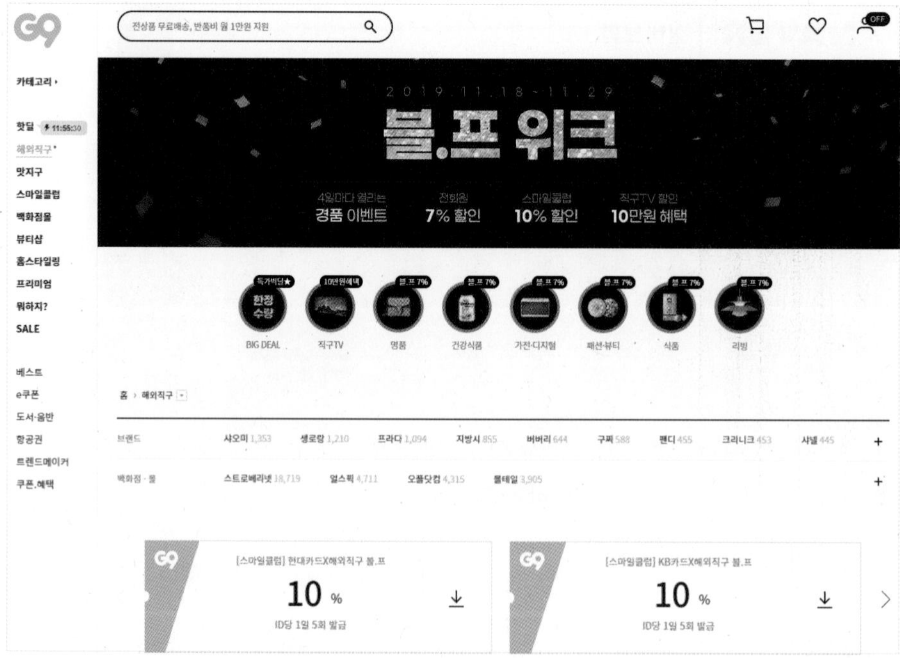

④ 상품이나 서비스의 장점에 대한 증거를 제시하는 것이 좋다.

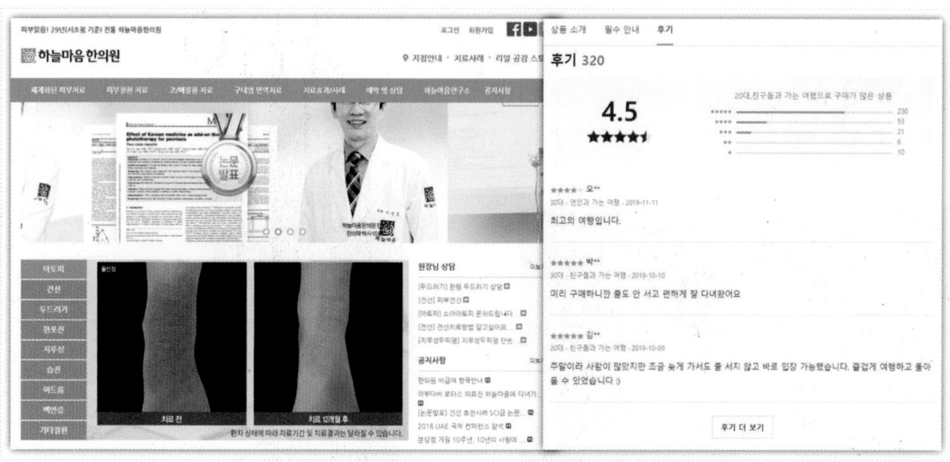

⑤ 상품이나 서비스의 상세설명은 있어야 한다.

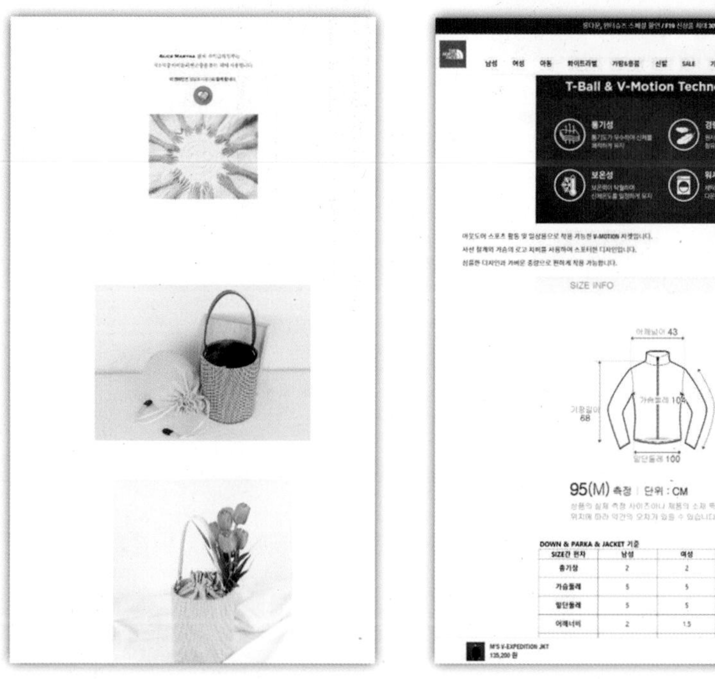

좌) 상세설명 없이 이미지 위주의 페이지 구성, 우) 제품의 기능과 사이즈 등의 상세설명

⑥ 상품 구매나 서비스 예약과 같은 행동을 즉시 할 수 있게 하는 요소가 꼭 들어가야 한다.

⑦ 다양한 디바이스 환경을 고려해라.

⑧ 예상되는 고객의 특성을 파악하여 랜딩페이지를 디자인 하는 것이 좋다.

SEARCH ADVERTISEMENT MARKETER

Chapter 03 예제풀기

01 광고 효과분석에 따른 사후관리로 적절하지 않은 것은?

① CTR과 CVR이 높은 키워드는 연관키워드를 확장한다.
② CTR은 높지만 CVR이 낮은 경우 랜딩페이지가 적합하게 연결되었는지 확인한다.
③ CTR은 높지만 CVR이 낮은 경우 사이트의 편의성이나 전환단계를 간소화하여 CVR을 높일 수 있도록 개선한다.
④ CRT과 CVR 모두 낮은 경우 키워드 필터링을 검토한다.
⑤ CTR은 낮고 CVR은 높은 경우 비용절감을 위해 순위를 하향조정 한다.

Answer. CTR은 낮고 CVR은 높은 경우 광고소재를 개선하거나 광고 노출 순위를 점검한다. 만약 순위가 낮이 CTR이 낮은 상황이라면 광고 노출 순위를 상향조정 한다. ⑤

02 광고의 클릭률과 전환율이 모두 낮은 키워드에 대한 사후관리 방법으로 올바른 것은?

① 연관 키워드를 확장한다.
② 광고 노출 순위를 상향조정한다.
③ 키워드와 광고소재가 모두 적합한지 확인 후 광고 중단을 고려한다.
④ 광고소재별 랜딩페이지를 설정한다.
⑤ 클릭률과 전환율이 모두 낮은 경우 즉시 삭제한다.

Answer. 클릭률과 전환율이 모두 낮은 경우 즉시 키워드를 삭제하기 보다는 키워드와 광고소재, 랜딩페이지를 먼저 점검하여 개선이 가능한지 살펴볼 필요가 있다. 만약 소재 개선 후에도 성과가 향상되지 않는다면 중단하고 새로운 키워드로 대체해야 한다. ③

03 클릭률은 낮지만 전환율이 높은 키워드가 있다. 필요한 조치로 알맞지 않은 것은?

① 업종에 따른 적합한 소재를 사용한다.
② 다양한 확장소재를 활용한다.
③ 노출 순위를 상향조정한다.
④ 주요고객의 연령대를 고려하여 광고소재를 작성한다.
⑤ 비용만 발생시키므로 새로운 키워드로 대체한다.

Answer. 클릭률이 낮지만 전환율이 높은 키워드는 클릭률을 개선해야 한다. 클릭률을 개선하기 위해 광고소재와 입찰전략 수정이 적절하다. ⑤

04 랜딩페이지에 대한 설명이다. 옳지 않은 것은?

① 랜딩페이지는 광고를 통해 방문하게 되는 페이지를 말한다.
② 랜딩페이지는 메인페이지가 될 수 없다.
③ 광고클릭 후 관련 콘텐츠가 없을 경우 이탈로 이어진다.
④ 검색의도에 일치되는 랜딩페이지로 연결할 경우 전환율은 상승한다.
⑤ 랜딩페이지는 고객의 검색의도를 고려해야 한다.

Answer. ②

05 다음은 무엇에 대한 설명인가?

> 방문자 수 대비 반송수의 비율 데이터를 말한다. 사이트에 방문한 후 페이지 이동 없이 이탈한 경우를 반송이라고 하는데, 이것이 높다는 것은 해당 랜딩페이지가 효과적이지 않다는 뜻이다.

Answer. 반송률

06 광고극대화를 위한 랜딩페이지 구성요소로 알맞지 않은 것은?

① 랜딩페이지에는 키워드가 포함되어야 한다.
② 특별한 판매조건이 포함된 페이지가 효과적이다.
③ 상품 후기 등을 제시하는 것이 좋다.
④ 전환 액션 버튼은 전체적인 디자인을 저해하므로 굳이 노출하지 않아도 된다.
⑤ 특정 타겟이나 시즈널 이슈는 별도의 페이지를 구성한다.

Answer. 상품 구매나 서비스 예약과 같이 즉시 행동으로 옮길 수 있게 하는 요소가 꼭 들어가야 한다.
(예, 구매하기 버튼, 상담예약 신청, 무료 견적받기 등) ④

SEARCH
ADVERTISEMENT
MARKETER

PART 4 실전모의고사

제1회 검색광고마케터 1급 A형 모범답안

□ 객관식 답안

1	2	3	4	5	6	7	8	9	10
3	1	3	1	1	3	1	1	3	4
11	12	13	14	15	16	17	18	19	20
3	4	1	4	3	2	2	1	4	2
21	22	23	24	25	26	27	28	29	30
4	4	4	1	2	2	4	4	4	3
31	32	33	34	35	36	37	38	39	40
3	4	2	3	4	3	2	1	2	1

□ 단답식 답안

번호	답 안
41	디지털 광고
42	애드 네트워크
43	Search
44	미디어 랩
45	최적화점수
46	전화번호, 위치정보, 네이버예약
47	무효클릭
48	ROI, ROAS
49	파워컨텐츠
50	광고소재, 세부키워드

번호	답 안
51	키워드 플래너
52	신제품검색광고
53	지역소상공인광고
54	ROI 300%, ROAS 700%
55	CTR, CVR
56	5%, 1,800만원
57	목표과업법
58	쇼핑몰 상품형, 제품 카탈로그형, 쇼핑 브랜드형
59	10, 6
60	리드

객관식 (1-40)

1. 다음 중 온라인 비즈니스에 대한 설명이 잘못된 것은?
   ① 인터넷을 통한 양방향 정보 교류
   ② 물리적 상품 외에 무형의 디지털 상품 거래
   ③ 생산, 물류, 판촉 등이 주요한 경영활동
   ④ 인터넷 비즈니스, 이 비즈니스와 유사한 개념

2. 기업의 비즈니스 모델이 가진 자산 가치를 구현하며 시장 선점자에게 독점적 지위를 제공하는 것은?
   ① 특허
   ② 자본
   ③ 인적 자원
   ④ 콘텐츠

3. 온라인 비즈니스는 제공 가치에 따라 몇 가지 유형으로 분류할 수 있다. 다음에서 설명하는 것으로 알맞은 것은?

고객 정보를 DB화하여 이를 바탕으로 상품과 서비스를 개발하며, 고객 개개인의 니즈(Needs)를 일대일 맞춤형 서비스를 통해 충족시킬 수 있다. 이는 고객 욕구에 기초한 고객 욕구 지향적 상품, 서비스에 적합한 비즈니스 모델이다.

① 가격지향형 모델
② 편의/신속성 지향형 모델
③ 맞춤형/서비스 지향형 모델
④ 데이터 지향형 모델

4. 판매형 온라인 비즈니스 유형에는 카테고리 킬러 형과 몰 형이 있다. 다음 중 몰 형에 해당되지 않는 것은?
   ① 무신사
   ② 롯데닷컴
   ③ 쿠팡
   ④ ssg.com

5. 다음 중 온라인 포털의 수익모델에 해당되지 않는 것은?
   ① PPL　　② 광고
   ③ 온라인 커머스　　④ 콘텐츠 판매

6. 네이버는 지식검색, 쇼핑 검색, 커뮤니티 검색 등 다양한 검색기능을 제공한다. 다음 중 네이버의 검색엔진 유형은 무엇인가?
   ① 인덱스 검색　　② 메타 검색
   ③ 통합 검색　　④ 디렉토리 검색

7. 다음에서 설명한 미디어로 알맞은 것은?

정보통신과 멀티미디어 기술의 발전과 융합의 결과로 새로운 사회 문화적 패러다임 등장하며 사회의 분화와 재통합에 따른 커뮤니티 문화가 진화하였다. 스마트 폰의 보급은 이용자들이 언제 어디서나 쉽게 접속하고 콘텐츠를 생산할 수 있는 계기를 만들었다.

① 소셜 미디어
② 인터넷 포털
③ 검색 엔진
④ 메타버스

8. 다음에서 설명한 커머스로 알맞은 것은?

최신 ICT기술을 통해 등장하고 있는 새로운 유통 채널 및 거래 방법 등을 모두 포함하는 '상시 상거래(Commerce Everywhere)'를 지칭하는 새로운 개념이다.

① 디지털 커머스
② 온라인 커머스
③ 라이브 커머스
④ 전자상거래

9. 다음 중 지적재산권(IP)의 활용이 중요한 디지털 콘텐츠 영역은?
① 디지털 광고
② 이러닝
③ 디지털 게임
④ 디지털 정보콘텐츠

10. 다음 중 마케팅 패러다임 변화에 대한 설명과 적절하지 않은 것은?
① 수동적 소비자에서 능동적 참여형 소비자로 진화
② 소비자 경험 중심의 옴니 채널 유통 구조
③ 매체 시장의 세분화와 영향

11. 다음 중 블로그와 같이 소비자가 정보를 생산하는 매체는?
① Owned Media
② Paid Media
③ Earned Media
④ Multi Media

12. 다음 중 디지털 마케팅에서 시장 기회를 발견하는 방법이 아닌 것은?
① 새로운 가치 시스템에서 시장 기회를 발굴
② 제공되거나 충족되지 못한 새로운 소비자 니즈(Needs)를 발굴
③ 새롭게 발굴하거나 창조한 시장의 규모를 예상하여 시장의 성장 잠재력을 예측하는 방법
④ 기업의 자원과 역량을 기반으로 기회 발굴

13. 디지털 마케팅 평가 지표 중 다음에서 설명하는 것으로 알맞은 것은?

브랜드 인지를 브랜드 구매로 얼마나 잘 전환시키는가를 평가

① PAR ② ROI
③ BAR ④ RPA

14. 구전 마케팅에는 다양한 방법이 있다. 다음 중 구전 마케팅에 해당되지 않는 것은?
① 바이럴 마케팅 ② 버즈 마케팅
③ 인플루언서 마케팅 ④ 다이렉트 마케팅

15. 다음 중 검색광고에 대한 설명으로 틀린 것은?
① 네이버, 구글 등의 검색포털사이트에 검색결과로 제공되는 광고이다.
② 검색광고는 이용자의 능동적인 검색활동이 수반되어야하는 특징이 있다.
③ 검색광고는 디스플레이광고와는 다르게 텍스트로만 이루어져있다.
④ 검색광고는 키워드광고, SEM, SA, Paid Search라고도 한다.

16. 구글의 광고확장에 대한 설명이다. 옳지 않은 것은?
    ① 사이트링크 광고 확장 - 광고에 더 많은 링크 추가
    ② 콜아웃 광고 확장 - 광고에 프로모션 추가
    ③ 전화번호 광고 확장 - 광고에 전화번호 추가
    ④ 구조화된 스니펫 광고 확장 - 광고에 텍스트 스니펫 추가

17. 다음에서 설명하는 것으로 알맞은 것은?

> 핵심성과지표의 약자로 수치로 표현 가능한 광고의 목표를 말한다. 노출, 유입, 회원가입, 구매, 예약, 상담 신청 등 업종별로 광고의 목표는 다를 수 있다.

    ① ROI
    ② KPI
    ③ CPM
    ④ CVR

18. 다음은 광고목표 수립 시 고려해야 할 사항이다. 적절하지 않은 것은?
    ① 광고목표는 달성 불가한 수치라도 높을수록 좋다.
    ② 광고목표는 측정 가능한 것이어야 한다.
    ③ 광고목표는 달성 가능한 기간을 명시해야 한다.
    ④ 광고목표는 행동 지향적이어야 한다.

19. 다음의 설명 중 옳지 않은 것은?
    ① 두 가지 이상의 광고를 섞어 광고 집행하는 것을 매체믹스라고 한다.
    ② 다양한 검색엔진에 노출할 경우 더 많은 잠재고객에 도달할 수 있다.
    ③ 네이버 브랜드검색과 쇼핑검색광고, 키워드광고를 섞어서 집행하는 경우에도 매체믹스라고 할 수 있다.
    ④ 매체믹스를 통해 더 많은 노출을 확보할 수 있지만 광고 성과에 직접적인 영향은 없다.

20. 다음은 무엇에 대한 설명인가?

> 웹사이트, 쇼핑몰, 전화번호, 위치정보, 네이버 예약 등 잠재적 고객에게 상품 정보를 전달하고 판매하기 위한 모든 채널을 말한다.

    ① 확장소재
    ② 비즈채널
    ③ 캠페인
    ④ 광고그룹

21. 카카오 검색광고에 대한 설명이다. 틀린 것은?
    ① 카카오 검색광고를 통해 Daum, Nate, Kakao Talk 등 주요 포털의 통합검색 영역에 노출시킬 수 있다.
    ② 광고대상은 비즈채널이며 캠페인 단위로 선택하여 등록할 수 있다.
    ③ 광고구조는 캠페인, 광고그룹, 키워드, 소재 단위로 이루어져 있다.
    ④ 광고예산은 광고그룹에서만 설정할 수 있다.

22. 네이버 광고그룹 단위에서 수정할 수 없는 것은?
   ① 입찰가 변경
   ② 요일/시간대 변경
   ③ 소재 노출 방식
   ④ 기간 변경

23.구글 검색광고에 대한 설명 중 옳지 않은 것은?
   ① 구글 검색광고는 캠페인, 광고그룹, 광고의 구조로 이루어져 있다.
   ② 검색광고 캠페인은 판매, 리드, 웹사이트 트래픽 목표로 구분하여 생성할 수 있다.
   ③ 광고그룹은 유사 광고 및 키워드 묶음이다.
   ④ 광고그룹 단위에서 타겟팅 및 잠재고객, 광고 확장을 선택할 수 있다.

24. 네이버 사이트검색광고에 대한 설명이다. 옳지 않은 것은?
   ① 네이버 검색결과 외에도 Nate, ZUM 등의 외부 사이트에도 게재된다.
   ② 네이버 PC 통합검색 탭에서는 파워링크가 최대 10개까지 노출되고, 비즈사이트에도 최대 5개까지 노출된다.
   ③ 모바일 네이버에서는 키워드 검색 시 파워링크 광고가 키워드별로 최대 3~5개의 광고가 노출된다.
   ④ 콘텐츠 매체는 키워드 검색으로 광고가 노출되는 것이 아닌, 서비스 사용자가 작성한 콘텐츠와 내 광고가 연관이 있을 때 해당 콘텐츠 지면에 광고가 노출되는 매체이다.

25. 네이버 쇼핑검색광고에 대한 설명이다. 다음 중 옳지 않은 것은?
   ① 쇼핑몰 상품형은 네이버 쇼핑에 입점되어야만 광고 가능하다.
   ② 제품 카탈로그형은 브랜드패키지에 가입되어야 광고 가능하다.
   ③ 쇼핑몰 상품형은 노출할 상품소재의 정보를 기반으로 연관 키워드에 매칭되어 노출되므로 키워드를 직접 등록할 수는 없다.
   ④ 성별, 연령대 등 다양한 전략 기능을 통해 광고 운영이 가능하다.

26. 네이버 검색광고의 업종별 등록 기준이다. 다음 중 옳지 않은 것은?
   ① 부동산 중개업 - 중개사무소 개설 등록
   ② 의료기기 판매/대여업 - 의료기간 개설 신고 또는 개설 허가
   ③ 다단계판매업 - 다단계판매업 등록
   ④ 자동차폐차업 - 자동차관리사업 등록

27. 다음은 브랜드검색에 대한 설명이다. 옳지 않은 것은?
   ① 이용자가 브랜드 키워드 검색 시 통합검색 결과 상단에 브랜드와 관련된 최신 콘텐츠를 텍스트, 이미지, 동영상 등을 이용하여 노출하는 상품이다.
   ② 광고주와 직접적으로 연관이 있는 상호명, 상품명 등의 브랜드 키워드에 한해 브랜드검색 집행이 가능하다.
   ③ 브랜드검색은 이미지, 텍스트, 동영상 등으로 구성되며, 상품 유형에 따라 구성 요소에 차이가 있다.
   ④ 광고비는 클릭했을 경우에만 과금되므로 합리적인 비용으로 가능하다.

28. 효율적인 광고 운영을 위한 방법으로 옳지 않은 것은?
   ① 고객이 비즈니스를 이용하는 이유를 생각하여 광고소재에 반영한다.
   ② 이벤트가 진행 중인 경우 마감시한을 넣으면 더욱 효과가 높다.
   ③ 검색어에 직접 대응하는 표현을 통해 사용자가 찾는 것을 보유하고 있음을 알린다.
   ④ 랜딩페이지는 가급적 메인페이지로 연결해야 전환율이 높다.

29. 다음 각 키워드의 CPC와 CTR에 대한 설명으로 옳은 것은?

키워드	노출수	클릭수	총비용
A	10,000	180	72,000
B	5,000	250	112,500
C	20,000	300	210,000

   ① 키워드 A의 CPC가 가장 높고, 키워드 C의 CTR이 가장 낮다.
   ② 키워드 B의 CPC가 가장 낮고, 키워드 C의 CTR이 가장 높다.
   ③ 키워드 C의 CPC가 가장 높고, 키워드 A의 CTR이 가장 낮다.
   ④ 키워드 B의 CPC가 가장 높고, 키워드 A의 CTR이 가장 낮다.

30. 카카오 검색광고 상품에 대한 설명으로 옳지 않은 것은?
   ① 검색 포털 Daum, NATE의 검색결과 상단에 프리미엄링크 영역에 노출된다.
   ② PC는 프리미엄링크 최대 10개, 광고 수요가 높은 키워드는 와이드링크 영역에 최대 5개의 광고가 추가 노출된다.
   ③ 모바일은 웹/앱에서 프리미엄링크 영역에 최대 5개의 광고가 노출된다.
   ④ 콘텐츠 매체에는 텍스트 및 확장 소재 썸네일 이미지가 결합된 배너형태로 노출된다.

31. 구글 검색광고에 대한 설명으로 옳지 않은 것은?
   ① 구글 검색광고 상품은 검색결과의 위 또는 아래에 최대 4개의 광고가 게재될 수 있다.
   ② 구글 검색결과는 검색이 실행될 때마다 광고 순위를 계산하여 서로 다른 검색결과가 노출될 수 있다.
   ③ 구글 검색광고는 검색 네트워크에만 광고가 게재된다.
   ④ 광고가 상단에 게재되려면 관련 광고 순위 기준을 충족해야 한다.

32. 검색광고에서 캠페인과 그룹에 대한 설명이다. 다음 중 옳지 않은 것은?
   ① 광고 목적에 따라 캠페인 유형을 선택한다.
   ② 네이버는 계정당 200개, 카카오와 구글은 계정당 1,000개까지 등록 가능하다.
   ③ 광고그룹은 캠페인에 속한 전략 단위로 상세 광고 전략을 설정할 수 있다.
   ④ 효과적인 광고그룹 생성을 위해 다양한 유형의 키워드를 그룹 하나에 통합운영하는 것을 권장한다.

33. 다음의 설명 중 옳지 않은 것은?
① 키워드는 광고가 노출되는 기본 단위이며, 동시에 이용자가 정보탐색을 위해 사용하는 검색어이다.
② 시즈널키워드는 대표키워드에 비해 검색수는 낮을 수 있으나 검색의도가 명확하고 전환으로 이어질 확률이 높다.
③ 네이버 키워드도구, 카카오 키워드플래너, 구글 키워드플래너를 통해 관련성 높은 키워드를 조회할 수 있다.
④ 대표키워드는 주력 제품 및 서비스와 관련하여 잠재고객들이 쉽게 검색하는 대표적인 키워드이다.

34. 검색광고의 광고소재에 대한 설명이다. 적절하지 않은 것은?
① 광고소재는 사이트의 제목과 설명, URL로 구성되어 있다.
② 홍보하려는 상품 및 서비스의 장점과 혜택이 잘 드러나도록 작성하는 것이 좋다.
③ 타업체와 차별성이 최대한 드러날 수 있도록 최상급 표현을 2개 이상 기재한다.
④ 복수의 광고소재를 등록하여 실적이 우수한 광고소재를 발굴한다.

35. 네이버 검색광고에서 캠페인 만들기를 진행중이다. 다음 중 옳지 않은 것은?
① 하루에 지출 가능한 예산을 설정하여 과다하게 광고비가 지출되는 것을 예방했다.
② 예산균등배분을 체크하여 설정된 하루 예산을 하루 동안 고르게 배분하여 운영하도록 했다.
③ 캠페인의 광고노출 기간을 설정했다.
④ 광고를 진행할 URL을 선택했다.

36. 네이버 광고소재에 대한 설명으로 적절하지 않은 것은?
① 제목에 업체명 또는 사이트명을 필수로 기재해야하고, 최대 15자까지 등록 가능하다.
② 설명은 제품/서비스를 소개하는 내용으로 키워드 삽입 기능을 통해 검색한 키워드가 자동으로 삽입되도록 할 수 있다.
③ 광고를 클릭했을 때 도달하는 연결URL은 표시URL과 메인 도메인이 상이할 수 있다.
④ 연결URL에서는 제목과 설명에서 작성한 내용을 사용자가 방문한 페이지에서도 찾을 수 있어야 광고효과가 좋다.

37. 카카오 검색광고 등록 프로세스로 바른 것은?
① 캠페인 만들기 - 광고그룹 만들기 - 키워드 만들기 - 소재 만들기
② 캠페인 만들기 - 광고그룹 만들기 - 키워드 만들기 - 소재 선택하기
③ 캠페인 만들기 - 광고그룹 만들기 - 소재 만들기 - 키워드 만들기
④ 캠페인 만들기 - 광고그룹 만들기 - 소재 선택하기 - 키워드 만들기

38. 구글에서 검색광고 캠페인을 생성을 위해 목표를 선택하려고 한다. 다음 중 옳지 않은 것은?
① 제품 및 브랜드 구매 고려도
② 판매
③ 리드
④ 웹사이트 트래픽

39. 구글 검색광고 캠페인을 생성 중이다. 다음 중 옳지 않은 것은?
① 광고 시작밀 및 종료일을 설정했다.
② 예산 균등배분을 체크하여 하루 동안 고르게 배분하여 운영할 수 있도록 했다.
③ 구글 검색광고의 도달범위와 트래픽을 늘리도록 검색 파트너 포함을 체크했다.
④ 효율적인 광고 운영을 위해 국가 및 지역, 언어 타겟팅을 설정했다.

40. 구글에서 키워드 검색 유형 중 일치검색에 대한 설명이다. 광고가 게재될 수 없는 검색어는?

일치검색 키워드 : [남성용 신발]

① 남아용 신발
② 남성 신발
③ 남자용 신발
④ 남자가 신는 신발

단답식 (41-60)

41. 광고의 유형 중 다음에서 설명하는 것은 무엇인가?

기업의 제품, 서비스에 관하여 디지털 미디어를 활용하여 소비자와 양방향으로 소통하는 설득 커뮤니케이션을 의미한다.

42. 다음의 설명에서 ( ) 안에 들어갈 용어는 무엇인가?

( )는 매체사들의 다양한 광고 인벤토리(광고 집행 가능 영역)를 네트워크 형태로 묶어서 광고주에게 판매하는 서비스를 제공한다.

43. 다음의 설명에서 ( ) 안에 들어갈 용어는 무엇인가?

디지털 정보처리 과정은 AISAS : Attention-Interest-( )-Action- Share로 소비자의 능동적 참여를 기반으로 소셜 미디어를 통한 정보 공유의 특징을 가진다.

44. 다음의 설명에서 ( ) 안에 들어갈 용어는 무엇인가?

( )는 광고주 입장에서 보면 수많은 인터넷 매체사와 접촉하여 광고를 구매하고 집행을 관리해주는 역할을 대신해주며, 매체사 입장에서 보면 광고 판매를 대행하고 더 많은 광고를 수주할 수 있는 기회를 제공한다.

45. 다음에서 설명하는 것은 무엇인가?

> 구글애즈 계정이 얼마나 좋은 실적을 낼 수 있을지를 추정하는 수치다. 점수는 0~100% 사이로 매겨지며, 100%는 계정이 최고의 실적을 낼 수 있다는 것을 의미한다.

46. 네이버 캠페인 단위에서 추가할 수 있는 확장소재 세가지는 무엇인가?

47. 다음은 무엇에 대한 설명인가?

> 광고비 소진, 품질지수 상승 등 특정인의 이익을 위해 행해지는 인위적인 클릭, 각종 소프트웨어, 로봇 및 자동화된 도구에 의해 발생하는 클릭, 더블클릭 등 검색 이용자의 의도에 반하는 다양한 형태의 무의미한 클릭

48. 다음이 설명하는 것을 순서대로 작성하시오.

> (ㄱ) 투자 대비 수익률로 경영성과를 측정하기 위해 순이익을 투자액으로 나눈 값이다. 이때 순이익은 매출액에서 비용을 제한 값을 말한다.
> (ㄴ) 광고비 대비 매출액을 말한다.

49. 다음은 무엇에 대한 설명인가?

> 이용자의 정보 탐색 의도가 깊은 키워드에 대해 해당 분야의 전문가인 광고주가 블로그, 포스트, 카페 등의 컨텐츠를 이용해 보다 정확하고 신뢰성 있는 정보를 제공하는 광고 상품이다.

50. 다음은 검색광고의 주요 용어에 대한 설명이다. 각각이 설명하는 것을 차례로 작성하시오.

> (ㄱ) 검색결과에 노출되는 메시지로 제목과 설명문구, URL 등으로 구성된다.
> (ㄴ) 대표 키워드의 하위 개념으로 구체적인 서비스명이나 제품명, 지역명, 수식어를 조합하여 사용하기도 한다.

51. 다음은 무엇에 대한 설명인가?

> 카카오에서 제공하는 연관 키워드 추천 기능으로 예상 실적 확인이 가능하고, 확인 후 바로 등록도 가능하다.

52. 다음이 설명하는 광고 상품은 무엇인가?

> • 주 단위 입찰 방식으로 구매 및 집행 가능하며, 입찰경쟁을 통해 정해진 광고비를 지불하는 정액제 상품이다.
> • 모바일 검색결과 상단에 최대 2개 브랜드가 번갈아 노출된다.

53. 다음은 어떤 광고상품에 대한 설명인가?

> 네이버 콘텐츠 서비스를 이용하는 내 지역 사용자에게 노출하는 배너광고로, 네이버 스마트플레이스에 등록한 업체 정보를 바탕으로 광고를 생성할 수 있다.

54. 다음의 ROI와 ROAS를 구하시오.

광고비	클릭수	전환수	총매출	총이익
5,000,000	10,000	500	35,000,000	15,000,000

55. 검색광고 효과분석을 위한 단계별 측정 지표이다. 빈칸에 들어갈 각각의 지표를 순서대로 쓰시오.

노출	클릭	전환
CPI	ㄱ	ㄴ

56. 다음의 클릭률과 광고비를 구하시오.

키워드	노출수	클릭수	클릭률	클릭비용	광고비
공인 중개사	24,000	1,200		15,000	

57. 다음이 설명하는 것은 무엇인가?

> 광고목표를 설정한 후 달성하기 위한 광고비 규모를 추정하여 예산을 편성하는 방법이다. 목표에 따라 구체적인 필요한 예산을 설정하는 방법으로 가장 논리적인 광고예산 편성방법으로 쓰인다.

58. 네이버 쇼핑검색광고의 세가지 유형을 모두 기재하시오.

59. 카카오 검색광고에 대한 설명이다. 빈칸에 들어갈 숫자를 순서대로 쓰시오.

> (ㄱ) PC 검색결과 프리미엄링크 최대 (　　)개, 광고 수요가 높은 키워드는 와이드링크 영역에 최대 5개의 광고가 노출된다.
> (ㄴ) 모바일은 웹/앱에서 프리미엄링크 영역에 최대 (　　)개 광고가 노출된다.

60. 구글에서 검색광고 캠페인을 생성하려고 한다. 다음의 목표는 어떤 캠페인이 가장 적합한가?

> 관련 고객이 뉴스레터에 가입하거나 연락처 정보를 제공하여 제품 또는 서비스에 관심을 표현하도록 유도

- 수고하셨습니다.

제2회 검색광고마케터 1급 모범답안

□ 객관식 답안

1	2	3	4	5	6	7	8	9	10
2	1	4	4	3	4	4	2	3	3
11	12	13	14	15	16	17	18	19	20
4	4	4	4	3	3	4	3	2	1
21	22	23	24	25	26	27	28	29	30
1	1	2	2	1	1	2	1	2	3
31	32	33	34	35	36	37	38	39	40
1	3	4	1	2	3	4	2	2	1

□ 단답식 답안

번호	답 안
41	리타기팅
42	검색광고
43	시장 세분화
44	인지도
45	품질평가점수
46	5, 20, 50
47	A - CVR 5%, CPA 7,500원, B - CVR 4%, CPA 8,000원
48	프리미엄로그분석
49	광고 대행사
50	키워드플래너, 광고 미리보기 및 진단 도구

번호	답 안
51	블로그. 카페. 포스트
52	24,000, 15,000
53	200개
54	광고만들기
55	품질지수
56	클릭수 최대화
57	키워드삽입, 대체키워드
58	무효클릭
59	CVR
60	반송률

객관식 (1-40)

1. 온라인 비즈니스 모델에는 5대 성공 모델이 있다. 다음에서 설명하는 것으로 알맞은 것은?

경쟁사와 차별화되지 못하는 콘텐츠와 서비스로는 이용자를 유지하기 어렵다. 온라인 비즈니스에서 이용자 유지는 지속적인 수익 창출의 토대가 된다.

① 지속적 수익 창출
② 차별화된 콘텐츠와 서비스
③ 고객 관점과 고객경험
④ 특허

2. 다음 중 온라인 비즈니스 유형중 기업과 기업 간 거래를 일컫는 용어는?

① B2B ② B2C
③ C2C ④ B2G

3. 다음 중 물리적 상품의 온라인 커머스와 관련되지 않은 것은?

① 구매 편리성 ② 구매 안정성
③ 물류 체계 중요 ④ 고객 체험 유도

4. 다음에서 설명하는 것으로 알맞은 것은?

사용자가 인터넷을 사용할 때 관문 역할을 하는 웹사이트이며, 다양한 서비스를 제공해 많은 트래픽을 일으킨다.

① 커뮤니티 ② 웹 브라우저
③ 데이터 플랫폼 ④ 온라인 포털

5. 온라인 포털의 진화 단계 중 마지막 단계에 해당되는 것은?

① 커뮤니케이션 ② 검색
③ 컨텐츠, 커머스 ④ 커뮤니케이션

6. 다음 중 소셜 미디어에 해당되지 않는 것은?

① 블로그 ② 팟캐스트
③ 브이로그 ④ 라이브커머스

7. 다음 중 소셜 미디어의 유형 중 이용자가 웹에 기록하는 일기를 의미하는 것은?

① 위키스 ② 팟캐스트
③ 콘텐츠 커뮤니티 ④ 블로그

8. 다음에서 설명하는 온라인 커머스 트렌드로 알맞은 것은?

온라인과 오프라인을 통합한 것으로 대표적 사례로 월마트는 오프라인 매장과 온라인 서비스의 유기적 연계를 통해 오프라인 픽업 센터를 확대하고 있다.

① 멀티채널 ② 옴니채널
③ 팝업 채널 ④ 앵커 채널

9. 다음에서 설명한 디지털 콘텐츠는 무엇인가?

K 콘텐츠 수출로 성장하고 있으며, 지적 재산권(IP)를 활용하여 2차 콘텐츠 및 타 장르와 융합하는 현상을 보이고 있다.

① 디지털 광고 ② 이러닝
③ 디지털 만화 ④ 디지털 정보콘텐츠

10. 다음 중 디지털 마케팅의 특징에 대한 설명 중 적합하지 않은 것은?
   ① 능동적 소비자를 대상으로 양방향적 커뮤니케이션을 한다.
   ② AIDMA(Attention-Interest-Desire-Memory-Action) 중심으로 브랜드 인지 및 태도 구축을 중심으로 한다.
   ③ 소비자와 상호작용성을 중시하고 정밀한 타기팅(Targeting)이 가능하다.
   ④ 소비자의 능동적 참여를 기반으로 소셜 미디어를 통한 정보 공유의 특징을 가진다.

11. 다음 중 광의의 개념에서 디지털 마케팅에 포함되지 않는 것은?
   ① 온라인 마케팅　② 소셜 마케팅
   ③ 콘텐츠 마케팅　④ 다이렉트 마케팅

12. 다음 중 디지털 마케팅에서 시장 세분화 변수로 사용하는 것이 아닌 것은?
   ① 기술에 대한 태도
   ② 소비자 가치
   ③ 라이프 스타일
   ④ 기업의 역량

13. 다음 중 디지털 마케팅 평가지표인 PAR, BAR를 높이는 방법이 아닌 것은?
   ① 호기심 자극
   ② 고객 몰입도 제고
   ③ 친밀감 강화
   ④ 비용대비 효능 강조

14. 소셜 미디어가 진화하면서 다양한 기능들이 강화되고 있다. 다음 중 해당되지 않는 것은?
   ① 커머스 기능　② 동영상 기능
   ③ 관계형성 기능　④ 정보 탐색 기능

15. 검색광고에서 매일 효과분석을 해야 하는 이유로 적절하지 않은 것은?
   ① 변화하는 검색 의도를 감지하고 빠르게 대응해야 전환 기회를 확대할 수 있기 때문이다.
   ② 부정적인 검색 이슈에 불필요한 광고비 소진을 막을 수 있기 때문이다.
   ③ 네이버, 카카오, 구글 매체별로 검색 트렌드는 동일하기 때문에 매일 주력 매체 위주로 효과분석하여 의사결정하면 최적의 성과를 낼 수 있기 때문이다.
   ④ 실시간 광고분석과 입찰 대응이 가능하기 때문에 매일 데이터에 기반하여 분석 후 전략에 반영해야 성과를 최적화할 수 있기 때문이다.

16. 네이버 비즈채널에 대한 설명으로 옳지 않은 것은?
   ① 비즈채널은 확장소재의 구성요소로도 활용 가능하다.
   ② 회원제로 운영되는 사이트는 테스트 계정을 입력하여 내부 콘텐츠를 확인할 수 있도록 해야 한다.
   ③ 비즈채널은 모든 유형을 합쳐 계정당 총 500개까지 추가 가능하다.
   ④ 파워컨텐츠 광고를 집행하기 위해서는 콘텐츠 채널을 추가해야 한다.

17. 검색광고 기획 단계에서 검색 트렌드를 파악해야하는 이유가 아닌 것은?
① 포털 점유율을 파악하여 한정된 예산 내에서 효율적인 예산분배가 가능하기 때문이다.
② 연령대별 인기검색어가 다르기 때문에 타겟에 적절한 키워드를 선별하기 위해 필요하다.
③ 연간 검색 트렌드를 파악하여 시즈널 이슈에 대응할 수 있다.
④ 자발적으로 검색하는 사용자에게 노출시키는 광고 특성상 인구통계적 특징은 고려하지 않아도 된다.

18. 광고 예산을 설정하는 방법에 대한 설명이다. 알맞은 것은?

광고목표를 설정한 후 달성하기 위한 광고비 규모를 추정하여 예산을 편성하는 방법이다. 목표에 따라 구체적인 필요한 예산을 설정하는 방법으로 가장 논리적인 광고예산 편성방법으로 쓰인다.

① 광고-판매 반응함수법
② 매출액 비율법
③ 목표과업법
④ 가용예산법

19. 검색광고 효과분석을 위한 단계별 측정 지표로 적절한 것은?
① 노출 - CPC, 클릭 - CPM, 전환 - CVR
② 노출 - CPI, 클릭 - CTR, 전환 - CPA
③ 노출 - CVR, 클릭 - ROI, 전환 - ROAS
④ 노출 - CPM, 클릭 - CPC, 전환 - CTR

20. 네이버 광고 구조에 대한 설명 중 적절하지 않은 것은?
① 캠페인은 누구에게 무엇을 보여주고 어디로 안내할 것인가를 설정하는 단위이다.
② 광고그룹 내에는 키워드와 소재가 존재한다.
③ 키워드는 검색 사용자가 검색을 위해 사용하는 단위이다.
④ 광고소재는 검색결과에 노출되는 사이트의 제목과 설명, URL로 구성되어 있다.

21. 카카오 검색광고의 노출 영역에 대한 설명이다. 틀린 것은?
① PC 검색결과 와이드링크 영역에 최대 10개까지 광고가 노출된다.
② 모바일 검색결과 최대 6개의 광고가 노출된다.
③ PC콘텐츠 매체는 컨텐츠 영역에 사용자가 검색한 키워드, 소비한 컨텐츠를 바탕으로 연관도 높은 광고가 노출된다.
④ 모바일 콘텐츠 매체는 확장소재 썸네일 이미지가 있는 경우 텍스트 및 썸네일 이미지가 결합된 배너형태로도 노출된다.

22. 광고 성과 극대화를 위한 랜딩페이지 구성요소로 옳지 않은 것은?
① 랜딩페이지는 보여지는 이미지가 중요하므로 용량이 큰 이미지나 동영상을 활용하는 것이 효과적이다.
② 특별한 판매조건이나 혜택이 포함되어 있는 것이 효과적이다.
③ 특정한 타겟이나 시즈널 이슈는 별도의 페이지를 구성하는 것이 효과적이다.
④ 상품 구매나 서비스 예약을 유도할 수 있는 요소가 꼭 들어가야 한다.

23. 클릭률은 낮지만 전환율이 높은 상황에서 취할 수 있는 조치로 옳지 않은 것은?
① 키워드와 광고소재의 연관도를 점검하고 개선한다.
② 랜딩페이지를 검토하여 이탈요소를 개선한다.
③ 확장소재를 사용하여 클릭요소를 확대한다.
④ 키워드 입찰 순위가 낮은 영향인지 검토 후 충분한 클릭을 받을 수 있도록 조정한다.

24. 네이버 쇼핑검색광고 상품이 아닌 것은?
① 쇼핑몰 상품형
② 브랜드존형
③ 제품 카탈로그형
④ 쇼핑 브랜드형

25. 다음 중 네이버 쇼핑검색광고의 '제품 카탈로그 광고'에 대한 맞는 설명은?
① 일반 쇼핑몰이 아닌 네이버쇼핑에 구축해놓은 제품 카탈로그로 연결되는 광고 상품이다.
② 네이버 쇼핑에 입점되어야만 광고가 가능하다.
③ 브랜드의 컨텐츠와 상품을 네이버 쇼핑 검색결과 페이지에 노출하여 브랜드와 제품라인업을 홍보할 수 있는 광고상품이다.
④ 노출할 키워드를 직접 등록할 수 있으며, 키워드별로 입찰가를 설정하여 광고할 수 있다.

26. 다음은 파워컨텐츠에 대한 설명이다. 옳지 않은 것은?
① 파워컨텐츠는 블로그, 포스트, 카페, 인스타그램 등의 컨텐츠를 이용해 보다 정확하고 신뢰성 있는 정보를 제공하는 광고 상품이다.
② 검색지면 외에도 다양한 콘텐츠 지면에 노출된다.
③ 등록할 수 있는 키워드는 네이버에서 지정한 키워드에 한해 가능하다.
④ 정책상 개별적인 로그분석 프로그램 사용이 제한되어 전환 추적은 불가하다.

27. 네이버 브랜드검색 가능한 키워드로 옳지 않은 것은?
① 광고의 대상이 되는 브랜드에 대한 검색 이용자의 충분한 검색 의도가 확인되는 키워드
② 광고의 대상이 되는 브랜드와 관련이 있는 일반 키워드
③ 적절한 표현을 사용한 키워드
④ 광고소재와의 충분한 관련성이 확인되는 키워드

28. 다음 중 신제품검색광고에 대한 설명으로 옳지 않은 것은?
① 출시한지 3개월 이내의 제품/서비스에 한하여 집행 가능하다.
② 주 단위 입찰 방식으로 구매 및 집행 가능하다.
③ 검색결과 상단에 신규 출시 상품 관련 이미지와 동영상, 설명 등의 광고 콘텐츠를 노출하는 상품이다.
④ 모바일 검색결과 상단에 최대 2개 브랜드의 광고가 번갈아 노출된다.

29. 네이버 플레이스광고에 대한 설명으로 옳지 않은 것은?
   ① 특정 장소를 찾는 사용자에게 네이버 스마트플레이스에 등록한 업체정보를 바탕으로 플레이스 영역 내에 노출되는 네이티브 형태의 광고이다.
   ② 광고가 실제 보여진 유효 노출 횟수에 따라 과금되는 방식이다.
   ③ 지역+업종/업체를 검색할 경우 네이버 통합검색의 플레이스 영역 및 지도 검색결과 상단에 노출된다.
   ④ 별도의 키워드 등록 없이 플레이스에 등록된 업체 정보를 활용하여 연관도가 높은 키워드에 대해 자동으로 매칭되어 노출된다.

30. 카카오 검색광고 상품에 대한 설명으로 옳은 것은?
   ① 검색한 키워드와 연관성 있는 광고가 Daum, ZUM, 제휴 매체 등 다양한 지면에 검색결과 또는 텍스트형 배너 형태로 노출된다.
   ② Daum 통합 검색결과 최상단인 와이드링크 영역에 최대 10개의 광고가 노출된다.
   ③ 모바일 웹/앱에서 최대 6개의 광고가 노출된다.
   ④ 광고 수요가 높은 키워드의 경우 프리미엄링크 영역에 최대 6개의 광고가 추가 노출된다.

31. 다음 중 구글 검색광고를 통해 게재될 수 없는 지면은?
   ① 앱스토어
   ② 유튜브
   ③ 쇼핑탭
   ④ 구글지도

32. 구글 검색광고 캠페인의 목표와 사용시기가 적절하지 않은 것은?
   ① 판매 - 온라인, 앱, 전화, 매장을 통한 판매 촉진
   ② 리드 - 고객의 액션을 유도하여 리드 및 다른 전환으로 유도
   ③ 제품 및 브랜드 구매 고려도 - 광범위한 잠재고객에게 광고를 게재하여 인지도 구축
   ④ 웹사이트 트래픽 - 관련성 높은 사용자가 웹사이트를 방문하도록 유도

33. 다음의 설명 중 옳은 것은?
   ① 네이버 키워드플래너를 통해 관련성 높은 키워드를 조회하여 추가할 수 있다.
   ② 대표키워드는 다수의 광고주가 운영하는 키워드로 전환 확률이 높고 입찰가가 저렴하다.
   ③ 대표키워드는 사이트 내 메뉴 또는 상세페이지 내 콘텐츠를 바탕으로 고객의 검색의도에 맞춤화된 키워드이다.
   ④ 세부키워드는 검색수는 낮을 수 있으나 검색의도가 명확하여 구매 및 서비스 이용으로 이어질 확률이 높고, 입찰가가 저렴할 수 있다.

34. 광고소재 작성 방법으로 옳지 않은 것은?
① 타업체와의 경쟁을 고려하여 경쟁사와 유사한 장점과 혜택을 포함하여 작성한다.
② 가격, 프로모션 및 특별 혜택을 광고소재에 반영한다.
③ 복수의 광고소재를 등록하여 실적이 우수한 광고소재를 발굴한다.
④ 확장소재를 적극 활용한다.

35. 네이버 검색광고에서 광고그룹 만들기를 진행 중이다. 다음 중 옳지 않은 것은?
① 광고그룹 이름을 입력하고 광고를 진행할 URL을 선택했다.
② 예산균등배분을 체크하여 설정된 하루 예산을 하루 동안 고르게 배분하여 운영하도록 했다.
③ 광고를 노출할 매체로 모든 매체를 선택했다.
④ 소재 노출 방식을 성과 기반 노출을 선택하여 성과가 우수한 소재가 우선적으로 노출되도록했다.

36. 네이버 키워드삽입 기능에 대한 설명이다. 적절하지 않은 것은?
① 키워드 삽입 기능은 등록한 키워드를 자동으로 소재에 삽입하여 노출하는 기능이다.
② 대체 키워드는 키워드 삽입 시 소재 전체 글자수가 초과되거나 미달되는 경우 노출되는 키워드로 검색 키워드를 대신해서 노출되는 단어이다.
③ 키워드 삽입은 제목에 2회, 설명에 3회까지 사용 가능하다.
① 키워드 삽입 기능은 필수 항목은 아니지만 광고 소재의 주목도를 높일 수 있고, 더 많은 클릭을 받을 수 있다.

37. 카카오 검색광고 등록 진행 중이다. 다음 중 바르게 짝지어 진 것은?
① 캠페인 만들기 - 집행기간 설정
② 캠페인 만들기 - 콘텐츠 매체 입찰가 설정
③ 광고그룹 만들기 - 매체유형 및 디바이스 선택
④ 광고그룹 만들기 - 전환 추적과 추적 URL 설정

38. 구글에서 검색광고 캠페인을 생성하려고 한다. 다음의 목표는 어떤 캠페인이 가장 적합한가?

관련 고객이 뉴스레터에 가입하거나 연락처 정보를 제공하여 제품 또는 서비스에 관심을 표현하도록 유도

① 판매 ② 리드
③ 웹사이트 트래픽 ④ 앱 프로모션

39. 다음 중 구글 캠페인 단위에서 설정할 수 없는 것은?
① 타겟팅할 위치 선택
② 광고 확장
③ 구글 디스플레이 네트워크 확장
④ 광고 일정

40. 구글의 키워드 검색 유형 표기 방법이 바른 것은?
① 일치검색 : [키워드]
② 구문검색 : {키워드}
③ 구문검색 : 〈키워드〉
④ 확장검색 : "키워드"

단답식 (41-60)

41. 다음의 설명에서 (괄호) 안에 들어갈 용어는 무엇인가?

> 웹사이트에 접속한 사람을 추적해서 그 사람이 다른 웹사이트에 접속할 때 이전 웹사이트에서 보았던 광고를 다시 보여주는 (　　)이 가능하다.

42. 다음에서 설명하는 것은 무엇인가?

> 높은 구매 연결 가능성, 광고효과의 실시간 확인, 광고 운영의 용이성 등 장점이 있는 반면, 무효클릭 문제, 검색어 구매의 복잡성, 검색어 선정의 어려움 등 단점도 존재한다.

43. 다음의 설명에서 (괄호) 안에 들어갈 용어는 무엇인가?

> (　　　　)는 비슷한 선호와 취향을 가진 소비자를 묶어 몇 개의 고객 집단으로 나누고 이중 특정 집단에 마케팅 자원과 노력을 집중하는 것이다.

44. 다음의 설명에서 (괄호) 안에 들어갈 용어는 무엇인가?

> 동영상 광고는 브랜드 (　　　)와 선호도를 높이는 온라인 브랜딩 효과를 주 목적으로 한다.

45. 다음이 설명하는 것은 무엇인가?

> 구글 검색광고에서 다른 광고주와 비교해 내 광고 품질을 파악할 수 있는 진단 도구다. 1~10의 값으로 측정되며 키워드 수준에서 확인할 수 있다.

46. 다음은 광고소재에 대한 설명이다. 빈칸에 들어갈 소재 개수를 순서대로 작성하시오.

> 네이버 검색광고는 광고그룹당 최대 ( )개, 카카오 검색광고는 광고그룹당 최대 ( )개, 구글은 광고그룹당 텍스트 광고 ( )개까지 등록 가능하다.

47. 다음 각 키워드의 CVR과 CPA를 모두 구하시오.

키워드	클릭수	총비용	전환수
A	4,800	1,800,000	240
B	7,500	2,400,000	300

48. 다음이 설명하는 것은?

> - 네이버 검색광고에서 무료로 제공하는 자동 추적 기능이다.
> - 어떤 키워드로 들어온 사용자가 얼마나 사이트를 많이 보는지, 얼마나 오래 머무는지, 구매로 이어진 광고는 무엇이고 아닌 광고는 무엇인지 등 효과적인 광고와 효과가 적은 광고를 알아내고 광고 효율을 개선할 수 있다.

49. 검색광고 참여주체에 대한 설명이다. 다음에서 설명하는 것은?

> 광고주를 대신하여 전문적으로 광고 업무를 수행한다. 광고의 기획부터 등록, 관리, 리포트, 제안 등의 업무를 진행할 수 있으며 그 대가로 매체사 또는 광고주로부터 대행 수수료를 받는다.

50. 다음이 설명하는 것을 순서대로 기재하시오.

> (ㄱ) 구글 검색 캠페인에서 사용할 키워드를 리서치할 수 있고, 해당 키워드의 예상 검색량 및 타겟팅 비용을 확인할 수 있다.
> (ㄴ) 검색 결과가 어떻게 게재되는지 미리 확인하려면 검색을 통해 진행하기 보다는 해당 도구를 사용하는 것이 효과적이다. 검색어의 언어, 위치 등의 다양한 기준과 함께 입력하면 이 도구는 광고가 해당 상황에 게재될 수 있는지 여부를 알려준다.

51. 파워컨텐츠를 집행하기 위해 등록가능한 비즈채널 세가지를 모두 기재하시오.

52. 다음의 노출수와 클릭비용을 구하시오.

키워드	노출수	클릭수	클릭률	클릭비용	광고비
공인중개사	ㄱ	1,200	5%	ㄴ	18,000,000

53. 다음은 매체별 캠페인 등록 가능수에 대한 설명이다. 네이버는 계정당 몇 개의 캠페인 등록이 가능한가?

> 캠페인은 계정당 네이버 (　　)개, 카카오와 구글은 1,000개까지 등록 가능하다.

54. 네이버 검색광고 등록 프로세스에 대한 설명이다. 빈칸에 들어갈 단계는 무엇인가?

> 캠페인 만들기 → 광고그룹 만들기 →
> (　　　　　　)

55. 다음이 설명하는 것은 무엇인가?

> 네이버, 카카오는 검색사용자와 광고주 모두의 만족도를 높이기 위해 광고의 품질을 측정한다. 광고의 품질이 높을수록 비용은 감소하고 광고 게재순위는 상승하는 효과가 있다.

56. 구글 검색광고 자동 입찰 전략 중 무엇에 대한 설명인가?

> - 예산 내에서 최한 많은 클릭이 발생하도록 입찰가를 자동으로 설정하는 자동 입찰 전략이다.
> - 평균 일일예산을 설정하고 예산 내에서 클릭이 최대한 많이 발생하도록 시스템이 자동으로 최대 클릭당비용 입찰가를 설정한다.

57. 다음에 들어갈 단어를 차례로 작성하시오.

- (ㄱ)은 구매한 검색 키워드를 소재에 자동으로 삽입하여 노출하는 기능으로 소재의 주목도를 높일 수 있다.
- (ㄱ) 기능 사용 시, (ㄴ)를 필수로 입력해야 한다. (ㄱ) 시 소재 전체 글자수가 초과되거나 미달되는 경우 대신 노출되는 키워드로 광고그룹에 등록한 키워드를 대표하는 단어로 기재하는 것이 좋다.

58. 다음이 설명하는 것은?

- 검색광고 본래의 취지에 맞지 않는 무의미한 클릭
- 광고비 소진, 품질지수 상승 등 특정인의 이익을 위하여 행해지는 인위적인 클릭, 각종 소프트웨어, 로봇 및 자동화된 도구에 의하여 발생하는 클릭, 더블클릭 등으로 인하여 발생하는 무의미한 클릭, 그 외 검색 이용자의 의도에 반하는 다양한 형태의 클릭

59. Conversion Rate의 약자로 검색광고를 통해 사이트에 방문한 고객이 특정 전환 액션을 한 비율을 말하는 용어는 무엇인가?

60. 웹사이트 접속자가 웹사이트에 접속했으나 사이트 내에서 다른 페이지로 접속하거나 정보를 얻지 않고 그냥 나가는 비율을 말한다. 이것이 높다는 것은 홈페이지 방문이 제품의 구매 등으로 이어질 가능성이 적다는 의미가 된다. 이것은 무엇인가?

제3회 검색광고마케터 1급 모범답안

□ 객관식 답안

1	2	3	4	5	6	7	8	9	10
4	4	4	3	1	3	4	4	4	1
11	12	13	14	15	16	17	18	19	20
1	3	4	4	1	1	4	3	4	4
21	22	23	24	25	26	27	28	29	30
3	2	3	1	4	1	3	2	4	2
31	32	33	34	35	36	37	38	39	40
3	2	3	4	1	1	2	4	2	3

□ 단답식 답안

번호	답 안
41	상호작용성
42	네이티브 광고
43	바이럴 마케팅
44	페이스북
45	성과기반노출
46	비즈채널
47	600, 500
48	30, 7, 20
49	매체믹스
50	제품 카탈로그 광고

번호	답 안
51	내 브랜드 키워드, 다른 브랜드 키워드, 일반 키워드
52	키워드만들기, 소재선택하기
53	일치검색
54	통신판매업신고증
55	18,750원
56	노출수 600,000회, 전환율 3.4%
57	키워드플래너
58	입찰가, 품질지수
59	브랜드검색광고
60	확장검색

객관식 (1-40)

1. 다음 중 온라인 비즈니스 모델 성공요인이 아닌 것은?
   ① 지속적 수익 창출
   ② 차별화된 콘텐츠와 서비스
   ③ 고객 관점과 고객경험
   ④ 생산과 물류 자동화

2. 다음 중 C2C 온라인 비즈니스 유형이 아닌 것은?
   ① 당근마켓 ② 중고장터
   ③ 번개장터 ④ 오늘의 집

3. 다음 중 판매방식에 따른 온라인 비즈니스 유형에 해당 되지 않는 것은?
   ① 중개형 ② 판매형
   ③ 커뮤니티형 ④ 입점형

4. 다음 중 온라인 포털의 특성에 해당되지 않는 것은?
   ① 킬러 서비스 ② 많은 트래픽
   ③ 단순한 수익모델 ④ 다수의 이용자

5. 다양한 종류의 검색 엔진 중 인터넷 상 다양한 정보를 검색로봇이 주기적으로 수집하여 데이터 베이스에 저장하는 검색엔진은?
   ① 인덱스 검색 ② 메타 검색
   ③ 통합 검색 ④ 디렉토리 검색

6. 다음 중 소셜 미디어에 대한 특성에 대한 설명으로 틀린 것은?
   ① 소셜 미디어에서는 미디어나 청중 모두 콘텐츠를 생산, 유통할 수 있다.
   ② 소셜 미디어는 피드백과 참여가 공개되어 있다.
   ③ 소셜 미디어는 콘텐츠가 일방향적으로 청중에게 유통된다.
   ④ 소셜 미디어는 다양한 미디어, 이용자의 조합이나 링크를 통한 연결선상에서 성장한다.

7. 다음 중 소셜 미디어의 특징이 아닌 것은?
   ① 참여 ② 공개
   ③ 연결 ④ 정보

8. 다음 중 디지털 콘텐츠의 변화에 영향을 미친 요인이 아닌 것은?
   ① 스마트폰 확산
   ② AR, VR 기술
   ③ 새로운 미디어의 등장
   ④ 기존 플랫폼의 진입장벽

9. 다음 중 OTT서비스의 특징이 아닌 것은?
   ① 구독 서비스
   ② 콘텐츠 큐레이션
   ③ 통신사, 방송사 참여
   ④ 자체 콘텐츠 제작

10. 다음 중 홈페이지와 같이 자사가 보유한 매체를 지칭하는 것은?
① Owned Media
② Paid Media
③ Earned Media
④ Multi Media

11. 디지털 마케팅은 다양한 마케팅 목표를 설정할 수 있다. 다음에서 설명하는 것으로 알맞은 것은?

연락 가능한 잠재 고객 정보를 말하며 B2B IT기업의 가장 중요한 목표

① 리드 ② BAR
③ PAR ④ 잠재고객 방문율

12. 다음에서 설명하는 것으로 알맞은 것은?

기업이 원하는 대로 자사의 제품과 서비스를 소비자에게 인식시켜 자사의 제품과 서비스가 시장에서 바람직한 위치에 자리잡게 하는 것

① 타깃팅 ② 세분화
③ 포지셔닝 ④ 고객 여정

13. 디지털 마케팅 믹스는 유통 측면에서도 차별점을 가지고 있다. 다음에서 설명하는 것으로 알맞은 것은?

기존 홈쇼핑에 비해 소비자가 언제든지 상품을 검색해서 실시간으로 구매할 수 있는 양방향 커머스로 소비자 편리성을 극대화하였다.

① 이커머스 ② 라이브커머스
③ 모바일 커머스 ④ 티 커머스

14. 브랜디드 콘텐츠는 브랜드 메시지가 콘텐츠의 스토리라인에 녹아 들어간 것으로 엔터테인먼트와 광고가 결합된 형태이다. 다음 중 브랜디드 콘텐츠의 사례가 아닌 것은?
① 애드버게임
② 애드무비
③ 애드네트워크
④ 브랜드 웹툰

15. 검색광고의 특징에 대한 설명이다. 적절하지 않은 것은?
① 노출당 과금형태로 합리적인 광고비 지출이 가능하다.
② 제품/서비스 관련 키워드를 검색했을 때 노출되는 광고로 정확한 타겟팅이 가능하다.
③ 광고효과를 시스템에서 즉시 확인할 수 있다.
④ 실시간으로 광고를 제어할 수 있다.

16. 검색광고 효과를 측정하려고 한다. 다음 중 알맞은 것은?

키워드	노출수	클릭수	클릭률	클릭 비용	광고비
공인 중개사	24,000	1,200	(ㄱ)	15,000	(ㄴ)

① (ㄱ) 5%, (ㄴ) 1,800만원
② (ㄱ) 2%, (ㄴ) 1,800만원
③ (ㄱ) 8%, (ㄴ) 2,880만원
④ (ㄱ) 5%, (ㄴ) 2,880만원

17. 검색광고 기획 단계에서 경쟁사 분석에 대한 내용이다. 옳지 않은 것은?
   ① 브랜드검색광고의 소재는 경쟁사의 이벤트나 주력상품을 파악하는데 도움이 된다.
   ② 검색광고에서 경쟁사는 동일 업종 뿐만 아니라 동일한 키워드를 사용하는 타업종까지도 경쟁사로 고려해야한다.
   ③ 네이버 키워드도구를 사용하여 경쟁사와 자사의 브랜드 검색량을 비교할 수 있다.
   ④ 경쟁사에서 집행하는 광고소재와 동일한 광고소재를 노출하여 시행착오를 줄일 수 있다.

18. 광고 예산 설정 방법 중 바른 것은?
   ① 광고-판매 반응함수법은 과거 매출액이나 예상되는 매출액의 일정 비율로 광고예산을 편성하는 방법이다.
   ② 매출액 비율법은 목표 매출액 달성을 위해 필요한 광고비를 추정하여 편성하는 방법이다.
   ③ 경쟁사 비교법은 경쟁 브랜드의 광고예산을 토대로 예산을 편성하는 방법이다.
   ④ 가용예산법은 과거 데이터를 통해 광고지출과 이를 통한 판매 반응 함수가 존재할 경우 이익을 극대화할 수 있도록 예산을 편성하는 방법이다.

19. 네이버 검색광고에 대한 설명 중 옳지 않은 것은?
   ① 네이버 검색광고 광고주 가입은 개인으로도 가입 가능하다.
   ② 네이버 계정의 구조는 캠페인, 그룹, 키워드와 소재로 이루어져 있다.
   ③ 계정 당 최대 200개까지의 캠페인 생성이 가능하다.
   ④ 네이버 캠페인 등록 후 유형 변경은 언제든지 가능하다.

20. 네이버 광고시스템의 구조에 대한 설명이다. 바르게 짝지어진 것은?
   ① 도구 - 보고서
   ② 정보관리 - 서류 관리
   ③ 광고관리 - 광고노출제한 관리
   ④ 비즈머니 - 세금계산서

21. 카카오 검색광고 시스템에 대한 설명 중 옳지 않은 것은?
   ① 대시보드 - 운영 현황을 확인하고 수정할 수 있는 현황판
   ② 보고서 - 집행한 광고 결과를 원하는 항목별로 구성하여 확인
   ③ 광고자산관리 - 캐시 현황 및 충전, 소진 내역 확인
   ④ 설정 - 변경이력 및 심사이력 확인

22. 다음은 카카오 검색광고에 대한 설명이다. 옳지 않은 것은?
   ① 클릭당 과금되는 종량제 광고 상품이다.
   ② 비즈채널은 웹사이트, 전화번호, 위치정보를 등록할 수 있다.
   ③ 캠페인 단위로 일예산 설정이 가능하다.
   ④ 그룹 단위로 매체유형과 디바이스 노출 여부를 선택할 수 있다.

23. 네이버 검색광고에 대한 설명이다. 바르게 짝지어진 것은?
   ① 플레이스광고 - 네이버 콘텐츠 지면에 업체 관련 이미지와 소재 정보를 함께 노출하는 지역 기반 배너광고
   ② 파워컨텐츠 - 네이버 통합검색 상단에 브랜드와 관련된 다양한 정보와 이미지를 함께 노출하는 브랜드 콘텐츠형 검색광고
   ③ 신제품검색광고 - 모바일 통합검색에서 제품/서비스와 연관된 일반 명사 키워드를 검색했을 경우 검색결과 상단에 신규 또는 리뉴얼 출시한 제품/서비스와 관련된 이미지/동영상 등을 노출하는 검색광고
   ④ 파워링크 - 네이버 쇼핑의 검색결과 화면 등에 상품 이미지와 정보를 노출하는 판매 유도형 검색광고

24. 네이버 쇼핑검색광고에 대한 설명이다. 옳은 것은?
   ① 이용자가 특정 상품을 검색할 경우, 검색결과에서 상품 단위로 노출되는 이미지형 검색광고 상품이다.
   ② 쇼핑검색광고는 유형에 상관없이 네이버 쇼핑에 입점되어야만 광고가 가능하다.
   ③ 네이버 통합검색에서 네이버 쇼핑 영역에 최대 10개까지 노출된다.
   ④ 모바일 네이버 패션추천에서는 스타일추천 영역에 최대 4개까지 노출된다.

25. 네이버 쇼핑검색광고 중 쇼핑브랜드형에 대한 설명이다. 옳은 것은?
   ① 제품의 소유권을 가진 제조사/브랜드사, 국내 독점 유통권 계약자만 광고가 가능하다.
   ② 카탈로그 페이지 내 다양한 정보를 통해 제품의 인지도를 높일 수 있다.
   ③ 카테고리에 맞게 시스템에서 추천된 키워드가 자동으로 매칭되어 검색결과에 노출된다.
   ④ 등록 가능한 키워드 유형은 내 브랜드 키워드, 다른 브랜드 키워드, 일반 키워드가 있다.

26. 파워컨텐츠로 등록 가능한 랜딩페이지는?
   ① 포스트
   ② 인스타그램
   ③ 트위터
   ④ 페이스북

27. 다음 중 네이버 브랜드검색 광고 유형이 아닌 것은?
   ① 모바일 라이트형 썸네일
   ② PC 프리미엄형 갤러리
   ③ 브랜드추천형
   ④ 모바일 라이트형 브랜드존

28. 다음 중 신제품검색광고에 대한 설명으로 옳은 것은?
   ① 신규 출시한 상품을 대상으로 광고가 가능하기 때문에 리뉴얼 출시는 광고가 불가하다.
   ② 출시한지 180일 이내의 제품/서비스에 한하여 집행 가능하다.
   ③ 주단위 입찰 방식으로 1위는 2위 입찰가로 낙찰되고, 2위는 최저입찰가로 낙찰된다.
   ④ 1개의 광고만 낙찰되는 경우는 단독으로 2구좌 노출량을 확보할 수 있어 유리하다.

29. 네이버 지역소상공인 광고에 대한 설명으로 옳은 것은?
   ① 네이버 통합검색의 플레이스 영역 및 지도 검색결과 상단에 광고가 노출된다.
   ② 클릭당 과금되는 방식으로 최저 입찰가는 50원이다.
   ③ 지역+업종/업체 키워드를 등록하여 노출시킬 수 있다.
   ④ 네이버 콘텐츠 서비스를 이용하는 내 지역 사용자에게 노출하는 배너광고 형태이다.

30. 카카오 검색광고에 대한 설명으로 옳게 짝지어진 것은?

(ㄱ) PC 검색결과 프리미엄링크 최대 (　　)개, 광고 수요가 높은 키워드는 와이드링크 영역에 최대 5개의 광고가 노출된다. (ㄴ) 모바일은 웹/앱에서 프리미엄링크 영역에 최대 (　　)개 광고가 노출된다.

   ① 5, 10　　② 10, 6
   ③ 10, 5　　④ 10, 3

31. 다음은 구글 검색광고에 대한 설명이다. 다음 중 옳은 것은?
   ① 구글 검색광고는 검색결과의 위 또는 아래에 최대 5개의 광고가 게재될 수 있다.
   ② 광고 순위는 입찰가를 최우선으로 고려하여 계산된다.
   ③ 검색 캠페인에서 디스플레이 네트워크를 추가하여 노출시킬 수 있다.
   ④ 구글 검색광고를 통해 앱스토어, 구글이미지, 구글 지도 등에 노출 시킬 수 있다.

32. 다음은 매체별 캠페인 등록 가능수에 대한 설명이다. 바르게 짝지어진 것은?

캠페인은 계정당 네이버 (ㄱ)개, 카카오와 구글은 (ㄴ)까지 등록 가능하다.

   ① 100, 200
   ② 200, 1000
   ③ 300, 500
   ④ 500, 1000

33. 다음이 설명하는 것은 무엇인가?

구글에서 검색 캠페인에 사용할 키워드를 리서치하는 도구로 제품, 서비스 또는 웹사이트와 관련된 키워드에 대한 추천을 받을 수 있고, 월간 예상 검색량과 광고가 게재되기 위한 평균 비용을 확인할 수 있다.

   ① 확장검색어
   ② 키워드도구
   ③ 키워드플래너
   ④ 도달범위플래너

34. 다음 중 구글의 품질평가점수를 산출하는데 고려하는 요소가 아닌 것은?
① 예상 클릭률
② 광고 관련성
③ 방문 페이지 만족도
④ 최적화점수

35. 네이버 광고그룹을 생성하는 중이다. 다음 중 옳은 것은?
① 광고그룹 이름을 입력하고 광고를 진행할 URL을 선택했다.
② 하루 예산을 입력하고, 고급옵션에서 광고노출 기간을 설정했다.
③ 하루예산에 맞춰 시스템이 광고 노출을 조절하도록 예산 균등배분을 체크했다.
④ 전환 추적과 추적 URL 상세 설정을 진행했다.

36. 네이버 광고소재에 대한 설명이다. 다음 중 옳지 않은 것은?
① 광고그룹당 최대 3개까지 소재 등록이 가능하다.
② 소재를 2개 이상 등록할 경우 성과가 우수한 소재의 노출 비율을 자동적으로 조절하여 노출시킬 수 있다.
③ 제목은 최대 15자, 설명은 45자까지 등록 가능하다.
④ 키워드 삽입은 제목 1회, 설명 2회까지 사용 가능하다.

37. 카카오 검색광고에서 확장소재 유형이 아닌 것은?
① 이미지형 ② 서브링크형
③ 텍스트형 ④ 연동형

38. 구글의 캠페인 목표와 목표달성 방법이 적절하지 않은 것은?
① 판매 - 웹사이트 방문
② 판매 - 앱 다운로드
③ 리드 - 리드 양식 제출
④ 웹사이트 트래픽 - 매장 방문

39. 구글에서 키워드 검색 유형 중 구문검색에 대한 설명이다. 광고가 게재될 수 없는 검색어는?

구문검색 키워드 : "테니스 신발"

① 테니스용 신발
② 테니스 라켓 및 트레이닝 신발
③ 세일 중인 테니스 신발 구매
④ 편안한 테니스 스니커즈

40. 구글 검색광고에서 광고 효력 개선을 위한 추천 사항으로 옳지 않은 것은?
① 실적 개선을 위해 더 많은 광고 제목 또는 설명 추가
② 고유한 광고 제목 및 설명 추가
③ 일부 애셋 고정
④ 광고 제목 또는 설명에 더 많은 키워드 포함

단답식 (41-60)

41. 다음의 설명에서 (괄호) 안에 들어갈 용어는 무엇인가?

> 디지털 광고는 양방향 커뮤니케이션과 실시간 반응, 사용자의 통제 등 (　　　)을 기반으로 한 광고이다.

42. 다음에서 설명하는 것은 무엇인가?

> 기존 광고와 달리 이용자가 경험하는 콘텐츠 일부처럼 보이도록 하여 이용자의 관심을 자연스럽게 이끄는 형태의 광고를 말한다.

43. 다음에서 설명하는 것은 무엇인가?

> 소비자들을 장려해서 그들이 마케팅 메시지를 다른 소비자들에게 퍼뜨리게 하는 마케팅이다. 바이러스처럼 확산된다는 의미에서 사용되는 개념이다.

44. 다음의 설명에서 (괄호) 안에 들어갈 용어는 무엇인가?

> (　　　　)의 대표적인 광고 유형은 뉴스 피드와 칼럼 광고가 있으며, 이미지 또는 동영상 형태로 제작된다.

45. 네이버 검색광고에 대한 설명이다. 다음 빈칸에 들어갈 말은?

> 네이버의 소재 노출 방식은 (　　)과 동일 비중 노출 중 선택할 수 있다. (　　)은 성과가 우수한 소재가 우선적으로 노출되도록, 그룹 내 소재의 노출 비중을 자동으로 조절한다. (　　) 기능은 그룹 낸 소재가 최소 2개 이상 존재해야 동작한다.

46. 다음에서 설명하는 것은 무엇인가?

> 웹사이트, 쇼핑몰, 전화번호, 위치정보, 네이버 예약 등 잠재적 고객에게 상품정보를 전달하고 판매하기 위한 모든 채널을 의미한다.

47. 각 매체에서 제공하는 노출제한IP 등록 기능에 대한 설명이다. 각 빈칸에 알맞은 답을 작성하시오.

> 네이버와 카카오 검색광고는 광고가 노출되지 않기를 희망하는 IP를 등록할 수 있다. 네이버는 최대 (ㄱ)개, 카카오는 최대(ㄴ)개까지 등록 가능하다.

48. 다음은 네이버 프리미엄로그분석에 대한 설명이다. 빈칸에 알맞은 내용을 차례로 작성하시오.

> - 직접 전환수는 광고클릭 이후 (ㄱ)분 내에 전환이 일어난 경우의 전환수이다.
> - 간접 전환수는 광고클릭 (ㄱ)분부터 전환 추적 기간 내에 발생한 전환이다. 전환 추적 기간은 (ㄴ)~(ㄷ)일 사이의 기간으로 직접 설정할 수 있다.

49. 광고목표를 효율적으로 달성하기 위해 두 가지 이상의 광고를 섞어 집행하는 것을 무엇이라고 하는가?

50. 네이버 쇼핑검색광고의 유형으로 제조사/브랜드사, 국내 독점 유통권 계약자만 광고 집행이 가능하다. 쇼핑몰이 아닌 가격비교 페이지로 방문을 유도하는 것이 특징인 이 상품은 무엇인가?

51. 쇼핑 브랜드형 광고에서 등록 가능한 키워드 유형을 모두 기재하시오.

52. 카카오 검색광고 등록 프로세스를 완성하시오.

캠페인 만들기 → 광고그룹 만들기 →
(ㄱ) → (ㄴ)

53. 구글의 키워드 검색 유형 중 무엇에 대한 설명인가?

- 키워드와 정확하게 일치하거나 키워드와 의미가 유사할 경우 노출
- 이미 알고 있는 검색 키워드에 대한 퍼포먼스 최적화 진행, 캠페인 제어, 브랜드 상표 안정성이 중요할 경우 활용

54. 네이버는 서류관리를 통해 업종별 인허가 서류를 제출하여야 비즈채널 검토가 가능하다. 대표적으로 온라인쇼핑몰의 경우 필요한 서류는 무엇인가?

55. 다음의 조건에서 CPA를 구하시오.

총비용	클릭수	전환수	총매출
12,000,000	27,500	640	52,800,000

56. 다음의 조건에서 노출수와 전환율을 구하시오.

클릭수	클릭률	클릭 비용	총비용	전환수	총매출
15,000	2.5%	1,100	12,500,000	510	71,000,000

57. 다음이 설명하는 것은 무엇인가?

카카오에서 제공하는 기능으로 다양한 기준의 연관 키워드를 조회하고, 선택한 키워드의 과거 데이터 및 예상 실적 데이터를 추출하여 제공하고 있다. 또한 연관 키워드를 캠페인/광고그룹에 바로 등록할 수 있으며, 선택한 키워드의 입찰가를 변경하면서 예상 실적을 확인할 수 있는 기능이 제공되므로 입찰가 결정 시 참고할 수 있다.

58. 네이버 사이트 검색광고는 순위지수가 높은 순서대로 광고가 노출된다. 순위지수에 영향을 주는 두가지 요인은 무엇인가?

59. 다음의 특징이 설명하는 광고상품은 무엇인가?

- 상품별로 다양한 광고소재를 활용하여 보다 효과적인 브랜드 이미지를 전달할 수 있다.
- 이미지, 텍스트, 동영상 등과 함께 최신 브랜드 콘텐츠를 한곳에 모아 노출함으로써 잠재고객을 대상으로 공격적인 마케팅에 활용할 수 있다.
- 광고소재 내의 클릭하는 각각 위치에 따라 세분화된 URL로 링크를 설정할 수 있어 세부 카테고리나 주요 상품 페이지로 직접 연결하도록 구성이 가능하며, 이를 통해 구매전환율을 더욱 높일 수 있다.

60. 다음이 설명하는 것은 무엇인가?

- 광범위한 키워드 목록을 작성할 필요 없이 더 많은 잠재고객을 대상으로 광고가 게재될 수 있다.
- 스마트 자동 입찰에 더 많은 데이터를 제공하고 유연성을 향상시킨다.
- 검색어 보고서를 사용하여 제외 키워드를 만들 수 있다.

SEARCH
ADVERTISEMENT
MARKETER

PART 5

최신기출문제

※ 한국정보통신진흥협회 내부 방침으로 2020년 이후 기출문제는 제공되지 않습니다.

정보통신기술자격(KAIT · CP) 검정시험

The Official Approval Test for KAIT Certified Professional

◉ 시험종목 : 제1801회 검색광고마케터 1급

◉ 시험일자 : 2018. 03. 10.(토), 14:00~15:30

◉ 수검자 기재사항 및 감독자 확인

수 검 번 호	SMF - 1801 -	감독자 확인
성 명		

◉ 수검자 유의사항

1. 수검자는 신분증을 지참하여야 시험에 응시할 수 있으며, 시험이 종료될 때까지 신분증을 제시하지 못 할 경우 해당 시험은 0점 처리됩니다.

2. OMR 카드는 "OMR 카드 작성 시 유의사항"을 반드시 숙지하신 후 컴퓨터용 수성 사인펜(검정색)을 사용하여 작성하여야 합니다.

3. 단답식 답안지는 반드시 검정필기구를 사용하되, 연필 등은 사용하실 수 없습니다. (지우개로 지울 수 있는 필기구 사용 시 "0"(영)점처리 됩니다.)

4. OMR 카드 및 단답식 답안지 작성 시 문제유형, 성명, 종목, 수검번호, 생년월일 등을 기재 또는 마킹하지 않거나 틀린 경우에 발생되는 불이익은 수검자의 책임으로 합니다. (뒷면의 이메일 주소 기재는 선택사항이나 가급적 작성하시길 권합니다.)

5. 시험 중 휴대용 전화기 등 일체의 통신장비를 사용할 수 없으며, 사용 시 부정행위로 간주되어 당해 시험은 실격처리 되고, 시험일로부터 3년간 응시자격을 정지합니다.

6. 수험자는 수험시간 45분 후부터 퇴실이 가능하며, 문제지와 답안지를 감독위원에게 제출 후 퇴실하여야 합니다.

7. 시험시행 후 결과는 홈페이지(www.ihd.or.kr)에서 확인하시기 바랍니다.
   1) 문제 및 모범답안 공개 : 2018. 03. 13.(화)
   2) 성적 공개 : 2018. 03. 30.(금)

제1801회 검색광고마케터 1급 A형 모범답안

□ 객관식 답안

1	2	3	4	5	6	7	8	9	10
3	2	2	3	1	4	3	4	4	3
11	12	13	14	15	16	17	18	19	20
2	3	4	1	4	2	3	2	4	1
21	22	23	24	25	26	27	28	29	30
1	2	4	4	3	2	4	3	3	3
31	32	33	34	35	36	37	38	39	40
2	3	3	4	1	4	4	2	2	2

□ 단답식 답안

<table>
<tr><th>번호</th><th colspan="2">답 안</th><th>번호</th><th colspan="2">답 안</th></tr>
<tr><td>41</td><td colspan="2">애드서버</td><td>51</td><td colspan="2">60</td></tr>
<tr><td>42</td><td colspan="2">N-Screen(엔스크린)</td><td>52</td><td colspan="2">성과우선노출</td></tr>
<tr><td>43</td><td colspan="2">바이럴 광고</td><td>53</td><td colspan="2">480원</td></tr>
<tr><td>44</td><td colspan="2">블로그</td><td>54</td><td colspan="2">2배</td></tr>
<tr><td>45</td><td colspan="2">1,000</td><td rowspan="2">55</td><td>① 최대 CPS</td><td>1,000원</td></tr>
<tr><td>46</td><td colspan="2">무효클릭(부정클릭)</td><td>② ROAS</td><td>500%</td></tr>
<tr><td>47</td><td colspan="2">브랜드검색</td><td>56</td><td colspan="2">품질지수</td></tr>
<tr><td rowspan="2">48</td><td colspan="2" rowspan="2">120</td><td rowspan="2">57</td><td>①</td><td>전환율(CVR)</td></tr>
<tr><td>②</td><td>광고수익률(ROAS)</td></tr>
<tr><td rowspan="2">49</td><td>①</td><td>비즈채널</td><td>58</td><td colspan="2">50,610원</td></tr>
<tr><td>②</td><td>광고그룹(그룹)</td><td>59</td><td colspan="2">1,166원</td></tr>
<tr><td>50</td><td colspan="2">ROI(Return On Investment)</td><td>60</td><td colspan="2">100원</td></tr>
</table>

※ 다음 사항을 확인하신 후 시험을 시작하시기 바랍니다.
○ 본 문제지는 총 12페이지이며, 60문제(객관식 : 1번~40번, 단답식 : 41번~60번)로 구성되어 있습니다.
페이지와 문제수가 맞는지 확인하시기 바랍니다.
○ 과목별 문제수 및 문제당 배점
- 객관식 : 40문제 × 1.5점 = 60점
- 단답식 : 20문제 × 2.0점 = 40점
○ 합격기준
- 합계 70점 이상
- 유형별 점수의 40% 미만 과락

객관식 (1-40)

1. 디지털 사회의 새로운 문제점으로 보기 어려운 것은?
① 저작권 침해 ② 사생활 침해
③ 정보 제한 ④ 정보 격차

2. 디지털 비즈니스의 메커니즘을 설명한 것으로 틀린 것은?
① 산업 경제시대에는 제품 생산에 드는 원가와 이윤에 따라 가격이 결정되었지만, 디지털 경제시대에는 고객들이 어느 정도 지불할 의사가 있는지에 따라 가격이 결정된다.
② 콘텐츠 생산에 소수의 전문가만이 참여할 수 있는 메커니즘으로 변했다.
③ 디지털 환경에서는 소비자가 인터넷을 이용하여 제품의 가격과 기능을 자유롭게 비교 검토할 수 있으므로 자신이 원하는 가격대나 기타 요구사항들을 구체화하는 경향이 있다.
④ 디지털 비즈니스에서는 늦게 시작했더라도 선도자가 가지지 못한 부분을 다른 파트너와 협력을 통해 이루어냄으로써 새로운 승자가 될 수 있다.

3. 디지털 시대의 마케팅 커뮤니케이션에 대한 설명으로 옳지 않은 것은?
① 디지털 마케팅은 종래의 마케팅에 비해 타겟팅이 용이하다.
② 디지털 커뮤니케이션의 오가는 정보는 주로 실제 경험과 거리가 있는 신뢰도 낮은 정보이다.
③ 디지털은 네트워크로 연결되기 때문에 인적 네트워크를 통한 목표 고객 타겟팅이 가능하다.
④ 디지털 시대의 마케팅 커뮤니케이션은 인지도나 전환율을 높이기 위한 싸움이 아니라 고객을 만들기 위한 싸움이다.

4. 다음 중 디지털 비즈니스와 전통적 비즈니스의 차이로 옳지 않은 것은?
① 디지털 비즈니스에서는 디지털 형태의 데이터 혹은 정보가 중심 요소로 투입된다.
② 디지털 비즈니스의 등장과 몰락, 그리고 대체는 과거 어느 시대보다 빠르고 쉽게 이루어진다.
③ 디지털 비즈니스에서는 오프라인 상에서의 제품 생산, 물류, 판촉 등이 주요한 경영 활동 대상이다.
④ 디지털 비즈니스에서는 정보나 지식재, 고객에게 제공되는 솔루션 등 다양한 형태의 산출물이 생산된다.

5. 다음에서 설명하는 디지털 메커니즘에서 괄호 안에 들어갈 용어를 바르게 나열한 것은?

디지털 시대에는 제품, 가격, 유통에 대한 주도권이 (Ⓐ)에서 (Ⓑ)에게로 넘어갔다. 인터넷의 발달과 함께 (Ⓑ)에게도 강력한 정보력이 생겼기 때문이다.

① Ⓐ 생산자, Ⓑ 소비자
② Ⓐ 소비자, Ⓑ 생산자
③ Ⓐ 소비자, Ⓑ 유통채널
④ Ⓐ 생산자, Ⓑ 유통채널

6. 디지털 마케팅의 4E와 그에 대한 설명으로 옳지 않은 것은?
   ① Experience : 브랜드에 대한 고객의 다양하고 긍정적인 경험을 만들어 주는 것
   ② Engagement : 브랜드에 대한 고객의 개인적 관련성을 만들어 주는 것
   ③ Evangelist : 고객이 자발적으로 참여하고 활동할 수 있는 장(場)을 만들어 주는 것
   ④ Enthusiasm : 눈앞의 매출보다 고객과 좋은 관계를 유지해 나가는 것

7. 필립 코틀러가 말한 미래 마케팅의 변화 경향에 대한 설명으로 옳지 않은 것은?
   ① 4P 중심의 제품관리에서 고객과의 공동 창조를 통한 제품관리로 변화
   ② STP(Segment, Targeting, Positioning) 중심의 고객관리에서 커뮤니케이션을 통한 고객관리로 변화
   ③ 고객과 좋은 관계를 만들고 유지하는 고객관리에서 고객을 빼앗아 오는 고객관리로 변화
   ④ 브랜드 구축 중심의 브랜드 관리에서 캐릭터 구축을 통한 브랜드 관리로 변화

8. 다음 중 디지털 광고의 효과 측정에 대한 설명으로 틀린 것은?
   ① 어떤 경로를 통해 소비자가 방문을 하는지 알 수 있다.
   ② 광고 노출, 클릭, CTR, CPC는 광고 성과를 측정하는 기본 지표이다.
   ③ 어떤 매체가 비용 대비 매출 성과가 우수한지 판단할 수 있다.
   ④ ROI를 향상시키기 위해서는 광고 노출수를 늘리는데 집중하는 것이 효과적이다.

9. 다음 중 디지털 광고의 장점에 대한 설명으로 틀린 것은?
   ① 광고클릭률, 구매전환율 등 광고에 대한 성과를 구체적인 수치 데이터로 확인할 수 있다.
   ② 인터넷 이용률이 꾸준히 증가함에 따라 디지털 광고의 매체력이 상승하고 있다.
   ③ 4대 매체 대비 상대적으로 적은 예산으로도 다양한 광고를 진행할 수 있다.
   ④ 유머로 소구하는 컨셉의 광고 소재를 사용할 때 가장 효과적이다.

10. 다음 중 검색광고의 특징에 대한 설명으로 옳지 않은 것은?
   ① 실시간으로 광고관리가 가능하다.
   ② 고객이 선택한 특정 키워드에 의해 타겟별 집중적인 마케팅 전략을 실행할 수 있는 시장세분화가 가능하다.
   ③ 클릭률은 높지만 소비자의 구매율이 낮은 편이다.
   ④ 광고 운영에 소비되는 시간이 길어질 수 있는 단점이 있다.

11. 다음 중 소셜미디어 광고에 대한 설명으로 옳지 않은 것은?
   ① 트위터, 페이스북 등 사회적 관계망을 이용하는 광고를 의미한다.
   ② 거의 대부분 수준 높은 내용이 전달되므로 정확한 정보로 받아들여지는 장점이 있다.
   ③ 개인과 다수를 연결해 주는 사회적 네트워크를 이용하므로 파급력이 크다.
   ④ 모바일 디바이스의 보급이 확대됨에 따라 광고에 대한 반응이 빠르게 나타난다.

12. 태어나면서부터 고도의 디지털 기기에 둘러싸여 디지털 환경에 익숙한 젊은 세대를 뜻하는 용어로 옳은 것은?
① Digital Immigrant
② Digilog
③ Digital Native
④ Digital Nomad

13. 다음은 디지털광고 발전사 중 어느 시기에 대한 설명인가?

- 스마트폰 보급 및 무선 인터넷 이용 확대 - 위치 기반의 모바일 광고 - 행동 패턴 기반의 오디언스 타게팅

① 도입기(1995년~1996년)
② 정착기(1997년~1998년)
③ 1차 성장기(1999년~2000년)
④ 2차 성장기(2006년~현재)

14. 디지털 마케팅 전략 중 제한된 예산을 가지고 최대의 수익을 창출하기 위해 특정 잠재고객 집단을 선정하고 거기에 초점을 맞추어 마케팅 활동을 펴는 전략을 무엇이라 하는가?
① 타겟팅
② 포지셔닝
③ 포커싱
④ 세분화

15. 다음 중 검색광고의 특징으로 맞는 것은?
① 디지털 광고의 전 상품 중 가장 저렴한 광고이다.
② 효율이 좋은 반면 세분화된 타겟팅은 불가능하다.
③ 광고의 게재, 중지, 수정이 제한적이다.
④ CPC 광고의 경우 사용자의 클릭에 대해서만 과금되어 효율적이다.

16. 다음 중 네이버 검색광고의 광고 구조로 올바른 것은?
① 계정 - 광고그룹 - 캠페인 - 광고소재/키워드
② 계정 - 캠페인 - 광고그룹 - 광고소재/키워드
③ 캠페인 - 계정 - 광고그룹 - 광고소재/키워드
④ 광고소재/키워드 - 계정 - 광고그룹 - 캠페인

17. 다음 중 검색광고 등록시스템에 대한 설명으로 옳지 않은 것은?
① 검색광고를 운영하기 위해서는 광고하고자 하는 사이트(캠페인)를 등록해야 한다.
② 광고그룹을 등록할 때 확장 검색 옵션의 설정이 가능하다.
③ 광고 예산설정은 캠페인에서만 설정 가능하다.
④ 카카오의 키워드 맞춤제안도구, 네이버의 키워드 도구를 사용하며 다양한 키워드 발굴이 가능하다.

18. 다음 중 네이버 광고등록 기준에 대한 설명으로 옳지 않은 것은?
① 순위, 점유율, 확률 문구는 관련 내용이 해당 사이트에서 확인되거나 객관적으로 확인할 수 있는 공신력 있는 서류를 제출할 경우 기재할 수 있다.
② 공식, 독점, 총판, 유일 등 문구는 관련 내용이 상식적으로 통용되는 경우에 한하여 기재할 수 있다.
③ 대출 또는 대부 '이자율'이나 예금 또는 적금 '이자율'을 기재할 수 없다.
④ 최상급 문구는 관련 내용이 해당 사이트에서 확인되거나 객관적으로 확인할 수 있는 공신력 있는 서류를 제출할 경우 기재할 수 있다.

19. 월 고정 예산으로 검색광고를 집행하고 있는데 비용대비 효율(ROAS)이 계속 떨어지고 있다면, 이를 위한 개선 방법으로 옳지 않은 것은?
① 집행 보고서를 통해 효율이 떨어지는 매체, 키워드를 확인하여 원인을 분석한다.
② 제공하는 상품, 서비스 등을 경쟁사와 비교 분석하여 문제가 없는지 확인한다.
③ 검색광고의 노출수, 클릭수, 클릭률, CPC, 전환수, 전환율 등을 세부적으로 나누어 일별/월별/연별로도 비교 분석 한다.
④ 노출되는 키워드가 높은 순위로 노출되지 않아 ROAS가 하락하기 때문에 집행하는 모든 키워드를 최상위 순위로 노출한다.

20. 다음 중 네이버 검색광고 상품에 대한 설명으로 옳지 않은 것은?
① PC 검색결과 주로 비즈사이트는 상단 최대 10개 노출, 파워링크는 최대 5개 노출된다.
② 모바일 검색결과 최대 5개가 노출되며 '더보기' 링크를 통해 노출순위 밖에 있는 광고가 노출된다.
③ 클릭초이스는 성과에 따라 광고노출기간 지정이 가능하다.
④ 네이버 모바일 컨텐츠 네트워크는 지식인, 블로그, 뉴스, 모바일 파트너 등에 노출된다.

21. 다음 중 카카오 검색광고 등록 프로세스에 대한 설명으로 틀린 것은?
① 그룹 생성 시에 광고할 사이트를 선택해야 하며 선택한 사이트는 전략에 따라 변경 가능하다.
② 광고문안노출 방식은 랜덤노출 방식과 성과우선노출 방식으로 선택 가능하다.
③ 캠페인 생성 시 캠페인 일 예산, 노출기간, 노출요일, 노출시간을 설정 할 수 있다.
④ 광고를 집행하기 위해 신규 광고주는 예치금 1만원 이상을 충전해야 광고를 노출 시킬 수 있다.

22. 네이버와 카카오의 검색광고 구조에 대한 설명으로 옳지 않은 것은?
① 네이버는 광고그룹에서 매체/지역/시간 전략을 설정할 수 있다.
② 네이버와 카카오 모두 키워드 단위의 품질지수를 반영하고 있다.
③ 카카오 노출 영역은 PC 검색 포털, PC/모바일 컨텐츠, 모바일 검색 영역에 노출된다.
④ 카카오에서 검색광고를 등록하면 네이트와 Bing 등의 사이트에 노출된다.

23. 다음 중 검색광고와 관련된 설명으로 옳은 것은?
① CPS는 한 건의 수익을 만들어 내는데 투입된 비용이다.
② 클릭수는 검색사용자가 키워드를 검색한 후 광고가 보여진 수치이다.
③ CPM은 노출 10,000회당 광고단가를 기준으로 한다.
④ 구매전환율이 높을수록 CPS는 낮아진다.

24. 다음 중 검색광고에서 랜딩페이지 전략에 대한 설명으로 옳지 않은 것은?
① 방문한 고객은 찾고 싶어하는 정보를 찾지 못하면 쉽게 이탈하는 경우가 많기 때문에 연관도가 높은 페이지를 설정해야 한다.
② 세부키워드는 방문자의 니즈(Needs)를 분석하여 최적의 세부페이지나 카테고리 페이지로 연결하는 것이 효과적이다.
③ 시즌이슈, 이벤트, 특정타겟 등 방문자의 세부적인 니즈를 파악하여 별도 페이지를 구성하는 것도 효과적이다.
④ 광고하고자 하는 URL은 표시 URL과 연결 URL이 동일해야 효과적이다.

25. 네이버 검색광고에서 캠페인 관리에 대한 설명으로 옳지 않은 것은?
① 네이버 광고시스템에 접속하면 등록한 모든 캠페인의 현황을 확인 할 수 있다.
② 캠페인 리스트에서는 각 캠페인의 노출수, 클릭수, 평균클릭비용을 확인 할 수 있다.
③ 캠페인 예산설정 보다는 그룹 예산설정이 무조건 우선되어 광고 노출된다.
④ 캠페인의 예산설정을 할 수 있으나, 상황에 따라 초과하는 금액이 과금 될 수 있다.

26. 다음 중 카카오 검색광고 관리에 대한 설명으로 옳지 않은 것은?
① 시스템에서 입력한 키워드와 연관도가 높으면서 경쟁 광고주가 많이 구매한 키워드를 추천해 준다.
② 소재 노출 방식으로 랜덤노출 방식, 균등노출 방식으로 이루어져 있다.
③ 등록한 키워드와 연관성이 높은 키워드를 확장하여 자동으로 노출할 수 있다.
④ 노출할 기간/요일/시간을 설정하면 원하는 때에만 전략적으로 광고 노출 가능하다.

27. 다음 중 검색광고 품질지수 향상 방법에 대한 설명으로 옳지 않은 것은?
① 관련성 있는 키워들을 그룹핑 하면 세부적이고 연관성 높은 광고문구 작성이 가능하여 품질지수가 향상된다.
② 다양한 문구를 테스트하여 최적화된 문구를 선택하면 클릭률이 증대되어 품질지수가 향상된다.
③ 키워드 삽입 기능을 사용하면 볼드처리가 되어 클릭률이 증대되고 품질지수가 향상된다.
④ 모든 키워드의 랜딩페이지를 메인 페이지로 지정하면 품질지수가 향상된다.

28. 네이버의 온라인 광고정책에서 광고주 가입 정책에 대한 설명으로 옳지 않은 것은?
① 네이버 검색광고를 진행하려면 먼저 광고주센터에서 광고주 신규 가입을 해야 한다.
② 가입신청자가 약관 및 광고운영정책을 위반할 경우 광고주 가입이 제한된다.
③ 광고주 신규 가입은 사업자등록을 한 자에게만 가능하다.
④ 광고주 가입은 자신의 사이트를 광고하기 위한 목적으로 가입해야 한다.

29. 다음 중 랜딩페이지 개선 작업이 필요한 시점이라 판단되는 시기는 언제인가?
① 검색량의 감소
② 클릭률의 감소
③ 구매전환율의 감소
④ 객단가의 감소

30. 다음 중 반송률에 대한 설명으로 틀린 것은?
① 이벤트 응모, 연관 상품 노출, 추천 서비스 등을 통해 액션을 유도하면 반송률을 낮출 수 있다.
② 처음 접속페이지와 마지막 접속페이지가 같은 경우라 볼 수 있다.
③ 반송수가 높더라도 방문수가 높은 페이지는 효과적인 랜딩페이지이다.
④ 키워드별 반송률 데이터를 참고하여 입찰 전략을 최적화하면 광고 효율을 높일 수 있다.

31. 다음 중 광고 성과를 높이기 위한 랜딩페이지 운영방법으로 적절하지 못한 것은?
① 랜딩페이지에는 광고문구가 포함되는 것이 좋다.
② 상품 구매나 서비스 예약을 즉시 할 수 있는 요소는 필요 없다.
③ 특정 타겟에 대한 세부적인 니즈(Needs)에 따라 페이지를 별도로 구성하는 것도 방법이다.
④ 신뢰도를 높일 수 있는 자료나 후기를 제시하면 효과적이다.

32. 다음 중 랜딩페이지 관리가 중요한 이유로 옳지 않은 것은?
① 키워드광고를 통해 방문한 유저가 처음 방문하는 곳이기 때문에
② 키워드와 랜딩페이지의 연관성이 떨어지면 유저가 이탈하기 쉽기 때문에
③ 랜딩페이지 관리를 통해 검색 상위노출 순위를 유지할 수 있기 때문에
④ 잘 관리된 랜딩페이지는 구매율을 향상시킬 수 있기 때문에

33. 다음 중 검색광고의 키워드 사후관리에 대한 설명으로 옳은 것은?
① 효율성이 낮은 키워드는 바로 삭제해 관리한다.
② 효과가 좋은 키워드는 효과 극대화를 위해 매체를 축소한다.
③ 삭제된 키워드 대신 새로운 키워드를 발굴한다.
④ 효율성이 높은 키워드는 광고노출순위를 현재와 똑같이 유지하여 관리한다.

34. 네이버 검색광고에서 랜딩페이지와 키워드의 연관도에 대한 설명으로 옳지 않은 것은?
① 사이트에서 미국 등 해외국가 각 대학의 편입학정보를 제공하는 경우 "해외유학" 키워드로 광고가 가능하다.
② 사이트에서 중장년층을 겨냥한 의류/잡화, 건강식품 등을 제공하는 경우 "어버이날선물" 키워드로 광고가 가능하다.
③ 사이트에서 확인되지 않아도 피아노학원이라면 통상 교습교재인 "바이엘, 체르니" 키워드로 광고가 가능하다.
④ 사이트에서 대출업체임이 확인되어야 "직장인대출, 근로자대출" 키워드로 광고가 가능하다.

35. 다음 중 효과적인 검색광고 운영에 관한 내용으로 바람직한 것은?
① 자사명 키워드는 목표 ROAS를 다른 키워드와 달리 적용하여 관리한다.
② 세부키워드를 활용하면, 비용 대비 효율이 떨어진다.
③ 구매전환율이 낮은 키워드는 랜딩페이지를 메인페이지로 일괄 조정하면 전환율을 높일 수 있다.
④ 클릭률이 평균보다 높은 키워드는 노출 순위를 올리는 것이 좋다.

36. 다음 중 광고 효과 분석 후 취해야 할 조치로 적절하지 않은 것은?
① 성과가 높은 키워드를 중심으로 키워드를 확장한다.
② 전환율이 낮은 키워드는 페이지뷰/체류시간 데이터도 점검한다.
③ 클릭률이 평균보다 낮은 키워드는 소재를 변경한다.
④ 간접전환만 주로 발생하는 키워드는 입찰순위를 낮춘다.

37. 검색광고를 운영하는데 150만원의 광고비로 1,500%의 ROAS를 얻었다고 한다면, 광고를 통해 발생한 전환매출은 얼마인가?
① 1,500,000원
② 2,250,000원
③ 15,000,000원
④ 22,500,000원

38. 다음 중 검색광고의 키워드 관리에 대한 내용으로 옳은 것은?
① ROAS가 100% 이하인 키워드는 무조건 삭제한다.
② 목표 ROAS보다 성과가 좋은 키워드는 공격적인 운영을 검토한다.
③ 품질지수가 높으면, CPC도 높아질 수 있다.
④ CPC가 낮은 키워드들은 광고 성과가 좋지 않아도 계속 유지한다.

39. 다음 중 검색광고와 관련된 설명으로 옳은 것은?
① CPC가 높으면 CPS도 높다.
② CPC가 높은 키워드도 ROAS가 높을 수 있다.
③ 광고비 100만원으로 400만원의 전환매출이 발생했다면, ROI는 400%이다.
④ CPS가 높을수록 광고효과가 좋다는 뜻이다.

40. 다음 중 검색광고에서 ROAS를 상승시키는 방법으로 옳지 않은 것은?
① 사용자의 의도를 파악하여 랜딩페이지를 수정하도록 한다.
② CPC와 클릭률을 모두 낮춘다.
③ 광고수익률이 낮은 키워드들은 광고 전략을 변경한다.
④ 키워드의 품질지수를 높인다.

※ 다음 사항을 확인하신 후 단답식 시험을 진행하시기 바랍니다.

○ 시험지의 문제유형(Ⓐ, Ⓑ)과 OMR 답안지의 문제유형이 동일합니까?

○ OMR 답안지에 수검번호는 뒷자리 6자리, 생년월일 6자리를 정확히 기재한 후 각각 표기하셨습니까?

○ 문제에 대한 답안을 모두 기입하셨습니까?

- 단답식 문제 계속(다음장) -

단답식 (41-60)

[답안 작성 요령]

답안지는 반드시 검정색 볼펜을 사용하여야 합니다.
(검정색 이외의 필기구 및 연필 등 지우개로 지울 수 있는 필기구를 사용할 경우 오답처리 합니다.)
- 답안지에 수검번호, 생년월일, 성명을 정확히 기재하여 주십시오.
※ 답안지에 기재 오류 시 발생되는 불이익은 수검자의 책임으로 합니다.

41. 다음은 무엇에 대한 설명인가? (2점)

- 광고물을 게재하거나 삭제하며 각종 타겟팅 기법을 적용해주고, 광고 통계 리포트를 산출해주는 자동시스템
- 고객의 방문과 이동에 관한 통계치를 제공하거나, 배너 회전 같은 기능도 제공하여 단일 고객이 똑같은 웹페이지를 방문하였을 때 배너를 두 번 보지 못하게 설정 가능

42. 다음은 무엇에 대한 설명인가? (2점)

- TV, PC, 스마트폰, 태블릿 등 여러 기기의 스크린을 통해 하나의 컨텐츠를 끊김 없이 이용할 수 있게 해주는 서비스
- N개(다수)의 이종 단말기에서 동일한 콘텐츠를 자유롭게 이용할 수 있는 서비스

43. 다음은 무엇에 대한 설명인가? (2점)

- 상품이나 광고를 본 네티즌들이 퍼담기 등을 통해 서로 전달하면서 자연스럽게 인터넷상에서 화제를 불러 일으키도록 하는 마케팅 방식이다.
- 네티즌들의 자발적인 제품홍보를 이용한 방식으로, 기업이 직접 광고를 하는 것보다 신뢰도가 높고 빠르게 퍼지며, 적은 비용으로 큰 효과를 올릴 수 있는 광고기법이다.

44. 다음은 무엇에 대한 설명인가? (2점)

- 웹(web)과 로그(log)의 줄임말로, 일반인들이 자신의 관심사에 따라 일기·칼럼·기사 등을 자유롭게 올릴 수 있을 뿐 아니라, 개인출판·개인방송·커뮤니티까지 다양한 형태를 취하는 일종의 1인 미디어를 뜻함
- 정보의 손쉬운 가공과 공유, 전화를 통한 음성정보 축적과 함께 양방향 커뮤니케이션을 통한 새로운 멀티콘텐츠의 생성이 가능해 새로운 커뮤니케이션의 수단으로 각광받고 있으며, 이를 통해 온라인 PR 또는 제휴광고에 이용하기도 함

45. 카카오 검색광고의 무효클릭 관리 정책에 대한 아래 설명에서 (①), (②)에 들어갈 숫자의 합은 얼마인가? (2점, 부분점수 없음)

- 무효클릭 방지를 위해 IP 노출 제한은 최대 (①)개까지 설정이 가능하며, 사이트 URL 노출제한 설정도 최대 (②)개까지 가능하다.

46. 다음은 무엇에 대한 설명인가? (2점)

- 일반적으로 실질적인 사이트 방문이나 거래가 이루어질 의사 또는 가능성이 전혀 없이 오로지 광고주에게 요금을 부과할 악의적인 의사만을 가지고 행해지는 것

47. 다음은 무엇에 대한 설명인가? (2점)

- 네이버 검색의 "컬렉션 랭킹"으로 노출순위가 결정되어 최상단에 컨텐츠가 노출된다.
- 브랜드의 내용을 다양한 이미지와 함께 주로 최상단에 노출하는 상품이다.
- 광고소재 내의 이미지와 정보 이외에도 클릭하는 각각의 위치에 따라 세분화된 URL로 링크를 설정할 수 있다.

48. 검색광고 문안을 작성할 때 글자수에 대한 아래의 설명에서, (①), (②), (③)에 들어갈 모든 수의 합은 얼마인가? (2점, 부분점수 없음)

- 네이버 파워링크의 광고문안 제목은 (①)자 이내, 설명은 (②) 이내로 작성해야 하고, 카카오 프리미엄 링크의 광고문안은 제목과 설명을 합쳐 (③)자 이내로 작성해야 한다.

49. 다음은 네이버 검색광고의 용어에 대한 설명이다. (①)과 (②)에 들어갈 용어는 각각 무엇인가? (2점, 부분점수 없음)

- (①)은(는) 사업자가 제공하는 고객과의 컨택채널로서, 웹사이트 외에도 주소, 전화번호, 네이버 예약 등 다양한 채널등록이 가능하다.
- (②) 은(는) 캠페인의 하위단위로서 광고목적을 달성하기 위한 최소운영단위이며 광고운영, 효과분석, 입찰단위이다.

50. 다음은 무엇에 대한 설명인가? (2점)

- 투자수익율을 뜻하는 용어로, 광고를 집행할 때 1원의 비용으로 얼마의 이익이 발생했는지를 나타내는 것

51. 다음과 같은 조건에서 '홍삼' 키워드의 구매건수는 얼마인가?

키워드	노출수	클릭수	CTR	광고비
홍삼	720,000건	12,000건	1.7%	2,400,000원
CPC	구매전환율	구매건수	CPA	-
200원	0.5%	(?)	40,000원	-

52. 다음은 무엇에 대한 설명인가? (2점)

- 카카오 검색광고의 문안노출 방식으로, 한 그룹에 2개 이상의 광고가 등록되어 있을 경우 광고 시스템에서 성과를 분석하여 성과가 좋은 소재를 더 많은 비중으로 노출하는 방식

53. 네이버에서 검색광고를 진행할 때에 아래와 같은 조건이라면, A사와 D사의 과금액을 합한 금액은 얼마인가? (단, 4개 광고만 노출되고 다른 광고는 없다고 가정, 2점, 부분점수 없음)

광고주	입찰가	순위	광고주	입찰가	순위
A사	500원	1순위	C사	300원	3순위
B사	400원	2순위	D사	200원	4순위

54. 랜딩페이지 개선에 따라 구매전환율이 2배 상승하면 광고비 대비 ROAS는 몇 배 상승하는가? (단, CPC와 객단가는 동일하다고 가정, 2점)

55. 객단가가 5,000원, ROAS가 250%일 때 최대 CPS는 2,000원이다. 이 때 랜딩페이지 구매율이 2배 상승하면 최대 CPS(①)와 ROAS(②)는 각각 얼마인가?(2점, 단위 누락 시 오답, 부분점수 없음)

56. 다음의 설명에서 ( ) 안에 공통으로 들어갈 용어는 무엇인가? (2점)

- (　　)은(는) 검색광고에서 광고 노출순위를 결정하는 한 가지 요소이다.
- (　　)은(는) 광고클릭률, 키워드와 소재의 관련성, 키워드와 사이트의 관련성 등 광고 품질을 평가할 수 있는 다양한 요소를 반영하여 산정된다.
- (　　)을(를) 높이면, CPC가 낮아져서 효율적인 광고 운영이 가능하다.

57. 다음의 설명에서 (①), (②)에 들어갈 용어는 각각 무엇인가? (2점, 부분점수 없음)

(①) = (전환수 / 클릭수) × 100
(②) = [(구매건수 × 객단가) / (클릭수 × CPC)] × 100

58. 다음과 같은 조건에서 (①), (②), (③)에 들어갈 숫자의 모든 합은 얼마인가? (2점, 부분점수 없음)

키워드	노출수	클릭수	클릭률	CPC
프린트잉크	(①)건	11,000	22%	300원
광고비	구매건수	전환율	전환매출	ROAS
3,300,000원	(②)건	1%	16,500,000원	(③)%

59. 광고수익률이 높은 "키높이구두" 키워드의 CPC를 공격적으로 높이려 할 때, ROAS를 300% 유지하는 조건으로 클릭을 유도하려면 최대CPC는 얼마인가? (소수점 이하는 기재하지 않음, 2점)

키워드	노출수	클릭수	클릭률	CPC
키높이구두	150,000건	11,000건	7.33%	500원
광고비	구매건수	전환율	전환매출	ROAS
5,500,000원	350건	3.18%	38,500,000원	700%

60. 다음과 같은 사례에서 'OO맛집추천' 키워드의 실제 입찰금액은 얼마인가? (2점)

- 네이버 키워드광고에서 'OO맛집' 키워드를 등록하고, 키워드 확장 기능을 사용하여 'OO맛집추천' 키워드도 광고가 노출되었다.
- 현재 'OO맛집' 키워드의 입찰가는 100원이고, 'OO맛집추천' 키워드의 중간입찰가는 90원이다. 입찰가 가중치는 200%로 설정되어 있다.

※ 다음 사항을 확인하신 후 시험을 종료하십시오.

○ 시험지의 문제유형(Ⓐ, Ⓑ)과 답안지의 문제유형이 동일합니까?

○ 답안지에 수검번호는 뒷자리 6자리, 생년월일은 6자리를 정확히 기재한 후 각각 표기하셨습니까?

○ 문제에 대한 답안을 모두 기입하셨습니까?

- 수고하셨습니다 -

정보통신기술자격(KAIT · CP) 검정시험

The Official Approval Test for KAIT Certified Professional

◉ 시험종목 : 제1802회 검색광고마케터 1급

◉ 시험일자 : 2018. 09. 08.(토), 14:00~15:30

◉ 응시자 기재사항 및 감독위원 확인

수 검 번 호	SMF - 1802 -	감독위원 확인
성 명		

◉ 응시자 유의사항

1. 응시자는 신분증을 지참하여야 시험에 응시할 수 있으며, 시험이 종료될 때까지 신분증을 제시하지 못 할 경우 해당 시험은 0점 처리됩니다.

2. OMR 카드는 "OMR 카드 작성 시 유의사항"을 반드시 숙지하신 후 컴퓨터용 수성 사인펜(검정색)을 사용하여 작성하여야 합니다.

3. 단답식 답안지는 반드시 검정필기구를 사용하되, 연필 등은 사용하실 수 없습니다. (지우개로 지울 수 있는 필기구 사용 시 "0"(영)점처리 됩니다.)

4. OMR 카드 및 단답식 답안지 작성 시 문제유형, 성명, 종목, 수검번호, 생년월일 등을 기재 또는 마킹하지 않거나 틀린 경우에 발생되는 불이익은 응시자의 책임으로 합니다. (뒷면의 이메일 주소 기재는 선택사항이나 가급적 작성하시길 권합니다.)

5. 시험 중 휴대용 전화기 등 일체의 통신장비를 사용할 수 없으며, 사용 시 부정행위로 간주되어 당해 시험은 실격처리 되고, 시험일로부터 3년간 응시자격을 정지합니다.

6. 응시자는 수험시간 45분 후부터 퇴실이 가능하며, 문제지와 답안지를 감독위원에게 제출 후 퇴실하여야 합니다.

7. 시험시행 후 결과는 홈페이지(www.ihd.or.kr)에서 확인하시기 바랍니다.
   1) 문제 및 모범답안 공개 : 2018. 09. 11.(화)
   2) 성적 공개 : 2018. 09. 28.(금)

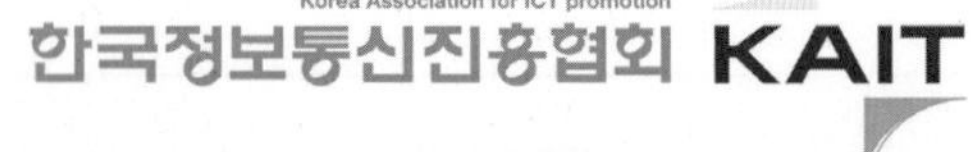

제1802회 검색광고마케터 1급 A형 모범답안

□ 객관식 답안

1	2	3	4	5	6	7	8	9	10
2	3	4	1	4	3	2	1	2	4
11	12	13	14	15	16	17	18	19	20
1	3	4	2	3	2	2	4	2	2
21	22	23	24	25	26	27	28	29	30
4	4	4	3	3	4	4	2	4	1
31	32	33	34	35	36	37	38	39	40
4	1	4	2	4	1	3	3	1	1

□ 단답식 답안

번호	답 안	번호	답 안
41	ⓑ ⓒ ⓐ ⓔ ⓓ	51	(최대클릭비용, 품질지수) 또는 (입찰액(가), 품질지수)
42	소셜미디어 광고	52	구매율(구매전환율)
43	프로슈머(prosumer)	53	목표과업법
44	공유(share)	54	기능적 욕구
45	품질지수	55	B사
46	부정클릭(또는 무효클릭)	56	랜딩페이지
47	%, ~, /, (또는 %, ~, /, +)	57	57
48	확장소재	58	페이지뷰 (PV)
49	자동입찰기능	59	300%
50	DDN(Daum Display Network, 다음 디스플레이 네트워크) 또는 카카오광고	60	CPS(전환당비용)

※ 다음 사항을 확인하신 후 시험을 시작하시기 바랍니다.
○ 본 문제지는 총 12페이지이며, 60문제(객관식 : 1번~40번, 단답식 : 41번~60번)로 구성되어 있습니다.
페이지와 문제수가 맞는지 확인하시기 바랍니다.
○ 과목별 문제수 및 문제당 배점
- 객관식 : 40문제 × 1.5점 = 60점
- 단답식 : 20문제 × 2.0점 = 40점
○ 합격기준
- 합계 70점 이상
- 유형별 점수의 40% 미만 과락

객관식 (1-40)

1. 다음 중 미디어 이용 변화에 설명으로 틀린 것은?
① TV시청률이 지속적으로 감소하고 있다.
② 인터넷은 PC 이용률이 모바일 이용률 보다 높다.
③ 인터넷 이용이 전 연령층으로 확대되고 있다.
④ 기존 매스미디어에 대한 소비자 접촉률은 계속 하락하고 있다.

2. 다음 디지털광고 발전사 중 "1차 성장기" 에 대한 설명으로 알맞은 것은?
① 이용행태 기반의 맞춤형 광고, 위치기반 모바일 광고 등이 등장했다.
② 인터넷 사용이 확산되면서 디지털광고가 광고 매체로서 정착되기 시작했다.
③ 동영상이나 플래시 기법의 광고들이 선보이며 멀티미디어 광고가 시작되었다.
④ 검색광고가 본격화되면서 디스플레이 광고 시장을 추월하기 시작했다.

3. 디지털 광고의 유형 중에서 JPGE, DHTML, Javascript, Shockwave, Java 프로그래밍과 같은 신기술 및 고급 기술을 적용시킨 광고로 알맞은 것은?
① 검색광고 ② 막간광고
③ MMS광고 ④ 리치미디어 광고

4. 다음 중 디지털화로 인한 커뮤니케이션 변화에 관한 설명으로 틀린 것은?
① 인터넷을 통해 일대다(一對多) 커뮤니케이션이 비로소 가능하게 되었다.
② 인터넷을 통해 정보 수용에 수동적이었던 사람들이 정보 전달 내용, 시간, 대상 등에 적극적인 영향력을 행사하게 되었다.
③ 인터넷을 통해 사람들은 정보 수용자인 동시에 송신자로서 역할을 하게 되었다.
④ 디지털 상에서는 시공(時空)을 초월한 커뮤니케이션이 가능하다.

5. 다음은 디지털 시대의 소비자 주도 패러다임에 대한 설명이다. (괄호) 안에 들어갈 용어로 알맞은 것은?

인터넷의 발달과 함께 기업보다 소비자가 더 빨리 정보를 얻는 (   ) 현상이 발생하기도 한다.

① 정보 왜곡 ② 정보 다변화
③ 정보 추월 ④ 정보 역전

6. 다음에서 설명하는 것으로 알맞은 것은?

이것은 고객의 니즈, 성격, 라이프스타일 등에 따라 고객을 되도록 작은 집단으로 나누는 것을 의미하는 마케팅 용어이다.

① 타깃팅 ② 컨셉메이킹
③ 시장세분화 ④ 포지셔닝

7. 다음은 디지털 소비자에 대한 설명이다. (괄호) 안에 들어갈 용어로 알맞은 것은?

요즘 젊은 세대는 태어나면서부터 고도의 디지털 기기에 둘러싸여있다. 그래서 이들을 '디지털 네이티브(digital native)'라 부른다. 이들의 사고나 행동에는 이전 세대인 (　　　　)와는 다른 특별한 면이 존재한다.

① digital native ② digital immigrant
③ digital eminent ④ digital emergence

8. 다음 중 디지털 비즈니스의 특성에 관한 설명으로 틀린 것은?
① 디지털 비즈니스에서는 제품 생산, 물류, 판촉 등이 주요한 경영 활동 대상이다.
② 디지털 비즈니스에서는 디지털 형태의 데이터 혹은 정보가 중심 요소로 투입된다.
③ 디지털 비즈니스에서는 정보나 지식재산, 고객에게 제공되는 솔루션 등 다양한 형태의 산출물이 생산된다.
④ 디지털 비즈니스의 등장과 몰락, 그리고 대체는 과거 어느 시대보다 빠르고 쉽게 이루어진다.

9. 다음 중 디지털 비즈니스의 메카니즘에 관한 설명으로 틀린 것은?
① 디지털 시대에는 원가와 이윤보다 고객들이 어느 정도 지불할 의사가 있는지에 따라 가격이 결정된다.
② 디지털 시대에는 통신 기술의 발달로 TV, 신문, 라디오, 잡지와 같은 대중 매체에 의한 광고가 점점 더 그 위력을 발휘하고 있다.
③ 디지털 시대에는 지식 콘텐츠의 제작에 누구나 참여할 수 있는 오픈 메커니즘으로 변화하고 있다.
④ 디지털 비즈니스에는 선도적, 배타적 경쟁 전략보다 상생적, 협력적 경쟁 전략이 성공 전략으로 떠오르고 있다.

10. 다음은 디지털 비즈니스 구조에 대한 설명이다. (괄호) 안에 공통으로 들어갈 단어로 알맞은 것은?

디지털 비즈니스에서는 실물이나 가시적인 서비스보다 (　　　)이(가) 먼저 움직인다. 즉 (　　　)가(이) 실물 비즈니스를 이끌어가는 구조다.

① 자본 ② 기술
③ 노동 ④ 정보

11. 다음 중 디지털 마케팅에 관한 설명으로 틀린 것은?
① 디지털 시대 마케팅은 과거처럼 고객 만들기가 아니라 인지도나 전환율을 높이기 위한 싸움이다.
② 소비자가 구매를 결정하기까지 제품에 대해 얼마나 아느냐 하는 인지적 요인보다 해당 브랜드에 대해 어떻게 느끼느냐 하는 감성적 요인이 더 큰 영향을 미친다.
③ 광고의 역할은 제품에 대한 기능이나 편익 전달을 넘어 브랜드에 대한 느낌을 긍정적으로 변화시키는 것이다.
④ 브랜드 구축 중심의 브랜드 관리에서 캐릭터 구축을 통한 브랜드 관리로 변화하고 있다.

12. 다음 중 디지털 마케팅의 장점 요소로 틀린 것은?
① 신뢰도 ② 타겟팅
③ 도달력 ④ 아이디어중심

13. 다음 중 디지털 마케팅의 4E로 틀린 것은?
① Evangelist ② Enthusiasm
③ Engagement ④ Extension

14. 다음 중 디지털광고의 발전사에 대한 설명으로 틀린 것은?
   ① 도입기(1995년~1996년) - PC통신에서 인터넷으로 전환되는 시기이며, 단순한 메뉴형 배너광고가 중심이 된 시기이다.
   ② 1차 성장기(1999년~2000년) - 인터렉티브 배너, Push mail 등 새로운 형태의 광고가 시작되었고, 웹진이 등장한 시기이다.
   ③ 확대기(2001년~2005년) - UCC 열풍과 함께, 미니홈피, 블로그의 부상, 검색광고가 본격화 된 시기이다.
   ④ 2차 성장기(2006년~2015년) - 스마트폰의 보급과 함께 QR코드를 접목한 인터랙티브광고, 소셜커머스 등을 이용한 모바일광고가 떠오른 시기이다.

15. 네이버의 광고 노출 제한 IP 관리 기능에 대한 설명으로 틀린 것은?
   ① 특정 IP에 대해 광고를 노출하고 싶지 않을 때 사용한다.
   ② IP 주소 마지막 네번째 자리에 와일드 카드(*)를 사용하면 IP 블록을 차단할 수 있다.
   ③ 최대 500개까지 IP 주소 또는 블록 등록이 가능하다.
   ④ 유동 IP 차단을 위해 IP를 블록으로 차단할 경우, 일반 고객까지 차단할 수 있다.

16. 다음 중 검색광고 클릭률에 대한 설명으로 틀린 것은?
   ① 클릭률을 높이면 품질지수 향상에 도움이 된다.
   ② 키워드별 검색횟수 대비 광고를 클릭한 수를 의미한다.
   ③ 클릭률을 높이기 위해서는 키워드 검색 의도별 맞춤 T&D를 노출시키는 것이 좋다.
   ④ T&D 내 키워드를 포함하여 Bold 처리를 강화하면 클릭률 상승에 도움이 된다.

17. 다음 중 광고문안 작성 방법에 대한 설명으로 적절하지 않은 것은?
   ① 고객을 사이트로 유입시키며 전환을 유발할 수 있기 때문에 효율적인 광고문안 작성이 필요하다.
   ② 광고문안의 제목은 제목, 설명, 표시URL, 연결URL로 구성되어 있다.
   ③ 표시URL은 사이트의 대표주소이며, 연결URL은 광고 클릭시 이동하는 세부주소를 말한다.
   ④ 광고 설명과 세부주소 연관성이 높으면 대체로 높은 전환율을 기대할 수 있다.

18. 다음 중 네이버의 검색광고 상품으로 틀린 것은?
   ① 쇼핑검색광고 ② 파워컨텐츠
   ③ 파워링크 ④ 스페셜링크

19. 다음 중 검색광고의 종량제(CPC) 광고에 대한 설명으로 틀린 것은?
   ① 광고를 클릭할 경우에만 과금 되는 방식이다.
   ② 키워드 선택은 클릭이 많을 것 같은 대표키워드로 선별하는 것이 좋다.
   ③ 저렴하게 상위 순위 노출하기 위해서 품질지수 관리가 중요하다.
   ④ 성과에 따라 게재와 중지가 선택 가능하다.

20. 다음 중 카카오 검색광고 상품에 대한 설명으로 틀린 것은?
   ① 다음, 네이트 등 주요 포털 검색결과에 프리미엄링크와 와이드링크 영역에 노출 된다.
   ② 다음, 네이트 등 모바일 검색결과의 프리미엄링크 영역에 최대 3개의 광고가 노출된다.
   ③ 다음과 SK커뮤니케이션과 전략적 제휴를 통해 스페셜링크, 스폰서박스 신청은 네이트에서 가능하다.
   ④ 다음은 검색광고를 통해 유입된 이용자가 구매 등의 액션을 할 경우 CTS(Conversion Tracking System) 시스템으로 정략적 분석이 가능하다.

21. 다음 중 카카오 검색광고의 정액제(CPM) 광고 상품으로 알맞은 것은?
 ① 클릭초이스 ② 파워링크
 ③ 프리미엄링크 ④ 스페셜링크

22. 다음 중 광고 목표를 설정하는 방법으로 틀린 것은?
 ① 광고 실적 데이터를 참고하여 설정한다.
 ② 목표는 현실적이어야 한다.
 ③ 목표는 수치화할 수 있어야 한다.
 ④ 목표는 광고성과에 따라 실시간으로 변동될 수 있어야 한다.

23. 다음 중 카카오 검색광고에서 해당 전략설정이 가능한 위치로 틀린 것은?
 ① 노출영역 : 그룹 단위에서 전략 설정
 ② 일예산 : 캠페인/그룹 단위에서 전략 설정
 ③ 노출기간, 노출요일 : 캠페인 단위에서 전략 설정
 ④ 확장검색 : 캠페인 단위에서 전략 설정

24. 다음 중 검색광고의 키워드 확장 방법으로 틀린 것은?
 ① 키워드 확장을 위해 키워드 제안도구를 잘 활용하면 효과 있는 키워드 발굴이 가능하다.
 ② 조회수는 낮지만 경쟁이 치열하지 않은 키워드를 발굴하면 저렴한 CPC로 운영할 수 있어 효율적이다.
 ③ 조회수가 높은 대표 키워드를 많이 사용하면 저렴한 CPC로 운영할 수 있어 효율적이다.
 ④ 매출 발생 키워드를 중심으로 세부 키워드를 확장하면 효율적이다.

25. 다음 중 광고노출 효과 산출 방법으로 틀린 것은?
 ① 구매전환율 = 구매건수 ÷ 클릭수 × 100
 ② 클릭율 = 클릭수 ÷ 노출수 × 100
 ③ 전환당비용 = 총 광고비 ÷ 클릭수 × 전환수
 ④ CPC = 총 광고비 ÷ 클릭수

26. 다음 중 검색광고에서 키워드 삽입 기능에 대한 설명으로 틀린 것은?
 ① 문구 노출 시에 볼드(강조) 처리가 가능하여 클릭을 높일 수 있다.
 ② 키워드를 광고문안에 포함시키므로 품질지수 향상에 기여한다.
 ③ 관련성(연관성)이 좋아지므로 높은 클릭률을 유도한다.
 ④ 청바지, 원피스 2개의 키워드로 "저렴한 <키워드> A쇼핑몰" 라고 작성할 경우, "저렴한 청바지 A쇼핑몰", "저렴한 청바지 A쇼핑몰"의 형태로 표현된다.

27. 다음 중 무효클릭에 대한 설명으로 틀린 것은?
 ① 특정광고주에게 악의적으로 요금을 부과하기 위해 다양한 방법의 불법 클릭을 방지하기 위한 방안이다.
 ② 특정 시스템을 사용한 클릭, 반복적인 클릭패턴 등을 분석하여 필터된 클릭을 무효클릭이라고 한다.
 ③ 네이버는 클린센터를 운영하여 무효클릭으로 인한 광고주의 피해를 최소화 하고 있다.
 ④ 네이버는 광고노출제한IP 관리를 실행하고 있는데, IP주소의 맨 앞자리에 와일드 카드(*)를 사용하여 IP을 차단한다.

28. 다음 중 네이버 검색광고 시스템의 구조에 대한 설명으로 틀린 것은?
   ① 네이버 사이트검색광고 시스템 단위 중 캠페인을 생성할 때 광고목표(마케팅목표)를 명확히 설정해야 그에 따른 결과를 측정하고 새로운 목표를 재설정 할 수 있다.
   ② 네이버 검색광고 시스템에서 동일한 키워드를 다른 캠페인이나 그룹에 중복하여 등록 할 수 없다.
   ③ 광고주의 광고목표에 따라 캠페인에서 파워링크 유형, 쇼핑검색 유형, 파워컨텐츠 유형 중 선택 가능하다.
   ④ 광고그룹은 캠페인의 하위 개념으로 광고 입찰/성과 확인 등의 광고 운영 단위이다.

29. 다음 중 랜딩페이지 개선을 위한 분석 및 최적화에 사용될 수 있는 Marketing Solution으로 틀린 것은?
   ① Google Optimizer ② Google Analytics
   ③ Hotjar ④ Loga DB

30. 다음 중 효과적인 랜딩페이지 관리 전략으로 적절하지 않은 것은?
   ① 홍보자료가 부족한 경우 PC용 웹사이트만 제작해서 운영해야 한다.
   ② 홈페이지 메인화면보다는 키워드마다 관련성이 높은 페이지로 연결해야 한다.
   ③ 제품의 구매 후에 만족도가 높기 때문에 후기 컨텐츠가 노출되는 위치를 만들어야 한다.
   ④ 진행하는 광고의 특성에 맞춰 별도의 광고용 랜딩페이지를 제작해야 한다.

31. 다음 중 효과적인 랜딩페이지라 볼 수 없는 것은?
   ① 반송률이 낮은 페이지
   ② 키워드와의 관련성이 높은 페이지
   ③ 광고문구와의 관련성이 높은 페이지
   ④ 최대한 많은 정보 컨텐츠를 담은 페이지

32. 다음 중 구매율을 높이기 위한 랜딩페이지 구성 요소 전략으로 틀린 것은?
   ① 랜딩페이지에는 키워드광고에 사용했던 문구를 반드시 삽입해야 한다.
   ② 무료배송, 적립금, 이벤트 내용을 포함하는 것이 효과적이다.
   ③ 특정 타겟이나 시즈널 이슈 페이지를 별도로 구성하는 것이 효과적이다.
   ④ 상품이 카테고리별로 구분되어야 한다.

33. 다음 중 랜딩페이지에 대한 설명으로 알맞은 것은?
   ① 광고로 표시되는 URL을 랜딩페이지라고 한다.
   ② 반송율이 높다는 것은 랜딩페이지가 효과적이라고 판단할 수 있다.
   ③ 랜딩페이지로 인해 구매율이 2배 상승하면 ROAS는 4배 상승한다고 할 수 있다.
   ④ 사용자는 랜딩페이지와 키워드검색 간에 매칭이 되지 않으면 이탈할 가능성이 매우 높아진다.

34. 다음 중 효과적인 랜딩페이지를 구성할 수 있는 솔루션으로 틀린 것은?
① 전환율이 높은 랜딩페이지로 최적화하기 위해서 페이지 영역별 AB Test Solution을 사용할 수 있다.
② 네이버 검색광고 시스템에서 자체적으로 랜딩페이지를 최적화 시켜주는 옵션을 활용할 수 있다.
③ 다양한 상품 및 컨텐츠를 제공하는 사이트의 경우, 개인화된 맞춤 컨텐츠를 추천해주는 큐레이션 솔루션을 활용할 수 있다.
④ 고객의 페이지 이동 흐름을 분석하여 랜딩페이지의 개선점을 발견할 수 있도록 로그분석시스템을 사용하는 것이 좋다.

35. 다음 중 광고효과 분석에 따른 의사결정으로 틀린 것은?
① 광고비만 소진하고 일정 기간 성과가 없는 키워드는 순위를 낮추거나 광고를 중단한다.
② 랜딩페이지를 꾸준히 관리하여, 구매율 및 체류시간 상승을 유도한다.
③ 경쟁사 조사를 통해, 상품 경쟁력을 비교하고 랜딩페이지를 개선한다.
④ ROAS를 높이는 게 목표인 캠페인은 키워드 상위 전략을 가장 우선시해야 한다.

36. 다음 중 검색광고를 최적화하기 위한 방법으로 알맞은 것은?
① 키워드 확장 기능을 이용하여, 의미 있는 키워드 발굴에 힘쓴다.
② 목표수익률에 도달하지 못하고 있는 키워드는 광고비를 절약하기 위해 모두 삭제한다.
③ 클릭률이 낮은 키워드는 가장 먼저 상위 입찰 전략을 고려해본다.
④ 클릭률과 전환율은 항상 정비례한다는 것을 염두한다.

37. ROAS가 500%, CPA가 10,000원인 광고 사이트가 캠페인 최적화를 통해 광고 전환율이 4배 상승하였다. 이 때의 ROAS와 CPA 변화로 알맞은 것은? (단, 광고비는 2배 상승했으며, 다른 요인은 변동 없음)
① ROAS = 1,000% , CPA = 2,500원
② ROAS = 2,000% , CPA = 2,500원
③ ROAS = 1,000% , CPA = 5,000원
④ ROAS = 2,000% , CPA = 5,000원

38. 다음 중 일반적인 광고리포트에서 기본적으로 파악할 수 있는 것으로 볼 수 없는 것은?
① 노출수 ② 클릭수
③ 반송율 ④ 광고비용

39. 다음 중 검색광고의 성과를 높이기 위해 한 방법으로 틀린 것은?
① ROAS가 평균보다 낮은 키워드는 광고를 중단하여 수익률을 향상시킨다.
② 매체, 지역, 시간대별 성과분석을 통해 예산을 재분배한다.
③ 노출 영역에 따른 성과를 파악하여 CPC를 조절한다.
④ 소재 A/B 테스트를 통해 클릭률을 개선한다.

40. 광고의 결과가 다음과 같은 경우, CPS와 ROAS가 바르게 짝지어진 것은?

> 1) 광고비: 40,000,000원
> 2) 광고를 통한 방문 수: 20,000명
> 3) 광고를 통해 판매된 물품 수: 200개
> 4) 물품 단가: 800,000원
> 5) 이익률 : 40%
> ※ 이외의 추가 조건 없음

① CPS = 20만원, ROAS = 400%

② CPS = 20만원, ROAS = 160%

③ CPS = 50만원, ROAS = 160%

④ CPS = 50만원, ROAS = 400%

> ※ 다음 사항을 확인하신 후 단답식 시험을 진행하시기 바랍니다.
>
> ○ 시험지의 문제유형(Ⓐ, Ⓑ)과 OMR 답안지의 문제유형이 동일합니까?
>
> ○ OMR 답안지에 수검번호는 뒷자리 6자리, 생년월일 6자리를 정확히 기재한 후 각각 표기하셨습니까?
>
> ○ 문제에 대한 답안을 모두 기입하셨습니까?

- 단답식 문제 계속(다음장) -

단답식 (41-60)

[답안 작성 요령]

○ **답안지는 반드시 검정색 볼펜을 사용하여야 합니다.**
(검정색 이외의 필기구 및 연필 등 지우개로 지울 수 있는 필기구를 사용할 경우 오답처리 합니다.)
○ 답안지에 수검번호, 생년월일, 성명을 정확히 기재하여 주십시오.
※ 답안지에 기재 오류 시 발생되는 불이익은 응시자의 책임으로 합니다.

41. 다음 중 디지털광고 유형을 출현한 순서대로 바르게 나열하시오.(2점)

ⓐ동영상광고, 플래시광고 ⓑ배너광고 ⓒPush Mail ⓓMMS 광고 ⓔ검색광고, 떠 있는 광고

42. 다음은 무엇에 대한 설명인가?(2점)

- 페이스북, 유튜브 등 사회적 관계망을 이용하는 광고를 말한다.
- 개인과 다수를 연결해주는 사회적 네트워크를 이용하므로 파급력이 크다.
- 모바일 디바이스의 보급이 확대됨에 따라 광고에 대한 반응이 실시간으로 빠르게 나타난다.

43. 다음은 디지털 시대 소비자의 변화에 대한 설명이다. (괄호)에 들어갈 단어로 알맞은 것은? (2점)

- 디지털 기술 덕분에 소비자들은 컨슈머(consumer)에서 (   )로 진화하게 된다.
- 이것은 생산자를 뜻하는 영어(producer)와 소비자를 뜻하는 영어(consumer)의 합성어로, 생산에 참여하는 소비자를 의미한다.

44. 다음 (괄호)에 들어갈 단어로 알맞은 것은? (2점)

- 최근 디지털 마케팅에서의 소비자행동은 일본 광고대행사 덴츠가 내세운 새로운 구매행동이론이 트렌드화 되고 있다.
- 이것은 소비자가 인지(awareness)하고, 흥미(interest)를 느끼고 검색(search)한 다음 행동(action)하고 마지막으로 (   )하는 AISAS 모델을 말한다.

45. 다음은 무엇에 대한 설명인가?(2점)

- 내 광고가 다른 광고와 비교해서 '얼마나 검색 사용자의 의도와 요구를 충족하고 있는가'를 나타내는 것
- 광고효과 뿐만 아니라, '키워드와 광고소재의 연관도', '키워드와 사이트의 연관도' 등 사용자 입장에서의 광고품질과 관련된 다양한 요소를 포함한다.

46. 다음은 무엇에 대한 설명인가?(2점)

- 이것은 경쟁사나 실제 구매와 관련이 없는 다른 사람이 반복적으로 클릭하는 악의적인 클릭이다. 검색광고 서비스업체들은 이를 원천적으로 봉쇄하기는 어렵지만 해당 클릭이 의심되는 IP를 신고하거나 등록하여 광고노출을 제한하는 방식으로 관리하고 있다.
- 이는 한정된 광고 노출 영역에서 광고를 진행해야 하기 때문에 검색광고 입찰경쟁이 심화되는 결과를 초래한다.

47. 다음 중 카카오에서 설명문구에 사용 가능한 (특수)기호를 모두 고르시오.(2점, 부분점수 없음)

@, #, %, ~, ( ), +, /

48. 다음의 설명에서 (괄호) 안에 공통으로 들어갈 용어는 무엇인가?(2점)

- ( )란 모바일 기기에 버튼 형태로 노출되는 것으로 등록된 소재의 제목, 설명, URL과 함께 최대 3개까지 노출된다.
- ( )의 유형으로는 전화번호, 위치정보, 네이버 예약 등이 있다. 네이버 검색광고에서 지원되는 기능이다.

49. 카카오 검색광고 시스템의 기능으로 희망순위, 입찰한도액을 설정해 두어 최대한 희망순위에 가깝게 노출될 수 있도록 해주는 입찰 기능은 무엇인가?(2점)

50. 다음은 무엇에 대한 설명인가?(2점)

- 다음(Daum) 유저를 중심으로 Kakao 제휴 네트워크의 잠재고객을 타겟하여 광고를 노출하는 CPC 과금의 디스플레이 네트워크 광고상품
- PC와 모바일의 Daum 초기화면에 광고를 노출 시킬 수 있음

51. 네이버 검색광고에서 노출순위를 결정하는 두 가지 요소는 무엇인가?(2점, 부분점수 없음)

52. 다음의 설명에서 (괄호) 안에 공통으로 들어갈 용어는 무엇인가?(2점)

- 키워드와 랜딩페이지간의 연관성이 ( )을 높게 하기 때문에 랜딩페이지 관리가 중요하다.
- ( )이 상승하면 ROAS도 상승해 랜딩페이지 관리를 통한 ( ) 상승은 광고효과에도 긍정적이다.

53. 다음은 무엇에 대한 설명인가?(2점)

- 광고예산 편성방법의 한 종류로서, 광고 목표를 설정한 후 이를 위해 광고비 규모를 추정하여 예산 설정하는 방법이다.

54. 다음은 무엇에 대한 설명인가?(2점)

- (   )은/는 고객의 잠재적 욕구에 관한 것으로, 제품을 구매하여 사용함으로써 자신의 편익과 유용성을 높이기 위한 욕구를 말한다.

55. 어떤 검색광고가 아래와 같은 조건으로 진행될 때, 가장 상위 순위로 노출되는 광고주는 무엇인가?(2점)

광고주	입찰가	품질지수
A사	800원	■■■■
B사	800원	■■■■■■■
C사	800원	■■■
D사	800원	■■■■■

56. 광고를 클릭하여 광고사이트에 방문할 때 처음 접속되는 페이지를 무엇이라 하는가?(2점)

57. 다음은 네이버 키워드광고에 대한 설명이다. (①), (②), (③)에 들어갈 숫자의 합은 얼마인가?(2점)

네이버 키워드광고는 전환을 직접전환과 간접전환으로 구분해서 측정할 수 있다.
- 직접전환은 광고 클릭 이후 (①)분 이내에 발생한 전환이다.
- 간접전환 추적 기간은 최소 (②)일에서 최대 (③)일 사이의 기간으로 직접 설정할 수 있다.

58. 다음은 네이버 프리미엄 로그분석에 대한 설명이다. ( ) 안에 들어갈 용어는 무엇인가?(2점)

프리미엄 로그분석은 네이버 검색광고에서 제공하는 무료 서비스로서, 다음과 같은 데이터 분석 보고서를 제공한다.
Ⓐ 네이버 검색광고의 광고별 체류 시간, ( ), 검색광고 전환 분석 보고서
Ⓐ 사이트 전체적인 유입, 방문, 페이지 분석 보고서 등의 웹 로그 분석 보고서

59. 광고비용이 1,000만원이고, 광고를 통한 매출이 4,000만원인 경우 ROI는 얼마인가?(단, 광고비 외에 다른 비용은 투입되지 않음)(2점)

60. 다음의 설명에서 ( ) 안에 들어갈 용어는 무엇인가?

( )은(는) '광고비 / (클릭수 × 구매전환율)'의 공식으로 구할 수 있다.

※ 다음 사항을 확인하신 후 시험을 종료하십시오.
○ 시험지의 문제유형(Ⓑ, -)과 답안지의 문제유형이 동일합니까?
○ 답안지에 수검번호는 뒷자리 6자리, 생년월일은 6자리를 정확히 기재한 후 각각 표기하셨습니까?
○ 문제에 대한 답안을 모두 기입하셨습니까?
- 수고하셨습니다 -

정보통신기술자격(KAIT · CP) 검정시험
(The Official Approval Test for KAIT Certified Professional)

◉ 시험종목 : 제1901회 검색광고마케터 1급

◉ 시험일자 : 2019. 03. 16.(토), 14:00~15:30(90분)

◉ 응시자 기재사항 및 감독위원 확인

수 검 번 호	SMF - 1901 -	감독위원 확인
성 명		

응시자 유의사항

1. 응시자는 신분증을 지참하여야 시험에 응시할 수 있으며, 시험 종료 시까지 신분증을 제시하지 못 할 경우 해당 시험은 0점 처리됩니다.

2. OMR 카드는 'OMR 카드 작성 시 유의사항'을 반드시 숙지하신 후 컴퓨터용 수성 사인펜(검정색)으로 마킹하여야 합니다.

3. 단답식 답안지는 반드시 검정필기구를 사용하되, 연필 등은 사용할 없습니다.
   (지우개로 지울 수 있는 필기구 사용 시 '0'(영)점 처리 됩니다.)

4. OMR 카드 및 단답식 답안지 작성 시 문제유형, 성명, 종목, 수검번호, 생년월일 등을 기재 또는 마킹하지 않거나 틀린 경우에 발생되는 불이익은 응시자의 책임으로 합니다.

5. 시험 중 휴대용 천화기 등 일체의 통신장비를 사용할 수 없으며, 사용 시 부정행위로 간주되어 당해 시험은 실격처리 되고, 시험일로부터 3년간 응시자격이 정지됩니다.

6. 응시자는 수험시간 45분 이후부터 퇴실이 가능하며, 시험지와 답안지를 감독위원에게 제출한 후 퇴실하여야 합니다.

7. 시험시행 후 결과는 홈페이지(www.ihd.or.kr)에서 확인하시기 바랍니다.
   1) 문제 및 모범답안 공개 : 2019. 03. 19.(화)
   2) 합격자 발표 : 2019. 04. 05.(금)

제1901회 검색광고마케터 1급 A형 모범답안

□ 객관식 답안

1	2	3	4	5	6	7	8	9	10
2	1	2	1	3	3	4	1	4	3
11	12	13	14	15	16	17	18	19	20
2	3, 4	1	1	2	4	3	2	3	3, 4
21	22	23	24	25	26	27	28	29	30
1	1	4	2	2	2	3	2	4	1
31	32	33	34	35	36	37	38	39	40
2	4	3	4	4	3	3	4	1	4

□ 단답식 답안

번호	답 안	번호	답 안
41	(ㄱ) 정보 (ㄴ) 지식 * 순서 무관	51	집단지성
42	디지털 격차	52	1억 5천만원 (1억5천, 150,000,000)
43	경험 또는 Experience	53	ROAS 3,000% / CPA 1,000원 단위누락시 오답
44	전환 또는 Conversion		
45	546,000	54	소재 (광고소재, 광고문안, T&D)
46	ROAS(Return On Ad Spend)	55	지역소상공인광고
47	반송률	56	쇼핑 검색 광고 (네이버 쇼핑검색 광고, 쇼핑검색)
48	정서적 욕구	57	45 또는 45자
49	CVR	58	와일드카드 또는 * (*에 대한 명칭/설명이 틀릴 경우 오답)
50	CPC 5,000	59	600 또는 400
	키워드 꽃배달, 화환배달	60	성과기반(우선), 동일(균등)비중

※ 국문 또는 영문 답안의 경우, 철자, 맞춤법이 틀릴 경우 오답처리 됩니다.

※ 다음 사항을 확인한 후 시험을 시작하십시오.

○ 시험지는 총 12페이지이며, 60문제로 구성되어 있습니다. 페이지와 문제수가 맞는지 확인하시기 바랍니다.
- 객관식 : 1번~40번, 단답식 : 41번~60번

○ 유형별 문제수 및 배점
- 객관식 : 40문제 × 1.5점 = 60점
- 단답식 : 20문제 × 2.0점 = 40점

○ 합격기준
- 총점 70점 이상
- 유형별 각 점수 40% 미만시 과락(불합격)

객관식 (1-40)

1. 다음 중 디지털 비즈니스에 대한 설명으로 적절하지 않은 것은?
   ① 실물이나 가시적인 서비스보다 정보가 먼저 움직인다.
   ② 제품 생산, 물류, 판촉 등이 주요 경영 활동 대상이다.
   ③ 기존의 비즈니스에 IT 기술이 접목되어 만들어진 영역이다.
   ④ 미디어가 모바일로 확대되면서, 보안 문제도 중요해지고 있다.

2. 다음 중 디지털 미디어 변화에 대한 설명으로 적절하지 않은 것은?
   ① 소비자들은 오프라인 활동 중에는 전혀 온라인 정보를 활용할 수 없어 tv/신문/라디오를 통해서만 정보를 획득할 수 있다.
   ② 모바일 미디어는 각종 컨텐츠 산업과 결합하면서 급속하게 성장하고 있다.
   ③ 유비쿼터스 환경은 소비자에게 원하는 정보를 자유롭게 접근 할 수 있게 하였다.
   ④ 인터넷에서 제공하는 서비스는 기존 미디어들이 제공하던 모든 서비스를 포괄하기 때문에 '토탈미디어'라고 일컫는다.

3. 다음 중 디지털 비즈니스 구성 요소에 대한 설명으로 틀린 것은?
   ① 가치제안이란 제품 혹은 서비스를 사용할 경우 차별화된 혜택이나 가치를 소비자에게 제공하는 것이다.
   ② 지속적으로 경쟁 우위를 지켜 나가기 위해서는 후발업체들의 서비스만 모방한다.
   ③ 경쟁에서 우위를 점하기 위해 전략적으로 자원을 운용해야 한다.
   ④ 고객가치를 창출하는 비즈니스 모델을 구축했다 하더라도 수익과 연결시키지 못하면 실패 할 수밖에 없다.

4. 다음 중 디지털 시대의 비즈니스 메커니즘을 요약한 내용으로 적절하지 않은 것은?
   ① 가격결정 메커니즘 - 원가와 이윤에 따라 가격이 결정되는 형태
   ② 광고 메커니즘 - 고객이 많이 모이는 곳을 찾아가는 적극적인 형태
   ③ 콘텐츠 메커니즘 - 콘텐츠 제작에 누구나 참여할 수 있는 형태
   ④ 성공 메커니즘 - 상생과 협업의 새로운 비즈니스 형태

5. 페이스북, 트위터, 블로그 등의 개인미디어가 확산되면서 사용자가 저작물을 생산하는 경우가 많아졌다. 이렇게 사용자가 직접 제작한 저작물을 일컫는 용어로 알맞은 것은?
   ① 컨슈머 (Consumer)
   ② 프로슈머 (Prosumer)
   ③ UCC (User Created Contents)
   ④ 소셜미디어 (Social Media)

6. 다음은 디지털 마케팅 캠페인 모델에 대한 설명이다. 괄호 안에 들어갈 용어가 순서대로 바르게 나열된 것은?

마케팅 캠페인은 소비자가 인지(Awareness)하고, 흥미(Interest)를 느끼고, (ㄱ)한 다음 행동(Action)하고 마지막으로 (ㄴ)하는 (ㄷ)모델이 적용된다.

① ㄱ Desire / ㄴ Memory / ㄷ AIDAM
② ㄱ Desire / ㄴ Share / ㄷ AIDAS
③ ㄱ Search / ㄴ Share / ㄷ AISAS
④ ㄱ Search / ㄴ Memory / ㄷ AISAM

7. 디지털광고 발전사 중 다음 내용이 해당하는 시기로 알맞은 것은?

· 디지털 미디어가 커뮤니케이션의 중심 매체로 자리 잡기 시작 · 검색광고가 본격화되면서 디스플레이 광고 시장을 추월하기 시작 · 인터넷이 5대 매체로 자리 잡기 시작하면서 인터넷 광고가 TV광고를 위협 · 양적 팽창과 함께 심의 문제, 표준화 문제도 표면 위로 떠오름

① 도입기 (1995년 ~ 1996년)
② 정착기 (1997년 ~ 1998년
③ 1차 성장기 (1999년 ~ 2000년)
④ 확대기 (2001년 ~ 2005년)

8. TV, PC, 스마트폰 등 여러 기기의 스크린을 통해 하나의 콘텐츠를 끊김없이 이용할 수 있는 서비스를 가리키는 용어로 알맞은 것은?

① N-스크린 ② M-스크린
③ 클라우드 ④ 태블릿 PC

9. 다음 중 디지털 미디어 분류에 대한 내용으로 틀린 것은?

① 포레스터 리서치는 기업의 입장에서 디지털 미디어를 Owned 미디어, Paid 미디어, Earned 미디어로 분류했다.
② Owned 미디어는 기업이 콘텐츠를 통제할 수 있는 커뮤니케이션 채널을 말한다.
③ Paid 미디어는 디스플레이 광고, 검색광고, 브랜드검색광고 등이 있다.
④ Earned 미디어는 기업이 소유한 채널로, 웹사이트, 모바일 앱, 블로그 등이 있다.

10. 다음 중 디지털 광고 효과 측정에 대한 설명으로 틀린 것은?

① 웹 사이트 내 스크립트 설치를 통해 트래킹이 가능하다.
② 고객이 어느 경로를 통해 방문하여 구매를 하게 되었는지 알 수 있다.
③ 트래킹 솔루션을 통해 측정할 수 있는 데이터는 광고의 노출수와 클릭수, 광고비용 데이터 뿐이다.
④ 오프라인 광고 대비 정밀하고 즉각적인 효과 측정이 용이하다.

11. 다음 중 디지털 마케팅의 특징으로 틀린 것은?

① TV, 라디오, 신문 등의 전통매체 광고보다는 비교적 적은 예산으로도 다양한 광고를 집행할 수 있다.
② 불특정 다수에게 광고를 푸시(push) 하는 형태가 일반적이다.
③ 노출수, 클릭수, 클릭률 등과 같은 데이터를 통해 성과 분석이 용이하다.
④ 광고의 역할은 제품에 대한 기능이나 편익 전달을 넘어 브랜드에 대한 느낌을 긍정적으로 변화시키는 것이다.

12. 다음 디지털광고 중 그 특징이 다른 하나로 알맞은 것은?
① 검색광고 ② 막간광고
③ MMS광고 ④ 바이럴광고

13. 다음에서 설명하는 것으로 알맞은 것은?

제품과 관련하여 소비자가 흥미 있어 할만한 것들을 제시하여 소비자의 관심을 유도하는 기법

① 브랜디드 엔터테인먼트
② 체험 마케팅
③ 이용 행태 기반의 맞춤형 광고
④ 멀티미디어 광고

14. 다음 디지털광고 발전사 중 1차 성장기(1999년 ~ 2000년)에 대한 설명으로 알맞은 것은?
① 고속 인터넷이 보급되고 인터넷 인구가 폭발적으로 증가했다.
② 인터랙티브 배너, Push mail 등 새로운 형태의 광고가 처음 시도되었으며 웹진이 등장했다.
③ UCC 동영상 광고가 확대되기 시작했다.
④ 키워드 광고가 본격적으로 확대되기 시작했다.

15. 다음 중 네이버 검색광고의 광고 문구로 사용 가능한 표현은 무엇인가?
① 하이마켓보다 무조건 저렴하게 판매하는 가전제품 쇼핑몰, 인터넷최저가
② 금연, 전자담배 니코틴스톱, 금연보조용품, 즉시배송
③ 한달 10Kg감량, 2주 5Kg 이상 감량, 단기간에 25Kg 이상 보장
④ 대출 이자율 최저 연 7.5%! 누구든지 전화 한번으로 대출가능

16. 다음 중 카카오(daum) 자동입찰에 대한 설명으로 틀린 것은?
① 자동입찰이 설정되면 광고변경이력 관리에서 그룹단위 하위 키워드 일괄설정 내역과 키워드 단위 자동입찰 설정 내역을 모두 확인 할 수 있다.
② 자동입찰은 키워드 단위로 희망순위와 자동입찰 한도액을 설정해 두면 설정된 한도액 내에서 최대한 희망순위에 가깝게 노출 될 수 있도록 자동으로 입찰 해 주는 기능이다.
③ 최대 한도액은 입찰 환경에 따라 해당 키워드가 자동적으로 금액을 변동 할 수 있는 최대 한도이다.
④ 입찰가로 노출순위가 결정되며 차 순위 입찰가 보다 20원 많은 금액이 클릭 당 과금 된다.

17. 다음 중 네이버에 광고 등록이 가능한 키워드로 알맞은 것은?
① 추첨을 통해 '유모차'를 지급하는 보험모집인 사이트에 '유모차' 키워드로 광고등록
② 판매하는 S/W를 구매해야 '터치패드'를 끼워 주는 사이트에 '터치패드' 키워드로 광고등록
③ 단양에 소재한 '팔경펜션'이 '단양펜션, 펜션' 키워드로 광고등록
④ '프린세스' 자동차의 결함, 사고사례를 제공하는 사이트에 '프린세스' 키워드로 광고등록

18. 다음 중 광고효과 산출방법으로 틀린 것은?
① CTR = 클릭수/노출수 × 100
② CVR = 클릭수/전환수 × 100
③ CPS = 총 광고비/구매건수
④ CPC = 총 광고비/클릭수

19. 다음 중 검색광고의 광고품질 관리에 대한 설명으로 틀린 것은?
  ① 광고품질은 광고의 노출순위지수 결정에 영향을 미친다.
  ② 카카오(daum) 광고의 품질지수는 '그룹' 단위로 부여되므로 그룹내의 키워드와 소재의 조합, 사이트와의 연관성이 중요한 변수가 될 수 있다.
  ③ 노출순위는 최대노출수와 광고품질을 고려하여 설정된다.
  ④ 네이버는 광고품질지수를 7개의 bar로 나타내고 있으며 초기 광고주의 품질지수는 4개의 bar가 부여된다.

20. 다음 중 신규 검색광고를 세팅할 때 키워드를 선정하는 노하우로 틀린 것은?
  ① 제품별, 카테고리별 세부키워드를 파악해 선정한다.
  ② 키워드도구를 통한 해당키워드와 추천키워드를 조회해 선정한다.
  ③ 로그분석을 활용해 성과로 전환되는 키워드를 파악해 선정한다.
  ④ 경쟁업체에서 주력하고 있는 키워드군을 파악해 선정한다.

21. 다음 중 광고 목표를 설정하는 방법으로 틀린 것은?
  ① 목표는 실시간 데이터에 기반하여 설정한다.
  ② 목표는 현실적이어야 한다.
  ③ 목표는 수치화할 수 있어야 한다.
  ④ 목표는 명확하고 구체적으로 설정한다.

22. 다음 중 광고품질지수 관리 전략에 관한 설명으로 틀린 것은?
  ① 랜덤노출 기능을 사용하면 많은 클릭을 받을 수 있어 품질지수를 높일 수 있다.
  ② 품질지수를 통해 광고가 얼마나 효율적으로 운영되고 있는지 파악할 수 있다.
  ③ 그룹에 부여되는 품질지수가 높을 경우, 광고 입찰가가 낮더라도 높은 순위에 노출될 수 있다.
  ④ 한 그룹안에 서로 관련성이 있고 성과가 높은 키워드를 넣으면 품질지수가 높아질 수 있다.

23. 다음 중 카카오(daum) 확장소재에 대한 설명으로 틀린 것은?
  ① 확장소재는 사용자의 관심을 유발하고 적합한 확장소재 제공으로 유의미한 전환에 기여할 수 있는 주요 기능이다.
  ② 확장소재는 기본소재와 함께 6가지 타입으로 구성 되어 있다.
  ③ 업종제한 없이 확장소재 운영이 가능하며 다양한 상품 정보를 사용자에게 제공할 수 있다.
  ④ 카카오(daum) 모바일, PC검색결과와 제휴매체에만 노출 된다.

24. 다음 중 네이버/카카오/구글의 검색광고 구조에 대한 설명으로 틀린 것은?
  ① 네이버는 광고그룹에서 매체/지역/시간 전략을 설정할 수 있다.
  ② 네이버/카카오/구글 모두 키워드 단위의 품질지수를 반영하고 있다.
  ③ 카카오에서 검색광고를 등록하면 네이트와 Bing 등의 사이트에 노출된다.
  ④ 구글 검색광고는 캠페인에서 하루 예산을 설정할 수 있다.

25. 네이버 광고 계정 구조 중 '그룹' 단계의 설명으로 틀린 것은?
   ① 브랜드/대표상품/일반상품 등 키워드 특성에 따라 그룹핑하여 등록해야 성과관리가 용이해 진다.
   ② 광고 노출 매체를 설정 할 수 있는데 '파트너 매체'는 네이버 블로그/지식인/카페/웹툰 등에 노출된다.
   ③ 그룹별로 입찰가를 지정할 수 있으며 최소 입찰가는 70원이다.
   ④ 광고그룹을 생성 할 때는 누구에게 무엇을 보여줄 것인가를 확인 한 다음 생성해야 성공적인 캠페인을 이끌 수 있다.

26. 다음 중 네이버의 검색광고 상품으로 틀린 것은?
   ① 사이트 검색광고(파워링크, 비즈사이트)
   ② True View Discovery
   ③ 콘텐츠 검색광고(파워컨텐츠)
   ④ 쇼핑 검색광고

27. 다음에서 설명하는 것으로 알맞은 것은?

· 이것은 이용자의 정보 탐색 의도가 깊은 키워드에 대해 해당 분야의 전문가인 광고주가 블로그, 포스트, 카페 등의 컨텐츠를 이용해 보다 정확하고 신뢰성 있는 정보를 제공하는 광고 상품이다. · 네이버 PC/Mobile 검색결과 페이지 및 모바일 컨텐츠 지면에 제목, 설명 등의 정보와 썸네일 이미지가 함께 노출된다.

   ① 사이트 검색광고(파워링크, 비즈사이트)
   ② 브랜드 검색
   ③ 콘텐츠 검색광고(파워컨텐츠)
   ④ 쇼핑 검색광고

28. 네이버 광고 계정을 만들어 광고 운영을 하려고 한다. 다음 중 '캠페인' 단계의 설명으로 틀린 것은?
   ① 모바일/PC 입찰가가 다르기 때문에 가급적 캠페인 명을 구분하여 2가지로 나누어서 세팅 한다.
   ② 광고 목적에 따라 캠페인 유형을 선택 할 수 있는데 총 4가지이다.
   ③ 광고 집행 예산을 설정 할 수 있다.
   ④ 광고 집행 기간을 설정 할 수 있다.

29. 조건이 다음과 같이 주어진 경우, CPS는 얼마인가?

CPC 1,000원, 구매전환율 5%, 광고비 1,000만원

   ① 5,000원
   ② 10,000원
   ③ 15,000원
   ④ 20,000원

30. 다음 중 검색광고를 최적화하기 위한 방법으로 알맞은 것은?
   ① 네이버 검색광고의 경우 키워드 확장 기능을 이용하여, 의미 있는 키워드를 발굴해본다.
   ② 클릭률이 평균보다 높은 키워드는 노출 순위를 무조건 올린다.
   ③ 광고 효율이 낮은 키워드는 가장 먼저 상위 입찰 전략을 고려해본다.
   ④ 구매 전환율이 낮은 키워드는 랜딩페이지를 메인 페이지로 일괄 조정해 본다.

31. 다음 중 광고 효과에 대한 해석으로 알맞은 것은?
① CPC가 높으면 CVR도 높다.
② CPC가 높은 키워드도 ROAS가 높을 수 있다.
③ 광고비 100만원으로 500만원의 전환매출이 발생했다면, ROAS는 400%이다.
④ CPC가 높은 키워드의 광고효과는 항상 낮다.

32. 아래 표에서 괄호 안에 들어갈 용어가 순서대로 바르게 나열된 것은?

일반적인 소비자 행동	인지	방문	구매
검색광고 소비자 행동	(ㄱ)	클릭	(ㄷ)
단계별 효과측정	CPI	(ㄴ)	CPS

① ㄱ 노출 / ㄴ CTR / ㄷ 구매(전환)
② ㄱ 노출 / ㄴ CVR / ㄷ 이탈
③ ㄱ 노출 / ㄴ CPM / ㄷ 이탈
④ ㄱ 노출 / ㄴ CPC / ㄷ 구매(전환)

33. 다음 중 광고효과 분석 후 취해야 할 조치로 적절하지 않은 것은?
① 성과 키워드를 확장한다.
② 성과가 낮은 키워드는 페이지뷰와 체류시간 데이터도 점검한다.
③ 간접전환만 주로 발생하는 키워드는 입찰 순위를 낮춘다.
④ 클릭률이 평균보다 낮은 키워드는 소재를 변경한다.

34. 다음 중 반송률에 대한 설명으로 틀린 것은?
① 랜딩페이지 효과를 분석하는 일반적인 지표이다.
② 반송수/방문수 × 100으로 나타낸다.
③ 처음 접속 페이지와 마지막 접속 페이지가 같은 경우를 말한다.
④ 반송률이 높으면 랜딩페이지에서 지속적으로 사이트 서핑을 하는 방문자들이 많다는 뜻이다.

35. 다음 중 전환율이 높은 랜딩페이지 진단을 위한 체크리스트로 틀린 것은?
① 검색한 내용을 랜딩페이지에서 바로 찾을 수 있는가
② 카테고리는 제품 또는 서비스를 쉽게 분류하고 있는가
③ 카테고리명은 쉽게 인지할 수 있도록 명확하고 직관적으로 기재했는가
④ 랜딩페이지가 사이트를 대표하는 페이지라고 할 수 있는가

36. 다음 중 광고 효과분석을 끝내고 이후 관리 활동으로 틀린 것은?
① 사후 관리는 키워드관리와 랜딩페이지관리 크게 2가지로 구분한다.
② 키워드와 랜딩페이지간의 연관성을 확인하면서 구매율을 높이기 위해 랜딩페이지 구성 요소를 점검한다.
③ 세부키워드를 계속 발굴하면 관리하는데 많은 노력이 필요하기 때문에 대표 키워드 및 브랜드 키워드로만 운영한다.
④ 비효율 키워드는 무조건 삭제하기 보다는 키워드와 랜딩페이지의 연관성을 한번 더 확인해 본다.

37. 다음 중 랜딩페이지 반송수/반송률에 대한 설명으로 틀린 것은?
   ① 사이트에 방문한 후 페이지뷰수 1을 발생시키고 종료된 세션의 수를 반송수라고 한다.
   ② 유입도 높고 반송수도 높은 것은 캠페인을 통한 유입은 효과가 좋으나 랜딩페이지의 의도와 방문자의 관심이 매칭 되지 않는다는 것이다.
   ③ 반송률은 방문수/반송수 × 100 으로 나타내면 반송률이 많을수록 랜딩페이지 점검이 필요하다.
   ④ 반송률을 낮추기 위해서는 이벤트 응모, 연관 상품 노출 등과 같은 또 다른 특정 액션 유도하는 페이지를 구성한다.

38. 다음 중 사이트 랜딩페이지(Landing Page)에 대한 설명으로 틀린 것은?
   ① 유저가 광고물의 링크되어 있는 페이지를 클릭하여 도달하는 페이지이다.
   ② 유저가 사이트를 방문 했을 때 처음 접속되는 페이지이다.
   ③ 유저가 원하는 정보를 확인 하지 못 할 경우, 이탈 가능성이 높기 때문에 유저가 원하는 정보를 눈에 잘 보이는 상단에 배열하는 것도 이탈 방지의 방법이다.
   ④ 유저가 사이트를 방문하여 여러 페이지를 확인하게 되면 모든 페이지가 랜딩페이지이다.

39. 다음 중 효과적인 랜딩페이지 전략 예시로 틀린 것은?
   ① 구매하기 버튼이 바로 노출되는 것은 세련되지 못한 것 같아 이미지 중심으로만 페이지를 제작했다.
   ② [여성 잠옷] 키워드를 검색한 유저에게는 [여성 잠옷 카테고리]로 바로 연결시켰다.
   ③ 고객에게 신뢰감을 주기 위해 수상 이력을 페이지 내에 노출했다.
   ④ 상품의 실제 효용성을 어필하기 위해 실제 고객 후기 컨텐츠를 배치하였다.

40. 다음 중 키워드 사후 관리로 틀린 것은?
   ① 효율 좋은 키워드는 연관키워드/매체를 확대하거나 노출 순위를 상승시켜 더욱 많은 유입을 가져온다.
   ② 효율이 좋지 않는 키워드는 랜딩페이지와 매칭을 확인하고 다른 페이지로도 변경하여 이전 랜딩페이지의 성과와 비교 분석한다.
   ③ 삭제된 키워드를 대신하여 새로운 키워드를 추가하여 운영한다.
   ④ 효율이 좋은 키워드는 유입을 많이 발생시키는 대표 키워드이기 때문에 항상 상순위로 노출시킨다.

※ 다음 사항을 확인한 후 단답식 시험을 진행하십시오.

○ 시험지의 문제유형(Ⓐ, Ⓑ)과 OMR 답안지의 문제유형이 동일합니까?

○ OMR 답안지에 수검번호(뒷자리) 6자리, 생년월일 6자리를 정확히 기재한 후 각각 표기 하셨습니까?

○ 문항별 답안을 모두 기입하셨습니까?

- 단답식 문제 계속(다음장) -

단답식 (41-60)

[답안 작성 요령]

○ 답안지는 반드시 검정색 볼펜을 사용하여 작성하시기 바랍니다.
※ 검정색 이외의 필기구, 연필 등 지우개로 지울 수 있는 필기구를 사용할 경우 오답처리 됩니다.
○ 답안지에 수검번호, 생년월일, 성명을 정확히 기재하여 주십시오.
※ 답안지 기재 오류로 발생되는 불이익은 응시자의 책임으로 간주합니다.
○ 답안은 주어진 문제에 맞게 국문, 영문, 숫자, 기호 등으로 작성하시기 바랍니다.
※ 단답식 문항은 각 2점이며, 부분점수는 없습니다.
※ 철자, 맞춤법이 틀릴 경우 오답처리 됩니다.

41. 다음 내용의 (ㄱ)과 (ㄴ)에 들어갈 용어는 각각 무엇인가? (2점, 부분점수 없음)

- 전통적 비즈니스는 토지, 노동, 자본을 주요 요소로 한다.
- 그러나 디지털 시대의 비즈니스는 (ㄱ)와(과) (ㄴ)을(를) 주요 요소로 한다.

42. 다음의 설명에서 (괄호) 안에 들어갈 용어는 무엇인가? (2점)

- 디지털 사회가 빠르게 진행되고 있지만 아직도 많은 사람들이 인터넷을 접하지 못하고 있다. 이러한 ( )이(가) 정보 격차로 이어지지 않도록 대책이 필요하다.

43. 디지털화로 인해 마케팅 전략도 변화하고 있다. 아래 마케팅 전략 수립 요소 중 (괄호) 안에 들어갈 용어는 무엇인가? (2점, 영어/한국어 중 하나만 작성해도 정답 인정)

4P 전략	Product	Price	Place	Promotion
4C 전략	Consumer	Cost to customer	Convenience	Communication
4E 전략	( )	Engagement	Evangelist	Enthusiasm

44. 다음의 설명에서 (괄호) 안에 공통으로 들어갈 용어는 무엇인가? (2점)

- ( )은(는) 광고를 클릭한 사용자가 광고주의 웹사이트에 방문 후 광고주가 원하는 특정 행동을 취하는 것을 말한다.
- ( )의 유형으로는 구매, 회원가입, 상담 신청 등이 있다.

45. 다음은 광고 지표 산출 과정이다. 아래 설명에서 (ㄱ), (ㄴ), (ㄷ)에 들어갈 숫자의 합은 얼마인가? (2점)

키워드	노출수	클릭수	클릭률(%)	CPC(원)
남자슬랙스	(ㄱ)	210	1.0%	500
광고비(원)	**구매건수**	**전환율(%)**	**전환매출(원)**	**ROAS(%)**
(ㄴ)	5	2.4%	(ㄷ)	400%

46. 다음에서 설명하는 것은 무엇인가? (2점)

- 이것은 광고비 대비 매출의 비율로서, 매출 성과에 따른 효율을 나타내는 지표이다.

47. 다음에서 설명하는 것은 무엇인가? (2점)

- 이것은 랜딩페이지의 효과를 분석하는 데 있어 사용되는 개념이다.
- 웹사이트 접속자가 웹사이트에 접속했으나 사이트 내에서 다른 페이지로 접속하거나 정보를 얻지 않고 그냥 나가는 비율을 의미한다.

48. 다음의 설명에서 (괄호) 안에 공통으로 들어갈 단어는 무엇인가? (2점)

- 고객의 잠재적 욕구는 기능적 욕구, ( ), 자기표현적 욕구로 나뉜다.
- 이 중 ( ) 은(는) 특정 브랜드의 제품이 주는 디자인의 심미성에 대한 욕구, 특정 제품이 주는 강인함에 대한 욕구 등을 말한다.

49. 검색광고 시행 후 분석결과 문제점이 다음과 같이 나타났다. 사후관리를 위해 아래 '광고관리 지표' 중 개선해야 할 지표를 한가지만 고르시오. (2점)

- 광고 키워드는 예쁜펜션인데 연결되는 랜딩페이지는 식당정보였음
- 효과 좋은 키워드의 랜딩페이지가 에러(Error) 페이지였음
- 성과지표인 예약완료 페이지에 전환스크립트가 누락되었음

광고관리 지표 : Impression, Click, CTR, CPC, CVR, Cost

50. 구매전환율 10%, 매출이익이 50,000원인 아래 꽃배달 서비스의 적정(최대허용) CPC와 그 기준으로 더 좋은 광고효과를 위해 제외해야 할 키워드를 모두 적으시오. (2점, 부분점수 없음)

키워드	노출수	클릭수	클릭률	CPC	광고비
꽃배달	78,323	372	0.5%	8,606	3,201,340
꽃배달서비스	15,009	189	1.3%	4,673	883,230
꽃배달할인	3,872	72	1.9%	4,056	292,000
전국꽃배달	2,729	92	3.4%	2,057	189,200
전국꽃배달서비스	1,720	31	1.8%	3,852	119,420
화환배달	712	12	1.7%	5,933	71,200
꽃배달전문점	526	12	2.3%	4,433	53,200
축하화환	324	9	2.8%	3,901	35,110

51. 다음에서 설명하는 현상을 무엇이라고 하는가? (2점)

- 이것은 충분한 분석이나 합리적인 비판 없이 쉽게 합의하려 하는 집단의 성향을 가리키면서 부정적 의미로 쓰였지만, 디지털 시대에서는 개개인의 생각들이 모여 더욱 나은 해결 방안을 도출한다는 긍정적인 의미로 쓰이고 있다.
- 대표적인 사례는 '위키피디아' 이다.

52. 광고를 통해 1,000만원의 광고비로 ROAS 1500%의 성과를 냈다면, 광고를 통한 매출은 얼마인가? (2점)

53. 사이트 개선작업을 통해 광고 효율을 올리고자 한다. 이전 지표는 아래와 같으며 랜딩페이지 개선 작업을 진행 하였더니 구매율이 3배 증가 되었다. 다른 조건은 동일하다고 가정할 때 최대 허용 ROAS, CPA는 각각 얼마인가? (2점, 단위 누락시 오답 처리, 부분점수 없음)

< 이전 지표 >	ROAS	1,000%
	CPA	3,000원

54. 다음은 네이버 검색광고에 대한 설명이다. (괄호) 안에 들어갈 용어는 무엇인가? (2점)

- ( ) 은(는) 사용자가 검색 후 최초로 만나는 상품이나 서비스에 대한 정보이다.
- 검색결과에 노출되는 사이트의 제목과 설명, 연결 URL로 구성된다.

55. 다음에서 설명하는 것은 무엇인가? (2점)

- 이것은 네이버 검색광고의 '플레이스 유형' 캠페인을 등록하여 생성할 수 있다.
- 모바일 네이버 연예/스포츠 컨텐츠 서비스 페이지에 업체명, 업체 이미지, 위치, 설명 문구 등이 노출된다.
- 음식점, 생활편의, 학원, 스포츠/레저/체험 등의 업종에서 광고 진행이 가능하다.

56. 다음에서 설명하는 것은 무엇인가? (2점)

- 이것은 상품을 구매하고자 검색하는 이용자에게 네이버 통합검색의 쇼핑 영역 및 네이버 쇼핑검색 결과 페이지에서 광고주의 상품을 효과적으로 노출할 수 있는 이미지형 검색광고 상품이다.

57. 네이버 검색광고에서 설명 글자수는 최대 몇 글자까지 작성이 가능한가? (2점)

58. 다음의 설명에서 (괄호) 안에 공통으로 들어갈 용어는 무엇인가? (2점)

- IP 주소에는 (　　　　　　　　)을 사용하면 해당 IP 대역을 모두 블록할 수 있다. 대부분의 인터넷 사용자들은 ISP에서 제공하는 유동IP를 사용, 동일한 사용자가 접속하더라도 IP가 계속 변경되어 접속됨으로 유동IP에 광고 노출을 제한하고 싶을 경우, 마지막 네 번째 자리에 (　　　　　　　　)를 사용하여 IP 블록을 차단한다.

59. 다음의 설명에서 (괄호)안에 들어갈 용어는 무엇인가? (2점)

- 네이버는 무효 클릭으로부터 광고주를 보호하기 위해 클린센터를 운영하며, 광고시스템에서 광고 노출 제한 기능을 통해 특정 IP에 대해 광고 노출 제한 기능을 사용할 수 있다. - 광고노출제한 IP 관리 기능을 이용하여 최대 (　　　　)개의 IP를 등록할 수 있다.

60. 네이버는 검색광고 등록시 그룹에서 다수의 소재를 등록 할 수 있으며, 두가지 방식 가운데 노출 방식을 선택 할 수 있다. 이 두가지 노출방식은 무엇인가? 모두 작성하시오. (2점, 부분점수 없음)

※ 다음 사항을 반드시 확인한 후 시험을 종료하시기 바랍니다. **○ 시험지의 문제유형(Ⓐ, Ⓑ)과 답안지의 문제유형이 동일합니까?** **○ 답안지에 수검번호(뒷자리) 6자리, 생년월일 6자리를 정확히 기재한 후 각각 표기하셨습니까?** **○ 문항별 답안을 모두 기입하셨습니까?** **- 수고하셨습니다. -**

정보통신기술자격(KAIT · CP) 검정시험
[The Official Approval Test for KAIT Certified Professional]

◉ 시험종목 : 제1902회 검색광고마케터 1급

◉ 시험일자 : 2019. 09. 21.(토), 14:00~15:30(90분)

◉ 응시자 기재사항 및 감독위원 확인

수 검 번 호	SMF - 1902 -	감독위원 확인
성 명		

응시자 유의사항

1. 응시자는 신분증을 지참하여야 시험에 응시할 수 있으며, 시험 종료 시까지 신분증을 제시하지 못 할 경우 해당 시험은 0점 처리됩니다.

2. 답안지 작성 요령은 다음과 같습니다.
   1) 객관식 문항은 'OMR 카드'에 기입(마킹)하시기 바랍니다.
   OMR 카드는 'OMR 카드 작성 시 유의사항'을 반드시 숙지하신 후 검정색 컴퓨터용 수성 사인펜으로 마킹하여야 합니다.
   2) 단답식 답안은 '단답식 답안지'에 반드시 검정필기구를 사용하여 작성하시기 바랍니다.
   (지우개로 지울 수 있는 연필 등 필기구 사용 시 '0'(영)점 처리 됩니다.)
   3) OMR 카드 및 단답식 답안지 작성 시 문제유형, 성명, 종목, 수검번호, 생년월일 등을 기재 또는 마킹하지 않거나 틀린 경우에 발생되는 불이익은 응시자의 책임으로 합니다.

3. 시험 중 휴대용 전화기 등 일체의 통신장비를 사용할 수 없으며, 사용 시 부정행위로 간주되어 당해 시험은 실격처리 되고, 시험일로부터 3년간 응시자격이 정지됩니다.

4. 응시자는 수험시간 45분 이후부터 퇴실이 가능하며, 시험지와 답안지를 감독위원에게 제출한 후 퇴실하여야 합니다.

5. 시험시행 후 결과는 홈페이지(www.ihd.or.kr)에서 확인하시기 바랍니다.
   1) 문제 및 모범답안 공개 : 2019. 09. 24.(화)
   2) 합격자 발표 : 2019. 10. 11.(금)

제1902회 검색광고마케터 1급 A형 모범답안

□ 객관식 답안

1	2	3	4	5	6	7	8	9	10
4	2	4	4	1	3	2	4	2	2
11	12	13	14	15	16	17	18	19	20
3	4	3	3	4	3	3	2	2	2
21	22	23	24	25	26	27	28	29	30
2	2	3	2	3	2	2, 4	4	3	3
31	32	33	34	35	36	37	38	39	40
1, 3	2	2	1	4	4	1	4	3	3

□ 단답식 답안

<table>
<tr><th>번호</th><th colspan="2">답 안</th><th>번호</th><th colspan="2">답 안</th></tr>
<tr><td>41</td><td colspan="2">콘텐츠검색광고(파워컨텐츠)
또는 파워콘텐츠, 파워컨텐츠광고</td><td>51</td><td colspan="2">20(%)</td></tr>
<tr><td>42</td><td colspan="2">ㄴ, ㄷ</td><td>52</td><td colspan="2">STP (전략, 모델)</td></tr>
<tr><td>43</td><td colspan="2">무효클릭</td><td>53</td><td colspan="2">광고그룹 또는 그룹</td></tr>
<tr><td>44</td><td colspan="2">(상품)카테고리</td><td>54</td><td colspan="2">15(글자)</td></tr>
<tr><td>45</td><td colspan="2">30, 45</td><td>55</td><td colspan="2">CPA (Cost Per Action) 또는
전환당비용</td></tr>
<tr><td rowspan="3">46</td><td rowspan="2">ROAS</td><td rowspan="2">550%</td><td rowspan="3">56</td><td>①</td><td>CPI</td></tr>
<tr><td>②</td><td>CPC</td></tr>
<tr><td>ROI</td><td>450%</td><td>③</td><td>CPS 또는 CPA</td></tr>
<tr><td>47</td><td colspan="2">프로슈머 또는 Prosumer</td><td>57</td><td colspan="2">100% 또는 200%</td></tr>
<tr><td>48</td><td colspan="2">정보 역전 (현상)</td><td>58</td><td colspan="2">ROAS</td></tr>
<tr><td>49</td><td colspan="2">데이터 랩 또는 Data Lab</td><td>59</td><td colspan="2">2(배)</td></tr>
<tr><td>50</td><td colspan="2">검색 또는 Search</td><td>60</td><td colspan="2">랜딩페이지 또는 연결URL</td></tr>
</table>

※ 다음 사항을 확인한 후 시험을 시작하십시오.

○ 시험지는 총 12페이지이며, 60문제로 구성되어 있습니다. 페이지와 문제수가 맞는지 확인하시기 바랍니다.
- 객관식 : 1번~40번, 단답식 : 41번~60번

○ 유형별 문제수 및 배점
- 객관식 : 40문제 × 1.5점 = 60점
- 단답식 : 20문제 × 2.0점 = 40점

○ 합격기준
- 총점 70점 이상
- 유형별 각 점수 40% 미만시 과락(불합격)

객관식 (1-40)

1. 디지털광고 중 배너광고의 특징에 대한 설명으로 틀린 것은?
   ① 이미지, 동영상 형태로 노출되는 광고를 말한다.
   ② 온라인광고 중 많은 노출을 통해서 제품의 브랜드를 알리는데 효과적인 광고이다.
   ③ 광고메시지를 TV CM과 같은 형태로 노출할 수 있다.
   ④ 모든 배너광고는 실제 고객의 지역, 연령, 성별 등 세부 타깃팅이 가능하다.

2. 다음 중 검색광고와 SNS광고의 특징에 대한 설명으로 틀린 것은?
   ① 검색광고는 온라인광고 영역에서 가장 많은 광고주가 이용하는 광고이다.
   ② 검색광고는 클릭당과금 으로만 비용을 지불하는 방식이다.
   ③ SNS광고는 페이스북, 인스타그램, 카카오스토리 등 SNS 매체에 노출되는 광고이다.
   ④ SNS광고는 네이티브 광고라고 하며, 정보성으로 인식되는 장점을 가지고 있다.

3. 다음 중 텍스트 광고에 대한 설명으로 틀린 것은?
   ① 하이퍼링크를 통한 텍스트 기반의 광고를 말한다.
   ② 광고단가가 낮아서 광고비 부담이 적다.
   ③ 다른 유형의 광고보다 사용자 저항성이 낮다.
   ④ 우리말로는 맥락광고라 한다.

4. 다음 중 디지털광고 유형별 개념으로 적절하지 않은 것은?
   ① 바이럴 광고는 인터넷이나 웹상에서 입소문이 퍼지도록 유도하는 광고이다.
   ② 소셜미디어 광고는 페이스북, 유튜브 등의 사회적 관계망을 이용하는 광고이다.
   ③ 배너광고는 마치 현수막처럼 생겼다 해서 배너라고 부른다.
   ④ SMS광고는 휴대폰을 통해 이미지, 동영상, 텍스트 등의 입체적 정보를 전달하는 광고이다.

5. 다음에서 설명하는 광고로 알맞은 것은?

> · 실시간 광고를 관리할 수 있는 장점이 있음
> · 광고성과에서 노출수, 클릭수, 구매수를 모두 확인할 수 있는 장점이 있음
> · 관심 있는 타깃 고객을 대상으로 광고하기 때문에 광고효과는 높음
> · 광고상품 종류로는 파워링크, 비즈사이트, 프리미엄링크, 스페셜링크 등이 있음

   ① 검색광고
   ② 바이럴광고
   ③ 컨텍스트광고
   ④ 막간광고

6. 다음 중 네이버의 사이트 검색광고(파워링크, 비즈사이트)에 대한 설명으로 틀린 것은?
① 클릭당 과금이 되는 CPC 광고 상품이다.
② 실시간 입찰을 통해 클릭당 광고비와 노출 순위가 결정된다.
③ 검색결과 최상단 영역에만 노출된다.
④ 클릭률을 높이는 것이 광고 품질지수 관리에 유리하다.

7. 다음에서 설명하는 것으로 알맞은 것은?

이용자가 브랜드 키워드 검색 시, 통합검색 결과 상단에 브랜드와 관련 된 최신 콘텐츠를 텍스트, 이미지, 동영상 등을 이용하여 노출하는 상품

① 기업 정보
② 브랜드 검색
③ 파워콘텐츠
④ 네이티브 광고

8. 다음 중 카카오의 전략설정과 그 설정 그룹이 틀리게 짝지어진 것은?
① 일일예산 - 그룹
② 노출요일, 시간 - 캠페인
③ 자동입찰 - 그룹
④ 확장검색 - 캠페인

9. 다음 중 카카오 키워드 등록 가이드에 관한 설명으로 틀린 것은?
① 제목과 설명문구를 합쳐서 60자까지 입력이 가능하다.
② 대체키워드를 반드시 입력해야 한다.
③ 특정 키워드를 입력하면 해당 키워드와 연관된 키워드를 추천 받을 수 있다.
④ 희망 순위를 선택하면 현시점의 입찰 및 노출 상황을 반영하여 개별 키워드의 입찰가가 자동으로 조정된다.

10. 다음 중 네이버의 무효 클릭에 대한 설명으로 틀린 것은?
① 부정 클릭에 대해 광고주를 보호하기 위해 클린센터를 운영하고 있다.
② 네이버 검색광고는 부정 클릭을 원천적으로 봉쇄할 수 있는 시스템을 갖추고 있다.
③ 광고 시스템에서 광고 노출 제한 기능을 통해 특정 IP에 대해 광고 노출 제한 기능을 사용할 수 있다.
④ 2019년 기준 네이버는 광고 노출 제한 기능을 통해 최대 600개의 IP 주소 또는 블록 등록이 가능하다.

11. 기존 비즈니스에 IT 기술이 접목되면서 디지털화 되고 있다. 다음 중 디지털화의 문제점으로 틀린 것은?
① 저작권 침해 문제로 P2P 파일 공유프로그램 등을 이용한 불법적인 유통
② 개인정보가 유출되는 일이 자주 발생 되면서 사이버 보안 문제 대두
③ 모든 사람들이 인터넷을 활용하기 때문에 '디지털 격차'는 발생 되지 않기 때문에 결과적으로 '정보 격차'는 발생 되지 않음
④ 다양한 디지털 미디어 보급과 고객들이 다양한 디바이스를 사용함에 따라 기업들은 플랫폼에 투자하게 되고 이로 인해 비용 상승으로 연결

12. 다음 중 아래의 조건에서 CPS는 얼마인가?.

- 광고비: 100만원 - 광고를 통한 방문수: 2,000명 - 구매전환율: 1%

① 2,000원
② 5,000원
③ 20,000원
④ 50,000원

13. 다음 중 디지털 비즈니스와 전통적 비즈니스의 설명이 잘못된 것은?
   ① 전통적 비즈니스는 생산/물류/판촉 등이 주요한 경영 활동이다.
   ② 디지털비즈니스는 데이터의 양과 질, 유저 인터페이스, 고객 경험과 가치 공유 등이 주요한 경영활동 대상이다.
   ③ 전통적 비즈니스의 산출물은 주로 데이터/솔루션 등이며 디지털 비즈니스의 산출물은 오프라인에서의 제품생산/물류 등이다.
   ④ 전통적 비즈니스는 원자재, 부품 등을 활용하여 생산/가공/유통 등이 중심요소라 하면 디지털 비즈니스는 데이터/정보/플랫폼 등이 중심 요소가 된다.

14. 다음 중 디지털 비즈니스가 성장하면서 가능해진 커뮤니케이션 형태에 대한 설명으로 알맞은 것은?
   ① TV, 신문 등과 같이 일대다 커뮤니케이션이 가능해 졌다.
   ② 전화와 같은 일대일 커뮤니케이션이 가능해 졌다.
   ③ 다대다 커뮤니케이션이 가능해 졌다.
   ④ 쌍방이 만나 진행 되는 대면 커뮤니케이션이 가능해 졌다.

15. 다음 중 랜딩페이지에 대한 내용으로 틀린 것은?
   ① 랜딩페이지는 외부 캠페인을 통해 유입된 방문자가 처음 접속하는 페이지이다.
   ② 키워드와 랜딩페이지의 연관도가 높아야 체류 시간을 높일 수 있다.
   ③ 광고 효율성을 높이기 위해, 주기적으로 랜딩 페이지 A/B 테스트를 진행하는 것이 좋다.
   ④ 유입된 고객의 페이지뷰가 증가할수록 광고비가 덜 소진된다.

16. 다음 중 검색광고 효과를 높이기 위한 사후관리로 틀린 것은?
   ① 효율이 높은 키워드의 경우 입찰 순위를 높여 더 많은 클릭을 유도한다.
   ② ROAS가 평균보다 낮은 키워드는 문제점을 찾아본다.
   ③ 캠페인의 목표가 ROAS를 높이는 것이라면, 키워드를 상위로 입찰해야 한다.
   ④ 세부 키워드를 꾸준히 확장해서 비용대비 효율을 높인다.

17. 디지털 마케팅은 4P의 단계에서 4C를 거쳐 4E의 단계로 발전하고 있다. 다음에서 설명하는 것으로 알맞은 것은?

브랜드에 대해 호감과 충성도를 가진 고객을 '브랜드 전도사'로 활용하는 것이다. 의도적으로 역할을 부여하는 것이 아니라 고객이 자발적으로 참여하고 활동할 수 있는 장을 만들어 주는 것이다.

   ① Experience
   ② Engagement
   ③ Evangelist
   ④ Enthusiasm

18. 다음 중 디지털 마케팅의 장점에 대한 설명으로 알맞은 것은?
   ① 디지털은 인터랙티브 측면에서 고객이 마케팅에 참여 할 수 없게 하였다.
   ② 특별한 기반이나 조직력이 없어도 뛰어난 아이디어만 있으면 훌륭한 비즈니스 모델을 구축 할 수 있다.
   ③ 수많은 고객을 행동 특성이나 선호에 따라 그룹화가 가능하지만 타깃팅이 용이하지는 않다.
   ④ 디지털에서 오가는 모든 정보는 신뢰도가 낮기 때문에 마케팅으로 활용해서는 안된다.

19. 다음에서 설명하는 것으로 알맞은 것은?

- 일과 주거에 있어 유목민처럼 자유롭게 이동하면서도 창조적인 사고방식을 갖춘 사람들을 뜻한다.
- 스마트폰과 태블릿 같은 디지털 장비를 활용하여 정보를 끊임없이 활용하고 생산하면서 디지털 시대의 대표적인 인간유형이다.

① digital native
② digital nomad
③ digital immigrant
④ digital executive

20. 다음 중 랜딩페이지 효과를 올리기 위한 설명으로 틀린 것은?

① 판매금액/판매조건/판매혜택 등이 포함되어 있으면 빠른 결정을 내릴 수 있어 효과적이다.
② 광고문구가 있는 랜딩페이지를 유저에게 보여줄 경우 피로도가 증가되기 때문에 모두 이미지로 표현한다.
③ 다양한 세부적인 유저들의 니즈를 반영하기 위해 별도의 브리지 페이지를 제작한다.
④ 텍스트 설명으로만 상세 페이지를 만들기 보다는 적절한 이미지와 함께 사용하는 게 더 효과적이다.

21. 다음 중 하나의 멀티미디어 콘텐츠(음악, 영화 등)를 N개의 기기에서 연속적으로 즐길 수 있는 서비스를 일컫는 용어로 알맞은 것은?

① Multi - 스크린
② N - 스크린
③ PC - 스크린
④ E - 스크린

22. 다음 중 광고 효과를 높이기 위한 랜딩페이지 관리 방안으로 적절하지 않은 것은?

① 유입을 확대하기 위해 다양한 디바이스로 유입할 수 있도록 디바이스 환경을 고려해야 한다.
② 상품이나 서비스의 상세설명은 구매결정을 오래 걸리게 하므로 지양한다.
③ 구매결정을 바로 할 수 있도록 특별한 판매조건이나 혜택이 포함되어 있는 것이 효과적이다.
④ 키워드광고에 사용했던 광고문구가 들어가면 사용자들로 하여금 빠른 반응을 이끌어 내어 효과적이다.

23. 다음 중 네이버 광고 계정 구조 중 '그룹' 단계의 설명으로 틀린 것은?

① 광고 노출 지역과 노출 제외 지역을 설정 할 수 있다.
② 광고를 노출할 요일/시간대를 설정 할 수 있다.
③ 그룹 당 한 개 소재만 등록할 수 있어 소재 A/B테스트를 진행 할 수 없다.
④ 콘텐츠 매체 전용입찰가를 따로 설정 할 수 있다.

24. 다음 네이버 광고 계정 구조 중 마지막 단계의 '키워드/소재' 등록에 대한 설명으로 틀린 것은?

① 소재 등록은 크게 제목, 설명, URL 3가지를 등록한다.
② 연결 URL은 검색키워드에 상관없이 표시 URL로 연결한다.
③ 타사와의 차별화를 위해 제목/문구에 볼드 처리를 하는 것도 하나의 방법이다.
④ 법 검토가 필요한 의료, 보험 등의 업종은 관련 서류를 제출해야 등록 심사를 받을 수 있다.

25. 다음 중 검색광고 키워드관리에서 키워드확장 전략에 대한 설명으로 틀린 것은?
① 키워드광고는 알맞은 키워드를 찾아내고 키워드 확장하는 것이 중요한 과업이다.
② 대표 키워드들은 대체로 조회수가 높아 사이트 유입 시키는데 용이하지만 클릭당 비용이 높아 성과에 따른 조절이 필요하다.
③ 카카오 캠페인에서 키워드 등록을 할 수 있으며 키워드 확장 추천을 받을 수 있다.
④ 카카오는 키워드 확장 검색기능을 운영하고 있으며 더 많은 고객을 확보하도록 하는 기능이다.

26. 다음 중 네이버 광고 등록 기준으로 알맞은 것은?
① 국내 사이트만 광고등록을 할 수 있다.
② 접속이 가능한 사이트만 광고를 할 수 있다.
③ 현존하는 모든 검색광고는 자신이 소유한 사이트만 광고등록을 할 수 있다.
④ 브랜드검색광고 등록은 자사의 회사명만 사용이 가능하다.

27. 다음 중 검색광고의 광고문안 관리에 대한 설명으로 틀린 것은?
① 광고문안은 제목, 광고문구, 대표URL, 연결URL로 구성된다.
② 네이버 키워드 삽입 기능 버튼은 <키워드>, 카카오는 <>로 표시한다.
③ 키워드 삽입 기능의 장점은 볼드 처리가 가능하여 경쟁사와의 차별화가 가능하다.
④ 키워드 삽입 기능은 키워드를 광고문구에 포함시키므로 클릭률이 낮아지면서 광고품질이 낮아질 가능성이 많다.

28. 다음 중 검색광고의 무효클릭에 대한 설명으로 틀린 것은?
① 무효클릭은 악의적인 광고비 소진, 인위적인 클릭 등 검색광고 본래의 취지에 맞지 않는 무의미한 클릭을 말한다.
② 네이버는 클린센터를 운영하며 광고주를 보호하고 있으며 의심되는 IP가 있을 경우 현재 최대 600개 까지 등록하여 광고노출 제한을 할 수 있다.
③ 무효클릭 IP를 등록하기 위해서는 네이버광고 시스템의 도구>광고노출제한관리에서 할 수 있다.
④ 유동 IP를 차단하기 위해서는 IP 주소의 마지막 네번째 자리에 #(샵)을 입력하여 차단할 수 있다.

29. 다음 중 검색광고의 특징에 대한 설명으로 알맞은 것은?
① 현재시간 기준의 실시간 성과측정이 가능하다.
② 검색광고는 배너광고 등을 같이 활용하면 효과가 떨어진다.
③ 부정 클릭 발생을 원천적으로 봉쇄하기는 어렵다.
④ 성별, 연령별, 지역별 타깃팅이 가능하다.

30. 다음 중 검색광고의 특징에 대한 설명으로 적절하지 않은 것은?
① 검색 키워드를 통해 소비자의 Needs를 추정할 수 있다.
② 키워드의 검색량에 따라 광고 노출수와 캠페인 볼륨 형성에 영향을 받는다.
③ 광고를 집행하는 검색어가 많으면 많을수록 광고효율이 좋아진다.
④ 광고 노출 순위는 품질지수의 영향을 받는다.

31. 다음 정보를 통한 분석 결과로 틀린 것은?

• 광고비 500만원, 방문자수 10,000명, 구매건수 500개, 객단가 50,000원, 이익률 40%

① ROI는 100%이므로 이익이 높은 광고는 아니다.
② CPC는 500원이며, ROAS는 500% 이다.
③ 동일 조건에서 전환율이 2배가 높아지면, ROI는 2배가 늘어난다.
④ 유입자수 대비 전환율이 동일할 때, CPC를 절반으로 낮추면 ROAS는 2배가 증가된다.

32. 다음 중 데이터에 근거한 광고분석을 통해 목표달성 관리가 가장 용이한 광고목표로 알맞은 것은?
① 광고효과 증대
② ROAS 500%
③ 경쟁사 대비 매출 증대
④ 브랜드 인지도 증대

33. 다음 중 검색광고에서 매일 데이터에 근거하여 광고효과분석을 해야 하는 이유로 틀린 것은?
① 실제 발생하는 광고비와 성과를 비교하면서 구체적인 전략을 수립하기 위함
② 광고에서 데이터는 100% 일치된 데이터이므로 신뢰가 가기 때문
③ 명확한 의사결정에 도움이 되기 때문
④ 다양한 광고상품이 존재하고 있어서 빠르게 최적화 결과를 유지시켜야 하기 때문에

34. 다음 중 광고에서 1회 전환을 발생시키는데 소요되는 비용을 나타내는 용어로 알맞은 것은?
① CPA
② CPC
③ ROI
④ ROAS

35. 다음 중 효율적인 키워드의 볼륨을 확대하기 위한 방법으로 알맞은 것은?
① 전체 키워드의 입찰 순위를 높여 더 많은 클릭을 유도한다.
② 효과가 낮은 키워드는 즉시 삭제한다.
③ 전체 예산을 확대해 관리한다.
④ 효과가 검증된 키워드는 다른 매체에 추가 집행한다.

36. 다음 중 광고성과를 극대화하기 위한 랜딩페이지 구성요소에 대한 설명으로 틀린 것은?
① 랜딩페이지 내에는 키워드 광고에서 사용했던 키워드와 광고문구가 포함되어야 좋다.
② 세일 및 사은품 중 고객 혜택이 드러나도록 구성하는 것이 좋다.
③ 특정한 타깃에게만 반응할 수 있는 내용이라면 별도의 페이지로 구성하는 것이 좋다.
④ 제품에 대한 상세 설명은 복잡하게 느껴지므로 생략하고 가급적 심플하게 구성하는 것이 좋다.

37. 다음 중 효과적인 랜딩페이지 전략 예시로서 적절하지 않은 것은?
① 세련된 느낌을 전달하기 위해 사이트 내 콘텐츠들을 대부분 영문으로 제작하였다.
② 일반 고객들도 알기 쉬운 용어와 Q&A 방식의 콘텐츠 구성 포맷을 적용하였다.
③ 상담 신청수를 늘리기 위해 가급적 민감한 개인정보 입력 필드를 축소시키고 꼭 필요한 연락처로만 구성하였다.
④ 공신력 있는 모델 이미지를 활용하였다.

38. 다음 중 전환율이 높은 랜딩페이지 진단을 위한 체크리스트로 적절하지 않은 것은?
① 전환으로 연결되는 프로세스는 쉽고 빠르게 연결되어야 한다.
② 키워드 별 맞춤 콘텐츠가 풍부하게 있어야 한다.
③ 통일성 있는 UI와 디자인으로 방문자에게 안정감을 주어야 한다.
④ 다소 난해하더라도 전문적인 업계 용어를 사용함으로서 신뢰감을 주어야 한다.

39. 다음 중 디지털 광고에 대한 설명으로 틀린 것은?
① 텍스트, 이미지, 비디오 등 점차 그 유형이 다양해지고 있다.
② 광고의 효과를 구체적인 수치 데이터로 확인할 수 있다.
③ 정밀한 타깃 마케팅이 가능하기 때문에 원하는 실제 고객 개개인을 정확하게 찾아갈 수 있다.
④ 인터넷 이용률은 점차 전 연령층으로 고르게 확대되고 있다.

40. 다음 중 디지털 광고 발전사 중 도입기에 대한 설명으로 알맞은 것은?
① 1980년대에 처음으로 도입되었다.
② PC 통신에서 인터넷으로 전환되던 시기로 디지털 광고가 본격적으로 시작되었다.
③ 초기에는 기존의 인쇄 광고를 인터넷 상에 옮겨 놓는 정도의 개념이었다.
④ 이메일, 검색, 배너, 비디오 등의 다양한 형태의 광고가 나타나기 시작했다.

※ 다음 사항을 확인한 후 단답식 시험을 진행하십시오.

○ 시험지의 문제유형(Ⓐ, Ⓑ)과 OMR 답안지의 문제유형이 동일합니까?

○ OMR 답안지에 수검번호(뒷자리) 6자리, 생년월일 6자리를 정확히 기재한 후 각각 표기 하셨습니까?

○ 문항별 답안을 모두 기입하셨습니까?

- 단답식 문제 계속(다음장) -

단답식 (41-60)

[답안 작성 요령]

○ 답안지는 반드시 검정색 볼펜을 사용하여 작성하시기 바랍니다.

※ 검정색 이외의 필기구, 연필 등 지우개로 지울 수 있는 필기구를 사용할 경우 오답처리 됩니다.

○ 답안지에 수검번호, 생년월일, 성명을 정확히 기재하여 주십시오.

※ 답안지 기재 오류로 발생되는 불이익은 응시자의 책임으로 간주합니다.

○ 답안은 주어진 문제에 맞게 국문, 영문, 숫자, 기호 등으로 작성하시기 바랍니다.

※ 단답식 문항은 각 2점이며, 부분점수는 없습니다.

※ 철자, 맞춤법이 틀릴 경우 오답처리 됩니다.

41\. 다음에서 설명하는 검색광고 상품은 무엇인가? (2점)

- 정보탐색에 많은 시간을 투자하는 고관여 업종의 키워드 검색결과에 광고주가 직접 생성한 양질의 콘텐츠를 노출하는 광고 상품이다.
- 보다 상세한 정보가 필요하고 전문적인 정보를 제공해야 할 필요가 있는 업종이 이용하면 보다 효과적이다.
- 노출정보는 이미지와 제목, 설명, 업체명, 콘텐츠 발행일, 노출URL 등이다.

42\. 카카오 모바일과 PC검색결과에 주로 이용하는 확장소재는 사용자의 관심을 유발하고, 사용자 니즈충족 및 유의미한 전환에 기여할 수 있는 주요 기능이다. 확장소재 타입은 추가제목형, 부가링크형, 가격테이블형, 썸네일이미지형, 말머리형 등으로 구분되는데, 아래 보기에서 확장소재 등록이 가능한 업종을 모두 고르시오 (2점, 부분점수 없음)

(ㄱ)병의원	(ㄴ)여행	(ㄷ)부동산	(ㄹ)금융	(ㅁ)보험	(ㅂ)성인

43\. 불법시스템으로 인한 클릭으로 특정 형태의 반복 클릭패턴을 분석하여 필터링 된 클릭으로 과금되지 않는 것을 일컫는 용어는 무엇인가? (2점)

44. 아래 그림은 네이버 쇼핑검색광고에서 상품정보관리에 영향을 미치는 요소들이다. 다음의 특성을 참고로 (괄호)에 들어갈 공통된 요소는 무엇인가? (2점)

① 검색광고와 다르게 쇼핑검색광고로 들어오는 모든 상품은 (　　)에 매칭되어 서비스된다.
② (　　) 매칭이 잘된 상품은 비교적 높은 점수를 부여 받게 된다.
③ (　　) 분류를 잘 못하면 원하지 않는 정보 또는 키워드로 노출 될 수 있다.

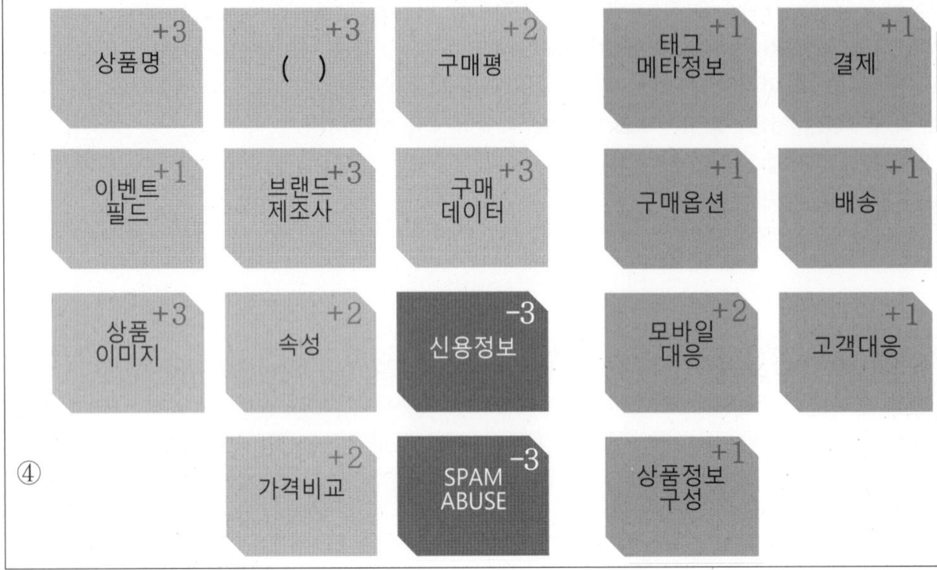

45. 다음 설명에서 (괄호)안에 들어갈 숫자는 얼마인가? (2점)

- 카카오 키워드 광고를 통해 사이트로 유입된 이용자가 회원가입 또는 구매 등의 액션을 할 경우 그 빈도를 체크할 수 있는 기능을 전환추적기능이라고 한다.
- 전환은 직접전환과 간접전환으로 구분된다.
- 직접전환은 광고를 클릭하여 광고주 페이지로 이동한 후 30분 이내 전환이 발생한 경우를, 간접전환은 광고를 클릭 후 30분 이상 ~ (　　)일 이내에 전환이 발생한 경우를 말한다.

46. 광고비용이 1,000만원, 광고를 통한 매출이 5,500만원이다. 이 상황에서 광고비 외에 다른 비용은 투입되지 않았다고 가정하면 ROAS와 ROI는 각각 얼마인가? (2점, 단위 누락시 오답 처리, 부분점수 없음)

47. 다음의 설명에서 (괄호) 안에 공통으로 들어갈 단어는 무엇인가? (2점)

- 디지털 기술 덕분에 소비자들은 컨슈머(consumer)에서 ( )로 진화하게 된다. - ( )는 시장의 주도권이 생산자에서 소비자에게로 넘어가면서 발전된 개념이다.

48. 인터넷의 발달과 함께 소비자들에게 정보력이 생겼다. 이처럼 기업보다 소비자가 더 빨리 정보를 얻는 현상을 무엇이라고 하는가? (2점)

49. 다음의 설명에서 (괄호) 안에 공통으로 들어갈 단어는 무엇인가? (2점)

- ( ) 은(는) 네이버에서 창업을 계획하거나, 이미 창업한 소상공인의 비즈니스에 도움을 주기 위해 만들어진 서비스다. - ( ) 은(는) 쇼핑 인사이트 / 검색어 트렌드 / 급상승 검색어 등 마케팅에 도움 되는 다양한 지표를 확인할 수 있다.

50. 인터넷과 스마트폰 등이 발달되면서 소비자는 기업이 일방적으로 전하는 메시지에만 의존 하지 않게 되었다. 이에 새로운 구매행동이론이 대두 되었는데 (괄호) 들어갈 알맞은 용어는 무엇인가? (2점, 영어/한국어 중 하나만 작성해도 정답 처리, 다만 철자가 틀릴 경우 오답처리)

주목(Attention) ▶	흥미(Interesting) ▶	( ) ▶	구매(Action) ▶	공유(Share)

51. 새로운 랜딩페이지를 제작하여 효과를 측정하고자 반송률을 확인 하였다. 방문자가 100명이고 반송수는 20명이라고 가정하면 반송률은 몇 %인가? (2점)

52. 다음에서 설명하는 것은 무엇인가? (2점)

- 필립코틀러는 기업이 시장을 세분화화여 새로운 고객을 유치하고 지속적인 수익을 낼 수 있도록 해야 한다고 주장하였다. 이 모델에서는 시장세분화, 목표시장 설정, 포지셔닝 세 단계로 이루어져 있다.

53. 다음은 네이버 검색광고 구조이다. (괄호) 들어갈 단계는 무엇인가? (2점)

광고주계정	▶	캠페인	▶	(　　　　)	▶	키워드, 소재

54. 네이버 검색광고에서 제목 글자수는 최대 몇 글자까지 작성이 가능한가? (2점)

55. 다음에서 설명하는 것은 무엇인가? (2점)

- 광고를 클릭하고 돌아온 사용자가 지정 된 행위(회원가입, 이벤트 참가, 구매 등)를 할 경우마다 지불하는 광고비, 또는 그러한 광고비를 지불하는 방식이다.

56. 다음은 검색광고에서 사용자의 행동단계와 효과분석의 관계를 요약한 내용이다. (괄호) 안에 들어갈 용어를 순서대로 작성하시오. (2점, 부분점수 없음)

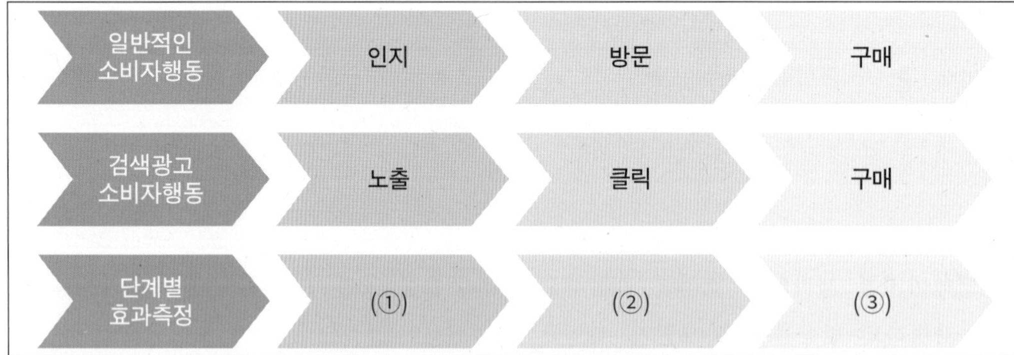

57. 주어진 조건이 다음과 같을 때 ROI(%)는 얼마인가? (2점, 단위 누락시 오답 처리)

· 광고비:10,000,000원	· 클릭수: 20,000건	· 상품객단가: 100,000원	· 구매전환율: 2%	· 수익율: 50%

(* 이외의 추가조건은 없음)

58. 다음의 검색광고 효과분석에서 (괄호) 안에 공통으로 들어갈 용어는 무엇인가? (2점)

- 검색광고 키워드 운영에서 ( )가 높은 키워드는 공격적으로 집행을 하는 경우가 많다.
- 광고비가 동일한 상태에서 고객이 결제한 매출이 올라가면 ( )가 높아진다.
- 검색광고에서 ( )는 고객이 실제 결제한 Gross 매출을 기준으로 계산한다.
- ( )는 노출수와 클릭수는 직접적인 상관이 없다.

59. CPC와 객단가가 동일하다고 가정할 경우, 전환율이 2배 상승한다면 ROAS는 몇 배 상승하는가? (2점)

60. 검색량도 많고 CTR도 높고 CPC도 저렴한 키워드가 CPA가 너무 높게 나타난다면, 해당 키워드의 성과 개선을 위해서 해당 키워드의 입찰가 외에 무엇을 변경해 보는 것이 좋은가? (2점)

※ 다음 사항을 확인한 후 시험을 종료하시기 바랍니다.

○ 시험지의 문제유형(Ⓐ, Ⓑ)과 답안지의 문제유형이 동일합니까?

○ 답안지에 수검번호(뒷자리) 6자리, 생년월일 6자리를 정확히 기재한 후 각각 표기하셨습니까?

○ 문항별 답안을 모두 기입하셨습니까?

- 수고하셨습니다. -

정보통신기술자격(KAIT · CP) 검정시험
[The Official Approval Test for KAIT Certified Professional]

◉ 시험종목 : 제2002회 검색광고마케터 1급

◉ 시험일자 : 2020. 09. 19.(토), 14:00~15:30(90분)

◉ 응시자 기재사항 및 감독위원 확인

수 검 번 호	SMF - 2002 -	감독위원 확인
성 명		(비대면온라인)

응시자 유의사항

1. 응시자는 신분증을 지참하여야 시험에 응시할 수 있으며, 시험 종료 시까지 신분증을 제시하지 못 할 경우 해당 시험은 0점 처리됩니다.

2. 제2002회 검색광고마케터 시험은 비대면 온라인 검정으로 진행됩니다.
   1) 시스템(PC작동여부, 네트워크 상태 등)의 이상여부를 반드시 확인하여야 하며, 시스템 이상이 있을 시 감독위원에게 조치를 받으셔야 합니다.
   2) 시험 중 부주의 또는 고의로 시스템을 파손하는 경우는 응시자 부담으로 합니다.

3. 다음 사항의 경우는 사전 또는 사후 검증을 통해 0점 혹은 부정행위 처리됩니다.
   1) PC화면, 핸드폰, 웹캠의 화면 공유를 응시자 임의대로 재설정·종료한 경우
   2) 시험 도중 임의 자리 이동
   3) 시험 중 인터넷검색, 컴퓨터·스마트폰 계산기 사용, 메신저(카카오톡, 네이트온 등) 사용, 이어폰·에어팟·헤드폰, 스마트워치 등 전자기기 사용한 행위
   4) 문제내용을 이미지로 캡쳐하거나 텍스트 복사하는 행위
   5) 타인이 대리 시험을 보거나, 타인과 논의해서 푸는 행위
   6) 기타 감독관의 지시사항을 불이행 하거나 부정행위에 대해 3차례 이상을 경고를 받은자에 대해 사후 녹화영상 등을 통해 부정행위로 인정되는 경우

4. 시험시행 후 결과는 홈페이지(www.ihd.or.kr)에서 확인하시기 바랍니다.
   1) 문제 및 가답안 공개 : 2020. 09. 22.(화)
   2) 합격자 발표 : 2020. 10. 23.(금)

제2002회 검색광고마케터 1급 모범답안

□ 객관식 답안

1	2	3	4	5	6	7	8	9	10
3	3	4	4	1	4	3	4	2	3
11	**12**	**13**	**14**	**15**	**16**	**17**	**18**	**19**	**20**
3	3	1	4	1	3	4	3	4	3
21	**22**	**23**	**24**	**25**	**26**	**27**	**28**	**29**	**30**
1	2	1	3	4	3	3	3	3	3
31	**32**	**33**	**34**	**35**	**36**	**37**	**38**	**39**	**40**
2	4	2	4	4	2	3	1	4	1

□ 단답식 답안

번호	답 안
41	의견 선도자 (또는 인플루언서, Influencer)
42	네이티브 광고 (또는 Native Ad, native advertising)
43	100000원(또는 100,000원)
44	3(또는 3배)
45	43750 (또는 43,750)
46	40000(또는 40000원)
47	반송률
48	① CTR 또는 클릭률 ② CVR 또는 전환율
49	원피스
50	파워컨텐츠 (또는 파워콘텐츠)

번호	답 안
51	키워드도구
52	온라인 커머스 (또는 온라인 이커머스, Online Commerce, e-Commerce)
53	(1) CPC (2) 확장소재
54	브랜드검색, 지역소상공인광고(플레이스)
55	(1) 70, (2) 50, (3) 10만
56	(1) 키워드삽입 (2) 대체키워드
57	5, 20, 50
58	권한설정 (또는 권한부여)
59	웹사이트 (또는 사이트, url, 홈페이지)
60	파워링크 이미지

※ 다음 사항을 확인한 후 시험을 시작하십시오.

○ 시험지는 총 12페이지이며, 60문제로 구성되어 있습니다. 페이지와 문제수가 맞는지 확인하시기 바랍니다.
[객관식 : 1번 ~ 40번, 단답식 : 41번 ~ 60번]

○ 유형별 문제수 및 배점
- 객관식 : 40문제 × 1.5점 = 60점
- 단답식 : 20문제 × 2.0점 = 40점

○ 합격기준
- 총점 70점 이상
- 유형별 각 점수 40% 미만시 과락(불합격)

객관식 (1-40)

1. 다음 중 구전 마케팅 유형(또는 종류)로 가장 적절하지 않은 것은?
① 바이럴 마케팅 ② 버즈 마케팅
③ 콘텐츠 마케팅 ④ 커뮤니티 마케팅

2. 다음에서 설명하는 개념으로 가장 알맞은 것은?

> 이것은 기업의 마케팅 전략 구축을 위한 중요한 행위로써 전체 소비자를 인구통계학적 변수, 심리학적 변수, 행동적 변수에 따라 몇 개의 소비자 집단으로 분류하는 것을 의미한다.

① 타깃팅 ② 포지셔닝
③ 시장세분화 ④ 시장기회 발견

3. 다음 중 성공적인 디지털 마케팅을 위한 주요 요소로 가장 알맞은 것은?
① 코즈 마케팅 ② 매복 마케팅
③ 일방향 메시지 ④ 상호작용성

4. 다음 중 디지털 광고의 차별적 특성으로 가장 적절하지 않은 것은?
① 트래킹의 용이성
② 정교한 타기팅
③ 광고 메시지 전달의 융통성
④ 전통 매체 광고보다 높은 신뢰도

5. 다음 중 키워드광고 로그분석 보고서를 통하여 알 수 없는 것은?
① ROI ② 물품단가(객단가)
③ ROAS ④ CTR

6. 다음 중 아래 표에서 산출한 데이터로 적절하지 않은 것은?

노출수	클릭수	광고비	전환수	전환매출액
1,250,000회	5,000회	5,750,000원	150회	50,000,000원

① 클릭율이 0.40%이다.
② 클릭당 비용이 1,150원이다.
③ ROAS가 870%이다.
④ 전환율은 0.3%이다.

7. 다음 중 검색 사용자의 행동 프로세스로 가장 알맞은 것은?
① 노출 - 장바구니 - 구매
② 클릭 - 장바구니 - 노출
③ 노출 - 클릭 - 구매
④ 클릭 - 노출 - 구매

8. 다음 중 검색광고에서 매일 효과 분석을 해야 하는 이유로 가장 적절하지 않은 것은?
① 다양한 검색광고 상품이 존재하기 때문이다.
② 계절, 요일, 날씨 등의 다양한 사유로 키워드 검색량은 계속 변하기 때문이다.
③ 일부 예산 도달로 인해 중단된 그룹이나 캠페인에 대응할 수 있다.
④ 검색광고는 일자별 성과만 확인할 수 있기 때문이다.

9. 다음 중 네이버 검색광고에서 제공하는 프리미엄 로그 분석에서 확인이 불가능한 항목은 무엇인가?
① 방문당 평균 체류시간
② 연령별 전환수
③ 전환 매출액
④ 직접 전환 매출액

10. 다음 중 마케팅 용어에 대한 설명으로 틀린 것은?
① CPC는 Cost per Click의 약자이다.
② CTR은 Click Through Rate의 약자이다.
③ CPA는 Cost Per Advertising의 약자이다.
④ ROAS는 Return On Advertising Spend의 약자이다.

11. 다음 중 키워드 차원의 효과분석에 대한 설명으로 적절하지 않은 것은?
① 클릭 고성과 키워드를 파악할 수 있다.
② 키워드마다 성과가 다르기 때문에 키워드 차원의 효과 분석을 진행해야 한다.
③ 키워드 차원의 효과 분석은 네이버와 카카오 검색광고만 가능하며 구글은 제공하지 않는다.
④ 전체 성과만으로는 고객이 구매하는데 기여한 키워드를 알 수 없기 때문이다.

12. 다음 중 전환 매출액이 가장 높은 키워드는 무엇인가?

키워드	노출수 (회)	클릭수 (회)	광고비 (원)	광고수익률 (%)
예쁜가방	2,780	100	200,800	800%
여성의류	15,900	620	310,000	450%
다이어트보조제	62,400	900	1,350,000	130%
남성의류	4,570	200	130,000	950%
건강식품	7,350	70	21,000	1000%

① 건강식품 ② 여성의류
③ 다이어트보조제 ④ 예쁜가방

13. 다음 광고 결과 데이터를 통해 얻을 수 있는 CPC와 전환 매출액이 바르게 짝지어진 것은?

물품단가 : 50,000원
광 고 비 : 10,000,000원
방 문 수 : 20,000명
전 환 수 : 1,000
이 익 률 : 50%

① CPC = 500원, 전환매출액 = 50,000,000원
② CPC = 250원, 전환매출액 = 50,000,000원
③ CPC = 500원, 전환매출액 = 25,000,000원
④ CPC = 250원, 전환매출액 = 25,000,000원

14. 다음 중 광고의 클릭률이 낮고 전환율이 0%인 키워드에 대한 사후관리 방법으로 적절하지 않은 것은?
① 키워드 OFF를 고려하거나 입찰가를 낮춰 노출수와 방문수를 줄인다.
② 키워드의 랜딩페이지가 적합한지 점검한다.
③ 키워드의 광고소재와 확장소재가 적합한지 점검한다.
④ 입찰가를 높여 광고 노출 순위를 상향 조정 후 방문수를 늘린다.

15. 다음 중 랜딩페이지의 변경 고려 대상으로 틀린 것은?
① CPA가 낮으면 랜딩페이지를 변경한다.
② 이벤트를 진행하면 랜딩페이지를 변경한다.
③ 반송률이 높으면 랜딩페이지를 변경한다.
④ 체류시간이 낮으면 랜딩페이지를 변경한다.

16. 아래 데이터 확인 후 9월 광고 운영을 위해 취해야 할 행동으로 가장 알맞은 것은?

날짜	7월	8월
평균 노출순위	2순위	5순위
CTR	1%	2%
CVR	3%	2%
ROI	500%	350%

① 평균 노출순위가 2순위에서 5순위가 되었으니 CPC를 낮추어 순위가 올라가도록 한다.
② CTR이 1%에서 2%가 되었으니 7월에 운영된 광고 소재로 변경한다.
③ CVR이 3%에서 2%가 되었으니 CVR 효율 상승을 위해 랜딩페이지에 이벤트를 추가한다.
④ ROI가 500%에서 350%로 효율이 상승하였으므로 8월과 같이 운영한다.

17. 다음 설명을 보고 광고 사후관리로 가장 알맞은 것은?
① 반송률 수치가 낮아지면 효율이 나빠진 것이니 랜딩페이지를 변경한다.
② CTR과 CVR이 높을 때는 시즌키워드나 연관키워드 등 키워드 확장을 하지 않는다.
③ CTR을 높이기 위해 랜딩페이지에 이벤트나 바로 구매로 연결될 혜택을 추가한다.
④ CPA가 낮으면 광고 효율이 좋은 것이니 연관키워드, 세부키워드를 확장한다.

18. 다음 중 키워드 광고의 성과를 높이기 위한 전략으로 가장 알맞은 것은?
① CPC가 낮은 키워드는 무조건 입찰가를 높인다.
② 반송률이 높은 랜딩페이지는 더 많은 유입을 받을 수 있도록 한다.
③ 특정한 타깃이나 시즈널 이슈 등 니즈에 따라 랜딩페이지를 별도 구성하는 것이 좋다.
④ 랜딩페이지가 이벤트 페이지일 때 확장 소재를 등록하지 않는 것이 좋다.

19. 다음 중 검색광고의 단점으로 적절하지 않은 것은?
① 초기 브랜딩 광고로 적합하지 않다.
② 대형포털에서의 검색광고 입찰 경쟁이 심화될 수 있다.
③ 관리 리소스가 많이 투여된다.
④ 무효클릭으로 의심되는 IP는 광고가 노출되지 않도록 제한할 수 없다.

20. 다음 중 카카오 키워드광고 운영시스템에 대한 설명으로 틀린 것은?
① 카카오 키워드광고를 통해, Daum, Nate, Bing, Kakao Talk 등 포털의 통합검색 영역에 광고를 노출할 수 있다.
② 광고대상은 웹사이트만 가능하다.
③ 캠페인은 검색 네트워크, 콘텐츠 네트워크, 쇼핑플러스, 쇼핑윈도가 있다.
④ 캠페인마다 노출 기간, 노출 요일과 시간을 지정할 수 있다.

21. 다음 중 디지털 비즈니스 모델의 필수 성공 요인으로 적절하지 않은 것은?
① 오프라인 매장의 확장과 직접 배송 시스템 구축
② 차별화된 콘텐츠와 서비스로 고객의 충성도 획득
③ 디지털 세대 고객의 관점과 경험에 초점을 맞춘 콘텐츠와 서비스
④ 새로운 아이디어와 기술로 선제적으로 시장 선점

22. 다음 중 소셜 미디어의 특성으로 적절하지 않은 것은?
① 참여 ② 거래
③ 커뮤니티 ④ 연결

23. 다음 광고노출 효과 중 '노출수 대비 클릭수 비율'을 의미하는 단어는 무엇인가?
① 클릭률 ② 전환율
③ 컨버전 ④ ROI

24. 다음 중 검색광고 참여주체에 대한 설명으로 틀린 것은?
① 광고주는 검색엔진을 통해 자사의 광고(웹사이트 등)를 노출시키고자 하는 기업이다.
② 광고 대행사는 광고주를 위해 전문적으로 광고 전반을 대행한다.
③ 검색광고 서비스업체는 광고 기획부터 운영 등의 업무를 하며 그 대가로 대행 수수료를 받는다.
④ 포털사이트는 검색페이지 지면을 제공하며 대표적으로 네이버, 구글, DAUM, 네이트, 줌 Bing 등이 있다.

25. 다음 중 검색광고 기획 과정으로 틀린 것은?
① 웹사이트의 제품이나 서비스를 이용할 사용자를 정의하고 이들의 특성을 파악하는 사용자 패턴분석을 한다.
② 경쟁사와의 비교분석을 통해 위협요인은 줄이고 기회요인을 발굴하여 경쟁에서 유리한 입지를 확보해야 한다.
③ 검색광고를 통해 달성하고자 하는 구체적인 목표를 수립한다.
④ 일반적으로 점유율이 높은 네이버에 광고를 집중하여 운영하는 것이, 많은 고객에게 광고가 도달되고 다양한 전환기회를 확보해 구매전환 등 광고효과를 배가시킨다.

26. 다음 중 카카오 키워드광고 그룹에 대한 설명으로 틀린 것은?
① PC검색포털, 모바일검색, PC콘텐츠, 모바일콘텐츠영역 노출여부를 선택할 수 있다.
② 확장검색 기능을 통해 등록한 키워드와 연관도가 있는 키워드 광고를 할 수 있다.
③ 그룹에서 사용할 광고예산 지정은 불가하다.
④ 그룹에서 광고 노출 기간 지정은 불가하다.

27. 다음 중 구글 운영시스템에 대한 설명으로 틀린 것은?
① 구글 검색광고는 Google Ads를 통해 등록 및 운영이 가능하다.
② 달성하고자 하는 주요 목적(판매, 리드, 웹사이트 트래픽)에 부합하는 목표를 중심으로 캠페인을 생성한다.
③ 캠페인에서 네트워크와 기기, 위치, 언어를 설정하고, 광고그룹에서 입찰, 예산, 광고확장을 설정한다.
④ 보고서는 이메일로 보내도록 예약이 가능하다.

28. 다음 중 입찰관리에 대한 설명으로 가장 알맞은 것은?
① 네이버 사이트검색광고 클릭당 광고비는 입찰가와 동일하게 과금된다.
② 카카오는 자동입찰 기능이 없다.
③ 구글은 입찰 시점의 경쟁 현황에 따라 매번 다른 결과가 제공될 수 있다.
④ 네이버 자동입찰은 희망순위와 한도액을 설정하여 진행된다.

29. 다음 중 네이버 검색광고 기능으로 적절하지 않은 것은?
① 대량관리 기능을 통해 키워드와 소재 등을 편리하게 대량으로 등록할 수 있다.
② 키워드와 소재를 복사할 수 있다.
③ 캠페인과 광고그룹을 복사할 수 있다.
④ 광고그룹에서 입찰가를 변경할 수 있다.

30. 다음 중 검색광고 등록 프로세스에 대한 설명으로 틀린 것은?
 ① 카카오 노출 기간은 최초 선택 시 오늘부터 1년으로 자동 설정되며, 기간 맞춤 설정이 가능하다.
 ② 카카오 소재 노출 방식은 랜덤노출과 성과우선노출을 선택할 수 있다.
 ③ 키워드 검색 유형 도달 범위는 일치검색 > 구문검색 > 변경 확장검색 > 확장검색 순으로 좁아진다.
 ④ 네이버 검색광고는 비즈머니가 충전되지 않으면 검토가 진행되지 않는다.

31. 다음 중 네이버 검색광고 그룹 만들기에 대한 설명으로 가장 알맞은 것은?
 ① 광고그룹 URL은 광고클릭 시 연결되는 페이지로 키워드와 연관도 있는 페이지로 설정한다.
 ② 고급옵션에서 매체별 노출여부를 직접 설정할 수 있다.
 ③ 광고를 노출할 지역을 설정할 수 있는데, 모바일은 지역 설정이 적용되지 않는다.
 ④ 소재 성과기반노출 방식은 그룹 내 소재가 최소 5개 이상 존재해야 동작한다.

32. 다음 중 캠페인 및 그룹 설정에 대한 설명으로 틀린 것은?
 ① 카카오는 캠페인에서 일 예산, 노출 기간, 노출 요일/시간을 설정한다.
 ② 구글의 캠페인 목표는 판매, 리드, 웹사이트 트래픽이 있다.
 ③ 네이버는 캠페인에서 유형과 이름, 예산, 고급 옵션에서 광고노출기간을 설정한다.
 ④ 네이버는 사전에 등록한 비즈채널이 없으면, 광고그룹에서 비즈채널을 등록할 수 없다.

33. 다음 중 네이버 광고노출전략에 대한 설명으로 가장 알맞은 것은?
 ① 요일/시간대 설정에서 30분 단위로 ON/OFF할 수 있다.
 ② 매체 설정을 통해 광고 노출을 원하는 개별 블로그를 선택할 수 있다.
 ③ 지역은 시/군/구 단위가 최소 노출설정 단위이다.
 ④ 모바일 입찰가중치를 200%로 하면, PC대비 모바일 광고 노출수를 2배로 높이겠다는 뜻이다.

34. 다음 중 키워드확장에 대한 설명으로 틀린 것은?
 ① 네이버 키워드확장으로 노출될 유의어는 중간 입찰가의 100%로 설정되며, 등록 키워드 입찰가를 초과하지 않는다.
 ② 네이버와 카카오는 광고그룹 단위에서 확장 기능을 사용할 수 있다.
 ③ 제외 키워드 등록을 통해 광고노출을 제한할 수 있다.
 ④ 구글 키워드는 기본적으로 일치검색 유형으로 설정된다.

35. 다음에서 설명하는 내용 중 틀린 것은?
 ① 네이버의 경우 캠페인명을 클릭하면 해당 캠페인 하위에 등록된 그룹 목록을 조회할 수 있다.
 ② 카카오의 경우 개별 그룹에 진입하면 그룹의 품질을 나타내는 지표를 확인할 수 있다.
 ③ 구글의 경우 캠페인, 키워드, 광고, 광고그룹 수준으로 복사하기가 가능하다.
 ④ 네이버의 경우 키워드 복사 기능을 통해 품질지수도 복사할 수 있다.

36. 다음 중 카카오 검색광고에 대한 설명으로 틀린 것은?
① 캠페인 전략설정 버튼을 통해 캠페인명, 일예산, 노출기간, 요일, 시간을 변경할 수 있다.
② 키워드는 다른 그룹으로 이동할 수 없고, 복사만 가능하다.
③ 소재 노출 방식은 랜덤노출과 성과우선노출 중 선택할 수 있다.
④ 그룹 소재에서 링크URL을 통해서 랜딩페이지 등록이 가능하다.

37. 다음 중 무효클릭에 대한 설명으로 틀린 것은?
① 검색광고 본래의 취지에 맞지 않는 무의미한 클릭을 의미한다.
② 사전/사후 모니터링이 진행되며, 필터링 로직 및 결과는 공개하지 않는다.
③ 네이버는 노출제한 설정메뉴에서 IP와 사이트를 등록하여 광고가 노출되지 않도록 제한 할 수 있다.
④ 구글은 자동 감지 시스템에서 잡아내지 못한 무효클릭에 대해 크레딧을 받을 수 있다.

38. 다음 중 네이버 온라인광고 정책에 대한 설명으로 틀린 것은?
① 개인 회원으로 가입한 후 사업자등록을 한 경우, 정보변경을 통해 사업자 회원으로 전환할 수 없다.
② 회원가입은 원칙적으로 자신의 사이트를 광고하기 위한 목적으로 해야 한다.
③ 사업자 회원에서 개인 회원으로 계정 정보를 변경할 수 없다.
④ 세금계산서 수정 재발행은 분기마감 이후에 신청한 경우 원칙적으로 처리가 불가하다.

39. 다음 중 광고 그룹 상태에 대한 설명 및 조치가 가장 적절한 것은?
① 비즈채널 노출제한일 경우, 사이트를 삭제하고 재등록하여 검토받는다.
② 캠페인 예산 도달의 경우, 광고그룹 하루 예산을 변경하거나 제한 없음으로 변경한다.
③ 캠페인 기간외인 경우, 광고그룹 요일 및 시간대를 재설정한다.
④ 노출 가능은 광고노출이 가능한 상태라는 것을 의미한다.

40. 다음 중 광고 게재 제한 사유에 해당하지 않는 것은 무엇인가?
① 문신/반영구 시술 서비스를 제공하는 의료기관 사이트
② 온라인 도박 서비스 제공하는 사이트
③ 이미테이션 제품 판매가 확인되는 사이트
④ 웹하드등록제에 따른 미등록 P2P 사이트

※ 다음 사항을 확인한 후 단답식 시험을 진행하십시오.

○ 문항별 답안을 모두 기입하셨습니까?

- 단답식 문제 계속(다음장) -

단답식 (41-60)

[답안 작성 요령]

○ **답안은 주어진 문제에 맞게 국문, 영문, 숫자, 기호 등으로 작성하시기 바랍니다.**

※ 단답식 문항은 각 2점이며, **부분점수는 없습니다.**

※ 철자, 맞춤법이 틀릴 경우 오답처리 될 수 있습니다.

41. 다음의 설명에서 (괄호)에 해당하는 공통된 용어는 무엇인가? (2점)

최근 기업들이 소셜미디어 또는 유투브에서 다른 소비자에게 많은 영향을 미치는 (　　　　)을(를) 적극 활용하는 마케팅 기법이다.
(　　　　)은(는) 수많은 팔로워들에게 영향을 미칠 수 있고 높은 신뢰도를 가지고 있기 때문에 제품에 대한 의견이나 평가가 소비자들에게 많은 영향력을 미친다.

42. 다음에서 설명하는 디지털 광고의 한 형태(유형)는 무엇이라고 하는가? (2점)

- 이 광고는 게재되는 웹페이지 또는 모바일 앱과 내용 면에서 잘 조화되고, 디자인 측면에서 적절하게 동화되며 플랫폼의 성격과 조화를 이루는 유료 광고이다.
- 소비자의 광고 회피 현상을 피하고 사용자 도달을 극대화할 수 있는 새로운 온라인 광고 유형으로 급부상하고 있다.
- 매력적인 콘텐츠를 제공하여 소비자의 긍정적 반응과 브랜드에 대한 우호적인 태도를 유도한다는 측면에서 콘텐츠 마케팅의 한 기법으로 사용된다.
- 페이스북 뉴스 피드 광고, 트위터 프로모티드 트윗이 대표적인 사례이다.

43. 다음 사례에서 CPA는 얼마인가? (2점, 단위 누락시 0점)

광고비	광고를 통한 방문수	전환율
5,000,000원	1,000회	5%

44. 광고 효율 개선을 위해 랜딩페이지 2개로 A,B TEST를 진행하였다.
A랜딩 페이지는 전환율이 3%, B랜딩 페이지는 전환율이 9% 나왔다.
A랜딩 페이지와 B랜딩 페이지의 ROAS 차이는 몇 배인가?
(CPC, 클릭수, 광고비, 객단가 등 다른 조건은 모두 동일하다고 가정.) (2점)

45. 광고를 통한 클릭수 3,500명, 클릭당비용 450원, 클릭률 8%, ROAS 500% 이다.
이 경우 노출수는 얼마인가?(2점)

46. 다음 광고 사례에서 CPS는 얼마인가? (2점)

CPC	클릭수	광고비	전환수	전환매출액
800	10,000	8,000,000원	200	20,000,000원

47. 다음 중 (괄호) 안에 공통으로 들어갈 알맞은 용어는 무엇인가?

( )은 방문자 수 대비 반송수의 비율 데이터를 말한다.
( )이 높다는 것은 해당 랜딩페이지가 효과적이지 않다는 뜻이다.

48. 광고성과 지표 중 다음 ①, ② 안에 각 각 들어갈 용어는 무엇인가? (2점, 부분점수 없음)

(①)은 높지만 (②)이 낮을 때

- 광고의 노출 순위나 소재는 충분히 매력적이지만 실제 사이트에 방문하여 전환 행동이 발생하지 않는 상태를 말한다. 즉 랜딩페이지에 고객이 원하는 것을 찾지 못하였거나, 전환 단계에서 이탈 요소가 있다는 의미이며, 랜딩페이지를 개선하는 것이 우선이다.

49. 다음 중 광고 연결 페이지와 키워드가 잘 세팅되어 전환율 효과가 가장 좋은 키워드는 무엇인가? (연결 페이지 컨디션은 모두 동일하다는 조건) (2점)

키워드	방문수	클릭률	전환수
수영복	2,000	10%	500
롱패딩	2,000	25%	400
가디건	2,000	20%	300
원피스	2,000	5%	600

50. 다음은 네이버 광고시스템 캠페인 유형에 대한 설명이다. 괄호 안에 적절한 유형명은 무엇인가? (2점)

캠페인은 마케팅 활동에 대한 목적을 기준으로 묶어서 관리하는 광고 전략 단위이다.
파워링크, 쇼핑검색, ( ), 브랜드검색, 플레이스 총 5가지 유형이 있으며,
캠페인 등록 후 유형 변경은 불가하다.

51. 아래 내용이 설명하는 기능(메뉴)명은 무엇인가?(2점)

네이버 광고 키워드별 연간 월별 검색수 추이와 디바이스별 검색량, 사용자 통계자료를 확인할 수 있다. 연관키워드를 조회하여 파워링크 캠페인의 새로운 키워드를 발굴/추가할 수 있다. 선택한 키워드의 월간 예상 실적을 볼 수 있다.

52. 다음의 설명에서 이것에 해당하는 알맞은 용어는 무엇인가?(2점)

- (이것)은 가상의 마켓 플레이스에서 재화와 서비스를 판매하는 비즈니스 모델을 일컫는 포괄적인 개념이다. - (이것)을 통해 물리적 상품과 서비스의 구매 편리성과 구매 안정성을 동시에 충족시킬 수 있다. - (이것)의 성공을 위해 신속하고 소비자 지향적 물류체계 구축이 중요하다. - (이것)을 위해서 쿠팡, SSG.COM과 같은 기업이 배송에 막대한 투자를 하고 있는 것이 좋은 사례이다.

53. 다음 검색광고에 대한 주요 용어 중 (괄호) 안에 들어갈 알맞을 용어를 차례대로 작성하시오. (2점, 부분점수없음)

· CPM : 1,000회 노출당 비용을 말한다. 주로 정액제 광고에서 쓰인다. · ((1)) : 클릭이 발생할 때마다 비용을 지불하는 종량제광고 방식이다. 노출과 무관하게 클릭이 이루어질 때에만 과금된다. · 광고소재 : 검색 결과에 노출되는 메시지로 제목과 설명문구, URL, 다양한 ((2)) 등으로 구성된다. · ((2)) : 일반 광고소재 외 전화번호, 위치정보, 홍보문구, 추가링크 등을 말한다. 반드시 광고에 표시되지는 않는다.

54. 네이버 검색광고 상품 중 '클릭당 과금 입찰(경매) 방식'으로 구매할 수 없는 상품을 모두 작성하시오. (2점, 부분점수없음)

55. 다음은 네이버 검색광고 입찰가에 대한 설명이다. (1), (2), (3)에 들어갈 금액을 각 각 작성하시오. (2점, 부분점수없음)

입찰가는 최소 ((1))원부터(쇼핑검색광고는 ((2))원), 최대 ((3))원까지 설정할 수 있다.

56. 다음에서 설명하는 (1)과 (2)에 해당하는 용어를 각 각 작성하시오 (2점, 부분점수없음)

· 소재 제목과 설명에 ((1)) 버튼을 클릭하면 등록하고자 하는 키워드를 직접 입력하지 않아도 삽입이 가능하다.
· 글자수가 초과할 경우를 대비하여 ((2))를 입력해야 하며, ((2))는 등록하려는 키워드를 대신할 만한 키워드로 입력하는 것이 좋다.
· 설명에 ((1)) 기능을 사용하면 광고노출 시 볼드 처리되어 주목도를 높일 수 있다.

57. 각 매체별 광고그룹 당 등록이 가능한 최대 소재 개수를 순서대로 작성하시오. (2점, 부분점수없음)

- 네이버 파워링크 검색광고 : 광고그룹당 최대 ( )개
- 카카오 검색광고 : 광고그룹당 최대 ( )개
- 구글 검색광고 : 광고그룹당 텍스트 광고 ( )개

58. 다음에서 설명하는 것은 무엇인가? (2점)

· '이것은 네이버 검색광고 광고주센터에 가입한 회원이 지정하는 다른 회원에게 회원계정에의 접근 및 관리 권한의 일부 또는 전부를 위탁하는 것을 말한다.'

59. 다음은 카카오 광고대상에 관한 설명이다. 괄호 안에 가장 적절한 단어는 무엇인가? (2점)

카카오에서는 계정>광고대상 관리에서 등록과 수정이 가능하다.
광고 시작을 위해 반드시 입력해야 하는 광고대상은 ( )이며, 부가적으로 전화번호, 카카오톡 채널, 카카오페이 뱃지가 있다.

60. 다음 괄호 안에 공통적으로 들어갈 단어는 무엇인가? (2점)

- 네이버 검색광고에서는 전화번호, 위치정보, 네이버예약, 계산, 추가제목, 홍보문구, 서브링크, 가격링크, ( ), 이미지형 서브링크, 플레이스 정보, 홍보영상, 블로그리뷰 유형이 있다.
- 광고 성과 향상에 유의미한 기여를 하지 못했을 때는 광고에 노출되지 않을 수 있다.
- 성인, 병/의원 업종의 광고에는 ( )가 노출되지 않는다.
- 광고그룹 단위로 등록할 수 있다.

- 수고하셨습니다. -

정보통신기술자격(KAIT·CP) 검정시험
(The Official Approval Test for KAIT Certified Professional)

◉ 시험종목 : 제2003회 검색광고마케터 1급

◉ 시험일자 : 2020. 12. 12.(토) 09:00 ~ 10:30(90분)

◉ 응시자 기재사항 및 감독위원 확인

수 검 번 호	SMF - 2003 -	감독위원 확인
성 명		(비대면온라인)

응시자 유의사항

1. 응시자는 신분증을 지참하여야 시험에 응시할 수 있으며, 시험 종료 시까지 신분증을 제시하지 못 할 경우 해당 시험은 0점 처리됩니다.

2. 제2003회 검색광고마케터 시험은 비대면 온라인 검정으로 진행됩니다.
   1) 시스템(PC작동여부, 네트워크 상태 등)의 이상여부를 반드시 확인하여야 하며, 시스템 이상이 있을 시 감독위원에게 조치를 받으셔야 합니다.
   2) 시험 중 부주의 또는 고의로 시스템을 파손하는 경우는 응시자 부담으로 합니다.

3. 다음 사항의 경우는 사전 또는 사후 검증을 통해 0점 혹은 부정행위 처리됩니다.
   1) PC화면, 핸드폰, 웹캠의 화면 공유를 응시자 임의대로 재설정·종료한 경우
   2) 시험 도중 임의 자리 이동
   3) 시험 중 인터넷검색, 컴퓨터·스마트폰 계산기 사용, 메신저(카카오톡, 네이트온 등) 사용, 이어폰·에어팟·헤드폰, 스마트워치 등 전자기기 사용한 행위
   4) 문제내용을 이미지로 캡쳐하거나 텍스트 복사하는 행위
   5) 타인이 대리 시험을 보거나, 타인과 논의해서 푸는 행위
   6) 기타 감독관의 지시사항을 불이행 하거나 부정행위에 대해 3차례 이상을 경고를 받은자에 대해 사후 녹화영상 등을 통해 부정행위로 인정되는 경우

4. 시험시행 후 결과는 홈페이지(www.ihd.or.kr)에서 확인하시기 바랍니다.
   1) 문제 및 가답안 공개 : 2020. 12. 15.(화)
   2) 합격자 발표 : 2020. 12. 31.(목)

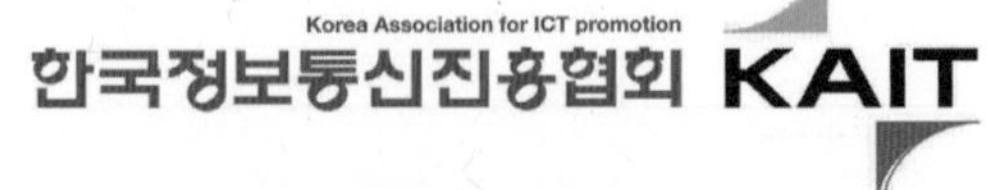

제2003회 검색광고마케터 1급 모범답안

□ 객관식 답안

1	2	3	4	5	6	7	8	9	10
2	3	2	2	4	4	3	1	1	4
11	**12**	**13**	**14**	**15**	**16**	**17**	**18**	**19**	**20**
3	2	4	1	2	1	2	3	2	3
21	**22**	**23**	**24**	**25**	**26**	**27**	**28**	**29**	**30**
1	3	2	4	3	3	1	1	2	3
31	**32**	**33**	**34**	**35**	**36**	**37**	**38**	**39**	**40**
4	3	4	4	1	2	2	3	3	4

□ 단답식 답안

번호	답 안	번호	답 안
41	검색엔진 (또는 Search Engine, 포털, 포털사이트, 포털엔진)	51	(1) 전환율 2%, (2) ROAS 400%
42	획득 미디어 (또는 Earned Media)	52	매체믹스 (또는 미디어믹스)
43	미디어 렙 (또는 Media Rep, 디지털 미디어 렙)	53	비즈채널
44	노출수 : 125,000, 물품단가(객단가) : 90,000원	54	기본 입찰가
45	ROI	55	(1) 최소노출입찰가, (2) 중간입찰가
46	직접전환수	56	품질지수 (또는 광고주품질지수, 광고평가지수, 광고품질평가지수, (지수=점수))
47	47,680,000원	57	제외키워드
48	랜딩페이지	58	노출기간, 하루예산, 예산균등배분
49	CTR (또는 클릭률(율), 유입, 클릭)	59	제품 카탈로그
50	①페이지뷰 or PV ② 반송률	60	즐겨찾기

※ 다음 사항을 확인한 후 시험을 시작하십시오.

○ 시험지는 총 12페이지이며, 60문제로 구성되어 있습니다. 페이지와 문제수가 맞는지 확인하시기 바랍니다.
[객관식 : 1번 ~ 40번, 단답식 : 41번 ~ 60번]

○ 유형별 문제수 및 배점
- 객관식 : 40문제 × 1.5점 = 60점
- 단답식 : 20문제 × 2.0점 = 40점

○ 합격기준
- 총점 70점 이상
- 유형별 각 점수 40% 미만시 과락(불합격)

객관식 (1-40)

1. 다음 중 소셜 미디어의 유형으로 가장 적절하지 않은 것은?
   ① 블로그 ② 웹 브라우저
   ③ 소셜 네트워크 ④ 유튜브

2. 다음 중 온라인 포털에 대한 설명으로 가장 적절하지 않은 것은?
   ① 인터넷 사용자가 인터넷을 사용할 때 관문 역할을 하는 웹사이트를 지칭한다.
   ② 인터넷 이용자를 유입할 수 있는 킬러 서비스를 제공하여 많은 트래픽이 발생한다.
   ③ 유료 콘텐츠가 온라인 포털 수익의 대부분이며 광고 수익은 아직 미미하다.
   ④ 포털은 이용자에게 콘텐츠, 커머스, 이메일, 커뮤니티 등 다양한 서비스를 제공한다.

3. 다음 설명에서 (괄호)에 들어갈 알맞은 용어는 무엇인가?

( )은(는) 브랜드가 생산에 주도적으로 참여한 콘텐츠의 스토리에 소비자에게 전달하고자 하는 브랜드의 핵심 메시지가 녹아 들어가 있으며 동시에 유용한 정보와 재미를 소비자에게 제공한다.

   ① 버즈 콘텐츠
   ② 브랜디드 콘텐츠
   ③ 유료 콘텐츠
   ④ 인-앱 콘텐츠

4. 다음 중 제품 제작 과정에 직접 참여하거나 브랜드에 대한 다양한 의견과 정보를 제안하는 능동형 참여형 소비자를 지칭하는 용어로 알맞은 것은?
   ① 애드슈머(Adsumer)
   ② 프로슈머(Prosumer)
   ③ 디지털 노마드(Digital Nomad)
   ④ 블랙 컨슈머(Black Consumer)

5. 다음 중 온라인 구전(eWOM: Electronic Word of Mouth)에 대한 설명으로 틀린 것은?
   ① 온라인 구전은 네트워크 분석을 통해 구전의 확산 경로와 의견 선도자를 파악할 수 있다.
   ② 기업의 입장에서 소비자의 의견을 청취하는 채널로 활용할 수 있다.
   ③ 온라인 쇼핑몰에서 구매 후 소비자가 작성하는 사용 후기도 온라인 구전의 한 유형으로 볼 수 있다.
   ④ SNS, 블로그, 온라인 게시판을 통해 확산되기 때문에 일반적으로 정보에 대한 신뢰도는 매우 낮다.

6. 다음 중 모바일 광고의 특징에 대한 설명으로 가장 적절하지 않은 것은?
   ① 시간과 공간의 물리적 제약을 극복하여 높은 광고 메시지 도달을 보인다.
   ② 모바일 기기의 특성상 위치기반 지역 광고나 개인 맞춤형 광고로 진화하고 있다.
   ③ 즉각적 반응성으로 빠른 구매 연결이 가능하다.
   ④ ROI를 향상시키기 위한 광고 노출의 극대화가 필수적이다.

7. 다음 중 광고효과 분석 후 성과개선을 위해 취해야 할 행동으로 가장 적절하지 않은 것은?
   ① CTR이 낮은 키워드는 광고 소재 및 확장 소재를 변경한다.
   ② CVR이 높은 키워드를 중심으로 키워드를 확장한다.
   ③ ROAS가 높은 키워드는 입찰가를 낮추거나 시간 설정을 하여 광고 노출수를 줄인다.
   ④ CVR이 낮은 키워드는 랜딩페이지 및 페이지뷰 체류시간을 체크한다.

8. 다음 중 검색광고와 관련된 설명으로 가장 알맞은 것은 무엇인가?
① CPS가 낮을수록 광고 효과가 좋다.
② CPC가 높을수록 CPS는 낮아진다.
③ CVR이 낮을수록 광고 효과가 좋다.
④ ROAS가 높을수록 CPC가 높다.

9. 광고실적이 다음과 같을 때 CVR이 가장 높은 그룹은 무엇인가?

그룹	클릭수	클릭율	전환수	광고수익률
A 그룹	2,500	3%	20	800%
B 그룹	6,000	6%	30	450%
C 그룹	8,000	8%	80	130%
D 그룹	11,000	11%	100	950%

① C 그룹 ② D 그룹
③ A 그룹 ④ B 그룹

10. 다음 중 로그 분석에 대한 설명으로 옳지 않은 것은?
① 네이버, 카카오, 구글 검색광고에서 무료로 로그 분석을 지원하고 있다.
② 로그 분석은 웹사이트를 방문한 유저의 데이터를 수집하여 분석하는 도구이다.
③ 매체사에서 제공하는 로그분석을 사용할 경우 별도의 엑셀 작업 없이 키워드별 전환 성과를 볼 수 있다.
④ 로그 분석이 가능하기 위해서는 웹사이트에 전환 추적 스크립트 삽입이 필요하며 대행설치만 가능하다.

11. 광고 결과가 아래와 같을 때, 다음 중 CPC와 ROAS가 바르게 연결된 것은?

- 광고비 : 20,000,000원
- 광고를 통한 방문수 : 16,000명
- 물품 단가 : 50,000원
- 광고를 통해 판매된 물품 수 : 300개
- 이익률 : 40%

① CPC = 1250원, ROAS = 30%
② CPC = 400원, ROAS = 75%
③ CPC = 1250원, ROAS = 75%
④ CPC = 400원, ROAS = 30%

12. 다음 중 네이버 검색광고 상품이 아닌 것은?
① 브랜드 검색
② 프리미엄링크
③ 파워컨텐츠
④ 쇼핑검색광고

13. 다음에서 설명하는 용어로 적절하지 않은 것은?
① CPC는 검색광고를 통해 웹사이트로 방문하는데 투여된 비용이다.
② CTR은 검색광고가 노출된 횟수 대비 클릭이 발생한 비율을 말한다.
③ ROAS는 광고비 대비 매출액을 말한다.
④ CVR은 검색광고를 통해 전환을 달성하는데 투여된 비용을 말한다.

14. 다음 중 네이버/카카오 매체리포트에서 기본적으로 파악할 수 있는 지표로 틀린 것은?
① ROI
② 노출수
③ CTR
④ 클릭비용

15. 다음 광고 결과 데이터를 통해 얻을 수 있는 것으로 바르게 짝지어진 것은?

방문수	클릭률	광고비	물품단가	전환수
17,500	2%	7,000,000	35,000	700

① 노출수 = 875,000, CVR = 2%
② CVR = 4%, ROAS = 350%
③ 전환매출 = 24,500,000, CVR = 2%
④ 노출수 = 437,500, ROAS = 500%

16. 다음 중 광고 성과를 상승시키기 위한 랜딩페이지 운영 방법으로 적절하지 않은 것은?
① 키워드 검색량이 감소하면 랜딩페이지를 변경하거나 개선한다.
② CVR이 낮을 때 랜딩페이지를 변경하거나 개선한다.
③ 특정한 타깃이나 시즈널 이슈 등 고객의 니즈에 따라 페이지를 별도 구성한다.
④ 랜딩페이지에 키워드가 포함되어야 한다.

17. 다음 중 클릭률을 높이기 위한 방법으로 적절하지 않은 것은?
   ① 광고의 노출 순위가 낮은 경우 입찰가를 높여 광고 노출 순위를 높인다.
   ② 메인 페이지보다 카테고리 페이지, 상품 페이지로 랜딩 페이지를 수정한다.
   ③ 다양한 확장소재를 활용한다.
   ④ 연령, 성별 등 타깃의 특성을 이해한 광고소재를 사용한다.

18. 다음 중 검색광고 효과분석 후 사후관리로 가장 알맞은 것은?
   ① CTR과 CVR이 모두 높을때는 키워드OFF나 방문수를 줄이는 작업을 진행한다.
   ② CTR은 높지만 CVR이 낮을때는 광고소재를 변경하거나 확장소재는 변경한다.
   ③ CTR은 낮고 CVR은 높을 때 키워드 입찰 순위가 낮아 충분한 클릭을 받지 못하고 있는지 체크한다.
   ④ CTR과 CVR 모두 낮을때는 키워드를 확장하거나 입찰가를 높여 방문수를 늘린다.

19. 다음 중 검색광고에 대한 설명으로 틀린 것은?
   ① 검색광고는 양질의 검색 결과를 제공하기 위해 검수과정을 거친다.
   ② 검색광고는 키워드광고, DA(Display Ad) 라고도 한다.
   ③ 검색광고는 네이버, 카카오, 구글 등의 검색엔진을 통해 노출된다.
   ④ 검색광고는 정확한 키워드 타기팅이 가능한 광고이다.

20. 다음 중 키워드 차원의 효과분석 후 사후관리로 적절하지 않은 것은?
   ① CVR이 낮은 키워드는 랜딩페이지를 개선하거나 교체한다.
   ② 광고비용을 많이 소진하고 전환이 없는 키워드는 입찰가를 낮추거나 OFF 시킨다.
   ③ CTR이 낮은 키워드는 랜딩페이지를 개선하거나 교체한다.
   ④ CTR과 CVR이 모두 높을때는 연관키워드와 세부키워드를 확장한다.

21. 다음에서 설명하는 것으로 가장 알맞은 것은?
   ① CVR이 높아질수록 CPA는 낮아진다.
   ② 노출수가 올라가면 CTR이 높아진다.
   ③ CPC가 올라가면 ROAS도 올라간다.
   ④ CTR과 CVR이 높아질수록 광고효과는 떨어진다.

22. 다음 중 검색광고 특징에 대한 설명으로 틀린 것은?
   ① 정확한 키워드 타기팅이 가능하다.
   ② 클릭당 과금 광고도 있어 효율적으로 운영할 수 있다.
   ③ 노출 순위는 최대클릭비용 외에 광고기간에 따라 달라진다.
   ④ 종량제 광고의 경우 광고운영시스템을 통해 on, off, 예산조정 등 탄력적으로 운영할 수 있다.

23. 다음 중 검색광고의 주요 용어에 대한 설명으로 틀린 것은?
   ① KPI : 핵심성과지표, 수치로 표현 가능한 광고의 목표를 말한다.
   ② 시즈널키워드 : 업종을 대표하는 키워드로 검색수가 높고 경쟁이 치열하다.
   ③ 세부키워드 : 대표키워드의 하위 개념으로 구체적인 서비스명이나 제품명, 지역명, 수식어를 조합하여 사용하기도 한다.
   ④ T&D : 검색 결과에 노출되는 제목과 설명에 해당한다.

24. 다음 중 광고목표 수립 시 고려해야 할 사항으로 가장 적절하지 않은 것은?
   ① 광고목표는 구체적이고 명확해야 한다.
   ② 광고목표는 측정 가능한 것이어야 한다.
   ③ 광고목표는 현실적이어야 한다.
   ④ 광고목표는 언제든 달성할 수 있도록 기간을 정하지 않는다.

25. 다음 중 네이버 운영시스템에 대한 설명으로 틀린 것은?
① 네이버 검색광고는 사이트검색광고, 쇼핑검색광고, 콘텐츠검색광고, 브랜드검색광고, 지역소상공인광고, 클릭초이스플러스, 클릭초이스상품광고가 있다.
② 클릭초이스플러스와 클릭초이스상품광고는 일부 업종에서만 집행할 수 있다.
③ 네이버 검색광고주 계정은 사업자의 경우 최대 2개, 개인은 검색광고ID와 네이버ID로 가입을 통해 총 5개까지 생성할 수 있다.
④ 키워드 확장 기능을 통해 해당 광고그룹의 등록 키워드와 유사한 키워드 광고를 노출할 수도 있다.

26. 다음 중 아래 내용이 설명하는 알맞은 예산설정 방법은 무엇인가?

- 광고목표를 달성하기 위한 광고비를 추정하여 예산을 편성하는 방법이다.
- 처음 광고를 집행한다면 일평균 웹사이트 클릭수의 목표를 설정하고 사용하려는 키워드의 평균 클릭 비용을 곱하면 대략적인 광고비를 추정할 수 있다.
- 광고를 집행한 이력이 있다면 과거의 광고비, 클릭 비용, 클릭수, 전환성과 데이터를 기반으로 목표에 따라 예산을 추정할 수 있다.
- 이 방법은 예산설정 방법 중 가장 논리적인 광고 예산 편성방법으로 쓰인다.

① 광고-판매 반응함수법
② 매출액 비율법
③ 목표과업법
④ 가용예산법

27. 다음 중 네이버 검색광고 소재에 대한 설명으로 알맞은 것은?
① 소재는 사용자(검색이용자)에게 보이는 광고 요소이다.
② 파워링크 소재는 사업자번호, 상품정보, 즉 상품 이미지, 가격정보, 상품명 등을 말한다.
③ 네이버 확장 소재 유형으로는 전화번호, 네이버 예약, 카카오톡, 위치정보 등이 있다.
④ 등록한 확장소재는 모든 매체에 광고 노출 시 함께 노출된다.

28. 다음 중 네이버 검색광고에 대한 설명으로 알맞은 것은?
① 네이버 광고시스템은 '광고시스템'과 '구 광고관리시스템'으로 나눠져 있다.
② 캠페인 하루 예산은 한 번 클릭당 지불 가능한 금액을 기재하는 것이다.
③ 예산 균등배분에 체크하면, 광고는 늘 노출된다.
④ 캠페인 고급옵션에서는 광고 노출 기간 및 요일/시간대를 설정할 수 있다.

29. 다음 네이버 검색광고 등록 프로세스 중 '광고 만들기'에 대한 설명으로 알맞은 것은?
① 광고 만들기에서 키워드를 추가하면 등록 프로세스가 완료된다.
② 키워드를 직접 입력할 수도 있고, 연관키워드를 추가할 수도 있다.
③ 추가 실적 예상하기 기준은 키워드별 입찰가 기준으로 산출된다.
④ 그룹에서 설정한 URL을 소재 표시URL에서 수정할 수 있다.

30. 다음 중 네이버 검색광고 입찰에 대한 설명으로 틀린 것은?
① 키워드 입찰가는 입찰가 변경 기능을 활용하거나 직접 입찰가를 입력하여 설정할 수 있다.
② 입찰가 변경 기능은 입찰가 일괄 변경, 입찰가 개별 변경 기능을 사용하여 변경할 수 있다.
③ 최근 1주간 순위별 입찰가의 평균 값을 조회할 수 있다.
④ 순위별 평균 입찰가는 PC/모바일을 나눠서 조회할 수 있다.

31. 다음 중 검색광고 상품에 대한 설명으로 틀린 것은?
① 네이버 사이트검색광고는 이용자가 많이 찾지 않는 일부 키워드의 경우 비즈 사이트가 제외될 수 있다.
② 네이버 브랜드검색광고는 네이버 통합검색 결과에 1개 광고가 단독 노출된다.
③ 네이버 클릭초이스상품광고는 노출을 원치 않는 키워드를 제외 키워드 설정을 통해 제외할 수 있다.
④ 구글 검색광고는 최대 3개의 광고만 검색 결과 상단에 게재될 수 있다.

32. 다음 중 광고소재 작성에 대한 설명으로 틀린 것은?
   ① 광고소재는 사용자가 검색 후 최초로 만나는 상품이나 서비스에 대한 정보이다.
   ② 소재는 타업체와의 차별성이 최대한 잘 드러나도록 장점과 혜택을 작성하는 것이 좋다.
   ③ 소재는 자유롭게 작성할 수 있고, 등록 후 바로 노출된다.
   ④ 키워드를 소재에 포함하는 것이 유입효과에 일반적으로 좋다.

33. 다음 중 효율적인 광고소재 작성 방법으로 틀린 것은?
   ① 사용자의 요구와 혜택에 초점을 맞춘 메시지를 작성한다.
   ② 이벤트를 진행중일 경우 마감시한을 넣으면 더욱 효과가 높다.
   ③ 검색어에 직접 대응하는 표현을 통해 사용자가 찾는 것을 보유하고 있음을 알려야 한다.
   ④ 최상급표현이나 특수문자 등을 사용하여 주목도를 높이고 클릭을 유도한다.

34. 다음 중 검색광고 시스템 URL에 대한 설명으로 틀린 것은?
   ① 최상위 도메인, 사이트 내 모든 페이지에서 공통으로 확인되는 URL을 표시URL이라고 한다.
   ② 랜딩페이지, 광고를 클릭했을 때 도달하는 페이지의 URL을 연결URL이라고 한다.
   ③ 광고 클릭 후 광고에서 본 내용과 관련 없는 페이지로 연결되면 사용자가 이탈할 가능성이 커진다.
   ④ 연결URL은 표시URL 사이트 내의 페이지가 아니어도 되고, 동일 사업자의 다른 사이트(도메인)로 연결되어도 된다.

35. 다음 중 네이버 검색광고 등록기준에 대한 설명으로 틀린 것은?
   ① 유흥업소 사이트 및 해당 업소의 직업정보 제공 사이트는 성인인증 등의 청소년 보호조치를 취할 경우 광고가 가능하다.
   ② 담배, 주류는 온라인 판매가 제한되는 상품이므로 광고가 불가하다.
   ③ 파워컨텐츠는 소재 내 구매한 '키워드'가 포함되어 있거나 '키워드'의 핵심 단어가 포함되어 있어야 광고가 가능하다.
   ④ 사이트가 접속되지 않거나 완성되지 않은 경우 광고가 불가하다.

36. 다음 중 네이버 검색광고에 대한 설명으로 가장 알맞은 것은?
   ① 광고로 등록하는 모든 사이트의 테스트 계정을 입력하여 내부 콘텐츠를 확인할 수 있도록 해야 한다.
   ② 쇼핑검색광고 쇼핑몰 상품형을 집행하기 위해서는 네이버쇼핑에 입점 된 쇼핑몰이 있어야 한다.
   ③ 지역소상공인(플레이스) 광고는 블로그, 포스트, 카페만 가능하다.
   ④ 웹사이트 채널을 등록한 경우, 별도의 쇼핑몰 채널을 추가하지 않아도 쇼핑검색광고가 가능하다.

37. 다음 중 네이버 광고시스템 '기본설정'에서 노출되는 지표로 틀린 것은?

① 상태	② 전환수
③ 평균클릭비용	④ 총비용

38. 다음 중 카카오와 구글의 광고노출전략에 대한 설명으로 틀린 것은?
① 카카오는 노출 요일과 시간을 1시간 단위로 설정할 수 있다.
② 카카오는 노출영역을 선택할 수 있으나 세부 매체를 제외하는 기능은 없다.
③ 구글은 그룹에서 네트워크와 위치, 언어, 예산, 시작일 및 종료일 설정을 통해 노출전략을 설정할 수 있다.
④ 구글은 고객이 사용하는 언어를 타깃팅할 수 있다.

39. 다음 중 광고품질 관리에 대한 설명으로 틀린 것은?
① 네이버, 카카오, 구글 검색광고 모두 광고의 품질을 측정한다.
② 품질이 높은 광고는 품질이 낮은 광고와 비교하여 더 낮은 비용으로 높은 순위에 노출될 수 있다.
③ 카카오는 최초로 사이트를 등록한 경우 품질이 4단계이다.
④ 구글의 품질평가점수는 1~10점으로 산정된다.

40. 다음 중 구글 검색광고에 대한 설명으로 틀린 것은?
① 실적 목표에 맞게 입찰가를 자동으로 설정하는 자동입찰 기능이 있다.
② 키워드 플래너를 통해 연관키워드를 추천받을 수 있다.
③ 키워드 복사 시 입찰가, 최종 도착URL을 포함하여 복사할 수 있다.
④ 키워드와 소재에 최종 도착URL을 설정할 수 있으며 둘다 설정했을 경우 소재에 입력한 URL이 우선 적용된다.

※ 다음 사항을 확인한 후 단답식 시험을 진행하십시오.

○ 문항별 답안을 모두 기입하셨습니까?

- 단답식 문제 계속(다음장) -

단답식 (41-60)

[답안 작성 요령]

○ **답안은 주어진 문제에 맞게 국문, 영문, 숫자, 기호 등으로 작성하시기 바랍니다.**

※ 단답식 문항은 각 2점이며, **부분점수는 없습니다.**

※ 철자, 맞춤법이 틀릴 경우 오답처리 될 수 있습니다.

41. 다음의 설명에서 (괄호)에 공통으로 해당하는 용어는 무엇인가? (2점)

- (   )은(는) 인터넷상에서 방대한 분량으로 흩어져 있는 자료 중 원하는 정보를 쉽게 찾을 수 있도록 도와주는 소프트웨어 또는 프로그램을 지칭한다.
- (   )은(는) 일반적으로 인터넷에 존재하는 모든 웹사이트와 파일을 대상으로 정보를 검색하여 자료를 제공하는 소프트웨어 또는 프로그램을 의미한다.
- 디렉토리 검색, 인덱스 검색, 통합 검색이 (   )의 종류에 해당한다.

42. 다음의 설명에서 이것에 해당하는 알맞은 용어는 무엇인가? (2점)

- (이것)은 소비자나 제3자가 정보를 생산하여 커뮤니케이션 하는 매체이다.
- (이것)의 대표적인 예는 입소문, 제품에 대한 소비자의 블로그, 뉴스 기사, SNS 포스트이다.
- (이것)은 SNS, 블로그, 모바일 등을 통해 다량의 브랜드 정보가 고객 사이에 구전되면서 생긴 매체이다.

43. 다음에서 설명하는 디지털 광고시장의 구성 주체는 무엇인가? (2점)

- 광고주의 입장에서 수많은 인터넷 매체사와 접촉하여 광고를 구매하고 집행을 관리하는 역할을 대신하여 수행하며, 매체사의 입장에서 광고 판매를 대행하고 더 많은 광고를 수주할 수 있는 기회를 제공한다.
- 디지털 광고 시장에서 독자적으로 사전 효과 예측 및 매체안을 제시하고, 광고 소재 송출과 각 매체별 트랙킹을 통해 광고 효과를 측정하고 비교하는 역할을 수행한다.

44. 다음 중 아래 광고 데이터에서 노출수와 물품단가(객단가)는 각각 얼마인가? (부분점수 없음) (2점)

- 광고를 통한 클릭수 5,000건
- 클릭율 4%
- 광고비 5,000,000원
- 전환율 5%
- ROAS 450%

45. 다음의 설명에서 검색광고용어인 (이것)은 무엇인가? (2점)

- (이것)은 투자 대비 수익률(이익률)에 대한 영어 약자로 검색광고에서는 광고를 통해 발생한 수익을 광고비로 나눈 값이다.

46. 다음은 네이버 검색광고에서 제공하는 프리미엄 로그분석의 항목 중 하나에 대한 설명이다. (괄호) 안에 들어갈 알맞은 용어는 무엇인가? (2점)

(　　)는 광고클릭 이후 30분 내에 마지막 클릭으로 전환이 일어난 경우의 전환수이다.

47. 다음의 광고 사례에서 전환매출액은 얼마인가? (단위 누락시 0점) (2점)

클릭수	광고비	전환율	전환수	ROAS
8,000회	6,400,000원	2.50%	200회	745%

48. 다음 중 (괄호) 안에 들어갈 알맞은 용어는 무엇인가? (2점)

- (　　)는 광고를 통해 방문하게 되는 페이지를 말한다.
- (　　)를 어디로 연결했느냐에 따라서 전환율이 다를 수 있다.

49. 다음 (괄호) 안에 들어갈 알맞은 용어는 무엇인가? (2점)

검색광고에서 (　　　)은 낮지만, 일단 방문한 고객은 높은 확률로 전환으로 이어지는 경우 우선 광고소재의 매력도가 낮은지, 키워드 입찰 순위가 현저히 낮아 충분한 클릭을 받지 못하고 있는지 점검해야 한다.

50. 다음 ①, ②는 각 각 무엇에 관한 설명인가? (부분점수 없음) (2점)

① 이것은 인터넷상에서 사용자가 홈페이지를 열어본 횟수, 사용자가 특정 사이트 내의 홈페이지를 클릭하여 열어 본 수치를 계량화한 것이다.
② 이것은 방문자 수 대비 반송수의 비율 데이터를 말한다.

51. 다음 중 광고 결과가 아래와 같을 때 전환율과 ROAS는 각 각 얼마인지 순서대로 작성하시오? (단위 누락시 0점, 부분점수 없음) (2점)

노출수	클릭수	전환수	광고비	매출액(수익)
2,000,000회	30,000회	600회	3,000,000원	12,000,000원

52. 다음 (괄호) 안에 공통으로 들어갈 알맞은 단어는 무엇인가? (2점)

- (　　)는 두 가지 이상의 광고를 섞어 집행하는 것을 말한다.
- 매체나 상품의 특성을 활용하여 보완하거나 시너지를 낼 수 있기 때문에 (　　)는 검색광고 기획에 매우 주요한 단계이다.
- 검색광고에서 (　　)는 네이버, 구글, 카카오 등의 (　　)와, 브랜드 검색, 파워링크, 쇼핑검색광고와 같은 상품 믹스로 나누어볼 수 있다.

53. 다음의 괄호 안에 공통으로 들어갈 알맞은 용어는 무엇인가? (2점)

- (　　)은 웹사이트, 쇼핑몰, 전화번호, 위치정보, 네이버 예약 등 고객에게 정보를 전달하고 판매하기 위한 모든 채널을 말한다.
- 광고를 집행하기 위해서는 캠페인 유형에 맞는 (　　)이 반드시 등록되어야 한다.

54. 다음에서 설명하는 (이것)은 무엇인가? (2점)

- (이것)은 '키워드별 입찰가'가 설정된 키워드를 제외한 모든 키워드에 적용되는 입찰가이다.
- (이것)은 광고 만들기 때 광고그룹에서 설정 가능하며, 이후에도 그룹 정보를 수정할 때 변경할 수 있다.
- (이것)은 콘텐츠 매체 전용입찰가를 설정하지 않은 경우 해당 매체에 적용되는 입찰가이다. 직접 설정 또는 자동입찰 설정 중에 선택할 수 있다.

55. 네이버 검색광고 등록시스템에서 아래에서 설명하는 (1)과 (2)에 해당하는 것을 각 각 작성하시오. (부분점수 없음) (2점)

(1) 최근 4주간 검색을 통해 노출된 광고 중에서 최하위에 노출되었던 광고의 입찰가 중 가장 큰 값
(2) 최근 4주간 검색을 통해 노출된 모든 광고의 입찰가를 큰 순서대로 나열했을 때 중간에 위치한 값

56. 다음에서 설명하는 이것에 해당하는 알맞은 용어는 무엇인가? (2점)

- 네이버와 카카오에서 검색사용자와 광고주의 만족을 위해 광고 품질을 측정하여 (이것)으로 나타낸다.
- (이것)이 높을수록 광고비용은 감소하고 노출순위는 상승하는 효과가 있다.
- 네이버와 카카오의 (이것)은 7단계 막대 형태로 보여준다.
- 네이버는 처음 키워드 등록 시 4단계의 (이것)을 부여 받는다.

57. 다음의 설명에서 (이것)에 해당하는 알맞은 용어는 무엇인가? (2점)

- 구글에서 특정 검색어에 대해 광고가 노출되지 않도록 하려면 해당 검색어를 광고그룹이나 캠페인에 (이것)으로 추가하여 노출을 제한 할 수 있다.
- 네이버 쇼핑검색광고도 노출을 원하지 않는 키워드를 (이것)에 등록 할 수 있다.

58. 다음 중 네이버 캠페인 단위에서 변경(수정)할 수 있는 것을 모두 고르시오. (부분점수없음) (2점)

노출기간	노출요일	하루예산	예산균등배분	노출시간

59. 다음 괄호 안에 공통으로 들어갈 알맞은 용어는 무엇인가? (2점)

- 쇼핑검색광고는 쇼핑몰 상품형 광고와 (   ) 광고로 나뉜다.
- (   ) 광고를 집행하려면 쇼핑 제조사 비즈채널을 등록해야 한다.
- (   )는 광고 가능한 카테고리가 별도로 정해져 있으며 집행 가능한 광고주는 제품의 소유권을 가진 제조사/브랜드사, 국내 독점 유통권 계약자만 가능하다.

60. 다음에서 설명하는 (이것)은 무엇인가? (2점)

- 네이버 검색광고는 핵심적으로 관리하는 광고그룹이나 키워드, 소재, 확장소재를 관리 목적에 따라 (이것)으로 설정할 수 있다.
- 광고그룹, 키워드, 소재, 확장소재 단위로 추가할 수 있다.
- 서로 다른 캠페인이나 광고그룹에 속해 있지만 하나의 묶음에 추가하면 한 눈에 성과 지표를 확인할 수 있다.

- 수고하셨습니다. -

SEARCH
ADVERTISEMENT
MARKETER

Chapter 01 네이버 검색광고 운영정책

부 록

PART 6

SEARCH
ADVERTISEMENT
MARKETER

Chapter 01

네이버 검색광고 운영정책

회원 가입

1. 회원 가입

① 네이버 검색광고를 이용하시고자 하는 분은 네이버 검색광고센터에 방문하시어 검색광고회원(이하 "회원"이라고 함) 신규가입 절차를 거쳐 자유롭게 네이버 검색광고를 이용하실 수 있습니다.

② 이미 사업자 등록을 하신 분은 사업자 회원으로, 아직 사업자 등록을 마치지 못하신 분은 개인 회원(「민법」상 성년에 한함)으로 가입하실 수 있고, 개인 회원으로 가입을 하신 후 사업자 등록을 하신 경우에는 검색광고회원계정(이하 "회원계정"이라고 함) 정보변경을 통하여 사업자 회원으로 전환하실 수 있습니다.

③ 회원 가입은 원칙적으로 회원 자신의 사이트를 광고하기 위한 목적으로 하셔야 하고, 만약 "권한설정"에 따른 적법한 권한의 위탁 없이 다른 "광고주" 회원의 사이트를 광고하기 위해 사용하실 경우엔 네이버 검색광고 서비스의 이용이 제한되거나 거부될 수 있습니다.

2. 회원 가입의 제한

① 네이버 검색광고는 안정적인 서비스 운영 및 검색 이용자의 보호를 위해 다음과 같은 경우에 회원 가입을 탈퇴 또는 직권 해지일로부터 6개월간 제한할 수 있습니다.

* 가입 신청자가 약관 및 광고운영정책 위반으로 직권 해지된 이력이 있는 경우

* 가입 신청자가 약관 및 광고운영정책 위반으로 이용정지된 상태에서 탈퇴한 이력이 있는 경우

* 가입 신청자가 약관 및 광고운영정책을 중대하게 위반하는 행동을 한 후 자진하여 탈퇴한 이력이 있는 경우

회원계정의 권한설정

1. 권한설정 및 권한종류

① 회원은 회원계정에 접속하여 회원이 지정하는 다른 회원에게 해당 회원의 회원계정에의 접근 및 관리 권한의 일부 또는 전부를 위탁하는 권한설정을 할 수 있습니다.

② 회원이 특정 회원에게 권한을 위탁한 상태에서, 해당 회원에게 다른 종류의 권한을 중복하여 위탁할 수 없습니다.

③ 권한설정을 통해 다른 회원에게 위탁할 수 있는 권한의 종류는 다음과 같이 구분됩니다.

권한 기능	광고관리	광고관리/ 세무	광고관리/ 로그분석	성과조회	성과조회/ 세무	성과조회/ 로그분석	광고관리/ 로그분석/ 세무	성과조회/ 로그분석/ 세무
광고정보 및 보고서 조회	O	O	O	O	O	O	O	O
대량 보고서 생성	O	O	O	x	x	x	O	x
광고관리 (등록/수정/삭제)	O	O	O	x	x	x	O	x
세금계산서 확인 및 출력	x	O	x	x	O	x	O	O
API 라이선스 관리	x	x	x	x	x	x	x	x
네이버애널리틱스 신청	x	x	O	x	x	x	O	x
네이버애널리스틱 보고서 조회	x	x	O	x	x	O	O	O

2. 권한설정 방법

① 권한을 위탁할 회원의 아이디와 권한의 종류를 선택하여 권한설정을 요청하고, 권한을 위탁받을 회원이 수락(동의)하는 경우에 양 회원계정 간 권한설정이 됩니다.

② 권한설정의 처리 결과는 광고관리시스템을 통해 확인하실 수 있으며, 시스템상 처리 결과가 반영되는 데에는 수분에서 최대 20분 가량의 시간이 소요될 수 있습니다.

3. 권한설정 철회 방법

① 권한을 위탁한 회원이 권한설정 철회를 원하는 경우, 위탁한 권한을 철회할 회원의 아이디를 선택하여 철회를 요청하면 양 회원계정 간 권한설정은 철회됩니다.

② 권한을 위탁받은 회원이 권한설정 철회를 원하는 경우, 위탁받은 권한을 철회할 회원의 아이디를 선택하여 철회를 요청하면 양 회원계정 간 권한설정은 철회됩니다.

③ 권한설정 철회의 처리 결과는 광고관리시스템을 통해 확인하실 수 있으며, 시스템상 처리 결과가 반영되는 데에는 수분에서 최대 20분 가량의 시간이 소요될 수 있습니다.

4. 이용제한 또는 탈퇴 시의 권한설정 처리

① 권한설정을 이용 중인 회원이 이용정지 제재를 받은 경우, 해당 회원이 권한설정을 통해 위탁하거나 위탁받은 권한의 이용이 제한됩니다.

② 이용정지 제재 상태의 회원은 권한설정을 통해 해당 회원에게 권한을 위탁한 다른 회원의 회원계정 접근이 제한됩니다.

③ 이용정지 제재 상태의 회원으로부터 기존에 권한설정을 통해 권한을 위탁받은 다른 회원은 제재 상태 회원의 회원계정 접근이 제한됩니다.

④ 이용정지 제재에 따른 권한 이용의 제한 처리 결과는 광고관리시스템을 통해 확인하실 수 있으며, 시스템상 처리 결과가 반영되는 데에는 수분에서 최대 20분 가량의 시간이 소요될 수 있습니다.

⑤ 권한설정을 이용 중인 회원이 회원탈퇴를 하거나 또는 직권해지 제재를 받은 경우, 권한설정을 통해 해당 회원이 위탁하였거나 또는 위탁받은 권한설정은 철회됩니다.

회원계정 정보변경

1. 회원계정 정보변경

① 회원계정의 정보변경이 필요한 회원은 직접 네이버 검색광고센터에 접속하여 계정정보 변경을 신청하시거나 검색광고 [온라인 고객센터] 또는 광고영업 담당자를 통하여 변경을 요청하셔야 합니다.

② 다만, 사업자 회원에서 개인 회원으로 변경하시는 경우에는 네이버 검색광고센터에 접속하여 계정 정보를 변경하실 수 없습니다. 이 경우 원칙적으로 개인 회원의 정보로 새로운 회원계정을 생성하여야 합니다.

③ 회원계정의 정보변경이 완료된 계정에 등록된 사이트에 대해서는 사이트 검수를 실시하여 관련 법령, 약관, 검수기준, 이용안내 등에 부합하지 않는 경우 광고 게재를 제한할 수 있습니다.

④ 매월 첫 영업일로부터 3일 동안은 세금계산서 발행업무로 인하여 정보변경이 불가하며, 따라서 이 기간에 접수된 정보변경 요청은 세금계산서 발행업무 종료 후에 처리됩니다.

세금계산서 수정 재발행

1. 세금계산서 수정재발행

① 세금계산서의 수정재발행이 필요한 회원은 직접 네이버 검색광고센터에 접속하여 세금계산서의 수정재발행을 신청하시거나 검색광고 [온라인 고객센터] 또는 광고영업 담당자를 통하여 요청하셔야 합니다.

② 세금계산서의 수정재발행은 해당 분기에 발행된 세금계산서를 대상으로 해당 분기의 '분기 마감' 이전에 신청하셔야 하며, 해당 분기에 발행된 세금계산서를 대상으로 하지 않거나 해당 분기의 '분기 마감' 이후에 신청하신 경우에는 원칙적으로 처리가 불가합니다.

③ 회사는 매 분기마다 '분기 마감'에 앞서 회원에게 약관 제13조에 따른 방법으로 '분기 마감'을 통지합니다.

광고 게재

1. 광고 게재

① 회원은 네이버 검색광고센터를 통해 관련 법령, 약관, 검수기준, 이용안내 등에 부합하는 검색광고 게재 신청을 하셔야 합니다.

② 회사는 회원이 게재를 신청한 검색광고의 키워드, 제목, 설명 등에 대해 일정한 방식으로 심사를 하여 게재 여부를 결정하고, 게재 여부에 대해 회원에게 약관 제13조에 따른 방법으로 통지합니다.

③ 회사가 회원의 광고 게재 신청을 승낙한 것이 해당 검색광고 또는 해당 검색광고의 대상이 된 사이트 등이 위법하지 않거나 약관, 검수기준, 이용안내 등에 적합함을

최종적으로 보증하거나 보장하는 것은 아니며, 따라서 광고 게재를 승낙한 이후에도 검색광고 또는 해당 검색광고의 대상이 된 사이트 등이 관련 법령 또는 약관, 검수기준 등을 위반하는 것이 확인될 경우 회원에게 수정을 요청하거나 광고게재 중단, 서비스 이용정지, 회원 직권 해지 등의 조치를 취할 수 있습니다.

2. 광고 수정요청 및 재게재

① 회사는 검색광고 또는 해당 검색광고의 대상이 된 사이트 등이 관련 법령 또는 약관, 검수기준 등을 위반하는 것이 확인될 경우 회원에게 일정한 기간을 정하여 수정을 요청할 수 있습니다.

② 수정 요청을 받은 회원은 정해진 기간까지 검색광고 또는 해당 검색광고의 대상이 된 사이트 등이 관련 법령 또는 약관, 검수기준 등을 위반하지 않도록 수정을 해주셔야 하며, 수정하지 않으셔서 발생하는 불이익은 광고주님께서 부담하셔야 합니다.

③ 관련 법령 또는 약관, 검수기준 등을 위반하는 사유를 해소하신 회원은 네이버 검색광고센터를 통해 검색광고 게재신청을 하실 수 있으며, 회사는 해당 검색광고의 게재 여부에 대해 회원에게 약관 제13조에 따른 방법으로 통지합니다.

광고 게재제한

일정한 검색광고가 다음의 각 항목 중 어느 하나에 해당할 경우, 해당 검색광고의 게재를 제한하거나 게재되는 검색광고의 수를 제한할 수 있습니다.

1. 광고 게재제한 사유

① 회사에 법률적 또는 재산적 위험을 발생시키거나 발생시킬 우려가 있는 경우

* 검색광고가 관련 법령을 위반하는 사이트로 연계됨으로써 회사가 민·형사적 책임을 부담할 가능성이 있는 경우
* 검색광고가 관련 법령을 위반하는 회원의 영업행위 등에 연계됨으로써 회사가 민·형사적 책임을 부담할 가능성이 있는 경우

[대표적 사례들]

- 온라인 도박 서비스 제공 확인시 광고게재제한
- 이미테이션 제품 판매 확인시 광고게재제한

- 웹하드등록제에 따른 미등록 P2P 사이트로 확인시 광고게재제한
- 흥신소/심부름센터 사이트 내에서 개인사생활 조사 등의 서비스 제공 확인시 광고게재제한
- 출장 안마/마사지 서비스 제공 확인시 광고게재제한 (성매매 연계 개연성)
- 경마/경정/경륜 경주에 대한 예상정보 제공 확인시 광고게재제한 (불법 사설경주 운영 개연성)
- 의료기관이 아닌데 문신/반영구 시술 서비스 제공이 확인되는 경우 광고게재제한

② 회사 및 광고매체의 명예·평판·신용이나 신뢰도를 훼손하거나 훼손할 우려가 있는 경우

* 검색광고가 관련 법령을 위반하지는 않더라도 도의적으로 비난의 대상이 되거나 사회 일반의 정서에 반하는 회원의 영업행위에 연계됨으로써 회사의 명예·평판·신용·신뢰도가 훼손될 가능성이 있는 경우
* 검색광고가 관련 법령을 위반하지는 않더라도 도의적으로 비난의 대상이 되거나 사회 일반의 정서에 반하는 광고주의 영업행위에 연계됨으로써 회사의 명예·평판·신용·신뢰도가 훼손될 가능성이 있는 경우
* 검색광고가 관련 법령을 위반하지는 않더라도 도의적으로 비난의 대상이 되거나 사회 일반의 정서에 반하는 사이트에 연계됨으로써 광고매체의 명예·평판·신용·신뢰도가 훼손될 가능성이 있는 경우
* 검색광고가 관련 법령을 위반하지는 않더라도 도의적으로 비난의 대상이 되거나 사회 일반의 정서에 반하는 회원의 영업행위에 연계됨으로써 광고매체의 명예·평판·신용·신뢰도가 훼손될 가능성이 있는 경우

[대표적 사례들]

- 자위기구 판매 광고로 확인시 광고게재제한
- 유흥업소 직업정보 제공 광고로 확인시 광고게재제한
- 성인화상채팅 서비스 제공 확인시 광고게재제한
- 애인대행 서비스 제공 확인시 광고게재제한
- 흥신소 및 심부름센터 광고의 네이버 웹툰/블로그 광고노출 제한

③ 서비스 또는 광고매체의 품질을 저하시키거나 저하시킬 우려가 있는 경우

* 검색광고가 관련성이 지나치게 떨어지는 사이트에 연계됨으로써 검색광고 서비스의 품질을 떨어뜨릴 가능성이 있는 경우

* 검색광고가 관련성이 지나치게 떨어지는 사이트에 연계됨으로써 광고매체의 서비스 품질을 떨어뜨릴 가능성이 있는 경우
* 검색광고로 신청된 키워드 자체가 회원들의 사이트나 영업행위 등에 관련성 있게 연계될 가능성이 거의 없는 경우

[대표적 사례들]
- 구매한 키워드와 관련된 상품, 서비스, 정보 등에 관한 단순 소개(ex. 명칭, 이미지, 연락처 등의 나열 등)만 확인되는 경우

④ 검색광고의 효과가 현저히 떨어지는 경우
* 검색광고가 광고매체에서 노출되는 횟수가 지나치게 적은 경우
* 검색광고가 광고매체에서 노출되기는 하나 광고매체 이용자의 클릭률이 지나치게 낮은 경우

⑤ 광고매체의 운영 주체가 정당하고 합리적인 이유를 근거로 자신의 광고매체에서의 검색광고 게재 제한 등을 요청하는 경우

2. 광고 게재제한 절차

① 회사는 광고매체의 요청에 의해 일정한 검색광고의 게재 제한 등을 하는 경우 회원에게 약관 제13조에 따른 방법으로 통지합니다.

② 광고매체의 요청에 의해 일정한 검색광고의 게재 제한 등을 하는 경우 원칙적으로 검색광고 게재 제한 등의 조치를 취하기 전에 회원에게 통지하며, 다만 광고매체가 긴급한 사정을 이유로 시급히 요청해 왔을 경우에는 부득이 게재 제한 등의 조치를 취한 후에 회원에게 통지할 수 있습니다.

이용제한

1. 이용제한 조치

① 회사는 회원이 관련 법령 및 약관 또는 광고운영정책에 따른 의무를 위반하는 경우 검색광고 게재 신청 제한, 검색광고 게재 제한, 검색광고 서비스 이용 정지, 검색광고 이용계약 해지, 회원 직권 해지 등을 할 수 있습니다.

1) 검색광고 게재 제한 (광고에 대한 제한)

광고 제목 및 문안 등이 법령, 약관, 광고운영정책 및 검수기준에 부합하지 않는 광고에 대한 노출제한 조치를 의미함

[대표적 사례들]
- 광고 제목 및 문안 등이 법령 등에 위배되거나 제3자 권리를 침해하는 경우
- 검색어와 광고 랜딩페이지 간의 연관성이 적은 경우
- 광고 제목 및 문안 상에 특수문자 기재 및 글자수 제한 초과하는 경우

2) 검색광고 게재 신청 제한 (사이트에 대한 제한)

광고를 불허하는 업종의 사이트임이 확인되거나 해당 사이트가 약관, 광고운영정책, 검수기준 및 관련 법령에 부합하지 않는 경우, 해당 사이트에 대한 광고제한조치를 의미함

[대표적 사례들]
- 사이트의 내용이나 운영 등이 법령 등에 위배되거나 제3자의 권리를 침해하는 경우

예) 웹하드등록제 미등록 P2P 사이트, 불법 사행행위 관련 사이트, 최음제판매 사이트, 성매매 알선 사이트, 자위기구 판매(연계) 사이트, 사기행위 관련 사이트 등 해당 사이트가 약관(운영정책 및 검수 기준 포함) 위반 또는 불법적 사이트임이 확인된 경우 1회 적발 시 즉시 광고제한조치를 취함 (서비스 이용정지 조치 병행)

예) 기타 법령위반 및 제3자침해 내용을 포함하는 경우

- 불법 사이트는 아니나 약관, 광고운영정책 및 검수기준을 반복적으로 위반하는 사이트의 경우

3) 검색광고 서비스 이용정지 (회원계정에 대한 제한)

중대한 법령 위반 사실이 확인되거나 약관, 광고운영정책 및 검수기준의 위반이 지속적으로 확인되는 경우 등 일정 기간 서비스 이용을 제한해야 하는 경우의 서비스 이용정지조치를 의미함

[대표적 사례들]
- 무효클릭 경고를 일정 수 이상 받은 경우

예) 3회의 경고를 받은 경우 7일의 이용정지조치가 취해지며, 그 이후 추가로 적발되는 경우 1개월의 이용정지조치가 취해짐

- 회원의 광고행위에서 중대한 법령 위반 사실이 확인되는 경우

예) 웹하드등록제 미등록 P2P 사이트, 불법 사행행위 관련 사이트, 최음제판매 사이트, 성매매 알선 사이트, 자위기구 판매(연계) 사이트, 사기행위 관련 사이트 등 회원의 사이트가 불법적 사이트임이 확인된 경우(사이트 제한 조치 병행)

- 회원이 허위정보를 기재하였거나 휴폐업자로 확인되는 경우
- 사이트에 대한 광고제한조치를 받은 회원이 반복하여(추가로) 사이트 광고제한조치를 받은 경우

4) 검색광고 이용계약 해지 및 회원 직권해지

회원의 행위가 법령과 약관 및 운영정책의 심각한 위반 등에 해당하여 객관적으로 회사와 회원 사이의 신뢰관계의 회복이 어려운 정도의 현저한 것일 경우, 회사는 검색광고 이용계약을 해지하고 회원 지위를 박탈하는 행위를 할 수 있음

[대표적 사례들]

- 회원의 사이트에서 회사의 서비스를 방해하는 어뷰징 프로그램 등을 배포하는 경우

예) 설치 시 네이버 페이지에 광고를 끼워 넣는 프로그램, 팝업을 띄우는 프로그램, 네이버 툴바 등을 무력화시키는 프로그램 등

- 무효클릭 행위를 반복적, 지속적으로 하는 경우

② 회사가 이용제한을 하는 경우 회원이 회사와 이용계약을 체결하여 이용하고 계시는 회사의 다른 서비스 (지역광고, 지식쇼핑, 부동산 서비스 등)에 대하여도 이용을 제한하거나, 이용계약을 해지할 수 있습니다.

2. 이용제한 절차

① 회사는 이용제한을 하는 경우 회원에게 약관 제13조에 따른 방법으로 통지합니다.

② 회사는 전항의 통지를 하는 경우 회원에게 원칙적으로 3 영업일 이상의 기간을 정하여 이의신청의 기회를 부여 하며, 다만 별도의 사전 이의신청 기회를 부여하지 않겠다는 뜻을 약관 제13조에 따른 방법으로 통지하였거나 회원의 관련 법령, 약관, 광고운영정책 등 위반행위가 중대하거나 고의적이라고 판단될 경우에는 이의신청 기회를 부여하지 않을 수 있습니다.

③ 회사는 정액제 검색광고에 대해 이용제한을 하는 경우 남은 계약기간만큼의 서비스 이용료를 비즈머니로 환급해 드립니다.

④ 이용제한 조치에 대하여 궁금한 점이나 이의가 있으신 회원은 검색광고 [온라인 고객센터] 또는 광고영업 담당자를 통하여 해당 내용을 문의하시거나 이의를 제기하실 수 있습니다.

⑤ 이용제한 조치와 관련된 회원의 문의 및 이의가 접수될 경우, 회사는 해당 내용을 검토하고 처리하며 약관 제13조의 방법에 따라 회원에게 그 결과를 통지합니다.

⑥ 이용제한 사유를 확인하고 해소한 회원은 검색광고 [온라인 고객센터] 또는 광고영업 담당자를 통해 이용제한 철회 요청을 하실 수 있으며, 회사는 해당 이용제한의 철회 여부를 검토하고 처리하며 약관 제13조의 방법에 따라 광고주님께 그 결과를 통지합니다.

회원 탈퇴

1. 회원 탈퇴

① 회원은 언제든지 회사의 고객센터로 요청하거나 직접 네이버 검색광고센터에 접속하여 회원 계정의 탈퇴를 신청할 수 있으며, 회사는 관련 법령 등이 정하는 바에 따라 이를 즉시 처리합니다.

② 회원 계정의 탈퇴가 완료되는 경우, 관련 법령 및 개인정보처리방침에 따라 보유하는 정보를 제외한 모든 회원의 정보 및 회원이 검색광고 게재를 위해 등록한 키워드, 사이트, 제목, 설명 등의 데이터는 즉시 삭제됩니다.

③ 회원 계정의 탈퇴가 완료된 회원은 더 이상 네이버 검색광고센터 및 네이버 검색광고 서비스를 이용하실 수 없습니다.

2. 회원 탈퇴와 재가입 제한

① 회원 탈퇴를 하신 경우 탈퇴한 계정 정보(사업자등록번호 등)로는 원칙적으로 탈퇴일로부터 30일간 다시 회원으로 가입하실 수 없습니다.

② 회사는 안정적인 서비스 운영 및 검색 이용자의 보호를 위해 다음의 경우 탈퇴 또는 직권 해지일로부터 6개월간 회원 가입을 제한할 수 있습니다.

* 약관 및 광고운영정책 위반으로 직권해지된 이력이 있는 경우
* 약관 및 광고운영정책 위반으로 이용정지된 상태에서 탈퇴한 이력이 있는 경우
* 약관 및 광고운영정책에 중대하게 어긋나는 행동을 한 후 자진하여 탈퇴한 이력이 있는 경우

광고문안과 권리보호

1. 광고문안과 사이트의 연관성

① 제목, 설명 등에는 해당 사이트 내에서 확인되는 내용을 기재하는 것을 원칙으로 합니다.

② 제목에 기재된 광고주명, 사이트명, 수식어나 설명 등에 기재된 표현 등은 사이트 내에서 확인되는 한 원칙적으로 게재를 허용하며, 네이버 검색광고는 해당 회원에게 사용권한이 있는지에 대해 사전에 심사하지 않습니다.

③ 제목에 기재된 광고주명, 사이트명, 수식어나 설명 등에 기재된 표현 등이 사이트 내에서 확인되지 않을 경우 해당 광고의 게재를 중단할 수 있습니다.

2. 상표권/서비스표권의 보호

① 회사는 상표권/서비스표권의 존재 여부 및 효력범위에 관하여 임의로 판단하지 않으며, 아울러 상표권/서비스표권을 사전에 보호하거나 대신 행사하지 않습니다.

② 상표권/서비스표권을 보유한 자는 자신의 권리가 침해되었을 경우 먼저 침해한 자를 상대로 광고게재 중지요청, 권리침해에 해당하는 기재의 삭제요청 등의 권리행사를 해야 합니다.

③ 회사는 자신의 상표권/서비스표권이 침해되었음을 주장하면서 일정한 광고의 게재중단을 요청해 오는 경우, 해당 요청인에게 상표권/서비스표권의 침해를 소명할 수 있는 서류 등의 제출을 요청할 수 있습니다.

④ 회사는 요청인이 자신의 상표권/서비스표권의 침해를 소명하였을 경우, 요청인이 자신의 권리를 침해하고 있다고 지적한 회원에게 해당 광고의 게재 또는 해당 기재가 적법한 권리 또는 권한에 의해 행해졌다는 것을 소명할 수 있는 서류 등의 제출을 요청할 수 있습니다.

⑤ 회사는 요청인의 권리를 침해하고 있다고 지적된 회원이 해당 광고의 게재 또는 해당 기재가 적법한 권리 또는 권한에 의해 행하여진 것임을 소명하지 못했을 경우 해당 광고의 게재를 중단할 수 있으며, 만약 소명하였을 경우라면 임의로 해당 광고의 게재를 중단하는 대신 지체 없이 요청인에게 이러한 사정을 통지할 것입니다.

⑥ 회사는 특정 광고나 광고의 대상이 되는 영업이 타인의 상표권/서비스표권을 침해하거나 침해할 우려가 있다는 법원의 판결/결정/명령문, 기타 관련 국가기관의 유권해석 등이 제출되는 경우, 지체 없이 해당 광고의 게재를 중단할 수 있습니다.

3. 기타 권리의 보호

① 회사는 광고 게재와 관련하여 상표권/서비스표권 이외의 권리에 대한 침해가 문제되는 경우에도 상표권/서비스표권에 대한 보호기준을 준용합니다.

4. 부정경쟁행위의 금지

① 회사는『부정경쟁방지 및 영업비밀의 보호에 관한 법률』상의 "부정경쟁행위"의 존재 여부 및 그 범위에 관하여 임의로 판단하지 않으며, 아울러 "부정경쟁행위"로부터 회원 등을 사전에 보호하거나 동 행위의 중단을 요청하지 않습니다.

② 회사는 일정한 회원의 광고 게재 등이 "부정경쟁행위"에 해당한다는 법원의 판결문, 기타 관련 국가기관의 유권해석 등이 제출되는 경우 지체 없이 해당 광고의 게재를 중단할 수 있습니다.

검색광고마케터 ❶ 급

발 행 일 개정 2판 1쇄 2023년 5월 25일
편 저 자 차원상 · 방미연
발 행 인 최영무
발 행 처 (주)명진씨앤피
등 록 2004년 4월 23일 제2004-000036호
주 소 서울시 영등포구 경인로 82길 3-4 616호
전 화 편집 · 구입문의 : (02)2164-3005
팩 스 (02)2164-3020

ISBN 978-89-92561-37-2 (13000)